월경하는 한국문학사

중국과 일본에서 저술된 한국문학사 깊이 읽기

필자
이선이(李善伊, Lee, Sun-yi) 경희대학교 한국어학과 교수 한국 현대문학 전공
이등연(李騰淵, Lee, Deung-yearn) 전남대학교 중어중문학과 교수 중국소설 전공
류정선(柳瀞先, Ryu, Jung-sun) 인하공업전문대학교 항공운항과 교수 일본 고전산문 전공
배규범(裵圭範, Bae, Kuy-beom) 중국 화중사범대학교 한국어학과 교수 한국 한문학 전공
서유석(徐有奭, Seo, You-seok) 경상대학교 국어국문학과 교수 한국 고전문학 전공
서동수(徐東秀, Seo, Dong-soo) 신한대학교 교양교육원 교수 한국 현대소설 전공
손지연(孫知延, Son, Ji-youn) 경희대학교 일본어학과 교수 일본 근현대문학 전공
윤해연(尹海燕, Yin, Hai-yan) 중국 남경대학교 한국어문학과 교수 한국 현대문학 전공
윤송아(尹頌雅, Yoon, Song-ah) 동덕여자대학교 한중미래연구소 연구교수 재일조선인문학 전공
백지윤(白知潤, Baek, Ji-yun) 경희대학교 후마니타스칼리지 강사 한국 현대문학 전공
고유림(高裕林, Ko, Yu-lim) 경희대학교 후마니타스칼리지 강사 한국 현대문학 전공
방윤제(方閏濟, Bang, Yun-jae) 데즈카야마가쿠인대학교 리버럴아트학부 강사 한국 현대문학 전공

월경越境하는 한국문학사 중국과 일본에서 저술된 한국문학사 깊이 읽기

초판인쇄 2019년 5월 10일 **초판발행** 2019년 5월 15일
지은이 이선이 외 **펴낸이** 박성모 **펴낸곳** 소명출판 **출판등록** 제13-522호
주소 서울시 서초구 서초중앙로6길 15, 1층
전화 02-585-7840 **팩스** 02-585-7848 **전자우편** somyungbooks@daum.net **홈페이지** www.somyong.co.kr

값 26,000원
ISBN 979-11-5905-407-5 93810

이 연구는 2016년 대한민국 교육부와 한국연구재단의 지원을 받아 수행되었음.(NRF-2016S1A5A2A03925939)

경희대학교
현대문학연구소
총서 1

중국과 일본에서 저술된
한국문학사 깊이 읽기

越境 월경하는 한국문학사

이선이 외 지음

A Transcultural Studies
on the History of Korean Literature
in China and Japan

소명출판

일러두기

1. 인용문의 경우 원문대로 표기하는 것을 원칙으로 하되, 중국어와 일본어를 번역해서 인용한 경우 현대어법에 맞게 표기하였다.
2. 필자가 강조하고자 한 부분은 고딕으로 표기하였다.
3. 중국어와 일본어를 한글로 표기할 때는 기본적으로 문교부(현재 문화체육관광부)의 '외래어표기법'을 따랐다.
4. 중국인과 일본인에 대한 인명(人名) 표기의 경우, 본문에서는 중국어 혹은 일본어의 발음대로 표기하고 한자를 병기하였으며, 각주에서는 원어로 표기하였다. 단 중국조선족과 재일조선인 인명 표기는 한자음대로 표기하고 필요한 경우 한자를 병기하였다.
5. 서명 표기의 경우 본문에서는 한글과 한자를 병기하고 각주에서는 원어로 표기하였다.
6. 본문의 한자는 번체자로 표기하였다.
7. 개별 글의 경우 「 」를, 단행본과 연속간행물의 경우 『 』를 사용하였다.
8. 가독성을 고려하여 고유명사로 인식될 수 있는 단어는 띄어쓰기 없이 붙여 썼다.(예. 한국문학사, 재일조선인문학사, 중국조선족문학사)

책머리에

1

이 책의 출간은 우연한 기회에 참관한 중국대학의 한국문학 수업에서 비롯하였다. 우리문학사를 가르치는 해외대학의 강의실에서 교재로 사용하는 책을 보면서, 해외에서는 우리문학사를 어떻게 인식하고 있을까 하는 소박한 호기심을 갖게 되었다. 책을 구해 와 시간 날 때마다 조금씩 읽어보았다. 우리의 인식과는 다른 지점들을 발견하면서 문학사 서술의 동이同異가 발생하는 조건들을 생각하는 동안 그냥 지나칠 수만은 없는 관심과 애정을 갖게 되었다. 그 후 해외대학을 방문할 때마다 현지에서 집필된 우리문학사의 목록을 조사하고 구입 가능한 책들을 모아왔다. 그 사이 십여 년의 시간이 흘렀고 책장에는 해외에서 저술된 우리문학사가 제법 넓은 공간을 차지하게 되었다. 집필언어로 보면 자국어로 쓴 경우도 있었고, 우리말로 쓴 경우도 있었다. 편찬 의도로 보면 우리문학사에 대한 학술적 접근을 시도한 연구형 문학사와 대학의 교재로 활용되는 교과서형 문학사가 많았다. 예외적으로 일반 독자들을 위한 보급형 문학사도 있었다. 문학사 서술의 관점과 태도에 있어서 시공간적 맥락에 따른 시각차도 상당했다.

『월경越境하는 한국문학사』는 이들 해외의 우리문학사 가운데 중국과 일본에서 집필된 텍스트들을 깊이 있게 읽어낸 결과물이다. 여기서 먼저 짚고 넘어가야 할 점은 용어선택의 문제이다. 우리가 '한국문학사'라는 용어를 선택한 것에 대해 문제를 제기하는 분들이 있을 수 있다. 분단시대를 살아가는 현실을 감안하여 민족문학사연구소가 제안한 우리문학사라는 용어를 사용하는 것도 고려하지 않은 것은 아니지만, 국제비교연구를 지향하면서 연구의 주체가 한국이라는 점을 분명히 한다는 의미에서 '한국문학사'를 앞세웠다. 불가피한 현실적 선택이지만 우리가 열어나가야 할 이상을 담보하지 못한 한계는 고스란히 남게 되었다.

지난 2년 동안, 한국문학, 중국문학, 일본문학 연구자들이 모여 중국과 일본의 우리문학사를 함께 읽어나갔다. 우리문학사의 발간 현황을 파악하면서 개별 문학사의 서술양상을 세세히 들여다보았다. 국경을 넘어간 우리문학사가 어떤 방식으로 기술되고 있는가라는 소박한 물음에서 출발한 연구지만, 우리문학사의 문화횡단이 역사적, 정치적 맥락 속에서 새로운 의미를 만드는 과정을 흥미롭게 확인할 수 있었다.

해외에서 저술된 우리문학사에는 외부자의 시선으로 바라본 남북한 문학사의 균열상과 자국문학사와의 교호방식이 공존하고 있어 흥미로운 지점이 적지 않았다. 국내의 인식과는 다른, 경계를 넘어간 우리문학사에는 국가별, 시기별, 쟁점별로 다양한 비교문학적 시각이 녹아있고, 더 나아가 한국문학의 고유성과 보편성뿐만 아니라 국내외의 관계성을 규명하는 데 필요한 인식도 포함되어 있었다. 특히 우리가 분석대상으로 삼고 있는 중국과 일본의 우리문학사는, 국가와 민족이라는 틀 안에서만 인식해 온 한국문학사를 다양한 이념과 인식이 길항하는 복합적인 담론의 장場에 위치시키고, 민족과 국가 단위를 넘나드는 문화횡단의 실천 양상을 포착하게 한다는 점에서 의미 있는 텍스트였다. 여기에 덧붙여 우리문학사의 또 다른 흐름을 만들어내고 있는 중국과 일본의 동포문학사도 살피지 않을 수 없었다. 이들 동포문학사는 결국 한국문학사가 월경하는 과정에서 만들어낸 또 다른 흐름이기 때문이다. 이러한 우리의 작업은 해외 한국문학사 연구의 첫발을 내딛는 작업이라는 점에서 나름의 의미를 갖는다고 하겠다. 월경하는 우리문학사의 실상을 전반적으로 짚어내기 위해서는 향후 더 많은 언어권 혹은 국가에서 저술되고 있는 우리문학사의 구체적인 양상을 파악해나갈 필요가 있을 것이다. 이는 추후의 과제로 남겨두고자 한다.

2

더 이상 문학사를 쓰는 일은 무의미하다는 회의론이 만만치 않다. 정전에 대한 불신과 기존 문학사가 배제해 온 문학사의 타자들에 대한 관심이 증폭되면서, 기존의 문학사는 학문적 포지션 자체를 의심받기에 이르렀다고 하면 지나친 과장일까? 민족을 만드는 기제이자 엘리트주의와 남성중심주의에 포박된 기존의 문학사는 폐기처분을 기다리는 것처럼 보인다. 이런 시대에 문학사를 읽는다는 것은 어떤 의미를 갖는 것일까? 질문은 명료하지만 그 답을 생각하는 내면은 사뭇 복잡하다. 하지만 해답은 의외로 간명할 수도 있을 듯하다. 작품과 작가가 있고 이러한 작품이 수용되는 문화적 공간이 존재하는 한 문학에 대한 사적 고찰은 다각적으로 수행될 수밖에 없기 때문이다.

기존 문학사에 대한 비판적 극복이라는 시대적 요청은 한국문학사에 대한 다차원적 모색을 필요로 한다. 기억할 만한 성과라 할 수 있는, 새로운 문학사 구성을 위한 인식과 실천 방안을 제안한 『문학사 이후의 문학사』(2013)는 문학사에 대한 인식의 지평을 확장하는 데 크게 기여했다. 이 책이 담고 있는 문제의식은 여성문학사나 민중문학사 등 다양한 문학사가 기획되는 데 물꼬를 터주었다. 이와 함께 경계를 넘어서는 지점에 있는 우리문학사의 실경을 들여다봄으로써 한국문학사가 망각하고 배제해 온 지점을 구체적으로 사유하게 한 경우도 있었다. 북한문학에 대한 전반적 이해를 가능하게 해준 『북한의 우리문학사 인식』(1991)과 『북한의 우리문학사 재인식』(2014)이 그 예이다. 이 작업은 북한문학사가 직면하고 있는 교조적 현실 자체를 대면하는 경험과 함께, 경계를 넘어설 때 만나게 되는 우리문학사의 다른 가능성을 생각하게 하는 시간을 제공하였다. 『월경하는 한국문학사』가 분석한 중국과 일본의 우리문학사는 이러한 선행연구가 보여준 문제의식을 한반도를 넘어선 지역에 적용하고자 한 시도라 하겠다.

3

이 연구는 한국연구재단의 지원을 받아 진행되었다. 연구 기간 동안 해외에서 한국문학을 연구하는 선생님들의 도움을 많이 받았다. 해외 한국문학사의 다채로운 시선을 포착하는 데 도움을 주신 중국과 일본의 한국문학 연구자들께 이 자리를 빌려 고마운 마음을 전하고 싶다. 중국의 대표적인 조선족 원로학자이신 이암李岩 선생님과 일본의 대표적인 한국문학 연구자이신 시라카와 유타카白川豊 선생님을 비롯하여 중국의 한국문학 연구자이신 윤해연尹海燕 선생님, 김춘선金春仙 선생님,

김명숙金明淑 선생님, 이해영李海英 선생님, 일본의 한국문학 연구자이신 사노 마사토佐野正人 선생님 등 많은 분들의 조언과 도움을 받았다. 특히 일본 긴키대학近畿大学의 야마다 교코山田恭子 선생님의 후의厚意는 잊지 못할 것이다.

이 작업은 한・중・일의 고전문학과 현대문학 전공자들이 함께 마음을 모아야 가능한 연구였다. 동행을 잘 만나면 여행이 즐겁다는 걸 새삼 깨닫게 된 시간이었다. 문학사 연구에 있어서 균형 잡힌 시각의 중요성을 일깨워주신 이등연 선생님, 성심을 다해 연구에 참여해 주신 서유석, 서동수 두 분 선생님, 항상 기대 이상의 응원과 격려로 힘을 북돋아주신 류정선 선생님, 중국에서 고독을 등불삼아 연구열을 불태우신 배규범 선생님, 동학이라는 말의 의미를 몸으로 느끼게 해주신 손지연 선생님이 있어 행복한 시간이었다. 또한 연구팀의 든든한 버팀목이 되어준 윤송아 선생님과 몸과 마음으로 연구의 원활한 진행을 위해 애써 준 백지윤, 방윤제, 고유림 세 분 선생님께도 감사와 애정을 전하고 싶다. 모두의 거룩한 도움으로 이 연구가 진행되었다는 점을 잊지 못할 것이다. 이 연구가 해외 한국문학 연구와의 생산적인 대화를 촉발하는 데 밑거름이 되기를 소망하며, 끝으로 정성스럽게 책을 만들어준 소명출판과 편집자 장혜정님께 감사드린다.

2019년 4월 서천의 봄노을을 바라보며
이선이 합장

차례

제2부 쟁점을 통해 본 중일 한국문학사의 문화횡단적 실천

|제1부|

중국과 일본의 한국문학사 인식과 서술양상

중국 한국문학사 2종의 한국 고전문학사 인식과 서술양상

남북한문학사와 자국문학사의 수용과 변용을 중심으로

이등연

1. 들어가는 말

문학사는 말 그대로 한 국가·민족 문학 현상의 역사적 변천을 다루는 작업이다. 문학사 편찬은 근대 서구에서 본격적으로 이루어졌는데, 당시 자국의 민족적 정체성을 확보하려는 취지로 시작한 일이라 기본적으로 민족주의적 시각이 두드러질 수밖에 없었다. 이러한 문학사 서술 양식이 서세동점의 조류 속에서 동아시아에 전래된 이래 한·중·일 세 나라에서도 다양한 자국문학사가 편찬되었던 바, 이 과정에서도 문학사의 태생적 특징이라 할 민족주의적 경향은 상당 기간 유지되었다. 그런데 한 나라의 문학사는 자국인이 쓰는 게 일반적이지만 외국인이 쓰는 경우도 적지 않다. 특별한 예가 되겠지만, 근대적 체제를 갖춘 중국문학사 편찬 작업은 19세기 후반기부터 러시아 바시리예프V. P. Vasilév의 *Očerk Istorii Kitajskij Literatura*(중국문학강요綱要)(1880), 일본 고조 데이키치古城貞吉의 『지나문학사支那文學史』(1897)와 사사카와 다네오笹川種郎의 『지나문학사支那文學史』(1898), 영국 자일스Giles의 *A History of Chinese Literature*(1901), 독일 그루베Grube의 *Geschichte der Chinesischen Literatur*(1902) 등 외국인이 먼저 시작한 후, 이에 자극 받아 린촨자林傳甲의 『중국문학사中國文學史』(1904), 황런黃人의 『중국문학사中國文學史』(1905 전후) 등 중국인 학자의 저작이 비로소 등장했던 것이다.[1] 같은 문학사라 할지라도 자국인의 저작과 외국인의 저작은 내용의 심도나 서술시각 면에서 여러 모로 차이가 나기 마련이다. 전자가 방대한 원전 자료나 이에 관련된 외부 배경에 대한 이해능력과 연결되는 문제라면, 후자는 집필자가 속한 사회 · 문화적 환경의 차이에서 야기되는 문제일 것이다.

이 글은 중국에서 중국인 학자가 편찬한 주요 한국문학사의 서술시각을 남북한의 저작과 비교해 주요 이동점異同點을 확인하고, 그 원인을 탐색해보려는 작업이다. 1980년대 이래 지금까지 중국에서 출간된 한국문학사는 20여 종 정도로 파악된다. 한국어로 된 것으로, 허문섭의 『조선고전문학사』(료녕민족출판사, 1985), 박충록의 『조선문학간사』(연변교육출판사, 1987), 리해산 · 채미화의 『남조선문학개관』(연변인민출판사, 1992), 김병민의 『조선문학사—근현대 부분』(연변대 출판사, 1994), 리해산의 『조선한문학사』(연변대 출판사, 1995), 문일환의 『조선고전문학사』(민족출판사, 1997), 허휘훈 · 채미화의 『조선문학사—고대 · 중세 부분』(연변대 출판사, 1998), 김병민 외의 『조선 · 한

1 이등연, 「1980년대 주요 중국문학사의 서술시각 분석」, 『중국인문과학』 35, 중국인문학회, 2007, 279쪽.

국당대문학사』(연변대 출판사, 2000), 김춘선의 『한국조선당대문학사』(민족출판사, 2000), 윤윤진 외의 『한국문학사』(상해교통대 출판사, 2008), 김영금의 『한국의 문학韓國的文學』(북경대 출판사, 2009), 김영금의 『조선・한국문학사朝鮮・韓國文學史』(外語教學與研究出版社, 2010),[2] 김명숙의 『조선근현대문학사』(료녕민족출판사, 2010), 김춘선 외의 『한국현당대문학사』(민족출판사, 2010), 임국웅의 『한국문학약사』(흑룡강조선민족출판사, 2013), 김춘선 외의 『외국인을 위한 한국문학사』(북경민족출판사, 2013), 윤윤진 외의 『한국문학사요』(연변대 출판사, 2015), 박은숙 외의 『한국・조선근현대문학사』(外語教學與研究出版社, 2016) 등이 있다. 중국어로 된 것으로는, 웨이쉬성韋旭昇의 『조선문학사朝鮮文學史』(北京大學出版社, 1986)와 이 책의 수정본 『한국문학사韓國文學史』(北京大學出版社, 2008), 김병민金柄民 외의 『조선・한국당대문학사朝鮮・韓國當代文學史』(昆侖出版社, 2004), 한위성韓衛星의 『한국문학간사와 작품선독韓國文學簡史與作品選讀』(大連理工大學出版部, 2006), 허쩐후아何鎭華의 『조선현대문학사朝鮮現代文學史』(中央編譯出版社, 2008), 김영금金英今의 『한국문학간사韓國文學簡史』(南開大學出版社, 2009), 김영금의 『조선・한국문학사朝鮮・韓國文學史』(外語教學與研究出版社, 2010), 이암李岩 외의 『조선문학통사朝鮮文學通史』(社會科學文獻出版社, 2010), 김영금의 『신편한국문학사新編韓國文學史』(南開大學出版社, 2016) 등이 있다. 이 글은 시대구분 문제 등 한국문학사의 전체적 흐름을 저자가 어떻게 처리했는지 검토하기 때문에 이상 논저 가운데 현대・당대 부분만 다룬 것, 한문학만 다룬 것 등을 제외한 통사체 중에서 중국어로 된 것으로 한정하기로 한다. 한국어로 된 것은 대부분 저자와 독자가 조선족 동포라는 범주로 제한되기 때문에 그런 민족・언어 범주를 넘어서서 한중 광범위한 중국인 독자를

2 이 책은 한국어와 중국어를 함께 사용했다.

대상으로 삼아 중국어로 쓴 것과는 구분된다. 그런데 중국어로 쓴 한국문학통사라 할지라도 그 저자는 웨이쉬성을 제외하고는 대부분 조선족 동포 출신이다. 조선족 동포 역시 국적상으로는 중국인이지만 기본적으로 우리와 같은 언어 · 문화를 공유하는 민족공동체이기에 여타의 중국인 학자와는 이런저런 시각 차이가 있을 수 있다. 조선족 동포가 통사체로 편찬한 한국문학사라 할지라도 한위성과 김영금의 저작은 문학사 자체에 대한 논의보다는 한국어 교육과정에서 필요한 내용을 정리한 성격이 강한 반면, 이암의 문학사는 1,478쪽이라는 방대한 분량으로 다양한 설명과 논의를 전개했다는 점에서 이들과 대비가 된다. 이 점을 고려해 조선족 동포 학자인 이암 외의 『조선문학통사』(2010)와 조선족 동포가 아닌 중국인 학자 웨이쉬성의 『조선문학사』(1988 · 2008)를 검토대상으로 삼기로 한다.

한편, 중국에서 한국문학사를 집필하는 경우, 저자는 한국문학을 다루지만 그곳에서 이루어진 자국문학사 — 중국문학사의 체제나 서술방식을 어떤 형식으로든 참조했다고 본다.[3] 이런 맥락에서 중국 여러 대학의 강의에서 가장 광범하게 사용하고 있다고 판단되는 대표적 중국문학사 2종 — 리우따지에劉大杰의 『중국문학발전사中國文學發展史』[4]와 위

---

3 웨이쉬성은 『조선문학사』 '전언'에서 "이 책은 국내에서 유행하는 중국통사 · 중국문학사와 비슷한 방식을 채택해 이 책의 서술 내용을 조선 봉건사회말기(19세기 말)가 끝나기 이전까지 범위로 한정했다"고 밝혔다. 이암은 『조선문학통사』 말미의 참고한 문헌 목록에 章培恒 · 駱玉明 主编 『中国文学史』(1997), 袁行霈 主编 『中国文学史』(1999) 등 자국문학사 5종을 제시한 바 있다.

4 리우따지에(劉大杰, 1904~1977)의 『中國文學發展史』는 원래 상 · 하 2권으로, 상권은 1939년에 완성해 1941년 1월에 中華書局에서 출판했는데, 총 408쪽의 분량이었다. 하권은 총 504쪽 분량으로, 1943년에 완성했지만 상당한 시간이 지난 1949년 1월에 이르러서야 역시 中華書局에서 출판되었다. 이후 '신중국'에 들어서서 저자는 이 문학사를 세 차례 수정해 각기 다른 출판사에서 출간했는데, 1958년 수정판(上海古典文学出版社) · 1963년 수정판(中华书局)과 1976년 수정판(上海人民出版社) 등이다. 1958년 수정판과 1963년 수정판에서 원래의 상 · 하권을 상 · 중 · 하 세 권으로 나눠 출판한 이래 1972년 홍콩 古文書局과 1982년 上海古籍出版社의 '新一版'도 세 권으로 분책

앤싱페이袁行霈 주편의 『중국문학사中國文學史』(1999)[5]를 비교 대상으로 삼는다. 한국인 저작과의 관점을 비교할 때는 남한의 대표적인 문학사인 조동일 『한국문학통사』(1982~1998)[6]와 북한의 대표적인 문학사인 사회과학원 주체문학연구소 편 『조선문학사』(1991~2000, 전 15권)[7]를 활용하기로 한다.

구체적 비교 과정은 전체적 체제 구성과 기본적 시대구분, 서술시각, 장르구분, 개별 작가와 작품에 대한 설명과 평가 등 제반 요소를 두루 고려해야겠지만 이 가운데 개별 작가와 작품에 대한 설명이나 평가에 관련된 부분은 특별한 경우를 제외하고는 생략하고, 주로 서술방식상의 특징과 장르 개념과 구분 문제를 중심으로 검토해나가기로 한다.[8]

(分冊)했다. 한편, 이 책은 대만 쪽에서도 저자 이름을 빼고 일부 문장을 수정한 채 '中國文學發達史'란 서명으로 華正書局 등 여러 출판사에서 번각 출판해 오랫동안 대학 교재용으로 쓰였다. 이 책은 "20세기에 출간된 중국문학사 가운데 재능과 문장력, 객관적이고 냉정한 시각, 완전한 체제를 가장 온전하게 구비한, 그러면서도 개인적 색채기 농후한 문학사 가운데 하나(它是本世纪最具才华和文采、最客观冷静、体系完整而又具有浓厚个人色彩的文学史著作之一)"로 평가된다. 陈尚君, 「刘大杰先生和他的『中国文学发展史』—写在『中国文学发展写』初版重印之际」, 『中国文学发展史』, 天津 : 百花文艺出版社, 2007, p.618.

5 刘宁, 「近十年大陆的中国文学史教材」(『文讯』 279, 2009)에서는 90년대 이래 중국에서 가장 광범하게 사용되고 있는 중국문학사로 袁行霈 主编 『中国文学史』(1999), 章培恒·駱玉明 主编 『中国文学史』(1996), 郭预衡 主编 『中国古代文学史』(1998) 등을 들고 있는데, 이 가운데 袁行霈 主编 『中国文学史』는 현재 제3판이 출간될 정도로 수요량이 많은 대표적 교재라 할 수 있다.

6 조동일의 『한국문학통사』는 1982년부터 1988년까지 초판이 출간된 이후 1989년 제2판, 1994년 제3판, 2005년 제4판 등 수정본이 나왔다. 이 글에서는 필자가 소장한 상황에 따라 제1권과 제2권은 초판본을, 제3권에서 제5권까지는 제2판을 사용하되, 필요시 이후 수정본 내용을 언급하기로 한다.

7 지금까지 북한에서 출간된 10여 종 문학사 가운데 공식적인 것으로 1950년대에 간행한 『조선문학통사』(1959, 전2권), 1970년대에 간행한 『조선문학사』(1977~1981, 전5권), 1990년대에 간행한 『조선문학사』(1991~2000, 전15권)를 들 수 있다. 이 가운데 가장 최근에 나온 15권본을 검토대상으로 삼는다.

8 문학사 서술시각은 사실 문학·문학사에 대한 총론적 관점이라 할 문학사관 검토가 우선적으로 이루어져야 하지만, 두 텍스트에서는 문학·문학사를 어떻게 인식하는가 하

2. 서술방식상의 특징

중국학자가 쓴 한국문학사는 저자나 독자의 입장에서 보면 기본적으로 외국문학사다. 물론 조선족 동포를 주요 독자대상으로 삼아 한국어로 쓸 경우, 외국문학사라는 성격보다는 민족문학사라는 측면이 강조될 수도 있겠지만, 중국어로 쓸 때는 이런 시각은 배제될 수밖에 없다. 이 때문에 중국학자가 중국어로 쓴 한국문학사는 한국인이 쓴 자국문학사와 비교할 때 전체적 서술시각이나 구체적 설명 부분에서 여러 가지 다른 특징을 보인다.

1) 시대구분

이 문제와 관련해 중국문학사 쪽 상황을 미리 살펴보면, 리우따지에의 『중국문학발전사』와 위앤싱페이의 『중국문학사』는 '중국문학사'란

는 문제를 구체적으로 언급한 부분이 별로 없어 이를 다루지 못했다. 또한, 각 장르에 대한 시각을 검토할 때 논의가 필요한 부분만 대상으로 삼았기 때문에 고전시가에서는 악부시・사 등 일부 장르에 한정해 다루었다. 사실 시조 발생에 관한 관점 등 몇 가지 문제를 다룰 필요도 있었지만 편폭의 한계 때문에 다른 기회에 추가로 검토하고자 한다. 한편, 이 글과 관련된 선행연구로 김승찬의 「중국 조선족의 우리 고전문학사 기술태도와 그 비판」(『한국문학논총』 16, 한국문학회, 1995); 소인호의 「중국 조선문학사의 비교연구－서사문학을 중심으로」(『우리어문연구』 41, 우리어문학회, 2011); 이선이 외의 「중국의 한국문학사 저술 현황과 한국현대문학사 서술양상」(『외국문학연구』 49, 한국외대 외국문학연구소, 2013) 등이 있다. 김승찬의 논문은 조선족 동포가 쓴 것을 대상으로 검토했고, 소인호의 논문은 허문섭・웨이쉬성・박충록・문일환의 것을 대상으로 서사문학 중심으로 검토했고, 이선이의 논문은 현대문학사 부분을 중심으로 검토했다는 점에서 이 글과 구분된다.

명칭 아래 상고시기부터 청말시기까지 고전문학만 다루었다. 이것은 중국에서 출간되는 중국문학사에서 거의 통례처럼 쓰이는 방식이라 할 수 있다. 즉, 『중국문학사中國文學史』란 표제 아래 대개는 고전문학만을 다루고, 그 이후의 현·당대 문학은 『중국현대문학사中國現代文學史』·『중국당대문학사中國當代文學史』 등으로 따로 다루는 관행이 이어지고 있다.[9] 웨이쉬성의 『조선문학사』와 이암 외의 『조선문학통사』 역시 '문학사' 또는 '문학통사'란 명칭 아래 상고시기부터 19세기 말까지 고전문학만을 다루었다. 반면, 조동일의 『한국문학통사』는 상고부터 1945년까지, 북한 사회과학원의 『조선문학사』는 상고부터 1990년대까지 고·금을 아울렀다는 점에서 두 중국학자의 것과 대비를 이룬다.[10]

구체적 시대구분 양상을 보면, 웨이쉬성은 상고에서 삼국시대까지의 문학, 통일 후 신라시기의 문학(서기 7세기 후반기부터 9세기), 고려시기의 문학(서기 10세기~14세기), 조선왕조시기의 문학(15세기~19세기 말) 상편 전기(15~16세기), 중편 중기(17세기 전후), 하편 후기(18~19세기) 등으로 구분했다. 본문 내용에서는 통일 후 신라시기의 문학 부분에 서기 7세기 후반기부터 9세기까지, 고려시기의 문학 부분에 서기 10세기부터 14세기까지, 조선왕조시기의 문학 부분에 15세기부터 19세기 말까지 등으로 해

---

9 엄밀히 따지자면 '中國文學史'는 『中國古代(古典)文學史』·『中國現代文學史』·『中國當代文學史』를 다 아우른 형태가 되어야 할 것이지만, 그리고 이렇게 고대에서 현·당대까지를 아우르는 경우가 전혀 없는 건 아니지만, 절대다수는 3분된 관행을 따르고 있는 상황이다. 또한, 중국에서는 1840년 아편전쟁시기부터 1919년 5·4운동까지를 이른바 '근대'라 따로 구분하고 이 시기 문학사는 『中國近代文學史』라 부른다. 이렇게 되면 고·금의 문학사는 고대·근대·현대·당대 네 가지가 된다.

10 이하 본문에서는 劉大杰의 『中國文學發展史』, 袁行霈의 『中国文学史』, 韦旭昇의 『朝鲜文学史』, 李岩 外의 『朝鲜文学通史』, 조동일의 『한국문학통사』는 각각 리우따지에, 위앤싱페이, 웨이쉬성, 이암, 조동일 등 저자 이름으로, 북한 사회과학원의 『조선문학사』는 '북한 15권본'으로 약칭하기로 한다.

당 세기를 명시했다.

이암은 상고시기 문학(고조선, 삼국시기), 통일신라시기 문학, 고려시기 문학, 조선조 전반기 문학, 조선조 후반기 문학 등으로 구분했다. 웨이쉬성이 상고와 삼국시대를 묶어 한 단위로 다룬 것에 비해 이암은 상고시기에 고조선시기와 삼국시기를 아우른 게 다르다.

조동일은 첫째시대 : 원시문학, 둘째시대 : 고대문학, 셋째시대 : 중세전기문학 제1기(삼국 · 남북국시대), 셋째시대 : 중세 전기문학 제2기(고려전기), 넷째시대 : 중세 후기문학 제1기(고려 후기), 넷째시대 : 중세 후기문학 제2기(조선 전기), 다섯째시대 : 중세문학에서 근대문학으로의 이행기 제1기(조선 후기), 다섯째시대 : 중세문학에서 근대문학으로의 이행기 제2기(1860년~1918년), 여섯째시대 : 근대문학 제1기(1919~1945) 등으로 구분했다. 원시문학에서 근대문학까지를 크게 여섯시대로 나누고 고대 · 중세 · 근대 식의 3분법을 쓰되 때로 이를 전 · 후로 세분하였고, 각 시기에 해당되는 왕조나 시대를 세분해 연결하는, 이른바 시대 변천, 갈래 등장, 문학담당층의 변화 등을 아울러 고려하는 다원적 구분 방식이다.

북한 15권본의 권별 구성은, 제1권 원시~9세기, 제2권 10~14세기, 제3권 15~16세기, 제4권 17세기, 제5권 18세기, 제6권 19세기, 제7권 19세기 말~1925년, 제8권 1926년~1945년(I), 제9권 1926년~1945년(II), 제10권 평화적민주건설시기, 제11권 조국해방전쟁시기, 제12권 전후복구건설 및 사회주의기초건설시기, 제13권 사회주의의 전면적건설시기, 제14권 사회주의완전승리를 앞당기기 위한 투쟁시기(I), 제15권 사회주의완전승리를 앞당기기 위한 투쟁시기(II) 등이다. 1945년 이전까지는 사회와 문학의 변화를 공유하는 해당 세기를 크고 작은 단위로 묶고, 1945년 이후는 사회주의 전개 과정에 따라 구분한 것이다. 조동일처럼 표제 자체에 고대·중세·근대를 명시하지는 않았지만, 세부 목차를 보면 이 문학사 역시 이 3분법을 준용했다고 볼 수 있다. 예컨대, 제1권 제2장 고대문학에 이어 제3장 삼국시기 문학의 제1절은 '봉건국가의 성립과 중세문학의 발생'이란 제목 아래 "우리나라 력사에서 고구려, 백제, 신라 등 세 개의 봉건국가가 세워지고 봉건사회가 발전하기 시작한 중세의 첫시기를 대체로 삼국시기라고 한다"(1 : 74쪽),[11] "삼국시기 조선문학은 고대문학과 구별되는 중세문학으로서의 새로운 특성을 구현하기 시작한 첫 단계의 문학이다"(1 : 93쪽)라는 식으로 설명했다. 이어 제7권 제1편 19세기 후반기~20세기 초 문학, 제1장 이 시기 문학 발전의 사회력사적 환경과 일반적 정형, 제1절 문학발진의 사회력사적 환경 부분 앞머리에서 "19세기 후반기~20세기 초는 우리나라에서 근대문학이 발생발전하기 시작한 력사적 시기이다"(1 : 4쪽)는 전제 아래 그 특징을 설명해나갔다.

한편, 리우따지에의 중국문학사는 개별 왕조 분기법이나 고대·중세·근대와 같은 3분법을 적용하는 게 아니라 주요 문체(장르)나 작가·작품 등을 장절의 표제로 삼아 시대 순으로 서술하는 방식을 취했다.[12] 위앤싱페이의 중국문학사는 제1권의 '총서론' 제3절 부분에서 시대구분 문제를 다루면서, 중국 고전문학사는 상고기上古期·중고기中古期·근

---

11 이하 각 문학사 내용을 인용할 때 해당 권수와 쪽수만 표시하며, 북한 15권본의 경우 원문 표기대로 인용하되 띄어쓰기만 일부 조정한다. 웨이쉬성과 이암의 한국문학사 내용은 이 글의 편폭 문제 등을 고려해 한국어 번역문만 제시하되 중국어 원문은 따로 게시하지 않기로 한다.

12 상권(上卷)은 '第1章 殷商社會與巫術文學'에서 '第15章 社會詩的興衰與唯美詩的復活'까지 총 15장 60여 절, 하권(下卷)은 '第16章 晩唐五代的詞'에서 '第30章 淸代的小說'까지 총 15장 70여 절로 구성되어 있다.

고기近古期 등으로 3분될 수 있는 바, 이러한 세 개의 큰 고대 시기는 다시 '칠단七段'으로 세분된다는 이른바 '삼고 칠단三古 七段' 구분법을 제시했다.[13] 이러한 '삼고 칠단' 분기법은 주로 문학 자체의 발전·변화를 중시해 문학 스스로의 발전 변화에서 드러나는 계급성을 밝히기 위한 것이며, 사회 제도의 변화·왕조의 교체 등 다른 조건들은 문학 발전·변화의 배경으로 간주한다고 했다. 요컨대, 문학 발전 변화를 시기구분의 근거로 삼고, 다른 조건들은 그 참고 사항으로 삼는다는 것이다. 그러나 이처럼 새로운 시대구분법을 제시했으면서도 이 문학사의 실제 작업, 즉 본문 내용은 선진문학·진한문학(이상 제일권)·위진남북조문학·수당오대문학(이상 제이권)·송대문학·원대문학(이상 제삼권)·명대문학·청대문학·근대문학(이상 제사권) 등 총 9편編으로 구분함으로써 왕조구분법으로 회귀하고 말았다. 그 이유에 대해 총론 말미에서 "'삼고 칠단' 관점이 비록 왕조분기법을 돌파하는 것이긴 하지만 우리는 왕조분기법이 오늘날 문학사 교수·학습과 연구에서 장기적으로 이뤄진 습관이기에 다루기에 여전히 편리하다고 여긴다. 게다가 조대가 교체할 때 때로 분명히 문학에 흥망성쇠와 변화를 가져오는 것이다. (…중략…) '삼고 칠단' 관점은 우리가 중국문학사 시기구분 문제를 다루는 하나의 새로운 시각이긴 하지만, 우리는 여전히 왕조분기법을 유지해(이 책을 4권 9편으로 구분한 것과 같이) 또 다른 시각으로 삼아 양자를 결합해 서로 보충해 장점이 드러나도록 하고자 한다"고 설명했다.(1 : 11~18쪽) 즉, 큰 틀로는 왕

13 그 구체적 분기 내용은 다음과 같다. 上古期 : 先秦两汉(西纪3世纪以前) 第一段 : 先秦, 第二段 : 秦汉; 中古期 : 魏晋~明中叶(西纪3世纪~16世纪) 第三段 : 魏晋~唐中叶(天宝末), 第四段 : 唐中叶~南宋末, 第五段 : 元~明中叶(正德末), 近古期 : 明中叶~"五四"运动(西纪16世纪~20世纪初期), 第六段 : 明嘉靖初~鸦片战争(1840), 第七段 : 鸦片战争~"五四"运动(1919).

조구분법을 따르되 본문 서술에서는 '삼고 칠단' 관점을 반영하는 이중적 방식을 운용하겠다는 것인데, 이는 중국에서 왕조구분법 관습이 얼마나 강력한 위치에 있는지를 새삼 확인해주는 대목이다. 이런 맥락에서, 남·북한에서 나온 두 문학사 공히 왕조 교체를 기준으로 삼는 전통적 구분법을 벗어나 새로운 시도를 적용한 것과는 다르게 중국 쪽 웨이쉬성과 이암의 문학사가 기본적으로 왕조구분법을 유지하되 고대·중세·근대 식 3분법 같은 통용방식조차 적용하지 않은 것은 이와 같은 중국학계의 오랜 관습과 무관하지 않다고 본다.

2) 정치 · 사회와 문학의 연계

문학사가 '문학의 역사'를 다루는 작업이라지만 오롯이 문학 자체의 변화 궤적 자체만 살필 수는 없는 노릇이다. 문화예술의 한 갈래로서 문학은 그것을 배태한 외부적 상황, 정치·사회·경제·사상 등 여러 요인들과 맞물리며 변화하기 때문이다. 이런 상관성을 전제한다 하더라도 실제로 문학 자체적 변화요인과 외부의 영향요인의 관계를 어떻게 파악하고 어느 쪽에 더 비중을 두는가 하는 문제는 저자에 따라 차이가 있을 수 있다. 중국의 경우, 1950년대 이래 새로운 사회주의 체제 아래서 한동안 상부구조로서의 문학은 철저히 사회·경제적 변화의 반영 내지 결과라는 이념을 담아내는 방식으로 문학사가 기술되었다. 그 가장 전형적인 틀은 각 시대마다 해당 시기의 정치·사회·경제·사상의 특징과 변화를 먼저 개술한 다음, 이에 따른 문학의 대략적 변화를 제시하고, 그런 전제 아래 세부 내용을 장·절로 나누어 살펴나가는 방식이 이어졌다. 요컨대, 각 시대마다 반드시 첫머리에 개술·개설 항목을 두고 문학 변천을 이끈 정치·사회 등 외부적 상황을 설명하는 방식을 취한다.[14]

웨이쉬성의 문학사는 상고에서 삼국시대까지, 통일 후 신라시기, 고려시기, 조선왕조시기 등 각 편이 시작될 때 '개설'에서 해당 시기의 문학 내·외의 변화를 약술했다. 이암 역시 상고시기, 통일신라시기, 고려시기, 조선조 전반기, 조선조 후반기 등 각 편이 시작될 때마다 '개술'에서 해당 시기 정치·사회의 여러 변화를 설명한 후 이에 따른 문학의 변화를 언급했다. 두 문학사의 편폭의 차이가 큰 탓도 있지만 웨이쉬성의 약술에 비해 이암의 설명은 매우 상세하고, 정치·사회 쪽 비중이 큰 편이다. '문학 본위'를 중시했던 당대 학계의 논의가 일정 정도 반영되었던 위앤싱페이의 경우와 대비되는 대목이라 할 수 있다.

그런데 이와 관련해 한 가지 흥미로운 점은 웨이쉬성은 한 작가의 작품세계를 설명할 때 사회비판이나 애민의식 등 현실적 의의가 있는 작품을 높게 평가하고 우선적으로 제시하는 경향이 강한 편인 반면,[15] 이

14 이런 방식 자체는 1950년대 와서 처음 마련된 것은 아니고, 그 이전부터 여러 나라에서 문학사 서술 시 두루 쓰이던 것이었다. 물론 리우따지에 문학사처럼 예외가 없는 것은 아니다. 이 책은 1940년대 초판은 물론 이후 수정본에서도 시대구분 없이 주요 장르나 작가·작품 등을 장절의 표제로 삼고 외부적 요인은 설명 내용 중에 포함시켜 서술하는 방식을 유지했다. 한편, 최근 문학사 서술에도 이 형식은 그대로 유지되지만, 이전에 비해 내부적·외부적 요소에 대한 설명의 비중 차이가 있는 편이다. 예컨대, 위앤싱페이의 경우도 각 시대 앞부분마다 '서론'을 두고 해당 시기 문학과 문학외적 변화를 설명하지만 정치·사회적 변화를 다루긴 하되 주로 문학의 장르·언어·표현방식·담당층·전달방식 등 자체적 변화를 중심으로 서술했다는 점에서 이전 '정치이념 중심 시대'에 문학 변화에 끼치는 외부적 요소를 거의 절대적인 것으로 강조했던 방식과는 다른 면모를 보인다. 이는 당시 '문학 본위'를 회복한다는 취지 아래 활발하게 전개된 '문학사 다시 쓰기(重寫文學史)' 논의가 반영된 결과라 할 수 있다.

15 이와 관련해 웨이쉬성은 2008년 수정본의 '出版前言'에서 "역사유물주의를 기본으로 삼아 한국문학발전의 역사과정에서 각 시기마다 민간생활을 반영하고 민생질고에 관심

암에게서는 그런 '정치적 표준'이 별로 보이지 않는다는 점이다. 예컨대, 이규보에 관한 내용을 보면, 웨이쉬성은 '애국애민시인 이규보'라는 제목 아래 "고려시기 가장 저명하고 시 가운데 민생의 질고, 국가 운명을 가장 잘 반영해낼 수 있었던 시인은 이규보이다"(83쪽)라고 강조했다. 그의 시세계를 설명하면서도 이런 시각은 줄곧 이어진다. "이규보는 창작실천에서 시가가 현실생활을 반영하도록 노력했고, 창작관점에서 실제내용의 근본적 의의를 강조했다. (…중략…) 이규보는 자신의 조국을 뜨겁게 사랑했기에 일찍이 26세에 조국의 유구한 역사에 대한 자부감을 가득 품고 유명한 장편서사시 「동명왕편」을 써냈다."(84쪽) "이규보는 봉건사회 속 하층인물—노동인민에게 깊은 동정심을 지녔기에 그의 작품 중에서 가장 귀중한 부분은 가난한 인민의 비참한 생활을 묘사한 시다."(86쪽) "전체 사회관이란 측면에서 보면 이규보가 지닌 것은 그저 사회개량주의적 태도에 지나지 않지만 한 사람의 시인으로서 그는 봉건사회 속 추악한 현상에 대한 반감은 매우 강렬했다."(89쪽)

이에 비해 이암은 이규보의 시세계를 전기·중기·후기로 나눈 후 먼저 32세 이전 전기 시가의 내용을 조국에 대한 사랑과 민족 자부심을 표현한 것, 나라에 보답하려는 장지를 펼친 것, 회재불우한 고민을 표현한 것 등 세 가지로 구분해 설명했다.(356쪽) 다루는 작품은 웨이쉬성과 비슷하지만 해설 언어의 어기語氣는 훨씬 차분한 편이다. 이처럼 두 문학사에서는 서술시각 면에서 1950년대 이래 '정치표준'이 '문학표준'을 압도하던 추세의 자장磁場이 여전히 지속되던 1980년대와, 그에 대한 반성적 논의가 진행된 후인 2010년대라는 출간 시점의 차이가

을 두거나 애국사상을 구비한 문학작품을 애써 긍정적으로 다루었다"고 밝힌 바 있다.

확인된다.

한편, 조동일의 경우엔 고대·중세·근대 식 3분법과 각 왕조를 결합하면서 다시 세분하는 시대구분법을 썼지만 이러한 구분의 기준은 문학 갈래·담당층의 변화를 우선적으로 고려한 것으로, 이와 연관되는 정치·사회적 시대 변화 내용을 따로 분리해 내세우지 않고 본문 속에서 함께 언급하고 있다. 전체 체제는 서로 다르지만 상술한 리우따지에의 방식과 비슷한 맥락이라 하겠다. 북한 15권본의 경우엔 '개설'이나 '개술'이란 표제는 달지 않았지만 각 시대가 시작될 때마다 그 시기 사회역사적, 문화적 배경을 자세히 제시한 후에 이에 상응되는 문학 현상을 언급하는 방식을 취했다. 같은 사회주의 체제인 중국에서 나온 문학사의 방식과 기본적으로 같은 유형인 셈이다.

3) 중국문학과의 관련성

전통시기에 한국·중국·일본 등 동아시아 나라들은 한자문명권이자 유교문화권(혹은 유·불·도문화권)이라는 공통성 아래 상호 빈번한 정치적·문화적 교류와 갈등이 어우러진 역사를 지속해왔다. 그렇다면 고전문학 시기를 다루면서 각 문학사는 외국문학사로서 또는 자국문학사로서 같은 한자문명권에 속했던 한국과 중국 두 나라 사이의 문학·문화적 교류를 어떤 식으로 파악하는가. 이에 대한 시각을 주목하게 되는 것은 문학사의 객관성 내지 균형성과 관련되는 문제이기 때문이다.

웨이쉬성은 1980년대에 출간한 『조선문학사』(1986)를 2008년에 『한국문학사』란 서명으로 수정 출간하면서 앞머리 '출판전언出版前言'에서

"중국과 관련된 문학현상에 대해서도 적절하게 부가 설명했다"고 언급한 바 있다. 중국학자로서 한국문학을 다루면서 자국과 관련된 사항을 당연히 고려했다는 의미다. 이와 관련해, 그는 2000년에 출간한 『웨이쉬성문집韋旭昇文集』(中央編譯出版社, 2000, 전6권)의 '작자자서作者自序'에서도 외국문학인 한국문학을 연구해온 자신의 입장을 비교적 상세히 언급한 바 있다. 즉, 저자는 자신이 조선학(한국학) 연구에 종사했던 과정을 회고할 때 자각적이든 아니든 '입족중국立足中國' 방침을 실천해왔음을 발견했다고 했다. 자신이 상대하는 것은 외국문화인 조선(한국)의 언어와 문학이지만 이를 연구할 때 항상 '이곳'을 잊지 않고 '난 중국인으로서 외국문화를 만나는 것'이라 생각해왔다는 것이다. 이런 맥락에서 문학사를 쓸 때도 늘 중국인으로서 어떤 태도로 우리문학과 밀접한 관계를 맺어온 이웃나라 문학유산을 대할 것인가를 생각했다고 했다. 조선문학의 발생·발전은 조선민족의 내재적 요구와 그들 자신의 노력으로 실현한 것이니 거기 반영된 것 또한 그 인민과 사회 자체의 사상의식과 감정·인식, 그 자신의 여러 상황·현상이다. 언어와 체제는 수단에 지나지 않을 뿐 타국 문화는 본보기나 '영양營養'일 뿐이라는 생각에서 『조선문학사』를 쓸 때 꼭 필요한 경우가 아니면 중국문학의 영향 문제를 최소한으로만 언급한 반면 문학작품 속에서 중국(인물·경물·학파 등등)을 묘사한 경우에는 명확히 서술하거나 심지어 별도 항목으로 나누어 논술했다는 것이다.

저자의 이런 관점은 한문문학에 대한 설명에서도 잘 드러난다. "한문은 조선에서 차용된 외국 서면어였지만 고대 조선인이 한문으로 써낸 작품은 완전히 조선사회 자체의 산물로서 조선사회의 여러 실제 정황을 반영했기에 조선의 사회의식형태 범주에 속한다. 유럽 중세기에 일부 국가 작자들이 라틴어로 써낸 작품이 그 나라의 문학에 속하는 것과 마찬가지로 고대 조선인이 한문으로 써낸 문학작품은 완전히 조선문학의 보고에 속하며 조선문학발전사상의 진귀한 유산이다. 이러한 특수 상황을 고려하면 조선 고대문학은 사용언어의 차이에 따라 한문문학과 조선국어문학 두 가지로 구분해볼 수 있다."(2728쪽)

"중국과 관련된 문학현상에 대해서도 적절하게 부가 설명했다"는 말처럼, 웨이쉬성의 『조선문학사』에는 한국문학을 설명하면서 중국문화·문학과 비교하거나 대비시키는 대목이 적지 않게 등장한다. 예컨대, 비형鼻荊 전설을 중국 단오절에 사기邪氣를 물리치느라 붙이는 종규상鍾馗像과 비교한다든지(13쪽) 무영탑 전설에서 중국의 맹강녀 전설을 언급한다.(43쪽) 고려 중기 해좌칠현海左七賢을 설명하면서 중국의 죽림칠현을 모방한 것이라 설명하고(77쪽), 이인로가 중국에 가서 그곳의 자연풍광을 묘사한 시 「소상야우瀟湘夜雨」를 특별히 언급하며(79쪽), 이규보가 중국 전적에 밝고 중국문학을 좋아했기에 그의 시에 굴원·도연명·이백·두보·백거이·소동파와 같은 시인이 자주 등장함을 지적했다.(94~95쪽) 이제현은 중국에서 오랫동안 거주했기에 중국 산천풍경·역사인물을 노래한 시·사가 많아 "중국독자로 하여금 한층 친밀감을 느끼게 하며, 중·조 문화교류사에서 독특한 지위를 지닌다"(96쪽)는 전제 아래, '중국과 관련되는 시'를 따로 한 절로 나누어 다루었다.(105~108쪽) 고려 만기晩期의 시를 다루면서 "고구려·백제·통일 후 신라와는 다르게 고려왕조는 시종 중국대륙의 한인정권 송조와 우호적 관계를 유지했다. 여진·몽고가 송조를 침범하고 송조 국세가 쇠약해졌어도 송에 대한 고려의 우호적 태도는 전혀 영향 받지 않았다. 게다가 앞 시기 왕조에서 한문화 학습을 크게 제창했던 데서 더 나아가 고려 문인사대부는 한층 중국의 전적을 중시했다. 그리하여 조·중 우의를 표현하고 중국 역사인물과 명승고적·문화를 언급한 시편이 적지 않게 등장했다. 이는 이규보와 이제현 두 대시인의 시에서 매우 두드러지게 표현되었고, 고려만기의 일반 시인 작품에서도 이런 내용이 자주 등장했다"(118쪽)고 강조했다. 고려시기에 시조가 출현한 원인을 설명하면서는 음악성이 풍부해 쉽게 노래할 수 있는 중국의 송사가 전래된 것과 관련이 있고, 새로운 노래 체제인 원곡의 영향도 외부적 원인이었다고 여겼다.(148쪽, 수정본 147·167쪽 등에서 보충) 가전체산문 부분에서는 이를 소품문으로 지칭하면서 그 출현의 외부적 요인으로 중국 당송산문과 소품문의 발전을 언급했고(162쪽), '패설체문학'을 설명할 때는 중국 『한서·예문지』에서 나온 고대 패관야사 개념과의 이동異同을 비교했다.(168쪽) 박지원 『열하일기』는 "조선의 귀중한 문화유산일 뿐만 아니라 외국독자가 18세기 중국의 정치·경제·교통·상업 등 여러 방면의 상황을 이해하는 데 도움이 된다"(395쪽)고 강조했다. 조선 후기 위항시인의 『소대풍요昭代風謠』 등 '풍요시집風謠詩集'을 설명하면서 '풍요'라는 말을 쓴 것은 적절치 않다고 지적하면서, 그 이유는 중국문학에서 '풍'은 민가를 가리키는데 양반사대부가 아닌, 관직이 없거나 낮은 '위항인'일지라도 '중인中人'에 속하는지라 그들이 받은 교육과 세계관은 기본적으로 양반사대부 범위에 있고, 그들의 사회적 지위 또한 수공업자나 노동·농민과 크게 구별된다는 점에서 이들이 지은 시를 '풍요'라 지칭한 것은 적합하지 않다는 것이다. 일부 문학사에서는 민간풍토나 인정세태를 묘사한 시를 '풍요'라 지칭하는데 이 또한 타당치 않다고 지적했다. 일부 사대부들도 민간의 풍속을 소재로 시를 썼는데, 이들 작품은 민가 자체가 아니기에 '풍요'라 부르지는 않는다는 것이다. 이 때문에 자신은 본문 설명 중에 이 단어를 쓰지 않겠다고 했다.(415~416쪽) 풍요를 쓴 작자의 계층 문제를 따져볼 때 이는 『시경』 속 민가 '(국)풍'과 엄연히 다르기에 명칭 자체가 적합지 않다는 지적이다. 이는 논란의 여지가 있는 대목이긴 하지만,[16] 어쨌든 '풍요'를 설명하면서 중국 『시경』에서 나온 '풍'의 원의原義와 비교한 대목이 주목되는 것이다.

한편, 이암은 『조선문학통사』 '서'에서 "조선은 우리와 수륙이 인접한 이웃이어서 오랫동안 중국문화와 문학의 영향을 받긴 했지만 최종적으로는 자신의 완전한 독립된 역사문화를 구비한 동양의 오래된 나라로, 자신만의 독특하고도 겹치지 않는 사상문화를 보유하고 있다"(2쪽)고 지적한다. 그러나 '서론' 부분에서는 "우리가 조선 고대문학의 역사를 논술하고 연구할 때 절대 잊지 말아야 할 것은 중국 역대 문학이 끼친 깊은 영향이다. 상술한 바와 같이 조선 고대문학은 한문학과 국어문학이라는 두 방향에서 발전했는데, 이 가운데 한문학은 조선 역대 왕조에서 공인하는 정통문학이었다. 조선의 한문은 일본 한문학과 마찬가지로 위로부터 아래까지 표면에서부터 이면까지 중국 역대 문학의 영향의 흔적을 뚜렷하게 드러내고 있다. 문학형식 면에서 중국 역대 시가·산문·소설 등 거의 모든 예술장르가 조선에 흡수되고 운용되었고, 한문학의 전체 예술형식을 이루었다. 문학내용 면에서는 중국 역대 문학의 기본정신·현실비판 의식·심미창조 형식·의미구조 등 모든 면에서 심각한 영향을 끼쳤다. 문학가 군락 면에서는 중국 역대의 굴

16 '풍'이 원래는 민간에서 수집한 민가를 가리켰지만 후대에는 '민가'는 물론 '민가체로 쓴 시'란 의미로 범위가 확장되었다고 볼 수 있다. 비슷한 예로, '악부시'는 한대에 악부라는 관청에서 수집한 시, 즉 '민간악부시'로 출발했지만 이후로는 문인들이 그 체제를 따라 쓴 '문인악부시'도 포괄하게 된다. 즉, 담당층 여부를 떠나 시체(詩體)의 명칭으로 쓰인 것이다.

원 · 조비 · 죽림칠현 · 도연명 · 이백 · 두보 · 백거이 · 한유 · 유종원 · 구양수 · 황정견 · 소식 · 왕안석 · 육유 · 명대 전후칠자 · 오경재 등 작가들이 조선 각 시대 작가에게 깊은 영향을 끼친 바 있다. 그 중 이백 · 두보 · 소식과 같은 일부 작가는 조선에서 일군의 숭배자와 독자군이 있었고, 중국 고대의 초사 · 시경 · 사기 · 문선 · 서상기 · 삼국연의 · 서유기 · 수호전 · 유림외사 · 요재지이 등 작품은 조선 역대 문학가와 각계각층 인사들로부터 환영과 애호를 받았다"(13쪽)고 강조했다. 이처럼 중국문학의 심대한 영향을 상세하게 거론한 후 다시 "문학은 영원히 비판과 계승 과정에서 운동하고 발전하는 것이다. 주목할 점은 조선 한문학일지라도 그것은 본토의 역사문화 토양에서 건립되고 발전한 것이고, 중국의 각종 문학양식을 차용한 토대 위에서 자신의 민족생활 · 사상 감정 · 심미정취를 반영한 것이며, 거기에 담긴 것 또한 자기 민족의 희로애락 · 생활이상과 미래에 대한 신념인 것이다"(14쪽)고 마무리했다. 이처럼 저자는 한편으로는 중국이 끼친 영향 측면을 고도로 강조하면서도 다른 한편으로는 조선 자체의 민족적 특징을 강조하는 이중 방식을 취하고 있다.

이런 전제하에 이 책은 전체적으로 중국문화 · 문학이 한국문학에 끼친 영향에 대해 다양하게 제시한다. 이 관점은 상고시대 고조선시기를 다룬 부분부터 줄곧 여러 형태로 강조된다. 이 시기 중국에서 전입된 철기문화가 고대 조선사회 내부구조의 변화를 가속화했다는 점, 중국 전국시대 후기의 계속된 전란과 북방 흉노족의 침입 때문에 연나라 등 인민이 조선으로 이주했고, 그 뒤 신한 교체기와 한초 내란 속에서 수많은 중국이민이 다시 조선으로 들어오면서 선진적 철기문화를 가져와 상대적으로 낙후했던 조선이 신속하게 중국문화권 속으로 진입하게 되었다는 점(22쪽), 고구려·옥저 등 새로운 국가가 건립된 시기에 조선반도의 역사문화 발전에서 주목해야 할 요소는 중국문화의 적극적 영향이라는 점(23쪽) 등등이다. 또한, 특별히 중국과 한국의 문학교류를 중시했기에 이제현과 중국 문인들과의 교류를 주목했고(399~400쪽), 고려시대부터 조선시대까지 '사절'에 따른 문학성과를 중시해 '제3편 제7장 고려말엽 사절문학과 정몽주의 사행시', '제4편 제4장 조선조 전반기의 사절문학'을 많은 편폭으로 서술했다. 이 외에도 한국문학을 설명하면서 중국과 연결시키는 부분들이 다양하게 등장한다.[17]

이처럼 웨이쉬성과 이암은 각기 서술방식은 다르지만 공히 중국문학과 한국문학의 교류 관계, 특히 중국문학이 한국문학에 제공한 여러 영향 측면에 주목하면서도, 이를 중국 쪽의 일방적 영향으로 강조하지 않으려고 조심스럽게 접근하는 편이다. 두 나라 문학의 교류 양상을 주목하는 일은 중국학자로서 당연한, 자연스러운 측면이지만, 중화중심주의를 경계하는 태도를 유지한 점이 주목된다.

17 그 주요 내용은 통일신라시기 「무영탑」과 중국 맹강녀 전설 비교(118쪽), 「최치원전」 속의 '쌍녀분' 장시와 백거이가 전기 「장한가전」을 위해 쓴 '장한가'의 異同 비교(249~250쪽), 고려 해좌칠현의 위진시대 죽림칠현 모방(324쪽), 김극기 「醉時歌」와 이백 「행로난」 등 시의 異同 비교(337쪽), 『신라수이전』과 중국 위진남북조 지괴소설과의 관계, 의인전기체산문(가전체)과 중국 당대 전기소설의 異同, 조선조 전반기소설의 등장에 끼친 중국소설의 영향(792~794쪽), 『홍길동전』과 『수호전』의 비교(840~841쪽), 『구운몽』과 중국 몽환형 전기소설의 비교(867~868쪽), 중국 악부 전통과 조선 악부의 異同 비교(1081쪽), 중국 명청소설이 조선 후기 국문소설에 끼친 영향(1129쪽), 중국 통속문학과 조선 번안소설의 관계(1138쪽), 판소리와 중국 화본소설의 異同 비교(1195~1196쪽), 중국 산문·고문 개념과 조선 산문 전개 과정의 비교(1315~1317쪽) 등이다.

3. 장르의 구분과 개념

한국문학의 여러 장르를 어떻게 구분하는가 하는 문제를 두고 국내 학계에서는 근래 다양한 논의가 진행되어왔고, 특히 조동일은 '자아'와 '세계'의 관계 양상을 토대로 시가 · 소설 · 희곡 · 교술 등으로 큰 갈래를 설정한 후 여기에 속하는 각 하위 갈래의 특징을 비교, 설명한 바 있다. 장르구분 문제는 한국문학이 다른 나라 문학과 공유하는 일반적 성격과 특정 장르의 자체적, 독립적 성격을 고려해 그 귀속 문제를 규정하는 중요한 논의라 할 수 있다. 이런 전제 아래 각 문학사에서 장르의 개념과 구분 문제를 다룬 시각을 비교해 보기로 한다.

1) 신화와 전설

리우따지에의 『중국문학발전사』는 초판에서는 신화 부분을 아예 언급하지 않다가 1957년 수정본에 와서 '제1장 은상사회와 무술문학' 말미에 '부론 일-고대의 신화전설附論一-古代的神話傳說'이란 제목으로 새롭게 보충해 넣었는데, 그 주요 내용은 이러하다.

> 신화는 초민(初民)의 자연현상에 대한 해석으로, 인류의 자연계와의 경쟁을 반영한다. 우주 개벽, 인류 기원, 홍수 치수, 태양신 · 화신 등은 신화고사의 중요 내용이다. 전설고사는 비교적 늦게 등장했는데, 대부분 고사(古史) 사적과 영웅 행위를 서술한다. 후대에 이르러 신화 · 전설 고사

는 이리저리 전해지는 과정에서 신화 중의 신은 인간으로 변하고, 때로 전설 속의 인간 또한 신으로 변화해 신화와 전설이 뒤섞이게 되었다. 신화와 전설이 이렇게 뒤섞이자 양자의 경계를 분명하게 나누기 어렵게 되었다. 중국 고대의 신화자료는 이런 상황이 특히 두드러진다. (…중략…) 신화의 생산은 결코 근거없는 창조가 아니며, 생활과정과 생존경쟁의 현실 기초 위에서 만들어진 것이다. 이런 의미에서 포이에르바하는 '인간이 바라는 바에 따라 그들의 신은 그런 모습이 된다.(『종교의 본질』)'고 말한 바 있다. 중국 신화는 후대 소설 · 희곡 등의 중요한 소재가 되었다. 마르크스가 '그리스 신화는 그리스 예술의 보고일 뿐만 아니라 그리스 예술의 토양이다'라고 말한 것과 같은 맥락이다.(13~14쪽)

새로 건국된 중화인민공화국에서 견지하는 사회주의 이념의 지배 아래 자신의 건국 전 저서 내용을 수정해야 했던 상황이었기에 저자는 유물론적 관점으로 신화를 설명하면서 포이에르바하와 마르크스의 언급을 인용하기도 했지만 그 논조가 극단적이거나 교조적인 것은 아니었다. 특히 중국에서 신화와 전설은 혼합된 상태라 구분하기 어렵다는 특징을 지적했는데, 이후 중국의 문학사나 소설사에서는 이처럼 신화 · 전설을 하나로 묶어 설명하는 게 통례가 되었다.

이후 30년이 지나 출간된 웨이쉬성의 『조선문학사』에서는 신화를 이렇게 설명하고 있다.

신화란 그 근본적 의미를 따져보면 사회현실의 반영이다. 고대 인류의 자연계에 대한 인식의 한 가지이자, 그들이 자신의 이상을 표현하고 기탁한 형식이다. 마르크스가 말한 바처럼 고대 신화는 '인민의 환상 속에서 자각하지 못하는 예술방식으로 가공해낸 자연계와 사회형태다'. 직관적 · 피동적으로 현실을 반영하는 것 외에 고대인은 대부분 신화 속에서 자신들의 풍부한 상상으로 객관현실에 대한 이해의 부족을 보충해냈다. 이 때문에 고대 신화는 일정 정도 현실주의 요소를 담고 있으면서 동시에 농후한 낭만주의 색채를 지니게 된다. 조선의 고대신화 또한 마찬가지다.(4쪽)

리우따지에가 인용했던 것과는 다른 부분이지만 역시 마르크스의 신화에 대한 언급을 끌어왔다. 사실 마르크스가 규정한 이 신화 개념은 사회주의 국가인 중국에서 신화를 설명할 때면 거의 예외 없이 인용되는 말이다. 1990년대에 출간된 위앤싱페이의 『중국문학사』의 경우, "신화는 원시 선민이 사회 실천 중에서 창조해낸 것으로, 그 내용은 자연환경과 사회환경의 여러 측면을 아우르고 세계의 기원과 인류의 운명을 포함하며, 사람들에게 '자연과 인류 운명의 교육적 의미가 풍부한 이미지'(웰렉 · 워렌, 『문학의 이론』 중역본, 1984.11 제1판, 206쪽)를 힘써 보여주고자 한다. 신화는 고사 형식으로 원고遠古시대 인민의 자연 · 사회현상에 대한 인식과 기원祈願을 표현한 것으로, '인민의 환상을 통해 자각하지 못한 예술방식으로 가공해낸 자연과 사회형식 자체이다'(『마르크스 · 엥겔스선집』 제2권, 인민문학출판사, 1972년 5월 제1판, 113쪽)"(1 : 38쪽)고 설명했다. 그동안 금과옥조처럼 인용해온 마르크스의 정의를 여전히 제시하면서도 이러한 사회주의 미학과는 일정한 거리가 있는 문학비평가 웰렉의 말도 함께 인용한 것이 새롭다. 정치적 개방 · 개혁 정책 속에서 이루어진 학문적 변화인 셈이다.

위앤싱페이의 중국문학사가 나온 지 20년쯤 뒤에 출간된 이암의 『조선문학통사』에서는 신화를 이렇게 설명하고 있다.

> 신화는 인류 원시시기에 생겨났다. 당시 사회생산력은 매우 낮았고 사람들의 인식수준은 유치한 단계에 처해 있었기에 과학적으로 복잡한 자연현상과 인류 자신을 해석할 수 없었다. 신화의 성질에 대해 마르크스는 '어떤 신화라도 상상으로, 상상을 빌어 자연력을 정복하고 지배하며, 자연력을 형상화한다'고 지적하였다. (…중략…) 신화의 내용은 대개 기기묘묘하거나 황탄하지만 결국엔 당시 사람들이 '자연력을 형상화한' 결과인 것이다. 그러나 당시인의 이러한 '형상화'는 결코 의식적인 예술 가공이 아니었다. 그러므로 마르크스는 또한 신화는 '인민의 환상을 통해 자각하지 못한 예술방식으로 가공해낸 자연과 사회형식 자체다'(「정치경제학비판 · 도언」, 『마르크스 · 엥겔스선집』 2, 인민출판사, 1972, 113쪽)고 했다.(38쪽)

이처럼 21세기에 들어와서도 중국에서 출간된 문학사에서는 신화에 대한 마르크스의 정의가 여전히 중시되고 있음을 살필 수 있다.

북한의 15권본 『조선문학사』에서 신화에 관련된 내용을 골라보면 다음과 같다.

> 신화는 자연과 사회에 대한 원시인들의 제한된 인식과 표상, 그에 기초한 신앙심과 종교적 관념에 의거하여 엮어진 설화의 초기 형태이다. 이러한 의미에서 원시문학의 기본형태는 가요와 신화였다고 할 수 있을 것이다.(1 : 19쪽)

> 설화의 가장 오랜 형태로서의 신화는 자연과 사회, 인간생활의 모든 현상들을 일종의 신앙심으로부터 출발하여 자기류대로 인식하고 해석하였던 원시주민들의 사고와 그에 기초한 환상적 표상에 의하여 꾸며진 이야

> 기이다. 따라서 신화는 원시주민들의 실천활동에 기초하면서도 주로 사상정신생활에 밀접히 련관되여있으며 그의 종합적인 반영이였다고 할수 있다. 신화발생의 사회력사적 조건과 과정으로 볼 때 원시단계의 사람들은 아직 자신과 주위세계를 완전히 갈라보지 못하였고 인간과 주위세계의 련관도 알지 못하였다.(1 : 26쪽)

이 내용에서 우리는 두 가지 특징을 지적할 수 있다. 하나는 같은 사회주의체제에서 나온 저작이지만 중국처럼 마르크스의 '경전적'인 신화 규정을 내세우지 않는다는 점, 다른 하나는 신화를 더 큰 갈래인 설화의 한 부분으로 설명한다는 점이다. 이때 설화의 갈래적 특징은 무엇인가? "일반적으로 설화라고 할 때 일정한 줄거리가 있고 예술적 허구의 도움 밑에 엮어지는 하나의 완결된 이야기를 말한다."(1 : 45쪽) "이러한 의미에서 설화는 보통 사람들 사이에 주고받으며 전개되는 이야기와 구별되는 구전문학의 한 형태로 된다. (…중략…) 여기에 서사문학인 산문과 구별되는 구전문학형태로서의 설화의 특징의 하나가 있다고 할 수 있다."(1 : 46쪽) 그리하여 이러한 설화라는 큰 갈래 속에는 신화와 함께 전설·민담 등 하위 갈래가 포함된다고 여긴다.[18]

한편, 조동일은 자아와 세계의 개입 여부나 상호 관계를 통해 문학 갈래를 크게 서정, 서사, 희곡, 교술로 나눈다. 서정은 작품외적 세계의 개입이 없이 이루어지는 세계의 자아화이고, 교술은 작품외적 세계의 개입으로 이루어지는 자아의 세계화이며, 서사는 작품외적 자아의 개

---

18 "설화는 그 형태와 류형에 따라 여러가지로 구분된다. 그러나 대체로는 형태적 측면에서 류형에 따라 크게 신화, 전설, 민담, 동화, 우화 등으로 갈라보는 것이 보편적이라고 할 수 있다."(1 : 46쪽)

입으로 이루어지는 자아와 세계의 대결이고, 희곡은 작품외적 자아의 개입없이 이루어지는 자아와 세계의 대결이라는 것이다.(1 : 20쪽) 이 가운데 서사에 속하는 설화에는 신화, 전설, 민담이 포함된다. 신화는 자아와 세계가 동질적이거나 상호 보완적인 관계를 지닌 갈래다.(1 : 86쪽) 전설은 자아와 세계의 대결을 세계의 우위에 입각해서 다투기 때문에 자아의 패배를 귀결로 삼으며, 합리성을 추구하다가 더욱 큰 불합리에 부딪히고 마는 이야기다.(1 : 88쪽) 민담은 자아의 우위를 전제로 한 자아와 세계의 대결이어서 자아의 가능성을 제시한다.(2 : 460쪽)

이처럼 북한의 15권본 『조선문학사』나 조동일의 『한국문학통사』에서는 신화, 전설, 민담 등을 설화라는 큰 갈래로 묶고 그 갈래적 차이를 구체적으로 상론하고 있지만, 중국에서 나온 두 한국문학사에서는 이런 갈래적 구분이 거의 없는 편이다.

2) 산문

'산문'이란 명칭을 장르 개념으로 사용하자면 상당히 애매해질 수밖에 없다. 운문과 산문이라는 양분법에서 전자는 율격을 사용한 글을, 후자는 그렇지 않은 글을 가리킨다고 보면 그 범위는 매우 광범하게 된다. 동아시아 한문문화권의 전통적 문학관에서 시·문이란 병칭은 바로 이런 맥락에 있다고 볼 수 있다. 이 경우, '문'은 경·사·자·집 또는 문·사·철 전적 속의 '시가'를 제외한 각양각색의 산문을 두루 포함한다. 실제로 초창기 중국문학사에서는 이러한 전통적 문학관을 견지하며 경·사·자·집 또는 문·사·철의 다양한 글들을 두루 포함시켜 언급하기 일쑤였다. 1920년대 이래 신문학 운동의 전개와 더불어 서양의 문학 개념·범주가 수용되면서 여러 논자들이 이러한 잡박한 문학 관념을 비판하면서 이른바 '순문학' 개념으로 문학사를 써야 한다고 주장하게 된다. 문학 작품이 아닌 것들을 문학사 범주에서 다뤄서는 안된다고 강조하며 산문 형식의 글들 대부분을 문학사 범주 밖으로 배제한 것이다. 그런데 다른 장르는 몰라도 산문 범주에서 문학과 비문학의 구별 문제는 결코 간단한 일이 아니었다. 일단 예술적 형상이나 수사가 이루어진 경우만 문학—산문으로 규정한다고 하더라도 그 정도와 비중의 판별은 매우 주관적일 수밖에 없기 때문이다.

1940년대에 출간된 리우따지에의 『중국문학발전사』는 초창기 전통적 잡문학관과 이에 대한 비판으로서 1920~1930년대 순문학관의 대립 과정을 염두에 두면서 이 문제를 독특하게 처리했다. 즉, 저자는 일단 잡문학관의 구습에서 탈피해 논의 범주를 신화·시가·산문·소설·희곡 등으로 한정하는 한편, 산문의 경우엔 선진 산문을 '역사歷史산문'과 '철리哲理산문'으로 구분하면서, 이들 산문이 시가를 이어 출현할 수밖에 없었던 것은 시대적·사회적 원인과 배경이 있음에도 불구하고 "대다수 문학사에서 이 시기 산문을 그저 역사·철학의 재료로만 간주하고 문학사에서 함부로 제거해버리는 것은 지나친 일"[19]이라고 지적했다. 시대 상황과 장르 교체라는 시각에서 이들을 '문학산문'으로 여겨야 할 이유를 밝힌 것이다. 물론 그 주장의 근거에 대해서는 여전히 논란의 여지가 있지만, 적어도 이러한 이론적 논의를 근거로 문학

19 "許多人研究文學史的時候, 在這一時期只集中注意力于韻文的詩騷, 而把這時代發展起來的散文, 只看作是歷史哲學的材料, 從文學史上强暴地割去的事, 實在是大膽之極." 劉大杰, 앞의 책, p.40.

(사) 범주를 규정한 점은 주목할 필요가 있다. 그리고 그의 이러한 시각은 이후 중국문학사에서 지금까지도 큰 변화 없이 이어지고 있다.

이런 전제 아래 중국학자들이 한국문학사에서 산문을 처리한 방식을 살펴보면, 웨이쉬성은 한문 산문 가운데 '문학성이 비교적 강한' 쪽을 고려하지만 그렇다고 그런 기준을 포용과 배제의 절대적 기준으로 삼는 것은 아니다.[20]

이암 역시 산문의 장르로서의 개념이나 특징 문제에 그다지 주목하지 않는다. 그는 통일신라시기문학에서 강수·설총·녹진·혜초 등의 작품을 '산문'이란 제목 아래 설명하면서 따로 그 장르적 특징을 언급하지 않았다. 물론 그 역시 '문학산문'과 그렇지 않은 실용적 산문의 차이를 아예 고려하지 않은 것은 아니다. 고려시대 산문의 개황을 설명하면서 "이들 문장에는 공문·생활용 문장과 같은 응용문도 들어 있고 문학산문과 일정한 문학성을 지닌 유기·일기·논설문 등도 들어 있다"(484쪽)고 언급한 대목이 그런 예다. 그러나 전반적으로 볼 때 문학산문과 비문학산문의 경계를 따져가며 서술한 것은 아니다.

북한 15권본 『조선문학사』에서는 연대기, 즉 사서와 같은 형식을 '서사적 산문'으로 규정하며 여기에서 우화, 여행기, 수이전체 등 '예술적 산문'이 분리되어 나왔다고 설명했다.(1 : 174쪽, 1 : 212쪽) 특히 『수이

20 "한문은 정무·외교에 쓰였고, 다음으로는 역대 왕조 흥망을 기록하는 사서에 쓰였다. 그 중 문학성이 비교적 강한 일부 산문작품은 사서이다."(28쪽) "현대인의 '문학'이란 단어에 대한 이해와 요구 면에서 보자면 이상 열거한 비지·서한 등은 문학성이 결코 강한 편이 아니다. 이들 부스러기 작품은 결국 삼국시기 조선 문인 사대부가 한문자를 사용한 능력의 표지라 할 수 있으며 우리로 하여금 당시 서면문학의 하나로서의 산문의 일부 측면을 볼 수 있게 한다."(31쪽) "통일신라시기에 산문문체가 발전을 이루었다. 특히 인물전기·우언·유기·傳奇와 같이 일정한 형상과 예술성을 갖춘 산문작품이 등장하기 시작했다."(41쪽)

전』의 '쌍녀분' 고사를 '수이전체산문'이란 독립적 명칭으로 설정한 것도 독특한 대목이다. "7세기 후반기~9세기에 나온 예술적산문 가운데서 형상구성의 새로운 경지를 열어놓은 것은 수이전체이다. 수이전체 작품은 당대의 현실이 제기하고 있는 문제들을 환상적 수법으로 반영하고 있는 개별적인 작가들의 예술적창조물이다. 이로부터 수이전체 작품들은 구전설화적 요소를 다분히 가지면서도 인간형상들이 개성적으로 보다 구체성을 띠고 창조되며 현실생활에 대한 작가의 립장과 미학적 리상도 뚜렷이 표현된다. 수이전체 작품들은 주인공의 설정과 시간구성에서 대체로 살아있는 사람과 죽은 사람을 등장시키고 그들간의 관계를 통하여 이야기줄거리를 펼쳐나가는 것으로 특징적이다. (…중략…) 이 시기에 창작된 수이전체 작품들 가운데서 대표적인 것은 최치원이 창작한 것으로 인정되는 「쌍녀분(두 녀자의 무덤)」이다."(1 : 279~280쪽) 이처럼 이 문학사는 산문이라는 큰 갈래 아래 서사적 산문, 예술적 산문, 수이전체 산문 등 하위 갈래를 설정해 그 특징을 자세히 규정하고 있다. 한편, 조동일의 경우, 서정 · 서사 · 희극 · 교술이라는 4분법 아래 산문 형식의 글은 주로 서사나 교술 갈래에서 개별적으로 다루며, 전체적으로 '산문'을 갈래의 명칭으로 쓰지 않는다.

이처럼 중국과 한국의 문학사에서 문학적 문장과 비문학적 문장이 뒤섞여 있는 산문 형태를 처리할 때 그 구분 기준과 범주를 설정하는 문제를 두고 적지 않은 논란이 이어지는 상황인데, 웨이쉬성과 이암의 문학사에서는 이 문제를 구체적으로 다루지 않는 편이다. 이 역시 이 문제에 관한 중국 자국문학사의 관례를 따랐기 때문이라 할 수 있다.

3) 전기傳奇문학

북한 15권본 『조선문학사』에서 『수이전』을 예술적 산문의 하나인 '수이전체산문'으로 규정했지만, 사실 이 작품집이나 「쌍녀분」 등 개별 작품의 장르적 성격에 관해서는 아직도 다양한 논의가 이어지고 있는 실정이다.

웨이쉬성의 경우, '제2편 통일후의 신라시기의 문학, 제2장 산문의 발전' 부분에서 '제2절 전기문학-『신라수이전』'이라 제목을 달고, 그 성격을 당대 전기문학과 동일한 것으로 설명했다.(47쪽) 요컨대, 『신라수이전』은 소설의 전신인 '전기문학'이라는 것이다.

이암은 『신라수이전』을 독립된 장으로 설정해 상세히 다루면서 "신이神異 색채를 전문적으로 추구한 민간고사집"(225쪽)으로 규정했다. 이 작품집은 "신라 민간 구두전설을 토대로 문인의 가공을 거쳐 이뤄진 민간고사집으로, 그 가운데 '선녀홍대'는 비교적 긴 변문騈文전기 형식이고 나머지는 모두 한문의 고문형식으로 쓴 것으로 형식이 짧고 체제는 중국 위진 시기의 지괴와 당 전기의 풍격을 겸했다"(228쪽)고 지적했다.

상술한 바와 같이 북한 15권본 『조선문학사』에서는 「쌍녀분」을 '수이전체산문'으로 규정하는데, 이 문학사 역시 이 작품이 후대 소설의 선구적 의미를 지닌다고 강조한다.(1 : 283쪽) 한편, 조동일은 『수이전』을 설화집으로 여기고, 이 속에 보이는 '전기'라는 갈래의 성격을 "문학적 수식을 의도적으로 가미해 글로 정착시킨 설화"라고 규정했다.(1 : 196쪽)

이상 각 논자마다 설명은 조금씩 다르지만 전체적으로는 『수이전』 속의 '쌍녀분'이란 전기傳奇고사를 '소설'의 전 단계 산문이나 설화로 여긴다는 점에서 기본 관점은 비슷하다.

그런데 중국문학사나 중국소설사 서술 과정에서는 소설이란 장르의 개념과 관련해 논자마다의 기준에 따라 다양한 관점이 제기된 바 있다.[21] 먼저, 반고『한서·예문지』등 선진·양한 시기에 이루어진 소설관을 고수하기로 한다면 '경사經史에 속하지 못하나 나름대로 의미가 있는 일체의 문장'(심지어 비문학적 기록까지 두루 포함해서) 모두가 소설이므로 그 범위가 광대하기 그지없게 된다. 둘째, 송대 이래 설화문학에서 제시했던 '오락에서 출발했으나 권계 등 효용가치를 지닌 실제 또는 허구적 이야기'로 보는 태도를 견지하면, 소설을 백화소설에 한정하는 결과에 이를 수도 있다. 셋째, 이상 두 관점을 아우른 '허구성과 통속성을 본질적 특성으로 삼는 이야기'라는 정의는 오늘날 관점에 상당히 접근하면서도 다른 서사 갈래와의 변별 특징을 뚜렷이 제시하지 못한다는 한계를 안게 된다. 그렇다고 아예 5·4신문화운동 이후 새로운 소설형식에 기준을 두고 고전소설을 재단할 경우 극단적으로 고전문학에서는 아예 '소설다운 소설'이 없었다고 강변할 수도 있다. 사정이 이러한 까닭에, 고전소설사에서 다루는 '소설' 범주 설정에 대한 인식 또한 매우 다양했다. 신화·전설까지도 소설로 보아 이로부터 소설사를 시작하는 경우로부터, 구체적인 작품이 남아 있지 않고 목록만 전해 오는 한대 '소설가'의 작품, 육조 지괴와 지인, 당대 전기, 송대 화본, 명대 백화소설(예컨대『금병매』) 등을 각각 본격적인 소설로 강조하는 등 논자마다 시각이 각양각색이다. 이는 결국 서사 문학의 작은 갈래로서의 소설 갈래를 규정하는 조건이 논자마다 차이가 있었기 때문이다. 그러나 오늘날 중국문학사에서 일반적으로 고전소설이 등장과 발전이라는 기

21 이하 중국의 소설 개념 내용은 이등연,「중국소설의 개념과 기원」,『중국소설사의 이해』, 학고방, 1994 내용을 원용했다.

본 흐름을 규정할 때는 "소설의 기본 형태는 육조 시기에 형성되었으나 본격적인 소설은 당대 전기에서 시작된다"고 설명하는 게 널리 통용되고 있다. 즉, 당대 전기는 당연히 '소설'에 속하는 것으로 설명하는 것이다. 이런 점을 고려해보면, 웨이쉬성과 이암이 『수이전』 속의 '전기'를 소설의 전단계로 설명한 것은 자국문학사의 통례를 따르지 않고 한국문학사의 일반적 시각을 따랐음을 알 수 있다.

그런데 한국문학사에서 최초의 소설을 김시습의 전기소설집 『금오신화』로 규정하고, 『수이전』 속의 전기는 그 전단계로 설정하는 이 방식은 논의의 여지를 남긴다. 같은 전기 형식이지만 한쪽은 소설로, 한쪽은 소설 전단계로 설정하는 갈래적 차이는 무엇인가? 북한 15권본에서는 "김시습은 선행시기 산문창작의 성과와 경험에 토대하여 오늘 우리가 말하는 근대적 의미의 소설의 형태상 특성을 기본적으로 갖춘 새로운 예술적 산문작품을 처음으로 창작한 공로자이다. (…중략…) 앞에서 본 바와 같이 「용재총화」의 「도수송」과 같은 패설은 작자의 일정한 예술적 재창조가 가미되였다고는 하지만 기본적으로 민간에서 전해지고 있는 이야기-설화들을 기록하는 형식을 취하였다면, 『리생규장전-리생과 회랑』 등 『금오신화』에 수록된 작품들은 작자가 뚜렷한 창작의식을 가지고 사회현실에서 골라잡은 일정한 소재를 자기의 상상력에 의하여 예술적으로 재구성하였으며 인물의 성격형상과 구성조직, 생활묘사에서 설화의 령역을 훨씬 넘어서고 있다"(3 : 200쪽), "『두 녀자의 무덤』과 같은 수이전체 작품들, 『삼국사기』의 렬전에 들어있는 인물전기작품들, 『국순전』, 『공방전』과 같은 의인전기체 산문작품들, 패설집에 실려있는 설화작품들에서는 인물들의 형상이 이처럼 구체적인 생활 속에서 그려져 있는 것을 찾아볼 수 없다".(3 : 215쪽) 이처럼 선행 장르인 설화나 수이전체 작품들과 다른, 뚜렷한 창작의식, 현실 소재와 예술적 재구성, 인물의 성격 형상과 구성조직, 생활묘사 등등 특징들을 제시했지만, 이런 요소들을 전기소설이란 갈래의 일반적 성격으로 삼을 수 있는지에 대해서는 진일보한 논의가 요구될 수밖에 없다.

이 문제와 관련해, 조동일은 「최치원」 전기가 "기이한 전설의 기본 구성은 그대로 두고서 거기다가 문학적 수식만 잔뜩 입혔으니 긴장이 조성되지 않고 대결이 나타나지 않는다. 이 점이 나중에 나올 김시습의 명혼소설冥婚小說과는 판이하다 하겠다"(1 : 362~363쪽)고 해 양자를 구분한다. 그의 소설 갈래 규정인 '자아와 세계의 대결 구조'라는 기준으로 양자의 차이를 대비시킨 것이다.

이들 논의의 핵심은 같은 '전기'라 해도 그 내용 구조에 따라 설화에 속하는 것도 있고, 소설인 것도 있다는 것이다. 그런데 상술한 바와 같이 중국문학사에서는 전기를 작품 내부에서 확인되는 갈래적 특징에 따라 서로 다르게 구분하는 경우는 없다. 웨이쉬성과 이암이 자국문학사의 이런 관례에 관해 아무런 언급도 하지 않은 채 두 전기를 다른 갈래로 설명하는 방식을 취한 것이 주목되는 이유다.

4) 소설

위에서 언급한 바와 같이 대부분 한국문학사는 '본격적'인 소설의 등장을 김시습의 『금오신화』로 설명한다.

웨이쉬성은 '김시습의 전기소설 『금오신화』'란 표제 아래 "김시습(1435~1493)의 『금오신화』는 조선문학사상 근대 단편소설 인소因素와 일정한 규모를 갖춘 첫 번째 전기집이다"(221쪽), "『금오신화』는 성숙한, 매우 높은 사상과 예술 수준을 구비한 문인단편소설집이다. 이 작품은 위로 『신라수이전』 속의 최치원(「선녀홍대」) 등 전기의 간단한 전기前期고사 전통을 이어받고 뒤로 김만중의 『구운몽』 등 낭만주의소설의 선하先河를 열어 조선 고대 중고소설발전사상 특수한 지위와 가치를 지닌다"(227쪽)고 지적했다. 또한, 이 작품이 중국 구우의 『전등신화』로부터 영향을 받긴 했지만 조선의 풍속민정・자연풍광・역사사건을 고사 전개의 계기・배경・무대로 삼아 작자의 민족의식을 드러냈다는 점에서 차이가 난다고 강조했다.(226쪽)

이암 역시 조선조 이전에는 "진정한 의미에서의 소설이 출현하지 않다가 조선 전반기에 와서 소설이 등장해 조선 중세기 문학 중 서사문학양식의 새로운 발전 단계가 형성되었다"(791쪽)고 전제하면서 이런 현상의 사회・경제・문화적 원인과 문학 자체적 원인, 외래문학의 영향이라는 측면을 상론했다.(791~794쪽) 이런 맥락에서 김시습의 전기소설집 『금오신화』는 조선문학사에서 첫 번째 진정한 의미의 소설작품이라 강조했다.(795쪽) 또한, 『금오신화』가 중국 구우의 『전등신화』를 본보기로 삼았지만 독립적 생명을 지닌 예술작품이라 평가할 수 있으며, 후자에 비해 선명한 민족적 특징을 갖춘 점, 표현 방법이나 심미정취 측면에서 저자의 독특한 개성을 표현해낸 점에서 큰 차이가 난다고 지적했다.(796~797쪽)

조동일은 앞서 언급한 바와 같이 『수이전』을 설화집으로 여기고, 이 속에 보이는 '전기'라는 갈래의 성격을 "문학적 수식을 의도적으로 가미해 글로 정착시킨 설화"라고 규정하면서(1 : 196쪽), 김시습의 『금오신화』를 최초의 소설로 여기는 까닭에 대해 자아와 세계의 대결을 근거로 한 갈래론을 제시한다. "전설은 세계의 우위를 전제로 한 자아와 세계의 대결이어서 세계의 횡포를 드러내고, 민담은 자아의 우위를 전제로 한 자아와 세계의 대결이어서 자아의 가능성을 제시한다. 「조신」이나 「최치원」에서도 전설의 기본 특징이 확인되고, 골계전에 실린 이야기들은 민담의 공식을 갖추고 있다. 그런데 『금오신화』는 그 어느 쪽도 아니다. 자아와 세계가 상호 우위에 입각한 대결을 열어 세계의 횡포와 자아의 의지가 서로 용납할 수 없는 관계를 보여준다. 쉽사리 판가름할 수 없는 진실성을 추구하느라고 만만치 않은 진통을 거듭한 끝에 자아의 패배에 귀착하지만, 작품내적 자아인 주인공은 물론 작품외적 자아인 서술자도 패배를 그대로 받아들이지 않으려고 하기 때문에 문제가 남는다. 자아와 세계의 상호 우위에 입각한 대결을 소설의 기본 특징이라고 보며 소설의 개념을 다시 규정하면 『금오신화』가 최초의 소설임을 근거 있게 확인할 수 있다."(2 : 460쪽) 한편, 김시습이 『금오신화』라는 소설을 짓게 된 배경을 살필 때 "명나라 사람 구우가 지은 『전등신화』를 애독한 것이 자기도 소설을 짓게 된 직접적인 동기일 수 있었"(2 : 460쪽)지만 그렇다고 "『금오신화』가 『전등신화』의 모방이라고 할 수는 없다"(2 : 461쪽)고 강조했다. "『전등신화』는 그렇게 대단한 작품이 아닐 뿐만 아니라, 『금오신화』가 작품 전개 방식에 있어서나 주제에 있어서나 한층 더 진전된 성과를 보여주었기 때문이다. 『전등신화』에서는 경험할 수 없는 별세계를 실제로 있는 듯이 나타내고 귀신을 그대로 인정하며 운명론적인 사고방식을 청산하기 어려웠는데, 『금오신화』는 그렇지 않다. 김시습은 「생사설」, 「신귀설」 등을 지어서 생사나 귀신의 문제까지 기가 모이고 흩어지는 현상에 지나지 않는다는 일원론적 주기론을 수립한 사람이다. 저승, 용궁, 귀신 등이 현실에 대한 불만과 비판을 전개하기 위해서 필요했다는 점은 작품 분석에서도 쉽사리 드러나는

바이다.”(2 : 461쪽)

조동일의 이러한 관점은 일찍이 『한국소설의 이론』(1977)에서 제기된 바 있다. 그는 특히 이 책에 수록한 「소설의 성립과 초기소설의 유형적 특징」에서 명혼소설과 몽유소설의 특징을 보여주는 『금오신화』의 성격을 상론하면서 이 작품집이 최초의 소설임을 작품 내·외적 측면에서 증명하고자 한 바 있다. 그런데 우리는 『금오신화』와 『전등신화』를 비교해 소설이라는 갈래적 특징을 파악할 때 어느 쪽이 어느 쪽에게 영향을 주었기 때문에 더 우위라든지 아니라든지 하는, 민족주의적 시각에 머물러서는 안된다고 본다. 같은 문화권에서 영향을 주고, 받는 것은 자연스러운 현상이었을 뿐 문화수준의 우열이라는 잣대로 평가할 일은 아니다. 구우의 『전등신화』는 천상의 신선과 저승의 귀신, 수중의 용궁, 꿈속의 몽환세계 등을 소재로 삼은 21편 작품이 들어있다. 전체적으로 볼 때 이러한 신괴적 인물과 고사를 소재로 삼았지만 작자는 그 속에 지순한 애정 문제나 사회에 대한 비판을 담은 경우가 대부분이다. 소설이라는 갈래의 기본적 특징을 파악하기 위해서는 『금오신화』 5편 작품과 이들 『전등신화』 21편 작품의 이동異同을 면밀히 비교하는 작업이 필요하다고 본다. 조동일의 경우, 『금오신화』의 작품 세계는 면밀히 분석했으면서도 그것과 연관을 맺은 『전등신화』의 여러 작품에 대해서는 그런 과정을 진행하지 않은 채 두 작품집의 귀신 세계에 대한 시각 차이(운명론적 사고방식 / 일원론적 주기론)를 들어 성과의 수준을 평가했다. 김시습이란 저자의 세계관과 작품 세계를 연결시켰다면 『전등신화』의 저자 구우의 경우도 그런 방식으로 따져봐야 합리적 결론에 이를 수 있을 텐데, 이 과정이 생략된 것이다.

북한 15권본에서는 앞서 언급한 바와 같이 “김시습은 선행시기 산문

창작의 성과와 경험에 토대하여 오늘 우리가 말하는 근대적 의미의 소설의 형태상 특성을 기본적으로 갖춘 새로운 예술적 산문작품을 처음으로 창작한 공로자이다"(3 : 200쪽)고 하여, 이 작품이 선행 설화나 수이전체 산문과 구별되는 '최초의 소설'이라고 규정하며 그 창작의식과 예술적 특징을 여러모로 강조했다. 그런데, 이 책에서는 김시습의 시 「제전등신화후題剪燈新話後」를 소개하면서 그는 "당시 고루한 사대부들이 소설을 한갓 허황한 이야기로서 아무런 교양적 의의도 없다고 하면서 천시하던 것과는 달리 그의 사상예술적 가치를 옳게 인식하고 있었다"(3 : 176쪽)는 전제 아래, "『전등신화』를 읽은 감상을 노래하면서 생활을 현실 그대로의 형상적 형식으로, 종합적으로 보여주는 소설의 우월성을 높이 평가하였다"고 강조했을 뿐, 『금오신화』 창작에 끼친 『전등신화』의 영향은 따로 언급하지 않았다. 그러면서 이 작품집이 나오기 전의 여러 선행 작품들, "『두 녀자의 무덤』과 같은 수이전체 작품들, 『삼국사기』의 렬전에 들어있는 인물전기작품들, 『국순전』, 『공방전』과 같은 의인전기체 산문작품들, 패설집에 실려있는 설화작품들"의 전통을 이어받고, 그것들을 뛰어넘었다고 강조했다. 민족성을 강조하고 부각시키려는 시각인지라 중국 쪽 『전등신화』와의 연관성은 불필요한 대목이라고 여긴 것이다.

앞에서 지적한 바와 같이, 중국문학사에서는 전기를 작품 내부에서 확인되는 갈래적 특징에 따라 서로 다르게 구분하는 경우는 없는데, 웨이쉬성과 이암 모두 자국문학사의 이런 관례를 따르지 않고 『신라수이전』은 '전기문학'으로, 김시습의 전기소설집 『금오신화』를 최초의 한국소설로 간주하는 한국 쪽 시각과 동보적 태도를 취했음을 알 수 있다.

5) 사

사라는 갈래는 당대 중엽부터 민간에서 지어지다가 송대에 크게 흥성한 노래 형태의 운문문학이다. 엄격한 형식적 요건을 추구하던 당대 근체시와 달리 글자수나 압운 처리 등에서 상대적으로 자유로운 정형시인지라 장단구長短句·시여詩餘·악부시樂府詩 등 여러 별칭에서 보듯 음악적 요소가 중시되었다. 송·원과 교류가 밀접했던 고려시대에 사가 전래되었지만, 이 갈래의 음악적 성격을 규정하는 '사패詞牌'에 익숙하기 어려웠기 때문인지 사는 시에 비해 한국 고전문학에서 작자·작품이 매우 제한적이다.

웨이쉬성은 이 문제와 관련해 "조선문학사에서 대량의 한문 오·칠언시가 지어졌지만 장단구—사는 매우 적었다. 고려왕조의 존속 시기 대부분이 사 창작이 성행했던 송조와 같은 시기였지만 남송이 멸망할 때까지 사의 수량은 매우 적었다. 이제현에 와서야 조선문학사에서 사인詞人이 등장했다고 말할 수 있다. 이처럼 사가 아주 늦게야 조선에 들어오게 된 원인은 복잡하다. 그 원인 가운데 하나는 사의 창작은 조선 문인에게는 창작 기술면에서 비교적 어렵다는 데 있다. 중국의 사는 한문어漢文語, 칠언시에 비해 음악성이 강하고 입에 올리기 쉬워 중국 음률에 익숙지 않고 서면으로 한문(문언)을 학습한 고려 문인으로서는 이를 이해하고 창작하는 게 오·칠언시를 짓는 것보다 곤란할 수밖에 없었다. 이제현 이후 조선 문인 중에 사를 창작한 사람이 극소수였다는 상황을 두고 보면 이것이 분명 주요 원인 중의 하나임에 틀림없다. 바로 이런 점 때문에 이제현은 사를 들여온 작가이자 문학사에서 거의 유일한 우수 사인이며, 이 때문에 조선 한문시가사에서 독특한 위치를 차지하게 된다"(103쪽)고 지적했다.

이암 역시 이제현을 "조선 고대문학사에서 극소수 사를 지었던" 문인 가운데 "가장 우수한 사인"이라고 평가하면서 특이하게도 그의 사작품은 "역대로 원대 사의 구성 부분으로 간주되고 있음"을 지적했다.(406쪽) 그는 이제현이 사 창작에서 이룬 성과를 당시 한족이 아닌 '역외작가'라는 입장에서 높이 평가한다. "민족 융합이 전에 없었던 원조元朝에서 한족 이외의 다른 민족 작자들은 시·곡 창작에 대한 열정은 매우 높았지만 사 영역에서는 전혀 그렇지 않았다. 원대에 사는 흥성하지 못했고 한족 이외의 다른 민족 시인이 사를 짓는 일은 더욱 드물었다. 『전금원사全金元詞』에서 이제현을 '역외사인'으로 친다면 원대 소수민족 작자는 겨우 9인 37수로 원대 사 수량의 1%인데, 그 가운데 이제현의 53수는 현존하는 원대 모든 소수민족 사 작가 창작의 총량을 넘어서고, 한족 작자의 평균 창작수량까지도 넘어서는 군계일학적 위지다."(406쪽) 그는 이제현이 이런 성과를 이룬 배경을 당시 역사적 상황에서 설명한다. 이제현이 장기간 중국에서 생활하는 동안 사·곡·민가를 포함한 여러 음악적 노래의 번영과 예술적 매력을 보면서 그런 노래를 창작하려는 생각을 가지게 된 것은 자연스러운 일이었지만, 그는 중국의 속악俗樂을 이해하지 못했기 때문에 중국 문인들처럼 '곡'을 지을 수 없었지만 사를 짓는 것은 가능했다. 수백 년 동안 이어져오면서 사의 음악은 이미 원나라 사람들 음악의 심미적 습속에 부합되지 않게 되었기에 사는 원조元朝에 들어선 후 더 이상 가창할 수 없게 변화했다. 대부분 사 창작은 그저 격률에 따라 가사를 채워넣을 뿐 곡보를 따지지 않게 되었는데, 이 점이 이제현으로서는 커다란 장애가 제거된 셈이었다는 것이다.(406~407쪽)

이상 웨이쉬성과 이암은 이제현이 사에서 이룬 성과를 높이 평가했지만, 조동일이나 북한 15권본에서는 이에 대해 거의 언급이 없는 편이다. 자국문학사의 입장에서 보면 그리 주목할 만한 일이 아니었다고 여긴 것이다.

6) 가전체

사물을 의인화해서 '전'의 형식으로 쓴 가전체 산문에 대해 각 문학사마다 독특한 명칭으로 부르는 점을 주목할 필요가 있다.

먼저 웨이쉬성은 이를 소품문의 한 갈래라 여긴다. "새로운 문학장르로서 소품문이 고려시기에 등장한 것은 우연한 일이 아니었다. 이 장르는 정론체 문장처럼 판에 박은 듯 엄숙하여 감정 표현에 어려운 것도 아니었고, 오·칠언시처럼 짧고 격률에 제한을 받지 않아 문인들은 이를 통해 자유롭게 감정을 토로하거나 본 바를 묘사할 수 있어 자유롭고 활발하며 생기가 풍부한 문체였다. 다른 측면에서 중국 당·송 산문과 소품문의 발전이 고려 소품문의 등장과 발전에 일정한 촉진 작용을 일으켰다. 고려시기의 소품문은 인물소품과 사리事理소품으로 양분해볼 수 있다. 인물소품의 묘사 중심은 인물인데, 대개는 허구적이라 그 제목에 늘 '전'자를 붙였지만 실제로는 허구적 '전'으로, 인물전기 형식으로 작자의 어떤 주제사상을 설명하는 것이었다. 이 때문에 작품 속 인물은 일정한 전형 의의를 띤다. 이런 작품은 소설의 맹아라고 볼 수도 있다."(162쪽)

이암은 이를 '의전체擬傳體 산문'이라 불렀다. "의전체는 가전체라고도 부르며 한문산문 가운데 독특한 예술형식이다. 사물을 주인공으로 삼아 이를 의인화하는데, 한문 정사열전의 서술방법을 본떠 전을 세우고 작자의 사상・감정을 표현하는 산문문체다. 중국에서는 『장자』 등 선진 전적에서 그 초보 형태가 시작되어 중당 한유의 「모영전」에서 완성된 이래 유종원・사공도・소식・진관 등의 작품으로 이어졌다. 이러한 문장은 문자유희의 성질이 다분하기에 중국에서는 충분히 발전되지 못했는데 조선에 전해진 뒤로 이곳에서는 뿌리 내리고 꽃을 피워 상당한 규모로 발전하였다."(492쪽)

조동일은 '가전'을 교술문학의 전형적인 갈래로 규정한다. "사물을 의인화해서 사람인 양 다루면서 그 일생을 전으로 서술한 글이므로, 등장시킨 사물을 잘 알아야만 이해될 수 있고, 작품 자체로서의 유기적인 전개는 갖추지 않고 있는 점이 그 기본 성격이 교술문학이라는 가장 뚜렷한 증거이다."(2 : 118쪽)

북한 15권본은 이를 '의인전기체산문'으로 지칭한다. "의인전기체산문은 무신정변이후 통치배들의 학정과 권력싸움, 부정부패가 더욱 심하여지고 사회적 혼란과 모순이 한층 격화되던 시기에 이전시기의 우화문학과 전기문학의 성과와 창작경험에 토대하여 새롭게 출현한 산문형식이다. 의인전기체산문은 동식물 또는 사물현상을 의인화하여 등장시키고 그들의 래력과 활동을 전기적 구성 속에 전개시키면서 당대의 현실을 재현하는 점에서 특색있는 산문형식으로 되고 있다."(2 : 18쪽)

이런 다양한 명칭 중에서 웨이쉬성이 쓴 '소품문'이란 명칭은 논란의 여지가 있다. 중국에서 '소품문'은 편폭이 비교적 짧고 자유스러운 수법으로 일정한 이치나 사실을 기술하기도 하고, 서정적 정회를 담아내는 산문 형식을 가리키며, 일반적으로는 역대 정론 위주의 성격에서 벗어나 만명晩明시기에 유행한 서정적 산문을 의미한다. 이런 맥락에서 허구적 '전'이란 독특한 형식인 가전체를 '인물소품'으로 애매하게 규정한 것은 적절한 방식이 아니라고 생각한다.

7) 패설

역대로 패설체 문학을 다룰 때 '패稗'란 한자어가 『한서 · 예문지』에서 소설가를 설명할 때 '패관稗官'을 거론한 예를 통해 양자의 동질적 측면을 언급하는 경우가 적지 않았다.

이와 관련해, 웨이쉬성은 "고려시기에 역대 문학사가들이 '패설체'라고 불러온 문학이 등장했다. 이 문학은 처음에는 주로 시구를 대상으로 삼아 시인과 관련된 전문傳聞 일사逸事, 시구의 내력 등을 서술하거나 그에 대해 일부 평론을 가하기도 했다. 그 후 문인의 흥미를 불러일으키는 자잘한 사건, 전문, 고사, 심지어 소품문까지 두루 기록해 '잡록'문학이 되었다. 중국 고대의 패관야사와 비슷하다. 중국의 『한서 · 예문지』에서 '소설가 무리는 대개 패관에서 나왔다'고 했는데, 조선의 '패설'은 이와 유사하지만 그 범위가 훨씬 넓다. 정사 · 정론 · 응용문에 들어가지 못하는 것들을 거의 대부분 '패설체' 속에 포함시켰다. 이 문체가 등장한 초기에는 시화가 그 주요 내용이었는데, 이 점은 중국의 패관야사와 다른 면이다. '패설체'는 사실 아주 모호하고 과학적이지 못한 개념이다. 본서에서는 기본적으로 이 예전 개념을 쓰지 않고 그 원래 포괄한 각 부류 작품을 전설 · 인물소품 · 사리소품에 포함시켜 별도의 장절에서 다룰 것이다. 그렇기에 잡록(잡기)과 시화가 남는다. (…중략…) 이른바 '패설'의 '패稗' 자에 '잡'이란 의미가 담겨있다면 이곳에서 '잡록과 시화'는 거꾸로 '패설체 문학'의 글자 그대로 의미와 일치하는 셈이다. 이 때문에 본서에서는 때로 이 개념을 차용해 쓰기로 한다".(168쪽) 이처럼 중국에서 소설의 별칭인 패관야사와의 관련성을 염두에 둔 탓인지 그는 이른바 중국에서 초기소설로 간주하는 '지괴' 또한 패설체의 한 갈래로 여긴다.[22]

한편, 이암은 이를 '패설체 산문'이라 부르며, "고려 후기에 일군의 필기와 같은 유형의 저작이 집중적으로 출현했다. 이런 저작은 조선 한 시역사상의 시인・시구를 대상으로 삼아 대량의 일문취사軼聞趣事・고사전설을 기술하면서 그 안에 작자의 평론을 섞어 담는데, 이들은 역사・문화・정치・지리 등 여러 방면의 내용을 포함한다. 이 때문에 중국 전통적인 시화와 같은 순수한 문학비평저작과 다르고, 필기・야사・패설과 유사해 이를 '패설체'라고 부른다"(497쪽)고 했다.

조동일은 '패설체'를 별도의 갈래로 인정하지 않은 채 패설집 속에 들어있는 작품마다의 성격에 따라 설화나 시화 등으로 구분해 설명한다. 반면, 북한 15권본에서는 이를 산문의 한 형식으로 독립시켜 다루었다. "패설 역시 고려 후반기에 출현한 산문의 새로운 형식이다. 패설은 원래 정사체 형식의 년대기작품들과 력사전기작품들을 비롯하여 량반사대부들이 숭상하던 이른바 '정통파문학'의 문체 밖의 다종다양한 형식의 작품들을 일괄하여 부른 력사적 개념이였다. 형식적 측면에서 볼 때 패설은 력사와 문화유산에 관한 민간자료들, 력사적인 사건들과 인물들에 대한 일화들과 생활세태, 풍속적인 이야기들, 창작과 작품에

22 "'패설체' 작품 가운데 중고시대 신괴소설 색채를 가장 많이 지닌 것은 지괴다."(219쪽)

대한 이야기, 구전문학의 다양하고 풍부한 자료들을 격식이 없이 자유롭게 엮어놓은 점에서 특색을 가진다고 할 수 있다. 리인로의 『파한집』, 최자의 『보한집』, 리규보의 『백운소설』, 리제현의 『력옹패설』은 고려시기 패설의 창작경향과 발전면모를 보여 주는 패설집들이다."(2 : 19쪽) "예술적산문의 풍부한 원천으로서의 패설의 문학사적 가치는 바로 산문문학의 중추라고 할 수 있는 소설형식이 패설에서 갈라져나오고 려행기, 수필, 설화, 사화, 야담, 시화, 시평 등 산문문학의 다른 모든 형식들이 모두 중세기에 패설이란 이름으로 불리워졌다는 사실만 가지고도 알 수 있다."(2 : 291쪽) 그런데 이처럼 패설작품의 문학적, 문헌적 가치를 높이 평가하는 배경에는 사실은 그 안에 진보적 문인들의 민족적 자부심과 현실비판 시각이 많다고 여기기 때문이다.[23]

패설은 앞서 설명한 산문과 마찬가지로 하나의 장르 개념으로 설정할 수 있는가 여부 등 많은 논란거리를 안고 있는 부분이다. 웨이쉬성이 패설이란 용어를 "아주 모호하고 과학적이지 못한 개념"이라 지적하면서도 여전히 이 용어를 원용하는 혼란성을 보이는 부분에서도 이런 복잡한 상황이 드러난다. 중국과 남북한의 네 문학사마다 패설에 대한 처리가 다양한 점 또한 같은 맥락의 문제라 하겠다.

23 "당시 진보적인 문인들은 패설작품들을 통하여 우리나라 력사의 유구성, 문화의 우수성과 풍부성을 긍지높이 자랑하였으며 당대사회의 부정면과 통치배들의 무능부패를 폭로비판하였다."(2 : 293쪽)

8) 판소리

한국문학 갈래 중에서 가장 독창적인 형태의 하나라 할 판소리는 그 갈래 귀속 문제가 간단하지 않다. 소리, 아니리, 발림, 추임새 등 복합적 요소들이 어우러져 이루어지는 종합적 갈래이기 때문이다.

웨이쉬성은 판소리를 중국문학에서 쓰는 '설창說唱문학'으로 규정했다.(325~326쪽) 이런 전제 아래, '민간전설을 토대로 한 조선 국어소설' 부분에서는 "책으로 쓰인 설창각본은 형식면에서는 운문의 리듬을 갖추고 있어 장시와 같이 무대에서 설창하거나 공연할 수 있었고, 일부 희극으로서의 특색을 지닌다. 또한 서면문학이기에 소설로 간주할 수도 있다. 여기서 말하는 것은 바로 이들 민간전설을 기초로 삼아 설창 형식으로 전파되다가 최후에 서면문학으로 만들어진 소설을 가리킨다. 이 가운데 가장 대표적인 것은 『춘향전』이다"(327쪽)라고 설명했다.

이암 역시 판소리를 '민간설창문학'으로 설명했다. "18세기 중기에서 19세기 초에 평민 백성의 구두 창작을 토대로 삼아 일부 시민계층의 생활과 사상을 반영한 민간설창 및 소설이 형성되었다. 민간설창이란 그 원래적 의미로 볼 때 강창 형식으로 전설고사를 부연해내거나 인물형상을 그려내는 구두문학작품이다. 조선조에서는 '판소리pansoli'라고 불렀다. (…중략…) 판소리는 또한 설창 대사가 필요했기 때문에 일부 작품은 설창 대사를 토대로 정리해 서적 형식으로 출판했는데, 이것이 후인이 말하는 '강창각본체'소설이 되었다."(963쪽)

중국문학에서 '설창'이란 송대 이후 민간 기예에서 발전한 문예의 한 갈래다. '설화인'이란 전문 기예인이 노래와 이야기를 섞어가며 특정한 고사를 구연했는데, 상대적으로 노래는 보조 역할이었고 이야기가 중심이었다. 이런 맥락을 고려하면 판소리를 중국의 설창문학과 직접적으로 대응시켜 설명하는 것은 무리가 있을 수 있다. 이점을 고려한 듯 이암은 판소리를 중국 설창문학의 대표인 화본소설의 형성과정과 비교해 설명하면서 양자의 이동異同을 드러내기도 했다. "판소리와 중국 화본소설의 형성 과정은 유사한 점이 있다. 이들 모두 민간의 설창예술에서 발전한 것이라는 점이다. 다른 점은 화본은 원래 설서인이 고사를 이야기할 때 쓴 저본으로, 민간설화기예의 발전에 따라 이루어진 문학 형식이다. 화본은 주로 '설'이 주가 되고, 판소리는 '설'과 '창'이 있지만 '창'이 주가 된다. '설'이 있기 때문에 선명한 서술 특징을 가지고, '창'이 있기 때문에 농후한 음악적 색채를 지닌다."(1195~1196쪽) "조선의 강창예술 가운데 가장 대표성을 띠는 것은 '판소리Pansoli'다. 그 연출은 '창' 위주이고 '설'은 보조다."(1456쪽)

이에 비해, 조동일은 판소리를 서사무가・서사민요와 함께 구비서사시 갈래로 규정한다.(3 : 503쪽) 북한 15권본에서는 이를 '극적서사가요'로 부른다. "이 시기에 와서 현실생활을 보다 폭넓게 재현할 수 있는 극적서사가요로서의 판소리가 전국적으로 널리 보급되였으며 〈춘향전〉을 비롯한 소리 12마당이 완성되였다."(5 : 17쪽)

이처럼 판소리라는 하나의 장르를 웨이쉬성과 이암은 자국 문학에서 흔히 쓰는 '설창' 또는 '강창講唱'문학으로, 조동일은 구비서사시 갈래로, 북한 15권본에서는 극적서사가요 등으로 다양하게 규정한다. 특히 중국학자의 문학사에서 사용한 '설창' 또는 '강창'문학이란 용어의 경우, 판소리의 성격이 이 장르 개념과 상통하는 부분이 많긴 하지만 '설/강'과 '창'의 비중 면에서는 크게 다르다는 점을 고려한다면 이에 대한 상세한 설명이 필요하다. 이암의 경우엔 이런 논의가 어느 정도 이루어졌지만 웨이쉬성의 문학사는 그렇지 못한 상황이다. 어쨌든 중국과 남북한문학사에서 제시한 서로 다른 장르 개념에 대해 향후 심도 깊은 논의가 필요하다고 본다.

4. 마무리

이상 검토한 바와 같이, 조동일과 북한 15권본에서는 시대구분 방식이나 장르의 개념과 개별 작품 귀속 문제에 대해 세밀한 논의를 전개하면서 이를 문학사 서술에서 적극 활용하는 편이다. 그러나 웨이쉬성과 이암의 한국문학사에서는 한국의 문학사에서 이루어진 이러한 이론적 논의 과정에 거의 주목하지 않는 편이다. 이암의 『한국문학통사』는 2010년에 출간되었고, 웨이쉬성의 『조선문학사』는 1986년 초판 이후 2000년과 2008년에 수정본을 출간했다. 두 문학사의 출간 시점으로 보면 1980년대에 출간된 조동일의 『한국문학통사』나 1990년대에 출간된 북한 15권본을 참조하며 이런 이론적 논의에 대한 자신의 의견을 제시하며 '학문적 대화'에 참여하는 게 자연스러운 일일 것인데, 그런 대목이 거의 보이지 않는다. 시대구분 방식이나 장르 개념 문제를 세밀하게 논의하기보다는 주로 기존 관례에 따라 전개하는 자국문학사 서술 전통의 자장磁場 때문이라 하겠다.

웨이쉬성과 이암의 문학사는 공히 정치 · 사회 · 경제 · 문화 등 문학 외부적 요인을 중시하며 각 시대마다 '개술'에서 이를 따로 언급했는데, 이는 사회주의 체제에서 나온 문학사 서술에서 자주 쓰이는 방식으로, 북한 15권본도 비슷한 형식을 취하고 있다. 본문 내용에서도 저자마다 각기 비중은 다르지만 인민성·현실성·민족성 등 '정치 표준'에 의거한 평가가 중시되는 점도 이와 같은 맥락에 있는 대목이다.

두 문학사는 중국학자가 쓴 한국문학사인지라 중국문학과 한국문학의 관련성에 주목하는 부분이 많이 보인다. 이 과정에서 소품小品·악부樂府·우언寓言·설창說唱·사전史傳 등 중국문학의 장르 용어들이 적극적으로 활용되기도 한다. 그런데 전반적으로 보면 중국에서 만들어진 이들 장르 용어로 한국문학에서 전개된 현상을 설명할 때 원의와 변화된 의미 사이의 거리나 차이를 세밀하게 검토하지 않은 경우가 대부분이다. 자신들에게는 이미 익숙해진 용어들일지라도 이를 외국문학인 한국문학 설명에 적용할 때는 명실상부한 상황인지 동명이실同名異實의 경우인지 충분한 검토와 해설이 전제되어야 한다고 본다.

반면, 이처럼 일부 용어와 개념은 중국과 한국의 실상을 꼼꼼히 따져보지 않은 채 수시로 원용하면서도 『수이전』과 『금오신화』에 관련되는 '전기傳奇'의 갈래적 성격에 대해서는 오히려 자국문학사의 전통을 따르지 않고 대부분 한국문학사에서 통용되는 양분법을 취하기도 한다.

이상 여러 가지 문제점들을 통해 향후 한국 학자가 쓰는 자국문학사로의 한국문학사와 외국학자가 쓰는 외국문학사로서의 한국문학사를 편찬할 때 핵심 논제와 시각을 토론하고 공유하는 작업이 한층 절실하다는 사실을 확인하게 된다.

중국에서 저술된 한국 근현대문학사의 문화횡단적 실천

남한문학사·북한문학사·자국문학사라는 세 겹의 프리즘

이선이

1. 서론

해외에서 외국문학사로 저술된 한국문학사에는 서로 다른 역사적 경험과 지정학적 입장에 따라 우리와는 상이한 인식과 서술방식이 드러난다. 중국의 경우, 절반의 식민지를 경험한 국가로서 제국주의에 대한 저항이라는 공통분모를 공유하고 있지만, 이념과 체제의 차이로 인해 우리의 근현대문학사를 서술하는 데 있어서는 적지 않은 인식의 균열과 충돌을 보여주고 있다. 그 실상을 들여다보면 일차적으로는 남북한의 인식차가 충돌하고 있으며, 여기에 더하여 중국의 자국문학사라는 프리즘을 통과하면서 상당한 굴절과 변용, 선택과 배제의 양상을 보이는 것이 현실이다. 따라서 중국에서 저술된 한국문학사를 제대로 읽어내기 위해서는 내용상의 단순 비교를 넘어서는 다층적이고 생산적인 읽기가 요구된다.

이들 해외 한국문학사를 읽어내는 하나의 방법으로 리디아 리우가 비서구 지역의 근대성이 지닌 복잡한 양상을 설명하기 위해 착안한 개념인 '언어횡단적 실천translingual practice'[1]은 의미 있는 사유의 실마리를 제공해 준다. 리우의 이 개념은 탈식민주의의 대표적인 논자인 호미 바바의 '혼종성hybridity'이나 에드워드 사이드의 '이동하는 이론traveling theory' 등에서 아이디어를 얻어 고안되었다. 리우는 문화 간 이동에는 기존의 비교문화적 관점에서 취하고 있는 표면적인 영향관계로는 설명될 수 없는 의미의 잉여와 변화가 발생한다는 점에 착목하였다. 특히 문화 간 이동의 대표적인 양상인 번역과정에 주목하면서 기존 번역학이 개념어로 사용한 원천언어source language와 목표언어target language는, 번역을 단순히 가정된 등가성의 원리로 파악하고 있어서 현실에서 발생하는 다양한 변용과정을 제대로 설명해내기 어렵다고 보았다. 따라서 그는 문화 간 교섭과정에서 발생하는 변화의 능동성에 주목하며, 손님언어guest language와 주인언어host language라는 용어로 기존의 개념어를 대체하자고 제안한다. 타자에 대한 환대의 윤리를 환기시키는 이 개념어를 통해 그는, 손님언어가 주인언어의 현지사정에 의해 창안되는 문화적 상호작용에 주목한다. 이러한 리우의 논의를 문화 간 이동에 적용해 보면, 기존 언어번역의 자리에 문화번역을 대체시키고 번역과정에서 발생하는 다양한 생성과 변용의 양상을 '문화횡단적 실천transcultural practice'으로 명

1 리디아 리우(劉禾), 민정기 역, 『언어횡단적 실천』, 소명출판, 2005, 17~88쪽 참조.

명해 볼 수 있을 것이다. 민족주의라는 자장 안에서 저술되어 온 자국문학사와는 달리 외국문학사로 저술되는 해외의 한국문학사는 리디아 리우의 이러한 관점으로 읽어낼 때, 우리가 놓쳤던 인식의 지점들을 발견하는 생산적인 논의의 장場이 될 수 있을 것이다.

리우의 문제의식에 기대면, 중국에서 저술된 한국 근현대문학사에 대한 인식은 문화 간 교섭의 장이라는 점에서 단순히 내용의 동이同異를 확인하는 가정된 등가성의 원리를 탈피해야 한다. 이러한 인식이 전제될 때, 중국의 한국 근현대문학사는 남북한문학사와 자국문학사와의 교섭과정에서 의미의 이동과 생성이 수행되는 문화횡단적 실천의 장으로 포착될 수 있기 때문이다. 이러한 인식과 방법으로 여기에서는 중국에서 저술된 한국 근현대문학사의 문화횡단적 실천 양상을 들여다보고, 이 과정에서 (무)의식적으로 굴절되고 생성되는 잉여의 의미들에 주목해보고자 한다.

이를 위해 이 글에서는 먼저 중국에서 출간된 한국 근현대문학사의 출간 현황을 전반적으로 살펴보고, 이 가운데 남한문학사의 인식과 내용을 적극적으로 수용한 경우와 북한문학사의 인식과 내용을 적극적으로 수용한 경우, 남북한문학사의 인식과 내용을 동시에 수용한 경우로 대별하여 이들 문학사가 어떤 문화횡단적 실천을 보여주는지 살피고자 한다. 분석 텍스트로는 남한문학사를 주로 다루고 있는 김영금의 『한국의 문학』(2009), 북한 근현대문학사를 다루고 있는 허쩐후아何鎭華의 『조선현대문학사朝鮮現代文學史』(2008), 남북한의 문학사를 균형 있게 수용하고 있는 김병민 외의 『조선 · 한국당대문학사』(2000)와 박은숙 외의 『한국 · 조선근현대문학사韓國 · 朝鮮近現代文學史』(2016)를 대상으로 하며, 이들 텍스트가 문학사를 바라보는 기본 시각과 서술양상을 분석하고자 한다.[2] 특히 이 문학사들이 남북한문학사 및 자국문학사와 어떠한 문화횡단적 실천 양상을 보이는가에 주목하면서 이러한 문화횡단의 실천에 내포된 정치적 무의식을 읽어내고자 한다. 이를 위해 북한문학사는 과학원 문학연구실의 『조선문학통사』(하)와 사회과학원 문학연구소가 펴낸 『조선문학사』(2~5권)(1977~1981) 및 사회과학원 주체문학연구소 편의 『조선문학사』(7~16권)(1991~2012)를, 남한문학사는 권영민의 『한국현대문학사』(2002)를, 중국문학사는 후앙시우지黃修己의 『중국현대문학발전사中國現代文學發展史』(1988)와 천쓰허陳思和의 『중국당대문학사中國當代文學史』(2008)를 참고하고자 한다. 참고항으로 삼는 이들 문학사는 중국의 한국 근현대문학사 집필자들이 직접적으로 자신들의 참고문헌 목록에 올린 텍스트들로서, 명시적인 영향관계는 확인할 수 없다 하더라도 일정한 대표성을 갖춘 문학사라는 점에서 비교의 의미는 충분하다고 할 것이다.

2 책 제목은 출간 상태로 제시하였으며 실제 집필언어는 〈표 1〉에서 밝혔다.

2. 중국의 한국 근현대문학사 저술 현황

지금까지 중국에서 집필된 한국문학사[3]는 대략 25종 정도로 확인되고 있다.(〈표 1〉 참조) 이 가운데 개정판으로 재출간하거나[4] 한국어로 쓴 텍스트를 중국어로 번역하여 출판한 경우[5]를 제외하면 약 22종이 발간되었다. 중국의 우리문학사 집필자는 조선족 학자가 압도적 다수를 차지하며, 집필 동기는 대학의 교재용이 많다. 또한 집필언어를 기준으로 보면 대체로 한국어로 쓴 텍스트가 많지만 중국어로 집필된 경우도 있으며, 최근 들어 중국어로 집필된 경우가 늘어나고 한국어로 쓴 문학사에 중국어 번역본을 수록하는 사례도 늘고 있는 추세이다. 이 가운데 문학사 서술대상이 되는 시기만을 놓고 볼 때, 고전문학사만을 다룬 경우가 5종이며 고전과 근현대를 포괄하고 있는 경우가 9종이며 근현대 문학사만을 다루고 있는 경우가 8종이다. 이 가운데 김영금의 『신편한국문학사新編韓國文學史』는 2009년에 펴낸 『한국문학간사韓國文學簡史』를

3 한국문학사라는 용어 사용에는 문제제기가 있을 수 있다. 중국에서는 남한문학사와 북한문학사를 한국문학사와 조선문학사라는 용어로 지칭하는 것이 일반적이다. 최근 들어 한국과 조선을 병용하면서 남북한문학을 동시에 인식하는 중국 학계의 입장은 현재의 중국 학계가 취할 수 있는 현실적인 선택이라 판단된다. 하지만 남한의 경우, 북한의 문학사를 조선문학사로 지칭하지 않으며, 실제로 이 용어는 조선왕조기와 중첩되는 부분도 있어 이를 그대로 사용하기는 어렵다. 또한, 중국에서 저술된 우리문학사 중에는 조선문학사라는 제목을 사용하지만 남한문학사의 시각과 내용을 반영한 경우도 있다. 따라서 이러한 문제를 해결하기 위한 다른 용어가 필요한데 현재로서는 적절한 용어를 찾기가 쉽지 않다. 민족 단위 문학사를 하나의 이상으로 상정하면서 남한과 북한의 문학사를 우리문학사로 통칭한 민족문학사연구소의 입장에 크게 공감하면서 문맥에 따라서는 우리문학사라는 용어를 사용하겠지만, 본 연구가 국제비교연구이고 연구의 주체가 한국이라는 점에서 한국문학사라고 명명하고자 한다.

4 韦旭昇의 『韩国文学史(改订版)』와 김영금의 『新编韩国文学史』가 여기에 해당된다.

5 김병민 외의 『朝鲜・韩国当代文学史』가 여기에 해당된다.

〈표 1〉 중국에서 저술된 한국문학사 목록(2017년 기준)[6]

	저자명	서명	출판사	발간연도	대상 시기	언어
1	허문섭	『조선고전문학사』	료녕민족출판사	1985	상고~18세기	한국어
2	韦旭昇	『朝鲜文学史』 上・下	북경대 출판사	1986	고대~19세기	중국어
3	박충록	『조선문학간사』	연변교육출판사	1987	원시~1945년	한국어
4	리해산 채미화	『남조선문학개관』	연변인민출판사	1992	19세기 후반~80년대 말	한국어
5	김병민	『조선문학사』 (근대현대부분)	연변대 출판사	1994	19세기 말~1945년	한국어
6	문일환	『조선고전문학사』	북경민족출판사	1997	상고~19세기 말	한국어
7	허휘훈 채미화	『조선문학사－고대중세부분』	연변대 출판사	1998	원시~19세기	한국어
8	김병민 외	『조선・한국당대문학사』	연변대 출판사	2000	1945~1980년대	한국어
9	김춘선	『한국조선당대문학사』	북경민족출판사	2000	1945~1980년대	한국어
10	金柄民 外	『朝鲜・韩国当代文学史』	곤륜출판사	2004	1945~1980년대	중국어
11	한위성	『韩国文学简史与作品选读』	대련이공대 출판부	2006	고대~1980년대	중국어
12	韦旭昇	『韩国文学史』(改訂版)	북경대 출판사	2008	상고~19세기 말	중국어
13	何镇华	『朝鲜现代文学史』	중앙편역출판사	2008	1900~1967년	중국어
14	윤윤진 외	『韩国文学史』	상해교통대 출판사	2008	상고~1980년대	한국어
15	김영금	『한국의 문학』	북경대 출판사	2009	상고~21세기 初	한국어
16	金英今	『韩国文学简史』	남개대 출판사	2009	상고~21세기 초	중국어
17	김영금	『朝鲜-韩国文学史』(상・하)	外语教学与研究出版社	2010	상고~20세기	중국어 한국어
18	李岩 外	『朝鲜文学通史』(상・중・하)	사회과학문헌출판사	2010	상고~19세기	중국어
19	김명숙	『조선근현대문학사』	료녕민족출판사	2010	19세기 말~ 1945년	한국어
20	김춘선 외	『한국현당대문학사』	민족출판사	2012	19시기 말~1990년대	한국어
21	임국웅	『한국문학약사』	흑룡강조선민족출판사	2013	상고~1970년대	한국어
22	김춘선 외	『외국인을 위한 한국문학사』	북경민족출판사	2013	상고~1990년대	한국어
23	윤윤진 외	『한국문학사요』	연변대 출판사	2015	상고~1980년대	한국어
24	박은숙 외	『한국-조선근현대문학사』	外国教育与研究出版社	2016	개화기~1970년대	한국어
25	金英今	『新编韩国文学史』	남개대 출판사	2016	상고~21세기 초	중국어

수정 및 보완 없이 재출간하면서 제목을 교체한 경우이고, 김병민 외의 『조선・한국당대문학사』(2000)가 중국어판으로 출간된 것이 『조선・한국당대문학사朝鮮・韓國當代文學史』(2004)라서 이를 제외하면 한국 근현대문학사를 다룬 텍스트는 총 16종이다. 이 밖에도 드문 일례로 리해산의 『조선한문학사』(1995)와 같이 특정 주제로 저술된 예도 없지 않지만, 아직 시사나 소설사와 같이 개별 장르나 주제만을 다룬 문학사는 찾아보기 어렵다.

중국에서 우리문학사가 저술된 최초의 예는 1985년에 발간된 허문섭의 『조선고전문학사』로 알려져 있다. 이후 1980년대에 3종이 저술되었던 우리문학사가 1990년대에는 4종이 더해졌고, 2000년대 이후에는 15종이 더해지면서 급격한 양적 확대를 보이고 있다. 특히 2000년 이후에는 남한문학사와 북한문학사를 함께 기술하는 방식이 보편화되고 있는 특징을 보이기도 한다. 이러한 현상은 한국학에 대한 중국사회의 전반적인 관심 확대와 함께, 대학에 한국문학 관련 학과가 늘어남에 따라 우리문학에 대한 체계적인 인식이 요구되고 있음을 말해준다. 하지만 이들 텍스트는 남한 학계의 관심대상이 되지 못하고 있는 것이 현실이다.[7] 무엇보다 중국의 우리문학사 발간 현황을 검토하고 문학사

---

6 이 목록은 이선이 외의 「중국의 한국문학사 저술 현황과 한국현대문학사 서술양상」(『외국문학연구』 49, 한국외대 외국문학연구소, 2013)에서 제시한 것을 보완하고, 2013년 이후에 발간된 목록을 추가하여 작성하였다.

7 중국에서 저술된 우리문학사에 대한 국내 연구로는 정현숙의 「북한, 중국, 일본의 한국현대문학사에 대한 인식(1)」, 『인문과학연구』 21, 강원대 인문과학연구소, 2009; 소인호, 「중국 소설문학사의 비교 연구—서사문학을 중심으로」, 『우리어문연구』 41, 우리어문학회, 2011; 이승윤, 「한국문학사를 바라보는 또 하나의 시각—『조선-한국당대문학사』를 중심으로」, 『한국근대문학연구』 25, 한국근대문학회, 2012; 이선이 외, 「중국의 한국문학사 저술 현황과 한국현대문학사 서술양상」, 『외국문학연구』 49, 한국외대 외국문학연구소, 2013 등이 있다.

기술양상에 대해 전반적으로 다룬 연구가 이루어지지 않고 있어 향후 지속적인 관심을 요하는 대목이다.

해방 이후 중국은 지속적으로 북한과 교류해 왔고 한·중 수교 이후에는 남한과도 교류를 진행하면서 남북을 동시적으로 조망하는 의미 있는 시각을 확보하고 있다. 이러한 국가 간 교류사와 지정학적 위치는 중국의 우리문학사에 대한 인식과 시각에도 가감 없이 투영되어 있다. 표면적으로 보면 중국의 우리문학사는 첫째, 남한의 시각을 적극적으로 수용한 경우와 둘째, 북한의 시각을 적극적으로 수용한 경우, 마지막으로 남북의 시각을 두루 담아낸 경우로 나누어 볼 수 있다. 첫 번째 예에 해당되는 경우가 김영금의 『한국의 문학』, 윤윤진 외의 『한국문학사韓國文學史』, 김춘선 외의 『한국현당대문학사』, 김영금의 『한국문학간사』 등이다. 두 번째에 해당하는 예로는 박충록의 『조선문학간사』와 허쩐후아의 『조선현대문학사』를 꼽을 수 있다. 마지막으로 남북한의 인식과 시각을 동시에 수용한 경우가 김병민의 『조선문학사—근대현대부분』, 김춘선의 『한국-조선당대문학사』, 김병민 외의 『조선·한국당대문학사』(2004), 김영금의 『조선·한국문학사朝鮮·韓國文學史』(上·下), 박은숙 외의 『한국·조선근현대문학사』 등이다. 남북한의 시각을 동시에 수용한 경우라 하더라도, 서술대상을 남북한의 문학사에서 다루고 있는 작가를 단순 병합한 경우나 문학사의 시기구분은 남한문학사의 인식을 수용하면서도 서술대상은 북한문학사를 포함하는 경우도 있다. 이와는 다른 방식으로 남한문학사에서 대상으로 삼는 작품을 다루면서도 이를 기술하는 방식은 사회주의적 사실주의 미학을 중심으로 기술한 경우나 남한문학사의 인식과 서술방식을 주로 하면서 북한문학사의 시각을 부분적으로 소개하는 경우도 있다. 이러한 상이한 양상은 개별 텍스트를 보다

면밀하게 분석한 연후에야 그 차이를 명확하게 규명할 수 있다. 여기에서는 이러한 다양한 양상 중에 남한문학사 수용, 북한문학사 수용, 남북한문학사 수용이라는 세 양상을 중심으로 중국의 한국 근현대문학사에 대한 인식과 서술양상을 구체적으로 살피고자 한다.

3. 중국의 한국 근현대문학사에 나타난 문화횡단 양상

중국은 우리와 역사적으로 동일한 문화권역에 속하며 장구한 시간 동안 교류를 지속해 왔다는 점에서 문학에 대한 상당한 인식을 공유하고 있지만 다른 한편으로는 해방 이후의 이질적 체제 유지로 인해 상이한 인식을 가진 국가이다. 또한 한·중 수교 이후에는 서로 다른 체제를 표방하고 있는 남북과 동시에 교류를 진행하고 있어서 남북한에 대한 인식이 공존하면서도 길항하는 두 측면을 동시에 보이고 있다. 이런 점을 전제로 중국에서 저술된 한국 근현대문학사의 인식과 서술양상의 실제를 살피고 이를 남북한문학사와 자국문학사인 중국문학사에 대한 인식 및 서술양상과 비교하며 의미의 이동과 생성의 지점들을 살피고자 한다.

1) 김영금의 『한국의 문학』 분석

김영금[8]은 『한국의 문학』(2009), 『한국문학간사』(2009), 『조선 · 한국문학사』(상 · 하)(2010), 『신편한국문학사』(2016)를 연이어 발간하면서 교재용 한국문학사 집필에 지속적인 관심을 보이는 조선족 학자이다. 이 가운데 『한국의 문학』과 『한국문학간사』(2009)는 남한문학사를 다루고 있으면서 동시에 사실주의 미학과 언어예술 미학을 강조하고 있다. 특히 『한국의 문학』은 대학교육의 강화를 위해 진행한 '일반고등교육 제11차 5개년계획 국가급 기획교재普通高等教育"十一五"國家級規划教材' 발간사업의 일환으로 개발된 교과서라는 점에서 중국에서 한국문학사를 인식하는 방법을 살필 수 있는 텍스트이다.

이 문학사의 서술대상이 되는 시기는 고대부터 2000년대 초반까지이다. 하지만 시기별 서술 분량으로 볼 때, 근현대문학사가 압도적인 우위를 차지하고 있다. 총 16장 가운데 한국문학의 개념과 범주를 논의한 총론 부분과 고전문학사를 다룬 부분은 3장에 불과하며 나머지 13개의 장은 근현대문학사를 서술대상으로 삼고 있다. 책의 서술체계는 각 시기의 주요 작가와 대표작을 중심으로 당대의 문학적 경향을 기술해 나가는 방식을 취하고 있다. 하지만 시와 소설의 주요 경향을 서술하는 방식에 있어서 일관성을 보이지는 않으며, 특정 시기는 주제나 경향별로 기술하고 또 다른 시기는 십 년 단위로 나누어 주요 작가와 작품을 기술하고 있다. 이 문학사는 시대상황과 문학적 변화를

8 조선족 학자인 김영금(金英今)은 1968년에 길림성에서 태어나 1991년에 연변대학교 조문학부를 졸업했다. 2005년에 「白華 梁建植 文學 硏究」로 연변대에서 박사학위를 받았으며 인민해방군외국어대학(낙양외대) 교수로 재직한 바 있다.

제시하지 않은 채, 해당 시기의 주요 문학적 경향을 서술하고 있어서 각기 시대의 문학적 변화를 파악하기는 용이하지 않다. 예를 들어 1960년대에서 1970년대까지의 문학이 두 장으로 나뉘어 기술되고 있는데, 시의 경우, '이데올로기와 산업화시대의 한국시'라는 제목하에 '① 1960년대 시 ② 1970년대 시'로 구분하여 시기별로 기술한 반면, 소설의 경우 '이데올로기와 산업화시대의 한국소설'이라는 제목하에 '① 빛나는 사월과 자유의 좌절 ② 민주주의의 성장과 문학적 실천 ③ 아버지 탐구와 훼손되고 파괴되는 삶'으로 구분하여 주제 중심으로 기술하고 있다. 또한 비평문학과 희곡문학은 각각 별도로 하나의 장에서 다루는데, 서술체계는 주요 시기별로 기술하고 있다. 비평사의 경우, '① 문건, 문협과 해방기 비평 ② 뉴 크리티시즘과 전후의 비평 ③ 창비, 문지와 1970년대의 비평 ④ 무크지운동과 1980년대의 비평 ⑤ 이념의 퇴조와 1990년대 이후 비평의 다양성'으로 나누어, 해방 이후의 평단상황과 주요 논쟁만을 다루고 있다. 이와는 달리 희곡사의 경우, 전통 민속극에서 1990년대 희곡을 순차적으로 8개의 하위시기로 나누어 기술하고 있다. 이 밖에도 이 문학사에는 '한국의 수필문학'이라는 장이 설정되어 있으며, '① 한국의 고전수필 ② 한국의 근대수필 ③ 한국의 현대수필 ④ 한국의 수필의 날'이라는 하위 목차로 수필에 대한 각별한 관심을 드러내고 있다. 또한 '정보화 시대와 한국문학'이라는 장을 설정하여 새로운 형식실험 및 사이버환경의 확산으로 인해 변화된 문학 환경에 주목하고, 특히 인터넷소설에 대해 기술하는 특징을 보인다.

여기서는 근현대문학사 기술 시기를 개화기부터 2000년대 초반까지로 잡고 있으며, 시기구분을 근대전환기(개화기)와 식민지시대, 해방기와 전후시기, 산업화시대, 민주화운동과 해금시기, 정보화시대로 나누고 있다. 『한국문학간사』가 고전문학, 근대전환기문학, 당대문학으로 나누어 시, 소설, 희곡과 산문문학 순으로 체계성을 갖추어 한국문학을 논의한 반면, 이 책은 근현대문학사에 집중하면서 시기를 세분화하는 차이를 보인다. 이러한 차이는 이 문학사가 한국 현대문학을 자세히 기술하는 데 집필의 목적이 있었음을 말해준다.

서술상의 특징을 문화횡단적 실천이라는 측면에서 살펴보면, 이 문학사에는 문화 간 이동과 생성의 지점들이 적지 않게 발견된다. 우선, 여기서는 중국문학의 영향을 중요하게 기술하고 있다.

> 19세기 말 20세기 초에 이르러 한국이나 중국은 서양이라는 타자에 의하여 강제적인 근대화의 과정을 거치게 되며 한국문학과 중국문학은 서양근대문학의 전범을 따르게 된다. 따라서 한국문학은 중국문학과의 관계를 청산하고 독자적인 발전의 길을 걸을 수 있게 된 듯하였다. 그러나 그것은 표면적인 현상이고, 근시안적인 파악이었다. 서양이라는 낯선 타자와의 관계를 염두에 둘 때, 한국인들에게 익숙한 중국의 고전문학은 배경적인 전통의 범주에 속하는 것이었으며 중국의 신문학은 한국문학과는 구별되는 외국문학의 범주에 속하는 것이면서도 서양이나 일본문학보다는 친근한 것이었고 그래서 쉽게 타산지석이 될 수 있는 것이었다.[9]

우리의 근대문학 형성에 있어서 서양문학의 유입과 일본문단의 영향은 널리 알려진 바이다. 하지만 저자는 중국의 신문학은 우리 근대문학

9 김영금, 『한국의 문학』, 북경대 출판사, 2009, 36쪽.

의 형성에 있어서 서양문학이나 일본문학보다 친근한 것이므로 적지 않은 영향을 끼친 것으로 기술하고 있다. 이러한 주장에는 구체적인 논거가 제시되지는 못하고 있다. 다만, 저자가 근대 문인 가운데 '양건식'을 높게 평가하는 것으로 판단해 볼 때, 이러한 시각이 친일문학에 대한 평가와 연관됨을 짐작해 볼 수 있다. 저자는 일제강점기에 평가할 만한 거의 유일한 작가로 양건식을 꼽고 있는데, 이러한 평가는 양건식이 친일혐의로부터 자유로운 작가라는 판단에 근거하고 있다. 또한, 저자는 중국의 근현대문학사에서 '민족 해방을 노래한 항전문예'[10]를 중심으로 문학사를 기술하는 서술태도를 한국 근현대문학사 인식의 기준으로 삼고 있다. 이러한 기술태도는 서정주의 친일 행적을 구체적으로 밝히고 『친일인명사전』에 문인 35명이 수록되었음을 밝히는 것과도 내밀하게 연관된다.[11] 즉 일제강점기의 한국문학에서 친일문제를 강조하는 서술태도는, 항일의 전통을 강조하는 중국문학사의 인식이 문화횡단적 이동을 실천한 경우이다. 그러면서 이 문학사는 일본문학의 영향을 의도적으로 배제하거나 중국문학과의 영향을 강조하는 방식으로 우리문학사를 서술하고 있다. 가령, 신체시에 대한 기술에서도 일본시의 영향은 언급하지 않으며, 고전문학의 주요 갈래였던 한시가 한국 근현대문학사에도 지속적으로 영향을 끼쳤다는 관점을 강조하며 "한시는 지식인문학으로, 1920년대 한용운·정지용, 1930년대 이육사·조지훈 등에 이르러 현대시로 발전적 계승을 이룬다"[12]고 기술하기도 한다. 우리문학사 기술에 있어서 국문학과 한문학이라는 두 층위에서 진

10 후잉시우지(黃修已), 고대중국어문연구회 역, 『중국현대문학발전사(中国现代文学发展史)』, 법우사, 1988, 479~524쪽 참조.

11 김영금, 앞의 책, 50~51쪽 참조.

12 위의 책, 43쪽.

행되던 흐름이 신문학으로 이행하는 과정에서 한문학의 단절을 겪었다는 서술방식은 보편적으로 수용된 바 있다. 즉 국문학과 한문학 모두가 신문학으로 수렴되는 과정은[13] 규명해야 할 과제로 남겨져 있는데, 이 문학사에는 이런 인식과 서술태도를 보이고 있어 주목을 요한다.

또한, 이 문학사는 정보화시대의 다매체 환경에 주목하며 한국 현대문학의 변화상을 적극적으로 기술하고 있다. 특히 인터넷 환경하에서 인터넷문학이 창작되고 향유되는 문화현상에 주목하고 있다. 이는 천쓰허가 『중국당대문학사』를 기술하면서 '매체시대의 문학'[14]을 하나의 독립된 장으로 다루는 방식과 매우 유사하다. 이러한 기술태도는 기본적으로 문학사회학적 입장과 문학의 대중성을 중시하는 중국문학계의 경향을 반영한 것으로 볼 수 있다. 저자의 이러한 인식과 서술태도는 문학사 기술에 있어서 동시대 문학 환경의 변화에 대해 판단을 유보하고 있는 한국문학계의 현실과는 다르다고 할 수 있다. 이처럼 중국문학사에 대한 인식이 한국 근현대문학사 인식으로 횡단하는 한편, 이 문학사에는 한국의 근현대문학사의 인식과 서술방식이 변형과 굴절을 거쳐 수용되기도 한다.

이 문학사는 남한문학사를 적극적으로 수용하면서도 간과할 수 없는 차이를 보이고 있다. 예를 들면, 저자가 주요 참고문헌으로 삼고 있는 권영민의 『한국현대문학사』와 비교해 볼 때, 이 문학사는 권영민의 문학사

---

13 이러한 문제인식은 임형택이 「한국문학사의 서술방향과 체계」에서 하나의 시안으로 제시한 한국문학의 체계이다. 그는 구비적 원시문학이 국문학과 한문학으로 분화되고 이것이 신문학으로 종합되었다가 남한문학과 북한문학으로 분화되는 한국문학사의 체계를 구상한 바 있다. 토지문화재단 편, 『한국문학사 어떻게 쓸 것인가』, 한길사, 2003, 39~40쪽.

14 천쓰허(陳思和), 노정은·박난영 역, 『중국당대문학사』, 문학동네, 2008, 575~597쪽 참조.

를 수용하면서도 선택적 전유의 양상을 보인다. 권영민의 경우, 1970년대와 1980년대의 시문학의 경향을 기술하면서 '제3장 산업화과정과 문학의 사회적 확대'라는 제목하에 이 시기의 시문학의 경향을 '시정신과 일상성의 회복'으로 파악하고 '① 민중시와 민중적 상상력, ② 관념과 기법과 정서, ③ 시와 경험적 진실성'으로 세분화하여 기술하고 있다. 이에 반해 김영금은 1960년대와 1970년대를 '이데올로기와 산업화시대의 한국시'로, 1980년대와 1990년대를 '민주화운동과 해금시대의 한국시'로 나누어 기술하면서, '이데올로기와 산업화시대의 한국시'에 해당하는 장을 '① 1960년대 시, ② 1970년대 시'로 세분화하고 ②항을 '산업화와 사회비판의 시', '관념과 기법과 정서'로 나누어 기술한다. 한편 '민주화운동과 해금시대의 한국시'에서는 권영민이 세분화한 목차를 그대로 수용하여 '① 민중시와 민중적 상상력, ②관념과 기법과 정서, ③ 시와 경험적 진실성'을 세부내용으로 삼고 있다. 이처럼 권영민의 문학사를 수용하면서도 시기구분을 달리함에 따라 서술내용에 있어 차이를 보인다. 이는 기술 시기에 있어서도 차이를 보이는 두 문학사가 시기구분을 다르게 한 데서 기인했다고 할 수 있다. 하지만 이러한 차이의 이면에는 산업화와 민주화를 구분하고 산업화에 비해 민주화를 강조하고자 하는 서술의도가 감추어져 있는 것으로 보인다. 시기구분과 서술내용으로 볼 때, 저자는 산업화시기에는 사회비판의 시가 우위에 놓이고 민주화시기에는 민중시가 우위에 놓인다고 보고 있다. 따라서 이 두 시기 모두에서 다양한 시적 실험과 경향을 지닌 시도들을 '관념과 기법과 정서'라는 항으로 설정하고 이를 새로운 시도로 동일하게 기술함으로써, 각 시기의 주요 경향을 강조하고 있다. 이러한 선택적 전유의 적절성 여부는 엄밀하게 따져보아야 하겠지만 문화횡단의 과정에서 생겨난 변화가 한국 현대문학의 사적 변화를 명시적으로 드러내는 효과를 보여주기도 한다는 점에서는 일정한 의미를 갖는다.

2) 허쩐후아의 『조선현대문학사』 분석

허쩐후아[15]의 『조선현대문학사』는 기본적으로 북한문학사의 인식과 서술방법을 수용하고 있다. 저자가 북한 현대문학사를 파악하는 기본적인 시각은, 반제와 반봉건을 근간으로 하면서 반자본주의와 반외세 애국주의에 중심이 놓여 있다. 저자는 이러한 기본 시각을 담아낼 미학적 원리로 사실주의를 문학사 전개의 중심원리로 삼고, 이를 계승하고 발전시킨 비판적 사실주의와 사회주의적 사실주의라는 관점에서 북한의 현대문학사를 파악해 나간다.

이 책의 기본적인 서술체계를 보면 시기마다 문학 외적 시대상황과 문학의 전반적인 양상을 간략하게 소개한 뒤, 주요 작가와 작품을 중심으로 해당 시기 문학의 전개를 서술해 나가는 교재용 문학사의 일반적인 구성방식을 따르고 있다. 특히, 연구용 문학사와는 달리 서술대상이 되는 작가를 최소화 하고 이들의 대표작에 관한 서술에 집중하고 있으며, 서술 시기를 1900년부터 1967년까지로 설정하여 해방을 분기점으로 북한문학의 지속과 변화를 조망하고 있다. 각 장은 '역사배경과 문

15 한족 학자인 허쩐후아는 1932년에 태어나 1956년에 북경대학 동양어문학과를 졸업한 후 동양어문학과 교수로 재직하였고 2013년에 사망하였다. 주요 저작으로는 『동방문학사』(공저), 『조선어교정』 1~3(공저), 『동방신화와 전설』(공저) 등이 있으며, 번역서로는 『조선단편소설집』, 『천세봉소설집』(공역) 등이 있다. 논저로는 『조선문학연구논문집』(1992)가 있으며 이 밖에도 『한조사전(漢朝辭典)』, 『조한사전(朝漢辭典)』등의 집필에 참여하였다.

학개황'을 앞세우고 시기별로 중요도에 따라 주요 갈래와 작가 혹은 경향을 서술하는 방식으로 기술되고 있다. 예를 들어 1919년에서 1930년대까지의 문학을 다룰 때에는, '제1절 역사적 배경과 문학개황, 제2절 산문, 제3절 시, 제4절 조명희와 그의 작품, 제5절 최서해와 그의 작품, 제6절 이상화와 그의 작품, 제7절 문학평론, 제8절 비판적 사실주의의 문학'의 순서로 기술하였다면, 1930년에서 1945년까지의 문학을 다룰 때에는, '제1절 역사적 배경과 문학개황, 제2절 조선인민항일무장투쟁을 반영한 작품, 제3절 소설과 희곡, 제4절 이기영과 그의 작품, 제5절 강경애와 그의 작품, 제6절 송영의 소설과 여타의 작가, 제7절 송영과 그의 극작, 제8절 시가, 제9절 프로문학과 부르주아 반동문학의 투쟁과 프로문학의 승리'로 제시하고 있다. 이러한 차이점으로 볼 때, 문학사의 서술체계는 각 시기별 문학사적 중요도를 기준으로 삼고 있음을 알 수 있다. 즉 일관된 기준을 설정하고 동일한 체제로 기술하는 엄밀성을 추구하기보다는 시기별로 문학사적 중요도를 판단하고 이를 적극 반영하여 문학사를 기술하는 방식을 취하고 있다.

또한, 이 문학사는 해방을 기점으로 1부와 2부로 나누어 기술되고 있는데, 1부에서는 1900년부터 1945년까지를 다루고 있다. 하위 시기는 1900년부터 1919년의 문학, 1919년부터 1930년대까지의 문학, 1930년부터 1945년까지의 문학으로 구분하고 있다. 2부에서는 1945년부터 1967년 5월까지를 다루는데, 하위 시기는 1945년 8월부터 1950년 6월까지의 '평화민주건설시기'의 문학, 1950년 6월부터 1953년 7월까지의 '조국해방전쟁시기'의 문학, 1953년 7월부터 1958년 8월까지의 '전후 복구와 사회주의기초건설시기'의 문학, 1958년 8월부터 1967년 5월까지의 '천리마운동과 7년 국민경제계획시기'의 문학으로 구분하고 있다. 이러한 시기구분은 북한 건국 초기의 문학사인 과학원 문학연구실의 『조선문학통사』(하)[16]와 대체로 일치한다. 하지만 1959년에 발간된 『조선문학통사』(하)에서 다룰 수 없었던 시기인 1960년대를 다루면서 1967년을 분기점으로 삼은 것은 1970년대 이후에 발간된 북한문학사의 시대구분을 수용한 결과로 볼 수 있다.[17] 하지만 왜 이 시기까지를 현대문학사의 대상으로 삼았는지는 정확하게 알 수 없다. 다만 이 책이 주요 관점과 인식을 수용한 것으로 판단되는 『조선문학통사』(하)와 비교해 볼 때, 다소간의 추정이 가능하다. 『조선문학통사』(하)는 1930년대 문학을 서술하면서 '김일성원수의 항일투쟁과정에서의 문학'으로 소제목을 붙여 김일성을 부각시킨 반면, 허쩐후이는 같은 내용을 '조선인민항일무장투쟁을 반영한 작품'으로 소제목을 제시하여 인민의 혁명성을 강조하고 있다.[18] 이처럼 저자는 김일성 미화에 치중하는 북한문학사의 경향을 피하면서 인민성과 혁명성을 결합해내는 시각을 견지한다. 이런 서술태도로 볼 때, 주체사상이 유일사상으로 확립된 1967년까지의 문학을 서술대상으로 삼은 것은 북한현대문학사의 흐름을 비교적 객관적으로 포착하고자 한 의도로 볼 수 있다. 1967년 이후를 다루는 북한문학사의 시각이 주체문학이라는 프레임 안에서 당의 공식적인 입장을 담아내고 있다는 점을 감안한다면,

16 해방 이후 북한에서 집필된 최초의 문학사는 대학의 교재용으로 집필된 안함광의 『조선문학사』(연변교육출판사, 1956)로 알려져 있다. 이 문학사는 안함광의 문학사를 저본으로 삼아 집체창작을 거쳐 발간한 것이다. 과학원 언어문학연구소 문학연구실, 『조선문학통사』(하)(1900~전후시기), 과학원출판사, 1959.

17 김일성종합대학출판사에서 출판된 『조선문학사』(전5권)(1982)에서는 1967년 5월을 기점으로 시기를 구분하고 있으며, 이후 박종원・류만의 『조선문학개관』 II(사회과학출판사, 1986)에서도 1967년을 기점으로 삼았다.

18 안함광의 『조선문학사』에서는 이 부분을 '김일성 원수가 지도한 조선 인민의 항일무장투쟁 과정에서 나타난 문학'으로 서술하고 있다.

1967년까지를 서술시기로 삼은 것은 저자가 북한문학사를 객관적으로 서술하고자 한 적극적 의지의 반영으로 볼 수 있을 것이다. 이처럼 허쩐후아는 서술 시기를 1967년까지로 설정함으로써 김일성과 그의 가계를 둘러싼 항일혁명서사를 중심으로 주체문학으로 재편되어 가는 북한의 공식적 입장과 분명한 거리를 유지하고 있다.

또한, 저자가 사회주의 리얼리즘이라는 관점에서 북한문학사를 파악하는 방식은 북한의 입장과 동일하지만 항일혁명전통의 내용에 있어서는 분명한 차이를 보인다. 저자는 북한문학의 전개를 사회주의 사실주의의 미학을 중심에 두고 파악한다. 무엇보다 저자는 북한문학사에서 강조하는 진보적인 문학이나 항일혁명문예도 사회주의 사실주의의 미학으로 파악해 나간다. 그 일례로 이 문학사에서는 나도향을 프로문학에 속하지는 않지만 프로문학의 영향을 받으며 '자연주의와 감상주의의 창작세계에서 탈피하여 비판적 사실주의의 길'로 나간 작가로 평가한다. 저자의 이러한 인식은 나도향과 김소월을 '프롤레타리아문학 이외의 이 시기 진보적 문학'으로 평가한 『조선문학통사』(하)의 인식을 수용한 것이다. 하지만 저자는 이들의 경향을 '비판적 사실주의의 문학'이라는 소제목하에서 다룸으로써, 나도향을 봉건제도와 자본주의사회의 모순을 자각하고 이를 비판적으로 인식함으로써 사회주의 사실주의로 발전하는 과정에 있는 작가로 평가한다. 이러한 시각은 마르크스-레닌주의와 중국공산당의 영도하에 혁명적 문예운동의 전개라는 입장에서 중국현대문학사를 서술하는 중국 학계의 입장과 동궤를 이루고 있는 것이라 하겠다. 중국과 북한에서 문학사를 바라보는 기본적인 인식은 이처럼 동일하지만, 혁명문학에 대한 세부적인 내용에 대해서는 입장을 달리한다. 북한이 김일성 가계의 항일혁명전통을 소삭하여 동치의 정당성 확보의 일환으로 항일혁명문예를 기술하는 반면, 중국은 애국주의 입장에서 이를 기술하는 차이를 보인다.

또한, 이 문학사에는 중국과 북한의 교류가 강조되고 있다. 중국에서 집필된 북한문학사라는 특성을 강하게 부각시키며 저자는 중조中朝 간 우애를 나눈 기억을 강조하고 이를 중요하게 서술한다. 여기서는 '조국해방전쟁시기의 문학'을 서술하면서 중국의 한국전쟁 참전과정을 자세히 설명하고,[19] 이 시기의 문학 전반에서 중조 양국의 인민 간 연대를 다룬 작품에 대해 상술하고 있다. 저자는 책의 후기에서 이 책의 특징을 '중국과 조선의 인민들이 생사를 함께하고 환난을 같이하는 깊은 우정을 다룬 작품에 대해 저자가 넘치는 열정으로 감동적인 장면을 형상화하였다. 이것은 조선현대문학에 대한 다른 텍스트들이 가지지 못한 것'[20]이라고 밝히고 있다. 실제로 이 문학사에서 한국전쟁 당시 중국인민지원군과 북한 인민의 국제주의적 친선을 다룬 작품들에 대한 서술은 북한문학사에서 일반적으로 다루는 분량에 비해 상당히 많은 양이라 할 수 있다. 이 부분에 해당하는 내용은 안함광이 『조선문학사』에서 '국제 친선을 테마로 한 작품'이라는 소제목으로 다룬 바 있고, 이후 『조선문학통사』(하)에서는 소제목으로 묶지는 않았지만 개별 장르의 문학적 전개를 서술하면서 중국인민지원군과의 연대에 주목한 바 있었다. 이와 비교할 때, 이 책에서는 한국전쟁 당시 중국과 북한의 연대에

19 "중국의 각 사회단체는 연합선언을 발표하고 '항미원조, 보가위국'의 깃발을 높이 들어 올렸다. 중국 인민의 우수한 아들딸을 모집하여 파견함으로써 중국인민지원군을 참전하게 했다. 영웅적 조선인민군과 중국인민지원군의 협력작전으로, 38선 이북의 미국 침략군과 연합군은 38선 이남으로 퇴진하고, 3년이 넘는 처절한 싸움을 경험한 뒤 1953년 7월 27일에 전쟁은 끝났으며 중국과 조선 인민은 위대한 승리를 선언하였다."(허쩐후아(何镇华), 『朝鲜现代文学史』, 中央编译出版社, 2008, p.170)

20 위의 책, p.291.

주목하며 양국 인민간의 동지애에 대해 상당한 분량을 할애하며 적극적으로 평가하고 있다. 국제 친선을 강조하는 초기 북한문학사의 기술 태도는, 이후 혁명성과 민족적 특성이 강조되는 과정을 거치는 북한문학사에서는 점차 삭제되거나 소략하게 다루어졌다. 이러한 북한문학사의 경향과는 달리 이 책에서는 중국인민지원군의 참전과 인민적 연대의식을 형상화한 작품을 상세하게 서술함으로써 중국에서 북한문학사를 쓴다는 저자의 위치를 명확하게 견지하고 있다.

3) 김병민 외의 『조선-한국당대문학사』와 박은숙 외의 『한국 · 조선근현대문학사』 분석

김병민 외의 『조선-한국당대문학사』와 박은숙 외의 『한국 · 조선근현대문학사』는 남북한문학사의 시각과 내용을 결합한 대표적인 문학사이다. 2000년대 이후부터 중국의 한국문학 교육현장에서는 남북한문학사를 동시에 인식하고자 하는 요구가 제기되면서 '조선-한국' 혹은 '한국-조선'을 병기하는 교재형 문학사가 집필되고 있다. 남북한의 정부 수립 이후 개별적으로 전개되어 온 남북한문학사는 역사적 의미와 예술적 가치를 판단하는 인식 차이로 인해 이질성이 점점 심화되어 왔음은 널리 알려진 바이다. 이러한 현실로 인해 남북한문학사를 통일적으로 기술하는 일은 남북한 양자에게는 여전히 극복해야 할 과제로 남겨져 있을 뿐이다. 하지만 남북한을 동시에 조망할 수 있는 중국의 경우, 한민족이 한국어로 생산한 문학을 사적으로 조망한다는 태도를 보이며 이 둘을 동시적으로 포착해내는 시각을 확보하고 있다.

김병민 외의 경우, 해방직후부터 1980년대의 남북한문학을 대상으로 하며, 해방공간을 제외하고는 십년 단위로 북한문학과 남한문학을 대등하게 기술하고 있다. 소설, 시, 희곡이라는 주요 갈래를 중심으로 기술한 이 문학사에서는, 서술대상에 대한 용어 선택에 있어서 객관적 시각을 보이고 있다. 여기서는 문학의 생산 주체를 지칭함에 있어, 해방공간에서는 좌익과 우익으로 1950년대 이후부터는 북쪽과 남쪽이라는 용어를 사용하며 탈정치화된 시각을 견지하고자 한다. 또한 이 문학사는 남북한 언어와는 다른 '중국 조선어'[21]로 씌어졌다는 점에서 표현상의 이질감은 있지만, 남북한문학을 중국조선족의 시각으로 서술하는 태도를 명확하게 보여주고 있어 이채롭다.

이 문학사에서는 시기별 시대상황과 문학의 전개를 '사회문학적 배경과 문학발전개관'이라는 제목하에 기술하고 각각의 소설문학과 시문학을 1과 2로 번호를 붙여 북한과 남한의 문학사를 순차적으로 기술하였다. 분량 면에서 소설과 시보다 소략한 희곡문학의 경우, 같은 절에서 1항과 2항으로 나누어 북한과 남한의 희곡사를 기술하고 있다. 또한, 해방직후와 1950년대는 작가 중심으로 기술하다가 1960년대부터는 북한문학의 경우, 주제별로 나누어 해당 경향의 작품 중심으로 기술하고 남한문학의 경우, 작품과 작가 중심으로 기술하고 있다. 기술태도는 대체로 남북한의 시각을 수용하고 있는데, 이는 이 문학사가 일관되고 고유한 관점을 드러낸 문학사 기술을 목표로 삼았다기보다는 남북한의 문학사를 대등하게 서술하려는 시도 자체를 목표로 삼았기 때문

21 중국조선족이 사용하는 언어는 근대 한국어를 근간으로 하면서 한국어와 북한어 및 중국어의 영향을 받은 언어로 남북한 언어와 일정한 차이를 보인다. 이상혁, 「중국인을 위한 한국어교육에서 요구되는 몇 가지 문제」, 『한중인문학연구』, 39, 한중인문학회, 2013, 49~70쪽 참조.

으로 보인다. 이러한 시각을 보이는 것은 중국의 역사적 정황과 연관지어 생각해 볼 수 있다. 중국문학계는 1980년대에 새로운 문학사 기술에 대한 활발한 논의를 진행한 바 있다. 이른바 '중사문학사重寫文學史'라는 이름으로 구체화된 이 흐름은 천안문 사태 이후 일련의 정치적 분위기와 맞물리면서 논의를 더 이상 이어나가지 못하였다. 이러한 시대상황에서 문학사에 대한 새로운 관점을 갖기는 쉽지 않다고 하겠다.[22] 동일한 이유로 외국문학사 또한 하나의 관점을 갖고 기술되기는 매우 어렵다고 보아야 할 것이다. 따라서 이 문학사는 사회주의현실과 자본주의현실이라는 체제상의 차이에도 불구하고 민족과 언어의 공통성으로 인해 공유될 수 있는 지점이 무엇인지를 드러내지 못한 채, 남북한 문학사를 동시에 조망한다는 의의를 넘어서는 지평융합을 보여주지는 못하고 있다.

이와는 달리 박은숙 외의 『한국·조선근현대문학사』는 남한문학사의 시각과 내용을 우위에 놓은 문학사이다. 교재용 문학사로 쓴 이 책은 개화기부터 1970년대 문학까지를 서술대상으로 삼고 있으며, 개화기를 제외하고는 십년 단위로 문학사를 기술하고 있다. 여기에서는 1940년대까지는 남한문학사의 시각과 내용을 중심으로 서술하고, 1950년대부터 1970년대까지는 남북한문학사를 함께 서술하고 있다. 남북한문학사를 동시에 서술하고 있지만, 전반적인 시각이나 내용은 남한문학이 주를 이루고 있으며 북한문학은 남한문학과 비교했을 때 비교적 소략하게 다루었다. 예를 들어 1940년대까지의 문학사의 주체를 한국으로 호명하고 있다는 점이나 근대의 기점논의를 기술하면서

22 이등연, 「1980년대 주요 중국문학사의 서술 시각 분석」, 『중국인문과학』 35, 중국인문학회, 2007, 297~230쪽 참고.

갑오경장 기점설, 영정조 기점설, 3·1운동 기점설, 한일합방 기점설 등 남한 국문학계의 논의를 자세하게 설명하고, 북한의 논의는 "이 외에 조선의 1866년 설이 있는데 이는 조선의 주체사상의 역사적 의미를 강조하려는 정치적 요구, 즉 조선 역사의 내재적 발전에서 반봉건보다는 반침략에 더 비중을 둔 문학사 단계 설정으로 인식된다"[23]라고 간단하게 언급하는 데에서 이러한 시각을 확인할 수 있다.

이 책의 서술체계를 살펴보면, 시기별 시대상황과 문학개관을 앞세우고 주요 갈래인 시, 소설, 비평의 전개 양상을 기술하고 있다. 문학개관에서는 시기별 문학의 특징을 전반적으로 개관하고 하위 절에서는 해당 갈래의 시기별 특징을 언급하였으며 남한문학의 경우, 주요 작가별로 서술하고 북한문학의 경우, 주제별로 서술하고 있다. 하지만 이 문학사에는 남한문학과 북한문학의 이질성으로 인해 서술상의 상당한 균열이 발생하고 있다. 예를 들어 1960년대의 문학에 대한 기술에서 균열의 정황은 다양한 형태로 드러난다. 먼저, 장과 절의 제목이 이를 잘 보여준다. 전체적인 장의 제목은 "1960년대의 문학—새 시대의 충격과 순수·참여의 대립"이며 하위 절의 제목은 ① 한국 자본주의의 형성과 그 시대 문학 개관 ② 1960년대의 시문학—민족현실에 대한 관심 ③ 1960년대의 소설문학—새 시대의 충격과 전후문학의 극복 ④ 1960년대의 비평문학—순수·참여 논의로 제시되어 있다. 1절의 제목으로 판단할 때, 여기서는 한국 자본주의의 형성과정이 시대상황으로 언급되어야 하지만 실제 기술 내용은 이와는 매우 다르다. 남한의 경우, 4·19와 5·16으로 이어지는 정치적 상황을 서술하고 북한의 경우,

23 박은숙 외, 『한국-조선근현대문학사』, 外国教育与研究出版社, 2016, 4쪽.

사회주의 건설에 대해 서술하고 있어서 제목과 내용이 정합성을 갖지 못하였다. 이러한 균열은 다음의 언급을 통해 추측해 보건대 남한이 중국과는 다른 자본주의체제라는 사실과 관련이 있는 것으로 보인다.

> 무엇보다 제3세계 나라들의 내부에는 부유한 엘리트와 나머지 주민들 사이의 더욱 큰 수입 격차를 보이며, 근본적으로 부가 불평등하게 분배되어 있으며, 사회적 프로젝트를 위한 비용 지출을 정치적으로 꺼린다는 특징이 있다. 부익부를 누리는 사람 이면에 존재하던 수많은 타자들은 국가의 그 어떤 혜택도 받지 못한 채 방치되었다.[24]

이 문학사가 대체로 남북한의 상황에 대한 사실차원의 내용 제시로 문학사를 서술해 나간 반면에 위의 인용문에서는 당대 한국사회의 모순을 단정적으로 기술하고 있다. 분배 정의가 실현되지 못하는 남한의 현실에 대한 강조는 체제의 내적 모순으로 기술하지만 북한문학에 대한 설명에서는 체제에 대한 어떠한 비판도 하지 않고 있다. 북한문학에 대한 기술은 "현실문제를 문학으로 해결하려고 하였기에 문학의 짐이 너무 무거워 미적인 자율성에 의해 이루어진 작품을 찾아보기 힘들다"[25]는 비판적 언급이 있을 뿐이다. 이런 서술태도는 1950년대 문학을 정리하면서 북한문학이 긍정적 인물묘사로 노동자와 농민들의 활기찬 모습을 그렸다는 점과 남한문학이 암울하고 우울한 경향을 보인다는 점을 대비시키는 데에서도 찾아볼 수 있다. 이런 맥락의 연장선상에서 북한문학이 중국문학과 유사성이 높아 비교문학의 영역이 될 수 있

24 위의 책, 358쪽.
25 위의 책, 304쪽.

다고 보았다.[26] 이처럼 이 문학사의 전반적인 시각은 남한문학사를 중심으로 하고 있지만 체제와 관련된 서술이나 미학적 특질에 대해서는 북한문학의 경향을 옹호하는 태도를 보이는 균열을 보인다.

또한, 내용에 있어서도 남한문학사의 내용을 주로 하면서도 북한문학사를 수용하다보니 적지 않은 균열을 보이고 있다. 예를 들면 극문학은 이 책의 전반적인 서술체계에서는 다루지 않은 갈래였으나 1960년대 북한문학에 있어서 극문학은 중요한 성과를 이룬 것으로 평가되고 있다는 점에서 이 부분을 문학개관에서 자세히 서술하고 있다. 즉 북한문학에서 중시되는 극문학을 언급하려다 보니 남한문학의 극문학에 대해서도 서술하는 결과를 낳은 것으로 보인다. 이런 균열은 시기별로 전개양상을 살피고 있는 비평문학의 경우, 남한문학사만을 수용하고 북한문학사에 대해서는 전혀 기술하지 않은 점에서도 발견된다.

이처럼 이 문학사는 다섯 명의 집필진이 전반적인 체계를 논의하여 통일성을 갖고 저술하고자 노력한 것은 분명해 보이지만 개별 집필자의 시각과 서술태도에 따라 상이한 면이 적지 않다. 또한 참고 텍스트도 장별 집필자에 따라 달라서 문학사 텍스트 사이에 발생하는 문화횡단의 구체적인 양상을 논의하기는 어렵다. 특히 남한문학사의 경우, 권영민의 『한국현대문학사』를 직접 인용 방식으로 기술하는 경우가 많아 더욱 그러하다. 다만, 남북한문학을 남한의 시각에서 기술하면서도 그 이면에는 중국과 북한의 사회주의 국가로서의 연대의식이 정치적 무의식으로 자리하고 있음에 따라, 의도와는 다른 균열과 변이를 보여준다는 점은 흥미로운 대목이 아닐 수 없다.

---

26 위의 책, 351쪽 참조.

4. 결론

문화는 이동과 상호접촉을 통해 새로운 맥락과 의미를 획득한다. 오늘날 문화의 이동과 교류가 강조되는 것은 이러한 문화 간 만남에서 발생하는 새로운 의미들이 사유의 지평을 넓히는 가능성의 장이 되기 때문이다. 국가간 문화횡단에서 발생하는 새로운 의미들은 문화횡단의 동력으로 기능하면서 일국사적 시각 안에 갇힌 우리의 인식에 균열을 내며 보다 생산적인 사유지평으로 우리를 견인한다. 이런 관점에서 중국의 한국 근현대문학사를 살펴보면, 우리문학사 인식에 있어서 몇 가지 의미 있는 전언을 발견할 수 있다.

첫째, 우리의 근현대문학이 형성되는 과정을 논의하는 데 있어서 서양문학의 유입이 지나치게 강조되면서 상대적으로 중국문학의 영향은 배제되거나 도외시되었다는 점은 주지하는 바이다. 중국에서 저술된 한국 근현대문학사에서는 이러한 인식 방법에 대한 비판의식이 드러나고 있다. 물론 중국문학의 영향을 강조하는 것은 중화주의적 사고가 만들어낸 또 하나의 제국주의적 시각이라고 볼 수도 있다. 하지만 실사구시의 측면에서 중국문학의 영향을 보다 적극적으로 읽어낼 필요는 충분하며, 이러한 인식은 한문학이 신문학과 갖는 연관성을 문학사에서 복원하는 일과도 연관된다는 점에서 중요한 시각이라 할 수 있다.

둘째, 북한문학사에 대한 우리의 인식에 있어서 새로운 지평을 열어놓는 측면이 있다. 남북한 공통의 문학사 기술은 통일문학사에 대한 한 가능성을 타진하는 시금석이 된다고 할 수 있다. 비록 하나의 관점으로 남북한문학사를 기술하는 단계로까지 나아가지 못하더라도 각기 시대별 전개양상을 동시에 조망한다는 것은 이질성만을 강조하는 태도로부터 벗어나 진일보한 면이 있다. 또한 중국이 북한문학사의 내재적 시각으로부터 일정한 거리를 갖고 객관적으로 북한문학사를 서술하는 태도는 의미 있는 지점을 열어 보이기도 한다. 북한이 강조하는 김일성 가계의 영웅화나 사회주의적 도식성은 배제 혹은 약화시키면서 서정성을 강조하고 항일을 통한 민족정신을 강조하는 점은, 공통의 문학사를 기술하는 실제적인 방법으로서 하나의 열린 가능성을 제시해 주고 있기 때문이다.

마지막으로, 중국의 우리문학사 저술에 있어서 의미 있게 바라볼 지점은 순수문학 중심의 우리문학사 인식에서 탈피할 수 있는 가능성을 열어준다는 점이다. 중국은 기본적으로 사회주의적 사실주의를 문학적 준거로 삼고 있고, 이는 문학의 대중성을 중시하는 경향과도 맥을 같이 하고 있다. 따라서 가요, 영화, 인터넷문학 등 다양한 매체와 연관된 작품을 문학사에 수용하고 있다. 이러한 태도는 우리 문학이 지닌 순수문학중심주의로부터의 탈피 내지는 시각 확장의 가능성을 열어준다.

중국에서 저술된 한국 근현대문학사가 보여주는 이러한 의미의 잉여들은 우리문학사에 대한 다른 지평을 모색하는 데 있어서 중요한 자원이 아닐 수 없다. 이런 점에서 중국의 우리문학사 저술은 민족국가의 경계 안에서 인식되던 우리문학사를 다르게 볼 수 있는 하나의 가능성이라 할 수 있다. 하지만 이러한 인식이 보다 정밀한 의미를 획득하기 위해서는 문화횡단의 양상을 다층적으로 구축해 나갈 필요성이 있다. 주지하다시피 중국은 우리문학사를 가장 많이 저술하고 있는 국가이다. 이는 인접국가에 위치하면서 활발한 교류가 진행 중이라는 지정학적 위치가 촉발한 현실이지만 동시에 중국조선족의 역할도 상당 부분

작용한 결과로 볼 수 있다. 이런 맥락에서 중국의 우리문학사 서술을 보다 면밀하게 들여다보기 위해서는 한족과 조선족이라는 서로 다른 입장을 가진 저자들의 텍스트를 비교해 볼 필요가 있을 것이다. 또한, 조선족이 자신들의 문학사를 서술하는 방식과 우리문학사 서술의 방식을 비교해 볼 필요도 있을 것이다. 이러한 다층적인 비교의 시각은 향후 보완과제로 남겨두고자 한다.

일본 '한국문학사'에서의 한국 고전문학사 인식과 서술양상

류정선

1. 들어가는 말

19세기 후반 동아시아에서 처음으로 자국문학사 저술을 시작한 일본은 근대국가 건설에 있어 애국심의 발화 수단으로서 국문학을 매개체로 이용했고, 동경제국대학 중심의 국문학자들은 그 실천의 선두가 되었다. 이어 경성제국대학을 중심으로 한 일본의 조선문학 연구 또한 조선통치를 위한 연구였으며, 엄밀히 말하면 그것은 조선문학 연구가 아닌 조선학 연구였다. 이에 저항감을 느낀 조선의 국문학자들은 조선문학 연구의 활성화를 위해 노력했고, 1945년 해방 후 조선문학사는 민족교육의 요구에 부응하기 위해, 민족문화의 가치를 재인식하기 위해 기술되었다. 하지만 1950년 이후 자국문학사 저술은 남북분단의 희생물이 되었듯이 문학사의 이념 또한 정치적 이념에 깊이 개입된다. 이러한 상황 속에서 남북한의 사상적 이념은 다르지만, 1970년대부터 일본이 외국문학으로서 한국문학에 관심을 갖기 시작하자 소수의 국문학자들은 일제 강점기에 왜곡당한 한국문학의 가치를 재정립하고 일본인들에게 소개하기 위해 일본어판 한국문학사 저술을 간행한다.

일본어판 한국(고전)문학사로는 일본인이 저술한 것은 거의 전무하고, 기존 한국어판 국문학사를 일본어로 번역해서 간행한 김사엽金思燁·조연현趙演鉉의 『조선문학사朝鮮文學史』(1971), 김사엽의 『조선문학사朝鮮文學史』(1973) 등이 있으며, 이러한 번역물과는 달리 일본어판으로 직접 출간한 저술로는 김동욱金東旭의 『조선문학사朝鮮文學史』(1974), 변재수卞宰洙의 『조선문학사朝鮮文學史』(1985)가 있다.[1]

지금까지 선행연구로는 해외의 한국문학사와 관련하여 조동일의 『동아시아문학사비교론』(1993)이 있으며, 일본어판 한국문학사 연구로는 서재곤의 「일본어판 한국문학사 연구 시론」(2007)과 「일본어판 한국문학사 재고」(2008)[2]가 있다. 조동일의 연구는 동아시아 문학사 전반을 정리하며 문학사 비교의 필요성을 제기하였지만 이미 상당한 시일이 지나 그동안 새롭게 발간된 해외 한국문학사에 대한 연구가 필요한 시점이며, 서재곤의 연구는 일본어판 한국문학사 연구의 가능성을 발견하고 이에 대한 기초적인 정보를 알려주고 있지만, 이들의 논의는 일본에서 번역되거나 저술된 한국문학사의 종류와 흐름을 거시적으로 소개

1 일본어판 저술로는 변재수 이후에 김윤호(金允浩)의 『物語 朝鮮詩歌史』(1987)가 있지만, 본격적인 문학사로 보기 어려워 분석대상에서 제외한다.

2 서재곤의 「일본어판 한국문학사 재고」(『일본어문학』 12, 한국일본언어문화학회, 2008)는 「일본어판 한국문학사 연구 시론」(『세계문학비교연구』 18, 세계문학비교학회, 2007)을 보충한 것으로, 한류와 한국문학의 세계화라는 관점에서 처음으로 일본어판 한국문학사 연구를 시도했다는 데 의의가 있다고 할 수 있다.

하고 개괄하는 데 그치고 있다. 이러한 현現 연구의 상황 속에서, 일본어판 한국문학사를 대상으로 일본문학사, 그리고 남북한문학사를 함께 비교, 점검한 문화횡단적 연구는 거의 전무한 실정이라 할 수 있다.

따라서 이 글에서는 해외한국문학사의 문화횡단적 고찰이라는 관점에서, 번역본이 아닌 일본어판 저술을 직접 간행한 김동욱의 『조선문학사』와 변재수의 『조선문학사』를 연구대상으로 하여 그들의 한국문학사에 대한 인식과 고전문학사의 서술양상을 면밀히 분석해 보고자 한다. 이를 위해 비교문학에 관심이 많았던 일본 유학생 김동욱과 러시아문학 전공자로 사회주의적 사상을 지닌 재일조선인 변재수가 기존의 한국문학사를 어떠한 관점에서 인식하였고, 일본어로 한국(조선)문학사를 저술한 동기와 의의는 무엇이며, 고전문학사 서술에 있어서 이념적 특징은 무엇인가를 살펴보고자 한다. 이와 같은 논의는 남북한 고전문학사 서술체계와 문학사간 인식의 동이同異점 등을 읽어내는 작업이라 하겠다.

2. 일본의 자국문학사와 조선문학사

일본에서 교육받은 김동욱과 변재수의 문학사관은 일본문학과의 연관성을 배제할 수 없다. 그들에게 있어 한국문학사란 어떠한 의미를 가지고 있는가를 생각할 때, 그 또한 일본문학사와의 영향관계를 살펴볼 필요가 있다.

일본문학사의 출발은 미카미 산지三上参次, 다카쓰 구와사부로高津鍬三郎의 『일본문학사日本文學史』(1890)로부터이다. 중국에서는 1910년 무렵 황런黃人의 『중국문학사中國文學史』가 저술되었고, 한국 최초의 문학사 저술은 1920년대 안확(안자산)의 『조선문학사』(1922)로, 일본의 자국문학사 저술은 동아시아의 선두라 할 수 있다. 따라서 동아시아 자국문학사의 성립에 있어 일본의 전례前例는 중요한 지침으로 작용했으며, 한국문학사의 서술에 있어서도 일본의 자국문학사 방법론은 많은 영향을 주었다.

일본의 자국문학사 저술은 국학적 전통에 기반을 둔 동경제국대학의 국문학자를 중심으로 활발히 이루어졌다. 유럽의 문학사, 특히 텐Taine의 영향을 받은 미카미 산지, 다카쓰 구와사부로가 저술한 일본 최초 문학사인 『일본문학사』[3]는 총론에서 문학사란 무엇이며, 문학이란 어떻게 정의되는가, 그리고 문학의 종류에 대한 논의와 서술방법 등의 문학이론을 전개하고 있다.[4] 또한 자국문학사 저술의 필요성과 정당성에 대해 "문학사는 자국을 애모愛慕하는 관념을 깊게"하는 효용이 있고, 자국문학 저술의 의의는 "그 나라의 심리학을 연구"하는 것으로 "국민의 마음을 살펴본다"는 데 두고 있다. 따라서 국문학이란 "그 국민이 그 국어에 의거해서 그 특유의 사상, 감정, 상상을 기술한 것"[5]을 의미하기에 일본문학에서 한문학은 모두 배제한다는 입장이다. 이처럼 자국문학사 저술에 있어 한문학의 수용여부는 일본문학계나 한국문학계에 있

---

3 조동일은 일본이 근대 민족국가를 수립하고 자국문학사가 일찍 정착한 것에 대해 긍정적으로 받아들이는 한편, "일본에서는 자국문학의 독특한 가치를 배타적으로 옹호하는 선동이 문학사 서술에 크게 자리잡아 학문적 객관성을 침해했다"고 평하고 있다.(조동일, 『동아시아문학사비교론』, 서울대 출판부, 1993, 69쪽)

4 류준필, 『동아시아의 자국학과 자국문학사 인식』, 소명출판, 2013, 297쪽 재인용.

5 위의 책, 299쪽.

어서도 많은 논쟁의 중심이 된 중요한 문제였다.

한국문학사 서술의 방법론에 있어 많은 영향을 준 것은 하가 야이치芳賀矢一의 『국문학사십강國文學史十講』(1899)으로, 조동일은 "일본문학 연구의 학풍을 문헌학의 방법을 근간으로 해서 확립하는 데 결정적인 기여를 하고, 일본문학사 서술의 본보기를 보여준 의의가 있다"[6]고 평하고 있다. 하가 야이치의 일본문학사의 특징은 애국주의와 문헌학을 병행시킨 것으로, 그의 문헌학적 방법론은 조선문학 연구의 기본적인 틀로 적용되었고, 그 주축은 경성제국대학에서 조선문학 강의를 했던 다카하시 도루高橋亨교수이다. 일본문학사가 동경제국대학을 중심으로 자리매김한 것처럼 조선문학사도 경성제국대학을 중심으로 진행되었던 것이다.

동경제국대학 출신 다카하시 도루는 『조선문학연구朝鮮文學研究』(1927)에서 조선문학의 시대적 범주를 "현대 일본 및 서양문학의 영향을 받지 않는 시대"라고 밝히고, 그 대상은 "시문가요의 순문학은 물론이고, 고래古來 조선인의 사상 및 신앙을 표현한 유학 및 불교에 관한 모든 저술, 조선인의 이상적 생활과 당시의 시대상을 표현한 모노가타리物語, 비사秘史, 소설류 등을 총괄하는 문학적 산물"[7]로 규정하고 있다.

다카하시 도루에 대해 이 글의 고찰대상인 김동욱과 변재수의 비평 또한 일본인에 의한 조선문학 연구가 어떻게 받아들여졌는지에 대한

---

6 조동일, 앞의 책, 44쪽.

7 高橋亨, 「朝鮮文学研究－朝鮮の小説」, 『日本文学講座』 12, 新潮社, 1927(박광현, 「경성제대 '조선어학 조선문학' 강좌연구－다카하시 토오루를 중심으로」, 『동아시아 비교문학의 전망』, 동국대 출판부, 2003, 432쪽 재인용). 박광현은 『日本文学講座』에 발표된 다카하시 도루의 논문에 대해 "아이누문학, 류큐(琉球)문학과 함께 조선문학을 특수한 존재로서 구분하여 '제국'의 문학사 기술이라는 편집의도에 따라 '국문학'(일본문학)에 편제하려 했던 첫 시도이다"라고 언급하고 있다.(422~423쪽 참조)

인식이 뚜렷이 표출되어 있다.

김동욱은 조선 고전문학 연구가 경성제국대학 조선문학과의 일본인 교수진들에 의해 개척된 사실에 대해서는 인정하는 한편, 당시 그들(다카하시 도루, 오구라 신페小倉進平, 이마니시 류今西龍)의 관심대상이 문학 그 자체가 아니라, 오직 조선의 유학, 불교 등에 국한되었다는 것, 그리고 그들의 "유교, 불교, 설화, 민요 등의 일련의 연구는 일본이 조선에 대한 통치상 필요한 것이었다"[8]는 점에 대해서는 유감을 표명한다. 특히 유교, 불교, 민속 등 다방면의 저작을 남긴 다카하시 도루의 "한문으로 쓴 조선의 전적典籍은 동양 공통의 문어文語이다"[9]라는 입장에 대해서는 그의 한계로 간주하고 있다. 이처럼 김동욱은 제국대학교수들에 의해 진행된 조선문학 연구가 조선을 알고자 함에서 출발했지만, 조선인의 입장에서 쓴 연구가 아닌, 학문적으로 도금한 일본을 위한 연구였다는 인식이 강했다.

또한 변재수도 자신의 『조선문학사』 서장에서 다카하시 도루가 조선문학을 중국의 모방자라고 보는 견해, 즉 "정치방면보다 더 중국문화에 예속隷屬된 문화적 종속성의 강도, 바꿔 말하면 문화적 독창성의 결여"(「朝鮮文學硏究」, 『日本文學講座』 15, 新潮社, 1932)로 본 시각은 '망단妄斷'의 관점이며, "일본인에 의한 조선문학 연구는 식민지통치를 정당화하기 위함"[10]이라고 비판한다. 이렇듯, 김동욱과 변재수에게 있어 일본인에 의한 조선문학사는 조선을 통치하기 위한 일본을 위한 조선학이었고, 조

---

8 金東旭, 『朝鮮文学史』, 日本放送出版協会, 1974, p.314. 이후 김동욱과 변재수의 『조선문학사』의 인용은 해당 본문에 쪽수만 표시한다. 인용문의 한국어 번역은 모두 필자에 의한 것이다.

9 위의 책, p.315.

10 卞宰洙, 『朝鮮文学史』, 青木書店, 1985, p.4.

선문학의 가치를 평가절하함으로써 일본의 제국주의 문학사에 흡수, 편입시키려는 작업으로 인식되었던 것이다.

이러한 인식하에 일본에서 교육받은 김동욱과 변재수는 남북한의 사상적 이념의 차이는 있지만, 일본 지식인들에게 왜곡 당했던 조선문학의 우수성, 민족성을 일본인들에게 알리기 위해 직접 일본어판 조선문학사를 저술하고자 했다는 데 공통적인 의의를 가지고 있다고 할 수 있다.

3. 김동욱의 『조선문학사』

나손羅孫 김동욱(1922~1990)[11]은 1941년 일본 주오대학中央大學 법학과에 입학, 1943년 졸업 후, 교편을 잡았다가 다시 1947년 서울대학교 문리대文理大 국문과에 편입학하여 국문학 연구에 첫 발을 내딛는다. 그

11 김동욱(1922~1990)은 충남 홍성출신으로 1959년 이하윤(異河潤)과 함께 비교문학회(比較文學會)를 창설하고. 1955년 중앙대학교 문리과대학 국어국문학과 교수를 거쳐 1963년에는 연세대학교 문과대학 교수로 취임, 1968년 서울대학교에서 논문 「판소리계 소설의 실증적 연구」로 문학박사 학위를 취득한다. 이후 1971년 연세대학교 인문과학연구소 소장으로 취임, 1973~1975년 미국 하버드대학 연경학사(燕京學舍)의 지원을 받아 교환교수로 재직, 민속학회 이사 및 한국비교문화학회 회장을 역임한다. 또한 1978년 한국복식연구회를 발족하여 동북아시아 연구회를 결성, 1981년에는 일본 도호쿠대학(東北大學)의 초청으로 교환교수로 재직, 1986년 민족문화추진회 회장을 역임한다. 주요저서로는 『국문학개설』(1961), 『한국가요연구』(1961), 『춘향전연구』(1965), 『한국복식사연구』(1974), 『국문학사』(1976), 『춘향전 비교연구』(1979) 등이 있으며, 자료집으로 『고문서집진(古文書集眞)』(1972), 『고소설판각본전집(古小說板刻本全集)』(1973 · 1975) 등이 있다. 네이버, 한국민족문화대백과(http://terms.naver.com/entry) 검색일 : 2017.7.13 참조.

의 국문학 연구의 시작은 1950년대 '국어국문학회' 활동부터라고 할 수 있다.

이 시기는 일제강점기 국문학 연구의 한계를 벗어나기 시작한 과도기로 서구의 이론과 방법론 속에서 김동욱은 자신의 『조선문학사』 저술을 통해 기존 국문학 연구에 대한 평과 그 한계에 대한 비판의식, 그리고 조선문학의 나아갈 방향을 제시하고 있다. 이것은 그의 한국문학사에 대한 인식의 표출이라 할 수 있다. 그럼, 김동욱의 한국문학사에 대한 인식과 그러한 인식 아래 탄생한 일본어판 『조선문학사』의 저술 의의, 그리고 고전문학사의 서술체계와 이념적 특징을 살펴보도록 하겠다.

1) 한국문학사에 대한 김동욱의 인식과 일본어판 『조선문학사』

김동욱은 자신의 『조선문학사』 부록에서 조선문학 참고문헌, 조선문학사 연표, 조선문학 발전표와 함께 기존 조선문학 연구사에 대한 자신의 견해를 밝히고 있다.

먼저, 김동욱은 안확의 『조선문학사』(韓一書店, 1922)에 대해 "조선인에 의해 쓰인 최초의 문학사이지만, 일관된 체계도 없고 신라 화랑도를 논하고 있다는 점에서는 당시 일본정신을 논한 일본의 저서에 반발하려고 하는 민족주의적 의도를 바탕으로 집필되었다는 것을 추측할 수 있다"(313쪽)고 평한다. 또한 초창기 국문학 연구에 대해서는 초보적인 고증과 감상에 지나지 않았으며, 이들의 사상적 배경은 유교와 민족주의로 집약되었다고 설명하고 있다. 이어 1930년대 초, 경성제대 조선문학과 출신들[12]이 모여 조직한 '조선어문연구회'에 대해서는 국문학 연구 분야의 최초 학회로서 조선문학 연구사에 있어 획기적인 사건으로 평가한다.

다음으로 해방 후 조선문학과 출신들의 조선문학 연구는 좌우익의 투쟁 속에서 순수한 학문연구의 회합은 이루어지지 않았다고 지적한다. 그 가운데, 다카하시 도루의 제자이자 경성제국대학 조선문학과 1기 졸업생인 조윤제에 대해서는 조선국문학의 개척자로서 "문헌학적 방법에 의해 국문학을 체계화한 공은 크다"(317쪽)고 인정하는 한편, 그의 민족사관은 소박한 것이었으며, 그것은 "일본학자들의 국수주의적 경향에 대한 일종의 반항의식에서 생겨난 것이다"(318쪽)라고 평한다. 그리고 이러한 경향은 민족운동의 한 방편으로써 문학 연구에 임한 태도로 조선 국문학계에 음성적인 병폐도 가지고 오게 된다고 우려하고 있다.

이처럼 국권회복투쟁으로서 '한글'운동이 국문학 연구라는 형태로 진행되는 민족사관적, 국학적인 국문학사는 문학이 없는 문학사로 보는 견해가 김동욱에게 엿보인다. 뿐만 아니라 김동욱은 당시 국문학 연구의 문제점을 전통의 부재, 방법론의 부재, 고전문학과 현대문학과의 단절로 인식했다. 이러한 문제의식하에 김동욱의 국문학 연구는 문헌학적, 실증적 연구에서 출발했다고 볼 수 있으며, 비교문학적 측면에서 그는 1974년 일본어판 『조선문학사』를 출간한다.

---

12 경성제국대학교 조선문학과 출신자의 국문학 연구로는 김태준의 『조선소설사』(1931)·『조선한문학사』(1931), 김재철의 『조선연극사』(1939), 조윤제 『조선시가사강』(1937)·『한국시가연구』(1948)·『국문학사』(1948)(이후 改稿해서 현대문학도 첨부하여 『한국문학사』(1963)로 출판), 그리고 고정옥의 『조선민요연구』(1949), 구자균의 『조선평민문학사』(1955) 등이 있다.

일본에서 처음으로 한국문학사가 소개된 것은 김사엽, 조연현의 『조선문학사』(北望社, 1971)이다. 여기서 조연현은 근대문학을 담당했고, 그 이후 김사엽은 조연현의 근현대문학을 제외하고 고전문학사만 편집해서 『조선문학사』(金澤文庫, 1973)를 출간한다. 김사엽의 일본어판 『조선문학사』는 한국문학에 친숙하지 않은 일본 독자를 위해 조선 역사의 흐름과 각 시대의 문화사 전반에 대한 설명과 함께 조선 고전문학사를 서술하고 있는데, 이 책은 원래 김사엽이 한국어판 『국문학사』(정음사, 1948) 출간 이후, 1954년판 개고를 번역한 것이다.

초판에서는 일본문학사의 시대구분과 같이 상고, 중고, 근세로 분류했지만, 개고에서는 왕조중심으로 좀 더 세분화시켜 상고, 삼국시대, 고려, 이조, 현대로 나누고, 각 절마다 시대 개관과 함께 문학사를 기술하고 있다. 김사엽은 초판 『조선문학사』에서 한문학은 국문학이 아니라고 선언하고 한문학에 가려져 잘 보이지 않은 국문학을 샅샅이 찾아 충실하게 정리하는 것이 문학사가의 임무[13]라는 입장을 취한다. 이러한 김사엽의 입장은 경성제국대학의 교수들이 국문문학은 도외시하고 한문 자료에 치중해서 문학 연구보다는 성리학을 중심으로 조선학에 중점을 둔 것에 대한 반발이라 할 수 있다.

하지만 아이러니하게도 김사엽은 1954년 개고판에서 한문학을 조선문학의 범주에 포함시킬 것인가라는 문제를 둘러싼 견해를 소개한다. 김사엽이 『조선문학사』의 초판과 개고판에서 한문학의 수용문제를 둘러싸고 혼돈된 입장을 취하고 있었지만, 그의 『조선문학사』의 저술의의는 무엇보다 기존 일본의 조선학연구가 역사학 중심이고, 제대로 된

13 조동일, 앞의 책, 120쪽의 평에 의한다.

조선문학사 관련 저서가 거의 전무한 실정에서 그 한계를 극복하고자 저술한 최초의 본격적인 조선문학사라는 점에 있다고 하겠다.

이처럼 1945년 해방 전후에 출간된 조선문학사를 1970년대에 들어와서 일본어로 번역해서 출간한 것[14]은 일제강점기시대 일본지식인들에게 왜곡 당하고 평가절하된 조선문학을 재정립하고 일본인들을 대상으로 조선문학을 소개, 이해시키려는 것이 그 목적이라고 할 수 있다.

이러한 분위기 속에서 김동욱은 다른 국문학 연구자들과는 달리 번역본이 아닌 먼저 일본어판 『조선문학사』(1974)를 출간한다. 이 책은 일본인을 대상으로 조선문학의 소개와 개설을 겸한 문학사로 조선문학사의 구조를 시대별, 그리고 장르별로 나누어 서술하고 있다. 더불어 한일비교문학 도표 및 조선문학사 연구서에 대한 평도 참고자료에 첨부하고 있어, 일본인들에게 조선문학사를 좀 더 알기 쉽게 이해시키고자 했다. 이후 김동욱은 역으로 일본어판 『조선문학사』를 한국어로 번역해서 국내에서 『국문학사國文學史』(日新社, 1976)로 출간하고, 1980년에는 영문판 『History of Korea Literature』(동양문고)를 출간하여 조선문학의 세계화에 앞장선다.

14 그 외에 1975년 안우식이 본격적인 근대적 문학 연구의 출발점인 김태준의 『조선소설사』(1933)(이후 1939년 학예사에서 재출간된 것)를 일본어판으로 번역하여 일본에서 동양명저로 유명한 헤본샤(平凡社)의 동양문고시리즈로 출간한다. 김태준의 『조선소설사』 집필 동기 또한 일본에 의해 조선문학사가 제멋대로 정리되고 해석되는 것에 대한 충격과 올바른 자국문학사 성립의 중요성에 기인한다. 서재곤, 「일본어판 한국문학사 재고」, 『일본언어문화』 12, 한국일본언어문화학회, 2008, 100쪽 참조.

2) 비교문학적 관점에서 본 김동욱의 『조선문학사』

김동욱은 해방 후, 비교문학을 최초로 조선에 도입한다. 그가 국문학자로 비교문학에 남다른 관심을 보인 것은 일찍이 방 띠겜Paul Van Tieghem의 『비교문학』(1958)을 번역, 출간했다는 것에서 알 수 있다.(322쪽)[15] 이것은 그가 일본어판 『조선문학사』를 비교문학적 관점에서 서술한 배경과도 깊은 관련성이 있다.

김동욱의 비교문학적 관점은 같은 시기 일본 문학평론가인 가토 슈이치加藤周一의 『일본문학사서설日本文學史序說』(1975)에서도 살펴볼 수 있다. '일본문학사 서술의 최고의 업적'으로 평가받은 가토 슈이치의 『일본문학사서설』은 일본문화 전반의 이해를 위한 입문서로서 서양에서 가장 많이 소개된 일본문학사의 영역본 중의 하나이다. 이 책은 역사적 전환기를 중심으로 문학사를 서술하고 있으며 애국적 자부심의 원천이라는 낡은 관점을 넘어, 서양 및 중국문학과의 객관적인 비교론을 전개하여 일본문학의 특징을 기술하고 있다.[16]

이처럼 김동욱의 『조선문학사』와 가토 슈이치의 『일본문학사서설』에서 근간이 되고 있는 비교문학적 관점은 이 시대의 새로운 문학사 서술 방법의 한 흐름으로, 이것은 김동욱의 『조선문학사』에서 "근래 여러 분야에서 '비교'라는 것이 새로운 테마로 떠오르고 있다"(13쪽)라는 지적에서도 파악할 수 있다.

김동욱은 이러한 비교문학적 관점에서 조선문학사를 간결하게 서술

---

15 여기에 대해서는 김양선, 『羅孫 김동욱 연구 - 국문학연구와 「국문학사」를 중심으로』(공주대 석사논문, 2002, 3쪽)의 지적도 있다.

16 조동일, 앞의 책, 60쪽 참조.

해 나갔고, 한문학권 속에서 조선문학의 독자적 성격을 규명하려는 의지를 보였다. 이것은 앞서 일본어 번역판 『조선문학사』를 출간한 김사엽의 한문문학을 국문학사에서 배제시켜야 한다는 입장과는 커다란 차이를 보이는 것이다.

다만, 한국문학사 서술에 있어서 시대구분의 기본적인 틀은 김사엽의 『조선문학사』와 비슷한 구조로,[17] 김동욱은 『조선문학사』의 시대구분을 '상대문학', '중세문학', '근세문학', '근대문학'으로 분류하여 시대별 역사적 배경과 문학의 특징을 장르 중심으로 기술하고 있다. 이 글에서는 '근대문학' 부분을 제외하고 일본문학과의 비교문학적 관점에서 고전문학사의 서술양상을 살펴보도록 한다.

우선 '상대문학'(원시부터 신라말기까지)의 양상을 신화, 전설, 가요로 보고 있으며, "서사시의 전형인 가락국가의 수로왕전설(구지봉영신가)을 일본의 노리토祝詞(신에게 올리는 노래) 형식"(31쪽)으로 비교하고 있다. 특히 삼국통일기 7세기부터 고려중기 13세기까지 이어져 온 향가의 향찰은 일본의 만요가나万葉仮名와 같은 노래 표기법으로 한일 두 민족에 나타난 자민족문학의 맹아萌芽로 설명하고 있다. 더불어 향가의 장르를 불찬, 민요, 무가舞歌로 분류하고, 종래 불교적 가요로 인식된 향가의 불찬을 중국의 한찬漢讃(범패梵唄), 일본의 화찬和讃 등으로 비교하고 있는데, 이와 같은 시각은 타他 연구자와 다른 독창적 입장이라 하겠다.

더불어 김동욱의 민속학적 관점은 처용가를 무속적 입장에서 해석한

17 김양선은 김동욱의 문학사 분류를 김사엽의 국문학사 분류로 보고 "각 장이나 절 속에 시대구분을 삽입한 것은 우리어문학회 『국문학사』(1948)와 김사엽의 『개고 국문학사』를 거친 뒤 김동욱의 맥에 이어진다고 언급하고 있다.(김양선, 앞의 글, 31쪽) 하지만 일본문학사와의 영향관계를 고려할 경우, 김동욱의 문학사 시대구분은 히사마쓰 센이치(久松潛一), 『일본문학사(1955~1960)』의 시대구분(전6권 : 상대, 중고, 중세, 근세, 근대문학)과의 연관성도 살펴볼 필요가 있다.

것이나 연극을 문학적 예술의 한 형태로 보며 문학의 범주로 포함시켜 일본의 '가구라'로 불리는 신악神樂과 우악右樂에 해당하는 고려악高麗樂, 백제악百済樂, 신라악新羅樂과의 관련성을 언급한 것에서도 살펴볼 수 있다.

다음으로 '중세문학'(고려시대의 문학 : 10~14세기)의 특징을 패관소설, 설화, 전설, 전기, 고려가사로 보고 있다. 특히 패관소설을 이야기문학에서 문장문학으로, 수이殊異세계의 문학에서 감상의 문학으로 이행한, 소위 현실에 대한 흥미를 허구문학으로 승화시킨 소설의 발전과정으로 간주하고 있다. 단, 이 시기의 패관소설이 "한자를 사용했기 때문에, 민중의 것이 아니라 학자 · 문인의 문장취미"였고, 그러한 사회 환경 속에서 패관문학은 "민중의 토양에서 뿌리를 내린 웅대한 서사시를 탄생시킬 수가 없었다"(79쪽)고 평한다.

또한, 민족문학으로서 상대설화 · 전설의 보고寶庫인 『삼국유사』에 대해 김동욱은 그 편찬의도가 불교를 중심으로 하고 있기 때문에, 일본에 전해진 가장 오래된 설화집인 『니혼료이키日本霊異記』(9세기 初)의 계통으로 보고 있으며, 더불어 불교설화 『해동고승전』은 일본의 대표적인 설화집인 『곤자쿠 모노가타리슈今昔物語集』(12세기 初)와의 관련성을 언급하고 있다.(81쪽)

한편 고려가사의 문학사적 위치에 대해 김동욱은 "일반적으로 국문학사가國文學史家들이 고려시대를 '암흑시대'로 규정하고 있지만, 시가론자는 질적으로 국문학의 절정기라고 볼 수 있다"(86쪽)며, 그 대표적 작품으로 균여의 『보현십원가』 11수를 들고 있다. 그리고 '경기체가'의 서정기요를 일본 와카和歌에 해당되는 단시형 문학형식으로 평했으며, 악장과 무악舞樂도 넓은 문학사 범위에 포함시켜 신라시대부터 내려와 고려시대 국가적 행사로 정착한 팔관회八關會의 산대잡희山台雜戲를 중국의 산악散樂과 일본의 사이바라催馬楽로 비교하고 있다.

'근세문학'(이조건국에서 갑오경장까지 : 15~19세기)시대의 사상적 배경인 유교의 주자학 논리는 이퇴계로부터 철학으로 완성되었고, 일본의 학자에 이어져 명치 23년 '교육칙어教育勅語'의 기본정신이 되었다는 입장이다. 이 시기 사대부사회에서 유행한 가사歌辭는 자연 속에서 '물아일체'를 구한 은자문학이자, 사대부의 허작虛作으로 김동욱은 일본 헤이안平安시대(995~1027) 귀족문학의 미학인 '미야미雅'의 개념으로 통찰하고 있다.

그리고 고려시대 평론의 장으로서 사대부들이 비평가 역할을 한 한문체 패관소설과는 달리 조선의 국문 패관소설은 사대부에게 있어서 희작으로, 이것은 일본문학과 조선문학이 다른 점(175쪽)이라고 지적하고 있다. 특히 조선산문 가운데 김동욱은 소설과 함께 '야담'에도 관심이 높았다. 고문체의 『전등신화』는 조선의 야담형태에 영향을 주었으며, 패관소설의 전통을 이어받아 읽을거리로 유행한 야담은 (민간)설화의 형태를 갖추게 되는데, 이와 같은 설화문학을 조선 모노가타리物語(일본고대소설 장르)문학으로 비교, 고찰하고 있다.

한편, 김동욱의 고전문학사 기술의 가장 큰 특징은 판소리를 국민문학으로 규정하고, 문학사 범주의 한 부분으로 설정해서 깊이 있게 서술한 점이다. 김동욱은 민중문학으로서의 판소리를 고대 민족문예의 재생으로 파악하였고, 일본어로 '우타모노가타리謡物語'[18]라는 용어를 사용해 일본의 '헤이케 모노가타리平家物語'와 비교하고 있다. 이처럼 김동욱의 일본어판 『조선문학사』는 시대별 고전문학사를 일본문학과 비교

18 서재곤은 '謡物語'라는 용어를 일본의 '歌物語'를 원용한 것으로 보고 있다. 서재곤, 「일본어판 한국문학사 재고」, 『일본언어문화』 12, 한국일본언어문화학회, 2008, 309쪽.

해 기술하고 있으며, 부록에서도 조선문학사 연표와 함께 일본문학사 연표를 나란히 배열시켜 일본인들의 이해를 돕고 있다.

3) 김동욱의 고전문학사 서술체계와 이념적 특징

김동욱이 『조선문학사』 서론에서 자신의 연구에 대해 스스로 문헌학, 민속학, 비교문학, 서지학 등 '잡학성'(322쪽)을 띠고 있다고 언급하고 있듯이, 그는 다양한 방법으로 조선문학에 접근한 연구자이다.

김동욱은 조선문학의 주제의식에 있어 얼마나 충실한 '삶生'을 표현했는가에 중점을 두고 있는데, 조선문학은 귀족, 양반의 '삶'을 표현하기에는 필요 이상으로 충실했지만, 모든 국민 전체의 '삶'을 표현하기에는 불충분했다고 평한다. 김동욱이 자신의 문학사 철학을 '삶'에 둔 것은 조윤제의 『국문학사』(1949)의 영향이라 할 수 있는데, 그것은 김동욱이 자신의 『조선문학사』 부록에서 조윤제의 문학사에 대해 "그의 문학사는 '삶生'의 철학을 기본으로 해서 유기적 민족사관을 제시했다"(317쪽)고 기술한 내용과 그 관련성을 살펴볼 수 있다. 이와 같이 '삶'의 철학을 근간으로 한 김동욱의 『조선문학사』 서술의 이념적 특징은 다음과 같다.[19]

19 김동욱의 『조선문학사』 서술의 특징에 대해 조동일은 "한국문학사를 동양문학사의 일환으로 이해하고 있고 비교문학의 관점이 긴요하다. 한문학을 소중하게 평가하고 판소리도 중요시하면서 사대부문학과 민중문학의 관계를 힘써 살피고 있다"고 평한다.(앞의 책, 126쪽) 또한 서재곤도 그 특징에 대해 "① 비교문학적 시점 가미 ② 한문학을 국문학에 포함 ③ 문학을 동양적 개념으로 파악 ④ 원시서사시, 야담까지 문학으로 흡수 ⑤ 문화적 폭넓은 시야 ⑥ 판소리가 국민문학의 기점"으로 간략히 정리하고 있다.(위의 글, 308쪽)

첫째, 김동욱은 서장에서 동양문학에 대한 견해를 언급하면서 다음과 같이 조선문학을 서구의 이론이 아닌 동양의 개념과 동양문학의 범주 속에서, 그리고 비교문학적 관점으로 조선문학의 가치와 독창성을 밝혀 민족적 긍지를 살펴보려 했다.

> 여기에 서술하는 조선문학사는 물론 일본문학사와 직접적인 관계는 없다. 그러나 아시아 제국(諸國)의 문학사에 있어서 하나의 흐름인 것만은 분명하다. 나아가서 근래 여러 분야에서 '비교'라는 것이 새로운 테마로 떠오르고 있다. (…중략…) 일본과 조선은 중국문호와 알타이계문화의 이중구조라는 측면에서 공통되고 있으나 중국문학의 수용에 있어서는 유사하면서도 상당한 차이가 있다.(13쪽)

둘째, 기존에 조선문학사 범주에서 배제되어 왔던 한문학을 전통문학의 계보 속에서 파악하여, "조선풍토에서 자라고, 조선인에 의해 쓰이고, 조선인이 인생을 기록한 문학이고, 중국의 음률과는 달리 조선의 음률로 읽고 있기 때문에 그것은 조선의 것이다"(17쪽)라며 한문학의 위치를 강조, 한학자와 한문학을 비중 있게 다루고 있다.

셋째, 조선문예의 전통을 전승문학으로 파악하고, 중국문예에 동화해 온 조선 한문학의 이질적인 요소의 근원은 전승문학에 있으며, 전승문학은 외래문학을 풍화시켜 조선의 풍토에 있던 새로운 문학을 창조해가는 원동력이라는 것이다. 그리고 그 원동력의 중요한 요인은 한문으로 쓴 것을 그대로 읽지 않고 한국의 소리로 읽는 언어적 표현구조에 있다는 점이다.

넷째, 문화사적인 폭넓은 시야에서 문학을 다루려고 했다. 김동욱은 조선 "문예에 있어서도 조선의 지정학적 위치와 조선사회의 양상과 같이 '조선의 것'과 '중국, 서양의 것(타인의 것)'의 이중 구조적 성격을 띠고 있다"고 말한다. 여기서 '조선의 것'에 속하는 장르는 서사시, 민요, 설화 등 한글창제 이후의 한국문예이며, 범 동양적인 사고패턴에서 '우리들 것'이라고 할 수 있는 유교, 불교, 도교적 주제 의식에 쌓아 올려진 많은 작품의 사상은 '우리 동양인'의 것이지만 그 표현은 '조선의 것'이라는 것이다.(277쪽)

다섯째, 국민문학의 시점을 판소리 생성으로 파악하려고 한 점이 그의 조선문학사의 커다란 특징이다.[20] 18세기에 생성된 판소리 문예는 국민문예로서, 국민문학으로서의 역할을 했으며, 근대 신문학기에 여러 가지 문예창작을 가능케 한 원동력이 되었는데, 그것은 판소리가 귀족문예와는 직접적으로 관련성이 없는 천민 광대의 민중시인의 문예였기 때문이라는 것이다.

여섯째, 문학권 외의 민속학적인 문학발상을 통해 소위 소외되었던 원시 서사시, 야담 등을 정통문학으로 다루고, 민요, 설화, 탈춤 등의 극문학에도 관심을 보인 것이다.

이와 같이 김동욱의 『조선문학사』는 문화나 민속학을 접목하여, 그리고 비교문학적 관점을 통해 고전문학의 미학적 특징을 기술하고 있다. 그는 그 특징을 시대별로, "신라의 문학은 피안彼岸적이고, 고려의 문학은 청자문학이고, 조선의 문학은 백자문학이다. 각 시대의 속俗문학은 이

20 김동욱이 이룩한 국문학의 최대 성과는 판소리 연구와 판소리계 소설인 『춘향전 연구』(1961)로 집약된다. 그리고 『한국가요의 연구』(1961)에서 다룬 「판소리 발생고」, 「삽입가요 연구」는 춘향전의 성립에 있어 근원설화, 삽입가요의 관련성을 규명하여, 기존의 설화→타령→서민소설이란 가설적인 선행논지를 근원설화→판소리 한마당→대본으로 정착→소설로의 정착이라는 전개도식으로 바꾸어 실증적 논리에 의해 제시하였다는 데 큰 의의가 있다.

러한 것이 속화된 것이라고 생각하면 틀림이 없을 것이다"(280쪽)라는 평으로 총합한다.

4. 변재수의 『조선문학사』

변재수(필명 辛英尚)[21]의 본적은 경상남도 섬천군, 1932년 나고야名古屋에서 출생하여 와세다대학早稲田大學 문학부 노문露文과를 졸업(1959년)하고, 이어 동同대학원 석사과정을 수료(1961년)한다. 이후 재일조선인 민족교육의 고등교육기관인 조선대학교 외국어학부 교수로 재직(1964~1998년), 와세다早稲田 러시아문학회 회원과 조선작가동맹정맹원으로 활동하였다. 그는 총련계 재일조선인으로서 김정일의 책을 일본어로 번역하거나 김지하와 같은 남한 시인들에게 관심이 많아, 최근에도 『조선반도와 일본의 시인들朝鮮半島と日本の詩人たち』(2016)을 집필하는 등 꾸준한 활동을 이어오고 있다.

이 장에서는 변재수가 언급한 북한의 조선문학사의 흐름과 인식을 살펴보고, 변재수의 『조선문학사』와의 영향관계, 그리고 사회주의적 관점에서 쓴 고전문학사의 서술체계와 이념적 특징을 살펴보도록 한다.

---

21 변재수의 저서로는 朝鮮作家同盟, 卞宰洙, 『不滅の歴史ー一九三二年』(現代朝鮮文学叢書 3), 1975; 『血の海』(『現代朝鮮文学叢書 4), 1976; 『ある自衛団員の運命』(現代朝鮮文学叢書 5), 1978; 『恨と抵抗ー金芝河と南朝鮮の詩人たち』, 1981; 『祖国と青春と』, 1985; 『南朝鮮の詩人群像ー民主・統一の証言』, 1996; 『作家と作品でつづるロシア文学史』, 2005; 『朝鮮半島と日本の詩人たち』, 2016 등이 있고, 김정일의 저서를 번역한 『人間の証ー『映画芸術論』』, 2000 등이 있다.

1) 한국문학사에 대한 변재수의 인식과 북한의 『조선문학사』

변재수의 『조선문학사』(青木書店, 1985)는 사회주의 문학관에 입각하여 기술된 문학사라는 점이 가장 큰 특징이지만, 한국에서는 아직 소개된 바가 없다. 그의 『조선문학사』 저술 목적은 다음과 같다.

> 문학사를 정리하기 위한 목적이 아니다. 공화국에서 출판된 문학사는 현대에 사는 조선인에게 뛰어난 민족문화유산이 존재한다는 것을 알리기 위해 민족적 긍지를 육성하는 것에 커다란 목적을 두고 있다. 따라서 (본인도) 공화국의 그와 같은 목적에 의거하면서도 주로 일본의 독자를 대상으로 해서 조선민족의 정신적 영위의 결성(結晶)인 문학의 역사를 알았으면 하고 조선에 대한 이해, 한일양국의 친선을 도모하고 싶다고 하는 희망을 담고 있다.(7쪽, 강조는 인용자)

이처럼 북한의 조선문학사 연구 성과를 전달하고자 하는 의도에서 집필된 변재수의 『조선문학사』의 저술 목적은 일본인 독자를 대상으로 조선의 뛰어난 민족문화유산을 알리고 조선의 이해, 더 나아가 한일양국의 친선을 도모하고, 재일조선인 2세, 3세들에게 민족적 긍지를 고취하기 위한 것이었다.

또한 변재수가 머리말에서 언급한 '공화국에서 출판된 문학사'에 관한 사항은 종장에서 "자신의 조선문학사가 공화국의 문학사의 연구 성과를 근거로 해서 필자 나름의 견해를 밝히며 탈고한 책이다"(280쪽)라고 좀 더 구체적으로 그 관련성을 설명하고 있다. 뿐만 아니라 종장에서 기술된 북한의 조선문학사 연구에 관한 개괄과 견해는 변재수의 한국문학사에 관한 인식이며, 그의 『조선문학사』 탄생에 있어서도 그 상관관계를 살펴볼 수 있다.

먼저 그가 소개한 북한의 조선문학사 개괄을 살펴보면, 북한에서 본격적인 문학사가 최초로 출간된 것은 1959년 『조선문학통사』(과학원언어 · 문학연구소 편, 과학원출판사 출간)로, 이 책은 원시시대부터 조국해방전쟁 후의 시기까지의 문학사를 상 · 하 2권으로 기술하고 있다.[22] 그 뒤를 이어 1962년 대학용 교재로서 편집된 전3권 구성의 『조선문학사』(교육도서출판사)가 출간된다.[23] 그리고 1971년에 출간된 김일성종합대학 조선문학강좌가 편집한 전5권의 『조선문학사』는 제1권 '원시시대부터 19세기까지'만이 고전편이고, 제2권~4권은 20세기 초부터 현대까지의 구성으로 근대와 현대, 특히 프롤레타리아문학 평가를 비롯하여 현대문학에 중점을 둔 것이 종래 문학사와는 상당히 다른 특징이다.

다음으로 그 뒤를 이은 사회과학원 문학연구소 편 전5권의 『조선문학사』(1977~1981)[24]는 김일성종합대학 편의 『조선문학사』의 형식과 서

22 변재수의 개괄에 의하면, 1959년 『조선문학통사』(과학원언어 · 문학연구소 편)의 상권 '고전편(원시시대~19세기)'은 전체 9장으로 이루어져 있으며, 제1장 '7세기 전반기까지의 문학'에서 시작하여 이후 종장까지는 각각의 세기별로 구성되어 있다. 또한 각 장이 '시가', '산문', '극문학'의 세 장르로 분류되어 있고, 서술체계와 각 장마다 시대적 사조가 개괄되어 있으며, 작가의 약력보다 작품의 분석과 해석이 주로 이루어진 것이 특징이다.(276쪽)

23 변재수의 개괄에 의하면, 1962년 『조선문학사』(교육도서출판사)는 '원시시대부터 14세기까지'(1권), '15세기부터 19세기까지'(2권), '20세기 이후'(3권)의 구성으로 전반적으로 문학사 흐름을 기술하면서도 예를 들어 김시습, 임제, 정철 등과 같은 대표적인 문학자들의 생애와 작품에 관해 각각 독립의 장을 설정하여 상세하게 서술하고 있는 것이 특징이다.(276쪽)

24 사회과학원 문학연구소 편 전5권의 『조선문학사』(1977~1981)는 과학 · 백과사전출판사에서 연달아 펴낸 다섯 권 분량의 방대한 통사(通史)이다. 그 집필진을 살펴보면, 1권 사회과학원 문학연구소 집필(1977), 2권 박종원, 최탁호, 류만 집필(1980), 3권 김하명, 류만, 최탁호, 김영필 집필(1981), 4권 사회과학원 문학연구소 집필(1978), 5권 사회과학원 문학연구소 집필(1977)로 이루어져 있다.(네이버 지식백과, 북한문학사전

술체계를 수용해서 새롭게 출간한 것이다. 변재수가 이 문학사를 "공화국 조선문학사 전문가 그룹이 공동 집필한 최근 성과의 집대성"(278쪽)이라고 평할 정도로, 이 책은 그의 조선문학사 서술방법에 있어 근간이 되는 기본적 틀이라 할 수 있다. 이 점에 대해 조동일 또한 변재수가 사회과학원 문학연구소 편의 『조선문학사』를 "많이 참고하면서 요약하기도 하고 개작하기도 했다"[25]고 지적했듯이, 변재수는 자신의 『조선문학사』의 기본내용을 이 책에 따르고 있고, 서술방법에 있어서도 많은 영향을 받았던 것이다.

사회과학원 문학연구소 편의 『조선문학사』의 전체적인 틀은 제1권 '고대중세편', 제2권 '19세기 말~1925년', 제3권 '1926~1945년', 제4권 '1945~1958년', 제5권 '1959~1975년'으로 구성되어 있다.[26] 여기서 고전문학사 부분은 김일성종합대학 편의 『조선문학사』처럼, 제1권 '고대중세편'에 한정되어 있는 반면,[27] 그에 비해 중세시대의 범위는 삼국시대부터 조선 후기까지 광범위하다.[28] 중세시대의 범위를 확

(http://terms.naver.com/entry) 검색일 : 2017.7.14 참조)

25 조동일, 앞의 책, 143쪽.

26 변재수의 개괄에 의하면, 사회과학원문학연구소 편의 『조선문학사』는 각각의 장마다 각 세기의 사회, 경제, 정치정세 및 문학사조가 주를 이루어 기술되어 있다. 시 작품의 현대어 인용과 해설이 있어 감상하기에도 편리하고, 중요한 소설 작품에 관한 개괄이 첨부되어 있어 작품의 내용과 성격을 이해하는 데 도움을 준다. 특히 김일성주석이 혁명투쟁을 개신한 1920년대 중기부터 1945년 조선해방까지의 시기에 해당하는 항일혁명투쟁기 문학을 혁명적 문학으로서 가치를 부여하고 그 역사적 의의를 오늘의 시점에서 명확히 규정해 한 권(3권 부분)으로 서술한 것이 특징이다. 또한 이 시기의 혁명적 문학의 전통을 계승해 오늘의 주체문학의 개화를 가져온 해방 후의 문학(4권, 5권)인 현대문학에 많은 페이지를 할애하고 있다.(278~279쪽)

27 '고대중세편'은 서장을 비롯해 전 9장 33절로 구성되어 있는데, 제1장은 '원시문학예술', 제2장은 '고대문학', 그 이후의 장은 세기를 구별해서 구성되어 있다

28 사회과학원 문학연구소 편, 『조선문학사』에서 중세문학이 삼국시대 초기에 시작되었다고 한 근거는 노예소유자사회가 봉건사회로 이행했다고 본 것이 그 기준이 되고 있다. 이것에 대해 조동일은 중세시대의 기준에 대한 개념을 부정하며, 이 문학사가 "문학 담당

대시킨 서술체계는 동시대 남한의 조동일, 『한국문학통사』(1982~1988)와도 같은 형태이기는 하지만, 조동일의 경우 중세문학사를 좀 더 세분화시켜, 4권에 걸쳐 상세히 서술하고 있는 것[29]과는 차이가 있다.

한편, 사회과학원 문학연구소 편의 『조선문학사』가 문학의 인민성과 애국적인 내용을 평가의 두 가지 요건으로 삼고 있듯이, 변재수의 『조선문학사』 또한 이러한 사상을 기초로 하고 있다. 다만 북한문학사의 인민성과 애국주의는 북한동포를 대상으로 하는 교훈주의적 정책인 반면, 변재수의 『조선문학사』는 재일동포 2, 3세를 대상으로 하고 있다는 점이 다르다.

변재수의 『조선문학사』에 대해서 조동일은 "민족적 관점을 강조한 특성이 있다. 한국문학은 중국문학의 아류라고 하는 일본인의 과오를 비판하고 재일동포 2, 3세가 민족문화의 자랑스러운 전통을 이해하는 것을 목표로 훈민정음 창제의 의의를 강조하고, 시조, 가사, 국문소설이 민족문학 발전을 위해 어떤 구실을 했는가 힘써 논의했다"[30]고 평한다.

층의 교체에 관한 논의가 구체화되지 않아, 봉건지배층을 나무라기만 하고 그 성격 분화나 변화는 살피지 못한 것은 아직 미흡한 사회경제사 연구에 의존하기만 하고, 문제를 스스로 해결하려고 애쓰지 않았기 때문이 아닌가 한다"고 평한다.(조동일, 앞의 책, 140쪽)

29 조동일, 『한국문학통사』(1982~1988)는 문학 갈래와 문학담당층의 변천에 근거하여, 1권 '원시・고대・중세 전기 문학', 2권 '중세 후기 문학(고려 후기~조선 전기)', 3권 '중세에서 근대로의 이행기 문학 제1기(조선 후기)', 4권 '중세에서 근대로의 이행기 문학 제2기(1860~1918)', '5권 근대문학(1919~1945년까지)'로 시대구분을 한다. 그의 문학사는 정신사(精神史)와 사회경제사(社會經濟史)를 통합적으로 수용하여 기존의 왕조 중심의 시대구분과 문학사의 실상 사이에 존재한 괴리를 좁히려 했다. 특히 중세문학의 범위를 한층 넓혀 좀 더 깊이 있게 분석하려고 했으며, '중세에서 근대로의 이행기 문학'이라는 시기를 1기, 2기로 나눠 조선 후기라는 복합적인 시대의 성격을 밀도 있게 서술하였다. 여기서 1860년의 기준은 동학이 성립되고 동학가사가 이루어진 것을 시대 전환의 기준점으로 삼았고, 1919년은 3・1일 운동을 그 기점으로 삼았다.(네이버, 한국민족문화대백과(http://terms.naver.com/entry) 검색일 : 2017.8.13 참조)

30 조동일, 앞의 책, 143쪽.

조동일의 비평처럼 변재수는 서장에서 일본이 조선문학을 중국의 모방자 혹은 아류라고 보는 견해를 비판하며 "조선민족은 일찍이 원시문학을 만들어 냈고, 서사시로서의 무가巫歌, 서정시로서의 민요, 가요, 신화, 전설, 설화 등 모든 조선민족의 독자성을 가진 구전문학에서 조선민족은 독창의 문학을 창출했다"(4쪽)고 반론하고 있다. 특히 민족정신과 생활, 풍속습관 등을 조선어 그대로 표현하고자 한 향찰鄕札은 민속적 시형詩型인 향가를 창출했으며, 조선의 훈민정음 창시는 향가의 뒤를 잇는 시조, 가사 등의 시형을 새롭게 창조하여 조선가요의 정통적 주류를 형성하게 되었다고 언급한다.

뿐만 아니라 한글문학의 출현은 국문소설의 육성을 가져오고, 서민계층이 문학의 주체로서 활동함으로써 15세기 이후 조선문학은 세계문학의 주요한 위치를 점하는 독자의 민족문학으로서 개화해 갔다고 고전문학의 특징을 분석하고 있다.

이처럼 변재수의 『조선문학사』에는 '고전문학은 민족문화유산의 하나'(4쪽)라는 인식이 담겨져 있다. 조선민족의 문화기원과 고전문학의 전통을 강조한 변재수의 문학 가치관은 그의 『조선문학사』의 서술범위가 고전문학사에 한정되었다는 점에서도 파악할 수 있다.

2) 사회주의적 관점에서 본 변재수의 『조선문학사』

변재수는 『조선문학사』의 시대구분을 '원시시대문학', '고대문학', '봉건사회의 형성과 삼국시대문학', '후기 신라와 발해문학', '고려시대문학', '이조시대문학'으로 분류하고 있다. 그리고 사회주의적 관점에서 변재수의 『조선문학사』는 '인민'을 주체로 시대별 문학의 특징을 기술하고 있다.

먼저 '원시시대문학'의 기본적인 형태인 가요와 신화는 집단적 노동과 공동생활에서 탄생했으며, 고대국가의 출현과 관련된 신화와 설화는 "계급국가 출현 이후 현실에 맞도록 윤색된 것이며, 계급사회의 출현과 함께한 건국신화는 통치계급의 권력을 신성화하기 위하여 이용되었다"(14쪽)고 한다. 이어 '고대문학' 장르에 있어 고대 설화문학은 건국신화, 전설, 민담 등의 형태로 발전하였고, 고대사회의 지배계층은 건국시조를 신비화하고 그들의 국가권력을 절대화하기 위해 문학과 예술을 이용했다고 논한다. 또한 이 시대 "고대가요문학에서 특징적인 것은 개인 창작에 의한 서정가요가 발생한 것"이고, 이 시기의 사회적 사상과 의식의 지배적 형태는 종교와 관념론이라는 입장이다.(17쪽)

한편 '봉건사회의 형성과 삼국시대문학'에 있어 사상의 중심에는 유교와 불교가 있지만, 변재수는 다음과 같이 강하게 부정적인 견해를 나타내고 있다.

> 유교는 봉건지배계층의 특권을 절대화하고 봉건질서를 합리화하며 인민대중을 억압하고 착취하는 역할을 했다 (…중략…) 불교는 문화의 내용과 형식에 신비성을 부여하고, 인민의 일상적 생활을 솔직히 반영하는 문화의 창조를 억압하고, 문화의 건전한 발전을 짓누르고 물질적 정신적 문화에 적지 않은 부정적인 영향을 주었다.(32쪽)

또한 변재수는 이 시기 봉건시대의 문화개화를 '중세문학의 발생'으로 파악하고, 그 특징을 "내용적인 면에서 봉건국가의 성립과 발전과정, 인민의 반봉건투쟁, 봉건통치자의 악정의 폭로, 인민의 정신적 미덕의 찬양 등 설화의 주제영역의 확대"(33쪽)로 보고 있다. 더불어 이러한 내용을 담은 이 시대 구전문학과 기재문학은 각각 상대적 독자성과 밀접한 관련성을 가지고 발전해 왔는데, 특히 구전가요에서 가장 중요한 위치를 점한 것은 인민대중의 노동생활과 인정세태人情世態를 노래한 작품으로 봉건적 착취 제도하에 그들의 생활감정이 그대로 읊어지고 있다는 것이다.

이어 '후기 신라와 발해문학' 시대의 문학적 특징을 참요讖謠의 발생으로 언급한 변재수는 "독특한 민요의 형식을 가진 참요는 당시 현실에 대한 인민의 비판정신을 집약적으로 표현했다"(57쪽)고 평한다. 특히 향가에 대해 "불교적 성격을 띠는 향가는 불교적 공덕을 찬미함에 따라 인민의 반항의식을 마비시키고 그들의 봉건통치에 종속시키는 사상적 역할을 수행했다. 7~9세기에 창작된 향가는 불교를 시작으로 반동적 사상에 영향을 받고 불교선전에 많이 이용당했지만, 이전 시기의 향가보다 세련되었으며 민족시가 창작에 긍정적인 영향을 미쳤다"(62쪽)고 기술하고 있다.

다음으로 '고려시대문학'에 있어 중앙집권적 지배하의 진보적 경향의 문학은 반동적인 문학과의 대립을 통해 발전했고, 반동적인 양반사대부들은 문학을 봉건통치의 강화를 위한 사상적 도구로 이용했으며, 그 반동적 경향은 불교를 고취한 것에서 나타난다고 보고 있다.

또한 변재수는 7세기 중엽부터 9세기에 나타난 산문 가운데 가장 예술적인 수준을 수이전체殊異傳體문학으로 파악하고 있으며, 일본의 전기모노가타리伝奇物語(10세기경) 장르와 비교하고 있다. 이어 10~12세기 수이전체 작품의 성행과 함께 연대기와 전기문학이 융성되고, 그 작품들은 국가의 수호를 위해 싸운 조선인민의 모습과 압박받은 인민의 생활상, 인민의 창조적 지혜와 예술적 재능 등의 내용을 담고 있다는 것이다. 이와 같은 고려봉건국가의 모순을 지적한 변재수는 12세기 후반부터 14세기에 있어서 문학상의 특징을 다음과 같이 언급한다.

> 문학상의 제1의 특징은 봉건적 착취와 억압에 신음하는 민중의 생활을 그대로 묘사하여 현실의 불합리와 지배계층의 악정을 비판한 작품, 애국적 감정을 반영한 작품이 많이 탄생한 것. 그리고 제2의 특징은 현실발전과 민중의 미학적 요소의 고양에 따라서 문학의 모든 분야에서 새로운 형식이 탄생하고 다양하게 발전한 것이다.(99쪽)

이러한 새로운 형식의 탄생에 있어 구전가요 장르에 위치를 점하는 것은 고려국어가요, 즉 참요이고, 이 시기에 새롭게 경기체가, 시조 등의 민족시가의 형식도 확립되는 한편, 산문분야에서는 의인전기체 문학과 패관소설稗說이 진보한 것이 특히 가치가 있다고 변재수는 평한다.

다음으로 '조선시대문학'의 특징으로 패관소설의 성행을 들고 있다. 15세기 패관소설의 흥행 원인은 여러 가지 산문형식에서 다양한 내용을 자유자재로 표현할 수 있는 형식으로 인민대중의 예술적인 요구를 만족시켰다는 것이다. 이어 패관소설에 영향을 받은 근세소설은 산문문학의 획기적인 전환이었으며, 15세기 이후의 역사적, 사회적 현상, 즉 인민대중의 사상적, 예술적 요구를 반영해서 출현했다는 견해이다.

또한 한글창제 후 16세기 국문시가의 활성화로 양반 문인의 경기체가가 소멸되고, 국문시가(시조와 가사)의 변화도 엿볼 수 있다고 한다. 그 가운데 변재수는 강호문학[31]과 도학시가[32]의 퇴영문학에 대해 "현실에서 얼굴을 돌리고 그것은 분식粉飾하는 것에 의해 계급투쟁의 의식을 마비시킨 부정적 영향을 주었다"(162쪽)고 평한다. 이와 달리 구전문학 가운데, 특히 풍자적인 성격이 강한 참요는 주로 위정자의 반인민적 행위와 정치의 부패들을 도려내려는 성격을 지니고 있다고 본다.

이어 임진조국전쟁(임진왜란) 이후 반침략적 애국문학은 당시 사회적, 역사적 상황을 반영하여 하나의 사조를 형성하고 소설, 시 등 각 장르에 걸쳐 뛰어난 작품을 탄생시키는, 소위 조선문학의 보고寶庫를 풍요롭게 하였다고 강조한다. 16세기 후반에서 17세기의 소설은 현실에 대한 비판정신이 강해지고, 농민봉기가 묘사되는 등 사회적 주제가 커다란 비중을 차지하고, 이 시기의 시가 또한 주제의 선택과 형식에 다양성을 갖춰 임진조국전쟁 이후의 사회적 모순을 담은 시가가 현실비판의 시적 조류를 형성하게 되었다고 평한다.(201쪽)

다음으로 18세기는 조선문학의 개화기로 이 시기의 문학에 대해 변재수는 봉건사회 붕괴의 촉진과 자본주의적 경제 발전에 의해 근대적 요소의 싹이 보이기 시작하고, 18세기 소설의 주체는 당시 진보적 경향을 지닌 양반출신의 문인들이었으며, 주로 구전설화에 바탕을 둔 국문소설의 창작이었다고 한다. 그리고 그 주제는 봉건사회의 불합리와 부패에 대한 비판과 봉건적 착취와 억압 속에 신음하는 민중의 생활상과 지배계급에 대한 반항정신 등을 반영했다는 것이다. 또한 판소리謡物語 형식의 유행은 이 시기의 특징으로, 변재수는 김동욱과 같이 판소리

31 강호문학은 "자연에 대한 관조적 태도와 현실도피의 경향을 그 특징으로 삼고 있어, 계급적 관점에서 보면 민중을 착취하고 편안한 생활을 보내는 양반계급의 취미인 퇴영적 문학이다"라고 변재수는 논한다.(162쪽)

32 도학시가는 유교의 교리를 설교하는 교훈시가로 변재수는 삼강오륜의 유교사상과 봉건적 도덕규범을 언급하고 "민중의 계급의식을 마비시키는 것을 가능케 하는 반동적 성격의 문학"으로 보고 있다.(162쪽)

대본을 일본어로 '우타모노가타리謡物語'로 정의하고 '인민문학'으로서 부각시키고 있다.

특히 변재수는 연암 박지원, 다산 정약용을 중심으로 한 실학파 문학에 관심이 많았고 높이 평가하고 있다. 그는 실학파 문학에 대해 다음과 같은 특징을 언급하고 있다.

> 임진란 이후 사회적, 역사적 조건의 산물로서, 문학사조로서 특징을 확실히 나타내고 있다. 불합리한 현실에 대한 예리한 비판, 그 비판으로부터 필연적으로 요구되는 사회개선으로의 지향성과 조국을 부강하게 하려는 염원, 애국심의 표현 등은 실학파 문학의 기본적 특징이다.(239쪽)

이처럼 변재수에게 있어 실학파 문학은 그의 문학적 이념을 가장 잘 반영한 장르라 할 수 있다.

한편 19세기 초 중엽, 이 시기의 구전문학에 대해 변재수는 붕괴해 가는 봉건제도를 고집하는 양반관료에 대한 비판 등 반봉건주의 지향을 점차 명확히 나타내고 있으며, '인민의 예술적 창조물'(244쪽)로서 인민의 생활과 감정을 진솔하게 표현했다고 평한다. 이 시기의 실학파 문학은 이후 19세기 말부터 20세기 초에 걸쳐 일본 침략에 반대하는 애국적 계몽운동의 시로도 계승된다.

변재수는 조선 말 일본제국주의 침략이 조선의 근대화를 저해하여, 조선은 반봉건적 식민지화 속에서 문학의 정상적인 발전도 저해되어 버렸다고 한다. 그 속에서 조선시대까지 고전문학의 커다란 특징 중의 하나였던 반침략 애국적 지향의 전통을 근대문학 이후에 있어서도 이전보다도 더 선명하게 이어가게 된 것은 조선문학이 임진조국전쟁처럼 외국으로부터의 침략시기에 가장 가치가 높은 문학을 발화시켰기 때문이라는 것이다.

이어 원시시대부터 조선 말기까지의 고전문학사를 서술한 변재수는 종장에선 '고전문학의 전통과 현대의 '한국'문학'이라는 부분을 첨부하여 "근대 이후부터 1945년까지의 조선문학의 주류는 단적으로 말하면 반일과 반봉건과 사회주의지향의 문학"(258쪽)이며, 한국(남쪽)에서 민주화를 위한 문학 또한 민중문학으로서 높이 평가하고 있다. 이처럼 변재수는 "조선민족이 독자의 단일민족이듯이, 그 문학도 독자의 문학"(258쪽)이라는 관점으로 조선 고전문학사를 기술하고 있다.

3) 변재수의 고전문학사 서술체계와 이념적 특징

변재수에게 있어 '고전문학은 민족의 문화유산의 하나'(4쪽)이다. 변재수는 문학을 포함해 조선민족의 문화적 창조의 기원을 알기 위해서는 민족의 기원과 원시적, 고대적 생활 등이 명확하지 않으면 안 된다는 인식이 강했다. 때문에 그의 『조선문학사』에서는 근대문학사가 배제되고, 오로지 고전문학사만이 상세히 담겨져 있다. 뿐만 아니라 그의 고전문학사 서술에는 김동욱이 '상대문학'으로 통합해서 기술했던 부분을 '원시시대문학', '고대문학', '봉건사회의 형성과 삼국시대문학', '후기 신라와 발해문학'의 네 부분으로 세부화시켜 상세히 기술하고 있다. 또한 김동욱이 중세문학의 시대구분을 고려시대로 누었다면, 변재수는 삼국시대를 중세문학의 출발로 보고 있다. 이것은 아마도 김동욱이 중세시대 개념을 일본문학사(중세시대 : 13~17세기)의 시대구분에 중섬을 둔 것이라면, 변재수는 북한문학사의 영향 아래 조선 고전문학의 우월성을 좀 더 강조하기 위한 의도로 삼국시대로 설정하지 않았나 생각된다. 이러한 시대구분을 토대로 살펴본 그의 고전문학사 서술체계와 이념적 특징은 다음과 같다.

첫째, 변재수에게 있어서 문학탄생이란, 창작되어진 사회적 역사적 조건, 즉 현실을 토대로 각 시대의 사회적 현실의 요구와 인민대중이 지향하는 것이 맞아떨어질 때 생겨난다는 개념이다. 그의 조선문학사는 이러한 개념을 근저根底로 해서 고전문학을 사회적 모든 관계 속에서 고찰하고, 각 시대별의 작가, 작품의 의의를 명확히 밝히고자 하는 서술체계를 취하고 있다.

둘째, 변재수의 고전문학사의 특징은 문학의 주체가 '인민'이라는 것이다. 조선의 고대 인민은 노예주의의 압박 속에서도 근면한 노동과 창조적인 지혜에 의해 고대문화를 발전시켰다는 점을 강조하며, 그는 이러한 문학적 가치관을 기준으로 투쟁하고 핍박받은 인민들의 삶을 작품 속에서 밝히고자 했다.

셋째, 그에게 있어 문학의 최고 가치는 사회 및 역사발전의 주체인 인민대중의 이익을 옹호하는 지향성을 가진 문학이다. 좀 더 구체적으로 말하면 계급사회의 불합리한 현실을 비판하고 변혁을 지향하는 문학이야말로 진정한 '민족문학'이라는 것이다. 그리고 그 다음으로 조국의 자연의 아름다움을 찬양하거나 외국의 침략으로부터 조국을 방어하는 싸움을 주제로 한 문학을 높이 평가하고 있다.(6쪽)

넷째, 변재수는 문학사를 서술함에 있어 '진보적' 문학의 가치를 높이 평가하고 있다. 그는 서장에서 '진보적'이라는 용어를 다음과 같이 설명하고 있다. 계급사회에 있어 지배계층(통치자들)을 비판하고 인민대중의 이익을 지키는 입장, 불합리한 사회적 제도와 현실을 비판해서 개혁을 목적으로 하는 입장, 대외관계에 있어서는 외래침략자와 싸우는 민족의 긍지를 견지堅持하는 입장이다.(5쪽) 이것은 변재수가 추구한 이상적인 문학의 가치관이라 할 수 있다.

5. 나가는 말

자국문학사의 서술은 기본적으로 근대적 현상이고, 일제강점기 자국문학과 문자는 내셔널리즘의 표상이기도 했다. 경성제국대학이 일본의 여덟 번째 제국대학이었던 것처럼, 일본에 의한 조선문학사는 제국문학사의 한 부분이었으며, 조선문학을 일본문학 속에 편제하려는 시도였다. 그 이후 경성제국대학 출신의 조선문학 연구는 이러한 제국문학에 대한 도전이었다. 1945년 해방 후, 한국문학사는 민족문화 가치를 재인식하기 위해 기술되었지만, 1950년대 이후에는 민족문학사 기술이 남북분단 이념의 희생물이 되었듯이, 한국문학사 서술에는 민족적·정치적 이념이 깊이 개입되어 갔다.

이러한 한국문학사 저술에 있어 일본유학생이었던 김동욱과 총련계 재일조선인 변재수가 각각 일본인 대상으로 직접 일본어판『조선문학사』를 출간한 것은 또 다른 의의가 있다고 할 수 있다. 일본인들에게 왜곡 당했던 조선문학의 우수성을 알리기 위한 그들의 저술의의는 공통적이었지만, 남북한의 사상적 이념 차이는 분명히 있었고, 그것은 문학사 서술에 있어서도 반영되었다.

김동욱은 비교문학적 관점에서, 변재수는 사회주의적 관점에서, 그들이 한국문학의 가치를 평가하는 기준도 다르고 시대구분에 있어서도 차이를 보이지만, 무엇보다 한문학의 가치를 높게 평가하며 한국문학으로서 한글문학과 한문학이 서로 상호작용을 했다는 것을 증명하고 있는 점은 유사하다. 뿐만 아니라, 향가나 한글창제, 그리고 판소리의 독자성을 높이 평가하고 있는 것도 공통적이다.

다만 김동욱은 좀 더 상세하게 각 시대마다 한문학의 양상과 그 가치를 서술했으며, 향가부분을 향가의 생성, 장르, 표기, 향가와 불교적 발상 등으로 좀 더 면밀히 분석했다. 또한 그의 오랜 연구의 중심이었던 판소리를 문학사의 한 장르로 설정하여 많은 부분을 할애했다.

그 반면 변재수는 임진조국전쟁 전·후기의 문학과 실학파 문학을 한 장르로 설정, 애국심을 모티브로 한 작품을 찬양했으며, 조선현실에 대한 반영과 애국주의적 감정을 표현한 문학으로서 높이 평가하고 있는 것이 그 특징이라 할 수 있다.

김동욱은 고려, 조선의 한문학, 그리고 한글창제 이후의 국문학이 이어지는 천 년간의 문학을 사대부의 문학으로 평하고, 그 사회체제의 특징인 귀족, 관료, 봉건제도하의 문학적 흐름을 인정하는 반면, 변재수는 이러한 봉건제도하의 문학을 부정하고 그 가치를 평가절하하고 있다. 더욱이 유교와 불교의 사상에 대해 김동욱은 동아시아적 사고의 입장에서 '우리들 것'으로 인식했지만, 변재수는 인민의 반항의식을 마비시키는 '반동적인 사상'으로 평가하고 있다. 변재수에게 있어서 문학의 주체는 '인민'이며, 그의 문학적 가치는 조국의 자연의 아름다움을 칭하거나 항상 침략 당했던 역사적 배경을 소재로 외적과 싸우고 국가를 지키는 애국심을 모티브로 한 작품에 집중된다. 반면 김동욱은 '삶'을 주제로 한 작품에 중점을 두었다.

김동욱이 비교문학적 관점과 문화사적인 폭넓은 관점으로 조선문학사를 전체적으로 완벽하게 기술하지는 못했지만, 그가 비교문학, 서지학, 민속학 등 다양한 방법론을 가지고 접근한 것이 그의 국문학 연구의 의의라 할 수 있다. 변재수 또한 지나친 사회주의적 사상에 치우쳐 문학사를 이념주의 사상의 매개체로 삼은 것은 문제가 있지만, 고전문학을 통한 조선문화의 전통을 재일 2, 3세 조선인에게 각인시켜 조선인으로서의 긍지를 인식시키고자 한 것은 그에게 있어 커다란 과업이었으리라 생각된다.

김동욱과 변재수의 일본어판 『조선문학사』의 출간 의의는 민족문학사로서 한국(조선)문학사의 국제화에 힘들게 한 걸음 내딛은 것이라 할 수 있다. 하지만 현재 김동욱과 변재수 이후로 일본어판 한국문학사 저술은 정지된 상태이며, 특히 일본인의 한국문학사 저술은 거의 전무한 상태이다. 한일 한국문학사의 문화횡단적 관점에서 볼 때, 동아시아 문학의 이해라는 의식 속에서 좀 더 발전되고 활발한 한국문학사의 저술이 요구되는 바이다.

한국문학사를 가로지르는 언어・문화・역사의 계기들

일본 저술 한국문학사의 한국 근현대문학 인식과 서술양상을 중심으로

윤송아

1. 들어가는 말

'자국(국/민족)문학사' 서술은 기본적으로 근대적 현상[1]이다. 한・중・일을 중심으로 한 동아시아 지역에서는 근대 국민국가의 성립과 더불어, 자국의 언어와 전통, 문화와 역사를 근간으로 하는 문학적 집적물을 세계사(서구)의 보편원리를 참조하여 구획함과 동시에 하나의 고유한 민족적 실체이자 역사적 전범으로서 변별하려는 움직임이 각 국민국가의 개별 문학사 서술이라는 형태로 수행되어 왔다. 동일한 한

1 류준필, 『동아시아의 자국학과 자국문학사 인식』, 소명출판, 2013, 294쪽.

자문명권 아래 역사적, 문화적 친연성을 강조해왔던 한국과 중국, 일본은 19세기 이후 서세동점의 위기를 맞아 외부(서구)와 내부(동아시아)를 동시에 모방, 견제하는 방식으로 당대의 상황에 대처해갔으며, 이러한 주체와 타자라는 근대의 이분법적 구도에 기초하여 각 민족국가의 언어와 문화, 인식체계를 담보로 한 '자국문학사'를 구축해나갔다. 가장 먼저 일본에서 1890년, 최초의 자국문학사인 『일본문학사日本文學史』(三上參次・高津鍬三郞)가 저술되었으며, 중국에서는 1910년 『중국문학사中國文學史』(黃人)가, 한국에서는 1922년에 최초의 문학사인 『조선문학사朝鮮文學史』(安廓)가 저술되었다.[2] '자국 국민의 민족성(특수성)을 문학을 통해 확인하는 과정'[3]이든 '보편성(보편적 가치 혹은 법칙)의 독자적 구현'[4]이든, 동아시아의 세 국가를 둘러싼 시대적 추이와 이념, 당위성에 기반하여 이루어진 각국의 문학사 저술은 일본의 제국주의적 식민지 지배와 제2차 세계대전 이후의 이념적 대립 및 사회구조의 시각변동, 이동과 분화라는 세계사적 계기들과 조우하면서 복잡다단한 형태로 확장, 변용되어 갔다.

36년간 일본의 직접적인 식민지배 아래 놓여있었던 한국(조선)의 경우 독립적인 국민국가를 설립하려는 근대 기획이 좌절되면서 '모방과 굴종, 창조와 저항이라는 양가적 속성을 지니는 독특한 식민지 문화'[5]가 근대문학사의 성격과 서술방향을 규정지었으며, 해방 이후 남북의 분단과 상반된 정치경제 체제의 구축은 남한문학사와 북한문학사라는 이종의 자국문학사 기술로 이어졌다. 또한 식민지 지배로 말미암은 자・타

2 위의 책, 294~295쪽 참조.
3 위의 책, 305쪽.
4 위의 책, 320쪽.
5 권영민, 『한국현대문학사 1(1896~1945)』, 민음사, 2002, 31쪽.

율적 이산과 민족 이동의 과정은 중국과 일본, 러시아, 구미 지역으로 산포된 한국판 디아스포라를 강제했으며, 근 한 세기를 이어온 이들의 문학활동은 우리의 문학사를 '자국문학사'의 범주에서 탈주시켜 이화異化와 혼종의 통합문학사 서술로 이끈다. 이제 근대적 기획에서 출발한 '자국문학사'는 '역사', '민족', '자국어'라는 국민국가적 인식틀의 폐쇄성과 일면성을 뛰어넘어 상호소통과 적극적 접합의 장에서 산출되는 '트랜스내셔널transnational'한 관점을 확보해야 할 시점에 놓이게 된 것이다. 남한문학사와 북한문학사, 해외한인문학사를 아우르는 통일문학사의 수립은 이제 단일민족국가, 근대국민국가라는 내부적 함의로 수렴되는 것이 아니라, 동아시아 및 세계사적 시각 아래 상호 문화적 충돌과 교섭의 가능성을 타진하고 공동의 역사적 물음에 답하는, 타자를 향해 발산되는 문학사 서술을 통해 가능해질 것이다.

이러한 '거대한 상상'에 골몰하는 하나의 계기로서 이 글에서는 일본에서 저술된 '한국문학사'의 발간 현황 및 대표 저술서에 나타난 '한국근현대문학'의 인식방법과 서술양상을 살펴보고자 한다. 또한 일본 저술 한국 근현대문학사와 현재 남한과 북한에서 산출된 문학사 간의 인식적 합의와 균열 양상, 주요 문학자, 문학작품의 선별과 평가에 내재한 통합과 결락, 낙차의 지점, 일본의 자장 아래 놓인 연구자의 경계적/탈경계적 위치성이 문학사 기술에 미치는 영향 등을 '문화횡단적 실천 양상'이라는 맥락 아래 고찰하고자 한다. 한국문학사를 바라보는 '외부인'의 시선은 객관적 거리를 확보한 가치중립성과 자국의 관습적 판단기준에 근거한 오인과 굴절의 과정이 공존한다는 점에서 창조적 변용과 확장의 가능성을 효과적으로 제시한다. 특히 한국과 일본을 둘러싼 언어, 문화, 역사적 관계망들이 불가피하게 중층적 상호침투의 가능성을 생산한다는 점에서 이러한 문학사적 현상은 더욱 면밀히 조망될 필요가 있다.

선행연구[6]에 따르면 지금까지 일본에서 저술된 한국문학사는 대략 8종(기존 남북한문학사의 번역본 제외)에 이른다.[7] 이 중에서 한국의 근현대문학사를 다루고 있는 저서 및 저술은 임전혜任展慧의 『일본에서의 조선인 문학의 역사－1945년까지日本における朝鮮人の文學の歷史－1945年まで』와 시라카와 유타카白川豊의 「조선근대문학의 발자취朝鮮の近代文學の步み」, 그리고 사에구사 도시카쓰三枝壽勝의 『한국문학을 맛보다韓國文學を味わう』이다. 아직까지 '한국 근현대문학사'를 본격적으로 다룬 문학사 단행본은 정식으로 출간되지 않았으나 위의 세 저서는 일본에서의 한국 근현대문학사 기술의 다양한 접근방법과 가능성을 보여주고 있다는 점에서 주목할 만한 선행 연구작업이라 할 수 있다. 대체로 일본에서의 한국문학사 저술은 '고전문학사'에 치중되어 있는 형편이며, 특히 식민지와 해방 이후의 사회역사적 맥락을 역동적으로 고찰할 수 있는 근현대문학에 대한 사적 접근은 상대적으로 미비한 편이다. 그럼에도 불구하고 한국의 근현대문학사를 다룬 위의 세 저서는 각 저자의 사회역사적 위치, 연구 환경, 문학에 대한 인식방법 등에 따라 뚜렷이 변별되는 특징과

---

6 서재곤, 「일본어판 한국문학사 연구 시론」, 『세계문학비교연구』 18, 세계문학비교학회, 2007; 서재곤, 「일본어판 한국문학사 재고」, 『일본언어문화』 12, 한국일본언어문화학회, 2008; 장사선, 「일본에서의 한국 현대문학 연구－역사적 반성 및 협동 연구 전망」, 『한국현대문학연구』 30, 한국현대문학회, 2010; 정현숙, 「북한, 중국, 일본의 한국현대문학사에 대한 인식(1)」, 『인문과학연구』 21, 강원대 인문과학연구소, 2009 참조.

7 ① 金思燁・趙演鉉, 『朝鮮文学史』, 北望社, 1971. ② 金思燁, 『朝鮮文学史』, 金澤文庫, 1973. ③ 金東旭, 『朝鮮文学史』, 日本放送出版協會, 1974. ④ 卞宰洙, 『朝鮮文学史』, 青木書店, 1985. ⑤ 金允浩, 『物語 朝鮮詩歌史』, 彩流社, 1987. ⑥ 任展慧, 『日本における朝鮮人の文学の歴史－1945年まで』, 法政大学出版局, 1994. ⑦ 白川豊, 「朝鮮の近代文学の歩み」, 『豊かな地球社会への展望』, 九州産業大学出版會, 1997. ⑧ 三枝寿勝, 『韓国文学を味わう』, 国際交流基金アジアセンター, 1997.

성취도를 보여준다는 점에서 주목할 만하다. 따라서 이 글에서는 위의 세 저서를 중심으로 각 한국문학사에 나타난 한국 근현대문학의 인식방법 및 서술양상을 문화횡단의 관점에서 살펴봄으로써, '일본에서 저술된 한국문학사'가 어떻게 기존 남북한문학사, 그리고 일본 자국문학사와 교섭, 충돌하면서 새로운 문제의식을 환기하는지를 실증적으로 검토해보고자 한다.

2. 일본 저술 한국문학사의 한국 근현대문학 인식방법과 서술양상

1) 임전혜, 『일본에서의 조선인문학의 역사—1945년까지』

임전혜의 『일본에서의 조선인문학의 역사—1945년까지』는 저자의 호세이대학法政大學 박사학위 논문[8]을 단행본으로 출간한 것이다. 1937년 도쿄 출생의 재일조선인 2세대로, 도쿄 조선고등학교 졸업 후 1957년에 호세이대학 문학부 일본문학과에 입학한 임전혜는 호세이대학 조선문화연구회의 조선인 학생들과 함께 『학지광』 발간에 주도적으로 참여하는 등 한국문학과 재일조선인문학을 화두로 삼고 지속적인 연구와

8 저서의 연구자 소개에는 '1977년, 法政大学大学院人文科学研究科日本文学専攻博士課程 修了'라고 쓰여 있으나, CiNii 검색에 의하면 「一九四五年以前の日本における朝鮮人の文学活動について」라는 제목의 임전혜의 호세이대학 박사논문의 학위수여 연월일은 1985년 3월 28일로 되어 있다.

비평 작업을 수행해나간 선구적 연구자이다. 재일조선인으로서 민족교육과 일본의 대학교육을 동시에 경험한 이력은 저자가 남북한문학과 일본문학, 재일조선인문학을 아우르는 복합적 언어, 문화, 역사인식을 문학 연구의 중추로 삼는 데 큰 역할을 했을 것으로 보인다.

본서의 머리말에서 "현재의 재일조선인의 활발한 문학활동을 그 처음 시기부터 살펴보고자 하는 것이 이 책의 목적이다. 제1부에서는 1880년대부터 1920년대까지 일본에서 조선어 · 한문을 사용하여 수행된 문학활동을 다뤘다. 제2부에서는 1920년대 후반부터 1945년까지 일본에서 조선어 · 일본어를 사용하여 수행된 문학활동을 다뤘다"[9]고 언급하고 있듯이, 본서는 1880년 이후 1945년까지 일본을 근거지로 이루어진 조선인의 문학활동을 크게 두 부분으로 나누어 시대 순으로 기술하고 있다. 1부에서는 1880년대 이수정, 유길준 등의 문필활동을 시작으로 한말기韓末期와 1910년 이후의 일본유학생들의 문학활동을 『학지광』, 『창조』, 『해외문학』 등의 유학생 기관지와 문예동인지를 중심으로 다루고 있으며, 2부에서는 조선인의 일본 도항이 급격히 증가하기 시작한 1920년대 후반부터 제3전선사, 무산자사, 동지사를 거쳐 코프 · 조선협의회로 수렴되기까지의, 일본 프롤레타리아문학 운동과의 국제적인 연대 속에서 독자적 / 협력적인 문학활동을 수행해온 '재일조선인'의 문학활동에 대해 서술하고 있다.[10]

---

9 任展慧, 앞의 책, p.2. 이후 '일본 저술 한국문학사'의 인용은 해당 본문에 쪽수만 표시한다. 인용문의 한국어 번역은 모두 필자에 의한 것이다. 한국 / 조선, 한국어 / 조선어 등 시대나 지역에 따라 논의의 여지가 있는 용어들은 원서의 인지를 지여하는 방식을 따랐다.

10 본서의 목차를 간략히 살펴보면 다음과 같다. "시작하며 / 제1부 제1장 여명기의 문학활동 제1절 이수정의 활동 제2절 유길준과 『서유견문』 제2장 일본유학생들의 문학활동 제1절 한말기의 일본유학생들 제2절 '1910년' 이후의 일본유학생들 제3절 유학생들의

임전혜의 문학사는 개화기에서부터 해방에 이르기까지의 '조선문학사' 서술에 있어서 근대적 언어의식의 발흥, 식민지 지배에 따른 일본과 조선사회의 영향관계, 프롤레타리아 혁명운동의 세계사적 동향 등, 언어, 민족, 사상이라는 당시 조선과 일본을 관통하는 실천적 의제들을 염두에 두면서, 이를 시대적 흐름과 교차시키는 서술방식을 채택하고 있다. 기본적으로 '재일조선인'의 문학사를 점검한다는 입장을 피력하고 있지만, 한국의 근현대문학사가 본서 1부에서 다룬 일본 유학생들의 제반 문학활동 — 언문일치라는 민족어(국어)의 발견, 근대적 문학개념과 창작방법의 모색, 개화계몽과 문명전파라는 선구적 지식인의 실천 양상 등 — 을 기반으로 백화만발해왔다는 주지의 사실을 감안할 때 본서는 '재일조선인'의 시각으로 한국문학사를 규명하고 비판적으로 조망하고자 한 중요한 연구서라 할 수 있다. 또한 2부에서 다루고 있는 조선인의 일본어 창작 활동과 일본 프롤레타리아문학단체와의 협업 및 연대활동은 카프KAPF로 대변되는 조선 프롤레타리아문학 운동과 밀접히 연계되면서도 조선과 일본이라는 공간적 특수성으로 인해 급박하게 이화異化되어가는 당대 문학현장의 동향을 보여준다. 언어(조선어 / 일본어 창작)의 선택과 강제의 문제, 친일문학자들의 균열과 욕망의 문제 등, 공동의 문학사적 해결과제를 제기하는 교차적 접근지점도 눈에 띈다. 이러한 문제의식을 염두에 두고 각 목차별로 중요한 몇 가지 논점들을 점검해보면 다음과 같다.

문예동인지 발행 I. 『창조』 II. 『해외문학』 제4절 유학생잡지의 일본문학 소개 / 제2부 제1장 재일조선인의 형성과 문학활동 제1절 조선인의 독자적 운동 제2절 일본인과의 합동에 의한 운동 제2장 1945년 이전에 있어서의 조선인의 일본어에 의한 창작 제1절 일본어에 의한 시와 시인들 제2절 일본어에 의한 소설과 작가들 / 마무리하며 / 1945년 이전 일본에서의 조선인문학 연표 / 발문—경과, 인품, 해명 : 오다기리 히데오(小田切秀雄)"

임전혜가 제1부 제1장 '여명기의 문학활동'에서 주목하고 있는 인물은 이수정과 유길준이다. 유길준은 최초로 국한문을 혼용한 책[11]인 『서유견문西遊見聞』(1895)의 저자로서 어느 정도 근대문학사에서 언급되고 있지만 이수정에 대한 언급은 거의 없는 편이다. 하지만 임전혜는 1882년 일본 사절단 민영익의 수행원으로 도일한 이수정을 "근대 일본에 있어서 문필활동을 한 최초의 조선인"(13쪽)으로 평가하고 있으며, 성서의 조선어 번역에 착수하여 『신약마가전복음서언해新約マルコ傳福音書諺解』(1885)를 간행함으로써 "언문일치와 한글보급의 길을 개척했다. 이는 바꿔 말하면 근대조선문학의 토대를 준비한 것이다. 이수정의 한글 번역 성서가 조선근대번역문학사의 첫머리에 기록되는 까닭"(21쪽)이라고 설명하면서 이수정의 선구자적 면모를 강조하고 있다. 이밖에도 일본에서 간행된 『금오신화金鰲新話』(1884)의 발문 저술, 『명치자전明治字典』(1885)의 편집자로서 「한음훈韓音訓」의 표기를 담당한 공적들을 상세히 언급하고 있다. 이수정은 1886년 귀국 후 거의 바로 처형되었는데, 이로 인해 그의 일본에서의 문필활동과 언문일치, 한글보급 등의 문학적 시도들이 한국문학사 안에서는 충분히 논의되지 못했다고 보인다. 그러나 임전혜는 일본에서 활동한 최초의 문필가로 이수정을 '조선문학사 / 재일조선인문학사' 안에 복권시키고 있다. 다음으로 유길준에 대해서는 "근대조선에 있어서 민족운동의 한 형태로서 국문운동의 단초를 개척한 선구자"(강재삼)(42쪽)라는 평가를 받아들이면서도 『서유견문』과 후쿠자와 유키치福澤諭吉의 『서양사정西洋事情』(1866~1870)의 관련성이 한국문학계 안에서 제대로 규명되지 못하고 있는 점을 비판적으로 고찰한다. 유길준 자신이 "타인의

11 김윤식 · 김현, 『한국문학사』, 민음사, 1973, 82쪽; 권영민, 앞의 책, 58쪽 참조.

책을 참고하여 번역한 것도 있다"(49쪽)라고 언급하고 있음에도 불구하고 이러한 연관 관계가 1974년에서야 김태준의 연구에 의해 처음으로 제시된 점을 들어(50쪽) "『서유견문』을 유길준의 독자적인 책이라고 하는 것은 편협한 내셔널리즘에 의한 잘못된 평가"(52쪽)라고 비판한다. 이처럼 임전혜는 이수정, 유길준의 근대 초기 문학활동이 일본과의 긴밀한 연계와 교섭 속에서 적극적으로 이루어졌으며, 따라서 활동 지역의 제한성(조선이 아닌 일본)이나 민족주의적 시선으로 이들의 문학활동을 배제하거나 왜곡하는 것은 부당하다는 점을 일견 강조하고 있다.

다음으로 제2장 '일본유학생들의 문학활동'에서는 한말기韓末期 일본 유학생들에 의해 간행된 조선 최초의 잡지인 『친목회회보親睦會會報』(1896.2~1898.4), 일본에 유학했던 최초의 조선여자유학생인 윤정원의 평론이 실린 『태극학보太極學報』, 최남선의 국문시, 이광수의 단편소설 등이 발표된 『대한학회월보大韓學會月報』, 『대한흥학보大韓興學報』 등을 중점적으로 논하면서 초기 일본 유학생들의 역할에 대해 적극적인 의미를 부여한다.[12] 즉 일본의 조선인유학생들은 단순히 선진문명의 전수자나 일시적인 담지자라기보다 기관지 발행 등을 통해 조선의 지식인, 대중들과 유기적으로 소통하면서 일종의 매개자로서의 역할을 담당했다고 보는 것이다. 근대 국어국문운동의 가치를 선취하고 스스로 실천해나간 일본 유학생들의

12 임전혜는 한말기 유학생의 역할에 대해 "유학생들의 국문주장론은 국권을 회복하고 자주독립을 지키려는 애국의식의 발로라 할 수 있으며, 이는 당시 조선에 있어서 애국계몽 학회지에 국문문제의 논문이 많이 발표되고 있었던 것과 같은 이유라고 생각한다. (…중략…) 유학생들은 조선에서의 구국운동에 방향을 부여하고 또 그 일환으로 활동했다. 한말기 유학생 잡지의 지면에 넘쳐난 것은 일본제국주의의 조선침략에 대한 위기의식과 동포에게 민족적 자각을 촉구하는 애국의 호소이다. 일본에서 배운 지식을 가지고 국권회복의 훌륭한 담당자가 되려고 했던 유학생들의 진정한 열의와 긴장을 뼈저리게 느끼지 않을 수 없다"(임전혜, 앞의 책, pp.73~74)라고 언급하고 있다.

문학활동은 한국 근현대문학의 토대를 세우는 데 불가결한 역할을 수행했으며, 따라서 이러한 유학생들의 활동상을 한국문학사 안에 제대로 자리매김하는 것이 필요하다는 인식을 임전혜의 저술에서 살펴볼 수 있다. 1914년 창간되어 1930년까지 총 29권이 발행된 재일본동경조선유학생학우회 기관지 『학지광學之光』 또한 이광수, 전영택, 이익상, 최승구 등의 문학적 발언대이자 단련 공간이었으며, "서구문화와 일본문화를, 1910년대에서 1920년대의 조선에 전파한 창구의 하나"(86쪽)였다. 『학지광』과 관련하여 흥미로운 논의는, 한국에서 자유시의 효시로 알려진 주요한의 「불노리」(『창조』 창간호(1919.2)) 발표 시기보다 4년 빠른 1915년에 김여제金輿濟에 의해 『학지광』에 자유시 3편이, 류암流暗이라는 필명으로 발표되었다는 주장으로, 근대자유시의 효시에 대한 일종의 문제제기를 하고 있다.(80쪽) 이밖에도 한국문학사에서도 비중 있게 다뤄지는 『창조』, 『해외문학』 등의 문예동인지에 대한 설명이, 주요한, 김동인, 전영택, 최승만, 이하윤 등의 시, 소설, 평론, 에세이, 번역문의 자세한 소개와 평가를 중심으로 서술되어 있다. 대체로 시대별 주요 문인들의 활동상을 중심으로 기술되는 한국의 문학사 서술방식과 비교할 때, 유학생 기관지나 문예동인지를 통해 집단적, 논쟁적으로 이루어진 근대문학의 개념정립과 실천방안의 면모를 치밀하게 제시하고 있는 임전혜의 서술방식은 한국의 근대문학사가 한 개인의 문재文才나 공과에 기인하는 것이 아니라 일본 유학생이나 당시 지식인들의 치열한 공방과 집단지성의 공동체적 발현에 의해 구현된 것임을 암묵적으로 드러내고 있다고 하겠다.

제2부에서는 본격적으로 일본의 정치・문학활동 난제와의 교섭과 연대, 그리고 조선인의 일본어 창작과 일본 문단에의 진출에 대한 내용을 다루고 있다. 임전혜가 본서의 부록인 「1945년 이전의 일본에서의 조

선인문학 연표」에 따라 분류한 조선어와 일본어 작품 수를 비교하면, 1883년[13]부터 1925년까지는 조선어 작품 수가, 그리고 1926년부터 1945년까지는 일본어 작품 수가 월등히 많은 것으로 조사된다.[14] 1925년 이전까지는 일본인 유학생들에 의해서 조선어작품이 다수 산출된 반면, 1926년 이후에는 조선인들의 일본 도항 급증, 일본 프롤레타리아문학 운동과의 연계, 일제의 탄압과 착취의 심화 등으로 일본을 근거지로 한 일본어 문학활동이 활성화된 까닭이다. 따라서 일본 유학생을 매개로 조선과 일본에서 동시에 꽃피웠던 초기 한국 근대문학사는 1920년대 후반 카프의 문학활동 시기를 기점으로 분화, 확장되는 면모를 보인다. 1927년 동경유학생을 중심으로 조직된 '제3전선사第三戰線社'('카프·동경지부')가 카프의 방향전환을 이끌고, 코민테른 12월 테제, 조선공산당 재건운동 등과 맞물려 '무산자사無産者社'가 카프의 볼셰비키화를 주도하는 등 일본을 근거지로 결성된 조선 프롤레타리아 예술운동 단체는 카프의 조직전환과 이념투쟁에서 선도적인 역할을 수행한다. 그러나 카프의 해소와 공산당 검거 등 식민지 상황의 악화에 따라 1930년대 이후 조선과 일본에서는 상이한 형태의 문학사적 흐름이 전개된다. 조선에서는 리얼리즘 문학과 더불어 모더니즘과 순수문학의 발흥이 주를 이루게 되며, 일본에서는 일본의 프롤레타리아문학 예술운동과의 긴밀한 연계

---

13 임전혜는 1883년에 발표된 이수정의 평론 「蛇鰻說」(『農業雜誌』 180)을 일본에서 저술된 최초의 조선인문학으로 보고 있다.(위의 책, 245쪽)

14 1883년부터 1945년까지 일본에서 조선어와 일본어로 쓰여진 작품 총수는 1488편에 이른다. 이중 조선어 작품총수는 788편이며, 그 내역을 시대별로 살펴보면 1906~1915년(325편), 1916~1925년(265편), 1926~1935년(138편), 1896~1905년(41편), 1936~1945년(14편), 1883~1895년(5편) 순이다. 또한 일본어 작품총수는 700편으로, 1936~1945년(379편), 1926~1935년(273편), 1916~1925년(45편), 1906~1915년(2편), 1896~1905년(1편) 순이다.(위의 책, 233~235쪽 참조)

및 일본 문단에의 적극적 진출을 통해 '재일조선인문학'의 전사前史를 마련해나간다.

'무산자사' 이후 일제의 탄압으로 붕괴되었던 일본의 조선인 문학예술운동 공동체는 1931년 '동지사同志社' 결성을 계기로 재정비된다. '동지사'의 결성은 "일본에 있는 조선인 예술가가 자신이 처한 현실을 주체적으로 타개하려는 자세의 확립을 시작한 점에서 큰 의의를 가지며, 동시에 조선과 일본의 프롤레타리아문학·예술운동의 교류와 연대를 위한 (그들의) 매개적 역할을 스스로 명확히 내세우는 것으로, '재일본'이라는 조건을 충분히 살린 것"(166~167쪽)이라고 볼 수 있다. 비록 1932년 해체되어 일본 프롤레타리아 문화연맹コップ의 '조선협의회朝鮮協議會'로 전환되었지만, '동지사 / 코프·조선협의회'는 조선어 잡지『우리동무ウリトンム』를 통해 민족의 언어와 독자성을 쟁취하는 문학예술운동을 도모함과 동시에 일본 프롤레타리아문학 예술운동과의 적극적인 교섭과 연대를 통해 국제적 탈식민주의 운동에 동참하는 계기를 마련한다. 이후 김희명, 김용제, 장혁주, 홍종우, 김사량 등의 일본어 창작 문학자들에 의해 조선인의 일본문단으로의 진출이 이루어지면서 일본에서의 조선인문학사는 '재일조선인문학사'로의 새로운 전기를 맞게 된다. 임전혜는 '동지사'의 해체 등과 관련해 일본에서의 조선인 문학예술운동의 민족적 주체의식의 취약성을 비판하면서도 일본문단과 운동단체의 적극적인 연대와 도움으로 조선인의 문학활동이 지속될 수 있었던 점을 적극적으로 평가하고 있다.

이상에서 살펴본 바와 같이 임전혜의 『일본에서의 조선인문학의 역사-1945년까지』는 일본과 한국을 동시에 견인하는 '재일조선인'의 중층적 시각에서 1880년대 이후 1945년까지의 한국 근대문학사를 치밀하게 규명하고 있다. 한국 근대문학의 원류를 형성하는 중요한 문학사적 성과들이 일본이라는 토양을 바탕으로 적극적인 교섭과 문화적 충돌 아래 생성되어왔다고 했을 때, 임전혜의 문학사적 고찰은 암묵적으로 과소평가되어 온 일본에서의 한국 근대문학사 형성의 제 과정들을 좀더 폭넓은 시선으로 조망할 가능성을 제공한다. 또한 같은 뿌리에서 나온 이종異種의 문학사로서 재일조선인문학과 한국문학의 상관성을 긴밀하게 추적하면서 총체적으로는 남북한문학사, 재일조선인문학사, 그리고 일본문학사와의 연관성 및 영향관계를 토대로 '한국문학사'를 새롭게 구축할 의미 있는 견인차 역할을 수행하고 있다.

2) 시라카와 유타카, 「조선근대문학의 발자취」

시라카와 유타카의 「조선근대문학의 발자취」[15](이하 「발자취」)는 『풍요로운 지구사회에의 전망豊かな地球社會への展望』이라는 저서의 한 목차로 구성된 63쪽 분량의 짧은 한국문학사 저술이다. 시라카와 유타카는 1975년 도쿄대학 문학부를 졸업하고 1979년 한국 유학길에 올랐으며, 1985년 동국대학교 국어국문학과 대학원에서 박사과정을 수료하고 1989년 12월 동대학원에서 『장혁주 연구張赫宙硏究』[16]로 박사학위를 받았다. 현재 규슈산업대학교 국제문화학부 교수이다. 시라카와 유타카는 일본의 대표적인 2세대 한국 근현대문학 연구자로 『식민지기 조선

---

15 白川豊, 「朝鮮の近代文学の歩み」, 『豊かな地球社会への展望』, 九州産業大学出版会, 1997.

16 본 박사논문은 세 편의 보론과 함께 단행본으로 엮여 한국에서 출간되었다. 시라카와 유타카, 『장혁주 연구』, 동국대 출판부, 2010.

의 작가와 일본』,[17] 『조선근대의 지일파작가, 고투의 궤적』[18] 등의 저서를 통해 일본인 연구자의 시각으로 한국 근현대문학을 새롭게 해석하는 데 일익을 담당해 왔다. 「발자취」에서도 간결한 문학사 기술 안에 한국문학을 바라보는 저자의 독특하고 일관된 인식방법과 서술양상이 드러나 있다.

「발자취」는 "조선의 개화기문학을 맡은 대표적인 작가인 이인직이 일본 유학에서 귀국해서 소설 『혈의 누』를 발표했던 1906년부터 식민지로부터의 해방을 맞이하는 1945년까지 약 40년간"(301쪽)을 근대문학 시기로 잡고 대체로 한국문학사의 중요한 전기轉機가 된 문학사적 사건이나 경향, 작가, 작품, 잡지를 주요 표제로 하여 시대순으로 기술하고 있다.[19] 일견 한국의 일반적인 문학사 서술과 유사하지만, 문학사 기술의 방향성 및 서술방식에서 몇 가지 특징적인 면모를 보인다. 먼저 주목할 것은 한국문학사를 서술하는 데 있어 한・중・일의 시내직, 문학사적 흐름을 동시적으로 고찰하려는 비교문학적 인식을 보여주고 있다는 점이다. 시라카와는 「발자취」의 서두에서 "삼국의 근대문학 형성에 이르는 행보가 서로 대비할 수 있는 동시성을 보여줍니다. 일본은 (…중략…) 본격적인 근대소설이 쓰여진 패턴은 삼국과도 거의 같고,

---

17 白川豊, 『植民地期朝鮮の作家と日本』, 大学教育出版, 1995.

18 白川豊, 『朝鮮近代の知日派作家, 苦闘の軌跡—廉想涉, 張赫宙とその文学』, 勉誠出版, 2008; 시라카와 유타카, 곽형덕 역, 『한국근대 知日작가와 그 문학 연구』, 깊은샘, 2010.

19 「발자취」의 목차를 간략하게 살펴보면 다음과 같다. "1. 개화기—조선 근대문학 초창기 문인들 2. 이인직과 '신소설' 『혈의 누』 3. 최남선과 창가, 신체시 4. 이광수와 장편소설 『무정』 5. 문예동인지의 출현—『창조』, 『폐허』, 『백조』 6. 낭만주의와 리얼리즘의 추구 7 '신경향파' 문학의 대두 8. 농촌소설과 브나로드 운동 9 채만식과 세태풍속소설 10. 조선 근대시의 성숙 11. 구인회와 '순수문학' 12. 여성작가의 등장과 활약 13. 양대 문예지 『문장』, 『인문평론』 14. 일본어 문학의 등장 15. '일제' 말기(1941~45년)의 여러 가지 양상"

게다가 조선의 경우는 중국보다 오히려 1, 2년 앞서 있는 모습이 보입니다. 이처럼 한 나라만의 행보를 쫓는 것이 아니라 대비 가능한 동양 삼국의 근대문학의 형성 과정을 함께 살펴보면 조선 근대문학의 전개는 결코 특별한 것이 아니라 공통성을 가지고 있음을 알 수 있습니다"(301~304쪽)라고 언급한다. 협소한 지면에서 이러한 한·중·일 근대문학의 동시성을 구체적으로 구현, 증명하는 것은 불가능한 일이지만 저자는 한국과 일본, 한국과 중국의 문학사에 나타나는 유사성과 연관성을 계속 염두에 두면서 그 가능성에 대한 견해나 암시들을 흥미롭게 제시하고 있다. 일례로 저자는 조선 문인의 경우 유학생의 비율이 다른 두 나라에 비해 유난히 높은데, 그 대부분이 15세 전후에 일본으로 건너가 중등교육을 받은 젊은 유학생으로, 따라서 이들의 원초적 경험과 사상적 영향관계, 그리고 한일병합 등의 역사적 맥락을 고려할 때 조선 근대문학의 행보는 항상 일본과의 관계 및 영향을 염두에 두지 않을 수 없다(304쪽 참조)는 견해를 제시한다.[20] 또한 염상섭의 『삼대』를 분석하면서 "같은 해에 발표된 중국의 파금巴金의 장편 『家』(1931, 원제는 『격류』, 1933년 단행본화)도 1919년의 5·4운동 전후 대가족의 삼대에 걸친 의식의 차이를 그리고 있으며, 자식 세대인 각혜覚慧의 삶이 덕기의 그것과 매우 유사한 것은 흥미로운 일"(321쪽)이라고 부연하고 있다.[21] 주로 한

20 사실상 이러한 논의는 이미 저자의 석사논문에서 어느 정도 정리가 된 부분이라 하겠다(시라카와 유타카, 「韓國近代文學草創期의 日本的影響-文人들의 日本留學體驗을 中心으로(이인직·최남선·이광수·김동인·전영택·염상섭·현진건)」, 동국대 석사논문, 1981). 석사논문의 목차 중 "중국 및 일본문인들의 유학과의 비교" 부분은 아마도 「발자취」 서두의 「표2. 한·일·중 삼국근대문인의 유학시기 일람」(303쪽)의 기본 자료가 되었을 것이며, 한국과 일본, 중국의 문학을 동시적으로 바라보는 인식방법의 토대가 되었을 것으로 보인다.

21 이러한 견해는 이미 저자의 선행연구에서 규명되고 있다. 시라카와 유타카, 「韓·中·日 近代小說에 나타난 「家」」, 『한국문학연구』 17, 동국대 한국문학연구소, 1995.

국과 일본의 연계성을 강조하는 언급들은 어느 정도 공인된 문학사적 인식에 기반한 것이기도 하지만 "대부분의 일본인에게 한국문학은 평소 그다지 친숙하지 않은 분야"(301쪽)라는 상황 아래서, 일본 독자들에게 이러한 독서경험의 의의를 증폭시키려는 시도로서 한국문학과의 친연성 및 비교문학적 가치를 강조하고 있는 것으로 보인다. 한국의 문학자나 문학작품을 설명하면서, 연상되는 일본의 문학자나 문학작품을 대비적으로 제시하는 방식 또한 일본 독자들에게 한국문학을 친숙하게 전달하려는 의도로 보인다. 지면 관계상 해당 언급에 대한 보충설명이나 역사적, 문학사적 영향관계에 대한 명확한 분석 작업이 동반되지는 않지만, 추후 한・중・일 문학작품의 비교문학적 연구의 단초를 제시하고 있다는 점에서 특기할 만하다.[22]

다음으로 「발자취」의 전반적인 서술양상을 살펴보면, 기본적으로 한

---

22 한일 문학자 및 문학작품과의 비교 문장들을 전체적으로 일별해보면 다음과 같다. "이인직(1862~1916)은 (…중략…) 일본의 쓰보우치 쇼요(坪内逍遙)처럼 연극 개량에 뜻을 두어(305쪽) / (『혈의 누』)의 후편은 사랑과 음모의 소용돌이 『금색야차(金色夜叉)』를 닮은 이야기가 되어갑니다만(307쪽) / (최남선의 「경부철도가」는) 일본의 「철도창가」와 같이, 새로운 문명의 영향을 강조하고는 있는데(310쪽) / (이광수의 『무정』에서) 일본의 근대소설의 효시라고 하는 후타바테이 시메이(二葉亭四迷)의 「뜬구름(浮雲)」(1887)의 주인공처럼(314쪽) / (이기영의 『고향』에서) 일본의 도쿠나가 스나오(徳永直)의 「태양 없는 거리(太陽のない街)」(1929)가 상기될지도 모릅니다.(324쪽) / (채만식의 「레디메이드 인생」에서처럼) 일본에서도 한때 고등유민(高等遊民)의 문제가 소설의 주제로 되었습니다만(331쪽) / (박용철의 「고향을 그리면 무엇하리」에서) 무로 사이세이(室生犀星)의 '고향은 멀리 있어 그리운 곳…' 등을 떠올리는 사람도 있겠지요.(340쪽) / (이태준의 「까마귀」에는) 호리 다쓰오(堀辰雄)의 「바람이 분다(風立ちぬ)」를 연상시키는 담담한 필치로(344쪽) / 시의 정지용은 (중략) 조선의 하기와라 사쿠타로(萩原朔太郎)라고 말할 수 있을까요.(344쪽) / (이상의) 기상천외한 기법은 사실 일본의 모더니즘 계열의 시 잡지 『시와 시론』(1928~33)의 시인들에서도 볼 수 있는 것으로, 결코 그만의 독창적인 것은 아닙니다만(345쪽) / (최정희의 「가버린 미래」는) 당시 일본으로부터 신흥한 천리교에 대한 작가의 포착 방법이 엿보이는 흥미로운 지점이 있습니다.(349쪽)" 각 비교항목의 타당성 검증, 기(旣) 비교연구사 검도, 실제적인 항목별 비교연구 등은 일단 추후 과제로 미루고 여기에서는 이러한 비교 제시가 갖는 서술적 의의에만 주목하고자 한다.

국문학사의 시기구분과 서술양상을 따르되 저자의 "관심과 이해의 범위에서 근대문학사 상上의 몇 가지 주제를 엮어서 정리"(301쪽)하고 있다. 주로 소설가와 소설작품에 치중하여 각 시기별, 주제별 문학작품을 선별하고 있는데 목차 구성과 세부 내용에서 특별히 눈에 띄는 부분을 살펴보면 다음과 같다.

첫 번째는 『문장』과 『인문평론』이 창간된 1939년부터 1945년까지의 문학사가 13, 14, 15장에 걸쳐 비중 있게 제시된다는 점이다. 주지하듯이 1930년대 중반부터 심화되기 시작한 일본의 군국주의 강화와 사상적 탄압, 내선일체론과 황민화정책의 시행, 1941년 이후 한국어 사용의 전면 금지 등은 한국문학사에 있어서 '암흑기'로 일컬어질 만큼 민족어 창작과 사상적 전개가 불모의 공간으로 들어갔던 시기이다. '저항 / 친일문학'이라는 이분법적 구획으로 포괄될 수 없는 개별 작가들의 문학활동과 사상적 고투의 과정들이 당시 발표되거나 발표되지 못한 작품의 면면에 다양한 형태로 스며들어 있다 해도, 여전히 1940년대의 한국 근대문학사는 논쟁과 성찰의 영역으로 남아 있다. 흥미로운 것은 「발자취」에서 이 시기에 산출된 일본어 문학을 한국문학사의 범주 안에 포함시키고 있다는 점이다. 적어도 조선에서 『국민문학』 등을 중심으로 한 일본어 창작은 기본적으로 '친일'이라는 범주에서 강제 / 선택된 창작행위였다. 따라서 한국문학사에서는 아직까지 이 시기의 '일본어로 쓴 문학'을 본격적인 서술 범위 안에 포함시키지 않고 있다. 그런데 14장에서 저자는 당시 일본에서 활동했던 장혁주와 김사량의 '일본어 문학'과 조선에서 창작된 이석훈의 '일본어 작품'을 함께 언급하면서 한국문학사 안으로 무리 없이 편입시키고 있다. 같은 창작언어라 하더라도 조선에서 쓴 일본어 작품과 일본을 근거지로 쓴 일본어 작품은 앞서 임전혜의 저서에서도 살펴보았듯이 그 생성과정과 창작동기가 상이하다. '일본어로 쓴 문학'도 한국문학인가라는 속문주의적 논의와는 별개로, 장혁주와 김사량, 이석훈을 동일한 '일본어 문학의 등장'이라는 범주 안에 묶기에는 다소 무리가 있어 보인다. 한국의 근현대문학사를 다루면서 '일본어 문학'을 포괄한다는 것은 대체로 민족어를 중심으로 형성된 '근대문학'이라는 개념을 이화, 혹은 확장하여 조선인의 일본어 작품이나 재일조선인문학까지 한국 근현대문학사의 범주에 포함시키려는 탈경계적 사고를 반영한 것(이때의 일본어는 단지 창작의 도구인 하나의 언어에 불과하다는 입장)으로 유추해볼 수 있다. 그러나 이때에도 재일조선인문학, 혹은 근대 초기에 일본 유학생들에 의해서 창작된 일본어 작품과, 일제 말기 민족어 말살 정책에 편승하여 일본어로 쓴 작품은 분명히 일정한 기준 아래 변별하여 평가, 고찰될 필요가 있다.

이석훈의 『조용한 폭풍』을 비롯하여 『국민문학』에 발표된 작품들에서 "조선 문인들의 비명"(357쪽)을 읽어내는 맥락이나 "조선어 발표 기관이 격감한 가운데 일본어 표현력이 있는 문인은 이광수 이하 많은 작가가 일본어로도 작품을 썼습니다. 반대로 일본어 실력이 없는 작가는 완전히 궁지에 몰리고 말았습니다"(357쪽)라고 언급하는 대목을 살펴볼 때, '친일문학' 및 일제 말기 일본어 작품에 대한 저자의 인식에는 '일본어'에 대한 다소 가치중립적인(식민지 지배의 역사적 맥락이 일정 정도 거세된) 판단 혹은 일본인 연구자로서의 양가적인 감정이 작용하고 있다고 보인다.[23] '친일 / 일본어 문학'의 생산과정은 유감스럽지만, 노골적인 국

23 『장혁주 연구』의 '저자의 말'에서 시라카와 유타카는 "당시 한국에서는 '친일작가' 연구란 해 볼 가치도 없다는 분위기였고 더군다나 그것을 일본인이 한다는 데에 상당히 저항감이 있었던 모양이다. (…중략…) 1990년대 후반에 들어서면서부터 '친일작가'에 대한 연구도 조금씩 활발해져서, 장혁주 이외의 일본어로 창작한 작가들에게도 서서히 관

책 선동의 일본어 작품이 아니라면 작품 안에 내재된 중층적 의미망을 다각적으로 살펴봄으로써 한국문학이 처한 제 양상을 정직하게 대면할 필요가 있다는 하나의 제언으로도 읽히는 대목이다.

두 번째로 특기할 것은 '한국문학사'에서 특별히 주목하지 않는 특정 작가 혹은 작품이 흥미롭게 분석, 제시되고 있는 점이다. 앞서 언급한 장혁주(『무지개』, 「아귀도」), 김사량(「빛 속으로」, 「바다의 노래」) 외에도 이석훈(『황혼의 노래』, 「회색거리灰色街」, 『조용한 폭풍静かな嵐』)의 작품이 여러 번 등장한다. 친일행적 등으로 한국문학사에서 거의 다루어지지 않는 이석훈을 저자는 「발자취」에서 여러 번 언급하고 있는데 이는 앞서 살펴본 대로 '친일문학자'에 대한 저자의 인식이 일정 정도 반영된 것으로 보인다.[24] 여성작가 중 한 명인 최정희를 다루면서 「흉가」 등 일반적으로 당시의 대표작으로 평가받는 작품이 아닌 「가버린 미례」를 선택한 점도 흥미롭다. 앞서 인용한 대로 당시 일본으로부터 전파된 천리교를 소재로 한 작품을 소개함으로써 일본 독자와의 공감대를 형성하려는 의도가 아닐까 추측된다. 마지막으로 박용철의 시 「고향」을 분석하면서 김소운의 일역판日譯版 『조선시집朝鮮詩集』을 비판적으로 언급하고 있는데(식민지 시인의 고뇌가 유려한 일본어에 가려져 단순히 그리운 고향을 노래하는 시로 해석됨) 이는 조선인에 의해 일본에 전파(번역)된 한국문학 작품을 일본인 연구자가 한국의 원본과 비판적으로 대조·분석하면서 그 시차를 역으로

심이 모이기 시작한 것은 기쁜 일이다"(시라카와 유타카, 『장혁주 연구』, 동국대 출판부, 2010, 6쪽)라고 언급하고 있다. 저자의 연구 이력과 장혁주 등의 조선인 일본어 작가에 대한 관심과 애정을 가늠해볼 때, 「발자취」에서 '일본어 문학'의 한국 근현대문학사 편입과정은 이러한 일련의 연구 과정의 결과물이라 할 수 있다.

24 이석훈의 작품을 문학사 안에 선별한 과정이나 '일본인'으로서 일본어 문학이나 친일문학에 대해 가지는 저자의 복합적인 입장에 대해서는 좀더 깊이 있는 연구와 성찰이 필요할 것이다. 이 또한 추후 과제로 남긴다.

짚어내는, 중층적 교차 연구의 한 예라고 할 수 있다. 2007년 재일조선인 시인 김시종이 김소운의 『조선시집』을 비판하며 『재역 조선시집再譯朝鮮詩集』[25]을 출간했는데, 이처럼 한국시를 둘러싼 시라카와 유타카와 김소운, 김시종 간의 문화횡단적 양상 및 접근방법의 변별성을 분석해 보는 것도 의미 있는 연구과제가 될 것이다.

마지막으로 일본인 연구자인 시라카와 유타카의 입장에서 한국 근현대문학사를 기술하는 데 있어 무의식적으로 표출될 수밖에 없는 내면 의식과 기술의 어려움을 몇 개의 문장을 통해 암묵적으로 유추해보고자 한다.

> 불행하게도 일본에서는 아직 한국문학 자체에 대한 관심이 높지 않기 때문에 구체적인 연구 실적도 부족하고, 또한 한국 등 본국에서의 연구에서도 일본과의 관련 및 영향을 운운하는 것은, '해방' 후 반세기가 지났음에도 불구하고 민족주의적인 감정 등으로부터 아직 자유롭지 않기 때문에 허심탄회하게 말한다는 것은 좀처럼 되지 않는 것이 현실입니다.(304~305쪽)

> 이들(친일적) 작품은 일본어 문학과 함께 '해방' 후 고국에서 혹독한 지탄을 받게 됩니다만, 일본인의 입장에서 보면 도저히 남의 일이라고는 결말지을 수 없는 복잡한 기분이 되지 않을 수 없습니다.(359쪽)

> '해방' 후 신세대 작가들은 조선어 자체의 수련에서부터 시작하지 않으면 안 되었다는 것도 또한 무거운 사실입니다. 이것을 이진에 이웃나라를

25 金時鐘 訳, 『再訳 朝鮮詩集』, 岩波書店, 2007.

식민지로 삼았던 우리로서는 잊어서는 안 된다고 생각합니다.(362쪽)

한국의 식민지 구종주국인 일본 국민으로서의 윤리적 자의식, (개별 작품에 대한 역사적 평가와는 별개로) 객관적이고 중립적인 문학 연구를 수행하고자 하는 연구자로서의 자세, 그리고 일본인 한국문학 연구자가 일본 안에서 가지는 협소한 입지와 일본인에게 한국문학을 전달하는 매개자로서의 중간자적 위치 등이 복잡하게 뒤얽혀 충돌하고 갈등하는 내면 양상이 문장의 면면에 드러나 있다. 한국 근대문학의 형성을 견인한 일본 유학생들의 일본 체험 및 영향관계에 대한 주요 인식과 일제의 강압적 식민정책으로 탄생한 '친일문학'에 대한 양가적 감정, 민족어가 아닌 식민의 언어로 문학을 배운 한국문학자들에 대한 도의적 부채감 등이 「발자취」를 이끌어간 연구자의 내적 논리가 아닐까. 또한 이러한 의식적 노력과는 별개로 일본의 식민지 지배라는 현실을 명확하게 제시하기보다는 한국의 특수한 상황으로 거리를 두고 응시하려는 다소 모호한 무의식적 태도가 감지되는데, 이러한 모든 상황들은 결국 '한국에서 유학한 일본인 한국문학 연구자'라는 저자의 중층적 위치성에 기반한 끊임없는 교섭과 충돌, 이화와 확장의 문화횡단적 가능성의 결과라고 할 수 있다.

3) 사에구사 도시카쓰, 『한국문학을 맛보다』

사에구사 도시카쓰의 『한국문학을 맛보다』[26]는 처음으로 독자적 시점으로 일본인이 일본어로 집필한 한국문학사[27]라 할 수 있다. 시라카와 유타카와 유사하게 1906년 이인직의 『혈의 누』에서부터 근대문학의 맹아기로 설정하여 1980년대 당대 문학에 이르기까지 한국문학의 흐름을 연대기적으로 기술하면서도 독자적인 몇몇 목차를 통해 한·중·일의 비교문학적 접근, 전통과 현대를 잇는 한국문학의 계승과 변용에 관한 흥미로운 모색을 시도하고 있다. 저자인 사에구사 도시카쓰는 오무라 마스오大村益夫, 오타니 모리시게大谷森繁와 더불어 대표적인 일본의 제1세대 한국문학 연구자로,[28] 도쿄외국어대학교의 교수로 재직하면서 이광수, 김동인, 이태준, 이상, 정지용 등을 비롯한 여러 작가와 그 작품에 대한 본격적인 문학 연구를 진행했으며 '조선문학연구회'를 중심으로 한국문학 연구자의 양성과 한일 연구자 교류에도 큰 역할을 해왔다.[29] 일본에서 한국문학사를 기술할 능력이 있는 유일한 연구자로 평가받고 있기도 하다.[30] 한국에서도 간행된 여러 저서와 논문[31]

---

26 三枝寿勝, 『アジア理解講座1996年度第3期「韓国文学を味わう」報告書』, 国際交流基金アジアセンター, 1997.(자세한 서지사항은 이 책 이선이의 글 「중·일 한국현대문학사의 해방공간 서술양상과 그 의미」 각주 2번 참조)

27 장사선, 앞의 글, 516쪽.

28 위의 글, 512쪽 참조.

29 야마다 요시코(山田佳子), 「일본 내 한국학의 현황과 과제－문학 연구의 경우」, 『한국학연구』 15, 인하대 한국학연구소, 2006, 95~98쪽 참조.

30 오무라 마스오·호테이 토시히로, 「한국문학에서 일본은 무엇인가」, 『한국문학평론』, 1998 가을, 29쪽.(심원섭, 「이광수 친일 문제를 보는 일본 연구자의 시각－사에구사 도시카쓰(三枝寿勝)의 이광수 연구」, 『현대문학의 연구』 11, 한국문학연구학회, 1998, 283쪽 재인용)

31 사에구사 도시카쓰, 『사에구사 교수의 한국문학 연구』, 베틀북, 2000; 사에구사 도시카쓰 외, 『한국 근대문학과 일본』, 소명출판, 2003; 사에구사 도시카쓰, 「이중표기와 근대

등에서 유추할 수 있듯이 사에구사 도시카쓰는 한국의 근현대문학을 아우르는 왕성한 연구 활동을 지속해왔으며, 한·중·일 전반을 관통하는 친연성과 변용 과정의 비교문학적 고찰을 수행하는 등, 한국 및 동아시아 문학에 관한 깊이 있고 폭넓은 연구 성과들을 창출해내고 있다. 한국문학을 연구하는 사에구사 도시카쓰의 주요 관점은 일견 보편타당한 원칙이면서도 한일관계라는 특수성을 감안할 때 다양한 해석의 여지가 남는다는 점에서, 기존의 민족주의적 문학관을 이화하는 상호텍스트적, 문화횡단적 실천의 가능성을 내포한다. "한국문학을 외국문학으로서 연구하라"는 입장이 그것인데, 이는 '식민지문학'이라는 자장 안에서 한국의 근대문학을 바라보는 한국인 또는 일본인 연구자의 '고착화'된 내면을 냉철하게 직시한 발언으로 보인다.[32] 한 나라(민족국가)의 문학이 그 역사와 전통에서 분리될 수는 없지만 '식민지'라는 배

적 문체 형성-이인직 신문 연재 『혈의 누』의 경우」, 『현대문학의 연구』 15, 한국문학연구학회, 2000; 「소화집(笑話集)과 화예(話藝)-한국문학 이해를 위한 시론」, 『국어국문학』 136, 국어국문학회, 2004; 「『冒險小說 十五小豪傑』의 원본은 일본어인가, 중국어인가?-지방성의 한계를 극복하기 위하여」, 『국제한국문학 / 문화학회 국제학술대회 자료집』, 국제한국문학문화학회, 2007; 「쥘 베른(Jules Verne)의 『十五小豪傑』의 번역 계보-문화의 수용과 변용」, 『사이間SAI』 4, 국제한국문학문화학회, 2008.

32 "이 타자의 입장이야말로 사에구사 선생 득의의 영역이다. 외국문학으로서 연구하라는 것은 언제나 외국인으로서 존재(라기보다는 관계)하라는 말이다. 그것은 한국에 대해서건 일본에 대해서건 마찬가지이다. 나아가 이는 일본인뿐만 아니라 한국인 역시 한국문학을 마주한 외국인이 되어야 함을 암시하는 듯하다. 오직 이 외국인의 입장을 통해 식민지 조선의 문학은 한국과 일본 양쪽 모두에서 비로소 '대일본제국'의 지방문학임을 벗어나게 될 터이다."(사에구사 도시카쓰 외, 「서문」, 『한국 근대문학과 일본』, 소명출판, 2003, 9~10쪽) "과거 일본의 행동을 반성한다고는 하지만 기실 자신들이 희생자를 말해도 그냥 자기들을 내세우기 위한 수단밖에 못 된다는 거야. (…중략…) 상대방의 문학이나 문화를 철저하게 이해하려고 하기 전에 먼저 상대방 속에 있는 자기 자신들의 각인만을 찾아내려는 것이야. 상대방의 역사나 문화 속에 있는 자기 자신밖에 관심이 없다는 것은 오만과 편협이 아니고 뭐겠나?"(사에구사 도시카쓰, 『사에구사 교수의 한국문학 연구』, 베틀북, 2000, 12~13쪽) 등의 대목을 통해 사에구사 도시카쓰의 한국문학 연구자로서의 태도를 가늠해볼 수 있다.

경을 걷어낸 자리에 존재하는 한국 근대문학의 이면을 고찰하고자 하는 사에구사의 시도는 진지하게 귀담아 들을 지점이라 하겠다. 『한국문학을 맛보다』는 저자의 광범위한 연구 성과를 기반으로, 일본인 대중 독자들을 대상으로 하여 한국문학의 특징적인 부분만을 선별하여 알기 쉽게 풀어쓴 문학사이다. 전체 목차[33]의 내용 중에서 주목할 만한 지점들을 주제별로 살펴보면 다음과 같다.

먼저 비교문학적 관점을 드러내고 있는 항목으로 '제1장 근대문학과 그 표기'와 '제2장 문학작품의 전래와 수용'을 들 수 있다. 제1장에서 이인직의 『혈의 누』를 중심으로 근대문학의 맹아인 신소설에 대해 살펴보면서 사에구사는 『혈의 누』의 표기법에 대해 흥미로운 가설을 제기한다. 즉 『혈의 누』가 처음 신문에 게재될 때 한자혼용의 세로쓰기 한글로 쓰여 있었는데, 이인직이 한자와 한글을 혼용해서 쓰는 것에 더해 조선에는 종래 없었던 한자의 훈독을 시도, 동시에 한자에 음과 훈의 양쪽의 루비ルビ를 다는 세 가지의 표기법을 시험하고 있으며, 이는 이인직이 정부의 파견으로 일본의 신문사에 근무한 경험을 바탕으로 일본적인 표기법을 시험해본 것은 아닌가라는 것이다.(17~18쪽) 일본적 표기법의 수용을 운운하기에는 소략한 하나의 예에 불과하지만 한편으로는 일본 파견과 유학을 통한 한국과 일본의 상호 문화교류와 지적 자극의 상관성을 드러내려는 암시적 대목으로 읽을 수도 있다. 『혈의 누』는 신문 게재 후 단행본 상재 시 전문全文 한글의 가로쓰기 표기법으

33 본서의 목차를 간략히 살펴보면 다음과 같다. "제1장 근대문학과 그 표기 / 제2장 문학작품의 전래와 수용 / 제3장 판소리가 분야에 미친 영향 / 제4장 근대사를 살아간 이광수 / 제5장 근대조선의 시인들 / 제6장 『삼국지연의』 『수호전』 애호의 전통과 대하소설 / 제7장 해방 전까지의 문학 / 제8장 혼란기의 문학—해방부터 분단국가 성립까지 / 제9장 1950년대부터 1970년대의 문학 / 제10장 1980년대 문학"

로 출간되었는데, 사에구사는 한자를 배제한 한글 전용 혹은 가로쓰기 표기법에 대해서 비판적인 시선을 보낸다. 국어국문운동의 일환으로 대중적인 한글 사용과 표기법의 변화가 일어나게 된 시대적 맥락을 누락시킨 평가로 보이지만, 한자에 얽힌 삼국의 상호영향관계를 되짚어 볼 수 있는 계기를 마련한다는 점에서 눈여겨볼 만하다. 또한 본격적인 비교는 아니지만 『구운몽』, 『춘향전』 등 근대 이전의 한국소설을 논하면서 일본의 『겐지모노가타리源氏物語』, 『오토기조시御伽草子』를 언급하고 있다.

제2장에서는 구체적인 작품을 중심으로 조선과 일본 간 문학작품의 전래와 수용에 대해 상세히 언급하고 있다. 먼저 김시습의 『금오신화』가 일본에 전해져 1600년대에 여러 번 발간되고 이후 화각본 『금오신화』가 근대에 이르러 조선에 다시 역수입되는 과정을 구체적으로 제시하면서, 중국의 『전등신화剪燈新話』와 조선의 『금오신화』, 그리고 이를 바탕으로 한 아사이 료이淺井了意의 『도기보코伽婢子』를 상호비교하고 있다. 사에구사는 『금오신화』가 『전등신화』의 이야기를 그대로 모방한 것이 아니라 여러 이야기를 섞어 창작한 데 비해 『도기보코』는 『금오신화』의 이야기를 그대로 일본식으로 번역한 것(23쪽)이라고 언급하면서 『금오신화』의 특징과 의의, 줄거리 등을 설명한다. 또한 일본에서 조선으로 전래된 『금색야차金色夜叉』를 번안한 조중환의 신소설 『장한몽』을 고찰하면서 미완성으로 끝난 『금색야차』가 『장한몽』에서는 어떻게 해피엔딩으로 완성되는지, 유교사회인 조선에 수용되기 위해 『금색야차』의 세부적 내용들이 어떻게 변용, 고안되는지를 살펴본다. 다음으로는 일본에 전래된 『춘향전』이 번역 과정을 통해 그 본연의 맛을 상실하는 과정을 분석하면서 일본인이 이해하기 어려운 『춘향전』의 유

머—조선 특유의 풍자와 해학, 골계미, 세련되지 못한 유머—가 일본어 번역에서는 진지한 맥락으로 바뀌어 번안됨으로써 한국문학의 특징을 제대로 살리지 못하는 문제점(34~36쪽 참조)을 지적하고 있다. 이와 같이 본서의 1, 2장에서는 한국과 일본 사이의 직·간접적 문화교류와 전승, 변용 과정을 구체적인 문학작품의 분석과 고증을 통해 비교, 고찰하고 있으며, 국가 간 언어와 문화적 특수성이 상호 영향관계를 어떻게 확장, 이화시켜내는지를 실증적으로 살펴보고 있다.

다음으로 한국문학이 담지한 전통의 현대적 계승과 변용을 다룬 항목으로는 '제3장 판소리가 문학에 끼친 영향'과 '제6장 『삼국지연의』『수호전』 애호의 전통과 대하소설'을 들 수 있다. 사에구사는 제3장 말미에 "한국의 역사와 문학작품의 표기문제, 또한 작품의 전래와 수용방법 등 문학의 주변 이야기를 3회에 걸쳐 이야기했습니다. 이러한 것은 본래라면 근대문학과의 관계성이 희박하다고 생각될 수도 있겠지요. 하지만 나는 이곳의 100년 정도의 근대문학을 살펴보는 한, 이러한 배경을 알고 있는지의 여부에 따라 작품을 읽었을 때의 감상 방법이 바뀌며, 번역 방법에도 영향을 끼친다고 생각합니다(47쪽)"라고 언급하는데, 이는 한 나라의 문학을 살펴보는 과정이 비단 표면적인 접근에 그치는 것이 아니라 그 나라의 문화와 역사, 언어와 전통을 숙지했을 때 비로소 상호이해와 교류가 가능하다는 저자의 기본 인식을 보여준다. 사에구사가 한국 근현대문학 연구자로서 한국의 전통과 고전을 천착하는 이유이다. 이러한 연구자의 관점은 고전문학사와 근현대문학사로 이분화되어 있는 한국문학 연구의 풍토에도 시사하는 바가 크다고 하겠다. 사에구사는 한국의 전통문화 가운데 판소리와 장편역사소설의 영향과 친연성에 주목한다. 먼저 제3장에서는 구비문학이자 고대소설의 원류인 판소리가 문학에 끼친 영향에 대해 살펴본다. 「춘향가」, 「심청가」, 「흥부가」, 「수중가」, 「적벽가」 등 5대 판소리의 줄거리와 주요 요소, 형식적, 내용적 특징을 고찰함과 동시에 「흥부가」, 「수중가」 등이 몽골, 인도, 일본의 설화들과 연결되는 지점들을 언급함으로써 아시아를 아우르는 문학적 친연성에 대해서 비교문학적으로 고찰하고 있다. 또한 이러한 전통적 문학 양식이 현대에 이르러 여러 작가들에 의해 적극적으로 계승, 변용된 양상을, 김지하의 「오적」, 박상륭의 『죽음의 한 연구』, 이문구의 『우리 동네』 등을 통해 살펴보고 있다. 이들 작품에 나타난 판소리의 유머와 해학, 풍자 정신, 전통적인 리듬과 독특한 사투리 문장 구사 등을 분석함으로써 전통의 계승과 현대적 변용 및 확장의 가능성 등을 타진한다. 전통과 근현대문학과의 연계성은 『삼국지연의』, 『수호전』 등의 대하역사소설을 애호하는 한국적 전통의 계승과도 상통하는데, 사에구사는 근대 대하소설의 시초로서 홍명희의 『임꺽정』을 상세하게 다루고 있으며, 각 장르에 나타난 대하소설 작품으로 김래성의 『청춘극장』, 이기영의 『두만강』, 박경리의 『토지』, 황석영의 『장길산』, 김주영의 『객주』와 『화척』, 조정래의 『태백산맥』, 박태원의 『갑오농민전쟁』, 그리고 북한의 '4·15작가집단' 총서 『불멸의 역사』를 거론하고 있다. 사에구사는 한국인이 근대 이후의 역사를 문학의 입장에서 재성찰하려고 하는 배경에는 한국에서 유행했던 리얼리즘에 기반하여 역사를 충실히 반영하는 것을 중요시하는 경향과 1970~1980년대의 여러 금기를 타개해 나가려는 움직임이 관련되어 있다(86쪽 참조)고 분석한다. 저항적 역사의식과 민중적 문학형식을 바탕으로 현재의 역사적 고난과 모순을 극복해 나가려는 태도가 전통적 문학 양식의 계승과 확장으로 나아간다는 통찰적 시각이 돋보이는 지점이다.

마지막으로 친일문학에 대한 저자의 시각과 견해를 다룬 항목으로는 '제7장 해방 전까지의 문학'과 '제8장 혼란기의 문학—해방부터 분단 국가 성립까지'를 들 수 있다. 흔히 '암흑기', '공백기'로 불리는 일제 말기의 한국문학을 평가함에 있어서 사에구사는 다음과 같은 입장을 피력한다.

> 식민지 시대의 정신사라는 과제를 염두에 두고 볼 때, 이것들(식민지 치하 민족문학으로서 저항문학이 아닌 부정적이고 마이너스적인 문학—필자 주)을 포함한 전체가 하나로 연결되어 있다고 생각되기 때문에 그 일부만 예외로 분리시키는 것은 곤란하지 않겠는가 생각된다. 이 공백기를 채우는 문학을 대표하는 것이 소위 친일문학이다. 친일문학이란 대일 협력 문학이라는 의미로 사용되며, 한국에서는 수치와 굴복의 문학을 의미한다. 이 수치와 굴복은 식민지 지배하의 문인으로서, 도래해야 할 역사를 통찰할 수 있는 세계관을 가지지 못했던 패배감에서 온 것이라고 할 수 있겠지만, 한편으로 이것을 낳게 한 것이 일본의 가혹한 식민지 지배였다는 것은 두말 할 필요도 없다.[34]

위의 발언은 일제 말기 친일문학을 일종의 '외적인 현상'이 아닌 '내적인 대상의 탐구'로 접근함으로써[35] 근대 이후 한국문학의 정신사를 구성해온 저항과 굴종의 복합적 문학양상을 총체적, 지속적으로 살펴보겠다는 사에구사의 의중을 드러낸다. 이는 일본인으로서의 역사적

---

34 사에구사 도시카쓰, 「1940년대 전반기 소설에 대하여」, 『사에구사 교수의 한국문학 연구』, 베틀북, 2000, 534쪽.

35 심원섭, 앞의 글, 287~288쪽 참조.

윤리의식을 바탕으로 하되, 일본인도 한국인도 아닌 '타자'의 입장에서 '외국문학'인 한국문학을 탐구하겠다는, 앞서 살펴본 저자의 연구자적 태도를 재확인하는 것이라 할 수 있다. 이는 또한 기왕의 일본인 연구자들이 친일문학의 폐해를 지적함으로써 역으로 그러한 희생자의식을 강조하는 것은 자신의 부채감을 덜려는 무의식적 행동이라는 저자의 비판(98~99쪽 참조)에 상응하는 자세이기도 하다. 따라서 한국문학을 식민 / 피식민 / 항일 / 친일문학 등으로 규정하여 구획하기보다는 하나의 객관적, 문학적 실체로서 정치하게 다룰 필요가 있음을 강조한다.

제7장에서는 이러한 입장을 반영하여 기존 한국문학사에서는 누락되어 있는 여러 작가들의 작품을 언급하고 있다. 『문장』, 『인문평론』 양대 잡지를 중심으로 이어져온 일제 말기 한국문학계에서는 『국민문학』, 『조광』, 『춘추』로 이어지는 친일잡지를 근간으로 일본어 창작이라는 강압적 문학활동만이 허용되며, 이광수를 비롯하여, 김용제, 주요한, 김종한, 이석훈, 최재서 등의 작가들이 친일작품을 산출해낸다. 사에구사는 김종한의 시 「원정園丁」이나 이석훈의 『조용한 태풍』에 대해 '성실한 친일문학'이라고 평가하며, 최재서의 『민족의 결혼』에서는 일본의 차별적 요소를 암시적으로 드러내고 있다고 분석한다. 최병일의 「배나무梨の木」에 대한 분석이 흥미로운데, 『배나무』는 전부 일본어로 쓰여진 소설집으로, 1944년에 총독부가 허가한 '친일문학'이지만 소설 안에서는 국책에 영합하는 내용보다는 판소리에서 볼 수 있는 유머와 민족의식, 또는 『임꺽정』에 흐르고 있는 것 같은 정신이 엿보인다(99~101쪽 참조)고 평가한다. "고대소설 시대에서부터 조선문학에 흐르고 있는 것은 일본통치 최후에까지도 여전히 살아 있음"(101쪽)을 포착하며 일제 말기 일본어로 쓰인 작품 속에서 한국의 전통적 해학과 민중의 모

습을 발견해내는 사에구사의 시선은, 이 시기를 일률적으로 암흑기이자 친일문학의 시기로 규정하는 것의 오류와 협소함을 지적해내고 있다. 해방기의 문학을 다룬 제8장에서도 해방의 기쁨과 국가 건설의 과정을 다룬 작품보다는 해방 시기의 다면적 풍경(김송, 「무기 없는 민족」; 김만선, 「한글강습회」), 식민지 이후 일본인, 중국인과의 복합적 관계양상(김만선, 「이중국적자」; 김래성, 「혼혈아」(원제 : 민족의 책임)), 석연치 않은 친일문학자의 자기비판(이태준, 「해방전후」; 채만식, 「민족의 죄인」) 등을 다루고 있다는 점에서 기존 한국문학사의 전형적 서술양상을 빗겨가는 다양한 문학사적 측면을 보여주고 있다고 하겠다.

이상에서 살펴본 바와 같이 사에구사 도시카쓰의 『한국문학을 맛보다』는 동아시아를 아우르는 비교문학적 고찰, 전통과 현대를 잇는 문학적 형식과 주제의 구현, '친일문학'을 바라보는 탈경계적 시선 등을 통해 한국문학의 내적 논리와 외연을 두루 살피면서 흥미로운 문화횡단적 계기들을 제공하는 주목할 만한 문학사라 할 수 있다.

3. 일본 저술 한국문학사의 문화횡단적 고찰

서두에서 언급했듯이 김사엽, 김동욱, 변재수 등의 '고전문학사' 저술과는 달리, 아직까지 일본에서 '한국 근현대문학사'를 본격적으로 다룬 문학사 단행본은 출간되지 않았으며, 따라서 이상에서 살펴본 임선혜, 시라카와 유타카, 사에구사 도시카쓰의 문학사 서술은 일국의 문학사를 기술하는 데 있어서 갖춰야 할 기본적인 서술원리, 시대구분, 서술체계를 본격적으로 시도한 텍스트는 아니다. 임전혜의 문학사는 한국 근대문학사와 동同시기를 다루되 '일본'이라는 다른 토양에서 성장한 '조선인문학'의 제 양상을 고찰하고 있으며, 시라카와 유타카와 사에구사 도시카쓰의 문학사는 일본인 대중독자들에게 한국문학을 소개, 전달하는 차원의 약식저술이나 강연을 바탕으로 한, 단속적斷續的인 문학사의 형태를 보여주고 있다. 따라서 위 세 저서를 기존의 남북한문학사나 자국문학사와 체계적으로 비교·분석하기보다는 주요한 문제의식을 제시하는 방식으로 문화횡단적 고찰을 시도하고자 한다.[36]

기본적으로 시라카와 유타카, 사에구사 도시카쓰는 남한문학사의 서술체계와 시대구분, 작가 및 작품 선정과 유사한 방식을 따르고 있다. 임전혜의 경우도 근대문학의 기틀을 형성한 유학생 문인이나 조선과 일본을 왕래했던 문학자 중심으로 남한문학사와의 공통부분을 추출해낼 수 있다. 이 글에서는 남한문학사 저술 중에서 권영민의 『한국현대문학사』와 김재용·이상경·오성호·하정일의 『한국근대민족문학사』을 중심으로 각각의 공통점과 차이를 점검했다.

북한문학사의 경우는 기본적으로 김일성 유일사상 체제에 기반한 항일혁명문학 전통의 문학사 서술로서 남한문학사와 상이한 서술원리,

---

36 2차 분석 텍스트 및 참고자료의 서지사항은 다음과 같다. 권영민, 『한국현대문학사』 1·2, 민음사, 1993; 김재용·이상경·오성호·하정일, 『한국근대민족문학사』, 한길사, 1993; 김윤식·김현, 『한국문학사』, 민음사, 1973; 백철, 『新文學思潮史』(중판), 신구문화사, 1980; 사회과학원 문학연구소 편, 『조선문학사』(1~4), 평양 : 과학백과사전출판사, 1977~1981; 사회과학원 주체문학연구소 편, 『조선문학사』(7~15), 평양 : 사회과학출판사 : 과학백과사전종합출판사, 1992~2000; 加藤周一, 『日本文学史序説』, 平凡社, 1980(김태준·노영희 역, 『日本文学史序說』 1·2, 시사일본어사, 1995~1996).

시대구분 및 서술양상을 보이며, 해방 이전의 근대작가나 작품을 선별, 평가하는 경우에도 체제의 시기별 추이에 따라 북한문학사 간의 내부적 차이도 두드러지는 편이다. 이 글에서는 사회과학원 문학연구소 편, 『조선문학사』(1~4권)와 사회과학원 주체문학연구소 편, 『조선문학사』(7~15권)를 검토했으나 세 저술과의 유의미한 비교 지점을 발견하지는 못했다. 항일혁명 전통을 강조하는 북한문학사 안에서 일본과의 관련성이나 친일문학을 직접적으로 언급하는 대목은 없으며(대체로 친일행적보다는 부르주아 반동 작가라는 평가를 우선으로 한다), 대체로 근대문학의 주요 표제로 거론되는 이인직(『혈의 누』)이나 이광수(『무정』)의 경우 등도 누락되거나 비판적으로 언급되는 것이 기본적인 서술경향이다.[37] 반면 이기영 같은 작가의 경우, 일본어 작품의 창작 이력과는 별개로 위대한 프롤레타리아 작가로 높은 문학사적 평가를 받고 있으며, 이는 민족주의적 관점보다 진보적 프롤레타리아의 사상과 실천성을 우위에 놓는 평가방식에 기인한다고 하겠다. 또한 주지하듯이 북한 내부의 정치적 변동 및 숙청과정 등에 따라 주요 문학자가 누락되거나 굴절된 평가를 받는 경우가 상당하다. 따라서 한국의 근현대문학을 고찰하는 상이한 평가기준과 서술체계 아래서 남북한문학사와 위의 세 저술을 동시에 검토하는 것은 아직까지 시기상조의 작업이라 하겠다.

일본문학 및 일본문학 연구방법과의 문화횡단적 관련성을 살펴보면,

---

37 사회과학원 문학연구소 편, 『조선문학사』에는 이인직 자체의 언급이 누락되어 있으며(신소설의 경우 이해조의 『화의 혈』 등을 중요하게 다룸) 이광수도 반동 작가로만 간략하게 언급되어 있다. 반면 사회과학원 주체문학연구소 편, 『조선문학사』에는 이인직에 대한 간략한 언급이 추가되어 있으며 이광수의 경우에도 『개척자』 등의 작품이 긍정적으로 소개되어 있다. 사회과학원 주체문학연구소 편, 『조선문학사』는 최근에 집대성된 문학사인 만큼 저술 분량도 상당하며 기존에 누락되어 있던 다양한 근대작가들을 대거 수용, 소개하고 있다. 기존의 문학사적 평가를 조정한 부분도 다수 눈에 띈다.

사에구사 도시카쓰의 경우를 중심으로 몇 가지의 가능성을 추출해볼 수 있다. 가토 슈이치加藤周一의 『일본문학사서설日本文學史序說』(1975)에 의하면 일본문학의 특징은 크게 두 가지이다. 첫째는 일본 문화 속에서는 문학과 조형 미술의 구실이 중요하며, "각 시대의 일본사람은 추상적인 사변 철학보다 주로 구체적인 문학 작품을 통해 그 사상을 표현해 왔다"[38]는 것이다. 주자학에서 보듯이 포괄적인 체계를 향한 의지가 철저했던 중국 전통과는 달리 일본에서는 포괄적 체계가 분해되어 형이상학적 세계관이 실천 윤리와 정치학으로 환원되었으며, 이러한 사상과 철학이 문학을 통해 구현되었다는 것이다.[39] 사에구사가 제1장에서 전근대문학을 다루면서 조선에는 양반의 주자학적 저술이 대부분이며 일본의 『겐지모노가타리』나 『오토기조시』 같은 소설작품은 거의 없다고 언급하는 대목이나 『춘향전』이나 『홍길동전』 등의 고대소설이 위의 일본 소설문학의 수준에 미치지 못한다고 평가하는 지점은 아마도 이러한 일본문학의 전통에 기대어 한국문학을 고찰한 결과로 보인다. 중국과 유사하게 주자학적 전통과 철학 체계를 활성화시켰던 한국의 경우, '문학'에 대한 개념과 장르적 특성이 일본과 상이하므로, 일본의 문학사적 전통의 기준에서 그 성과를 대비하는 것은 일견 일본인 문학자의 입장, 혹은 일본인 독자의 시선을 반영한 언급으로 보인다. 일본문학의 두 번째 특징은 문학 형식의 역사적 발전 과정 안에서 "옛것을 새것으로 바꾸기보다도 옛것에 새것을 덧붙여 간다는 발전 형태가 원칙을 이루고"[40] 있다는 것이다. 옛것이 새것으로 대체되거나 흡수되어 사라지

---

38 加藤周一, 김태준・노영희 역, 『日本文学史序說』 1, 시사일본어사, 1995, 9쪽.

39 위의 책, 9~11쪽 참조.

40 위의 책, 12쪽.

는 것이 아니라 계속적으로 덧붙여지는 과정 속에서 일본문학 전체에 통일성(역사적 일관성)과 표현 형식이나 미적 가치의 다양성이 두드러진다는 것이다.[41] 이처럼 문학적 전통이 끊임없이 현재화되면서 그 의미를 증폭해가는 양상을 사에구사는 '제3장 판소리가 문학에 끼친 영향'과 '제6장 『삼국지연의』 『수호전』 애호의 전통과 대하소설' 부분에 전폭적으로 적용하고 있다. 전통적 문학양식의 형식적 계승과 변용, 주제적 유형성의 도출 등을 통해 역사를 거슬러 오르는 문학사적 통일성과 일관성을 추출하고자 하는 사에구사의 연구방법이 비단 일본만의 독자적 연구방법론이라고 할 수는 없지만, 일본문학의 자장 아래서 한국문학을 재구성한 유의미한 문화횡단의 한 예로 볼 수 있을 것이다. 이밖에도 사에구사를 비롯하여 시라카와 유타카 등의 연구방법론에 내재한 일본학계와의 연관성은 심원섭의 논의[42]를 참고할 수 있다.

마지막으로 주로 남한문학사에 기반하여 임선혜와 시라카와 유타카, 사에구사 도시카쓰의 문학사가 내포한 문화횡단적 실천 양상을 정리해 보면 다음과 같다.

첫째, 위 세 저자의 일본 저술 한국문학사는 '민족문학사'를 근간으로 한 기존의 한국 근현대문학사를 '식민지 경험'과 '국가민족주의'라는 자장에서 이화시켜 다면적으로 고찰하려는 시도를 보여준다. 『한국근대민족문학사』는 기본적으로 '근대민족국가'의 성립과 발전이라는

---

41 위의 책, 11~13쪽 참조.

42 "사에구사의 연구 방법은 본격적인 작가론적 연구 방법에 속하는 것으로 판단된다. 이 방법이 일본의 현대 문학 연구가 갖고 있는 전통적인 연구 방법의 하나가 아닌가 하는데, 일관성과 유형성 도출을 중심으로 자료 전체의 표면과 이면을 꼼꼼하게 검토해가는 점, 작가에 대한 전기적 검토가 철저한 점, 그리고 그 속에서 작가의 숨겨진 내면과 그 주관적 동기들을 도출해내려는 점 등이 그것의 뚜렷한 증거에 속한다."(심원섭, 앞의 글, 293쪽)

사회역사적 토대를 기반으로 진보적 민족문학의 전통과 연속성에 주목하여 문학사를 기술하고 있으며, 『한국현대문학사』 또한 '식민지 근대성'과 '근대적 문학양식'에 바탕한 통합적 문학사 서술을 시도하고 있다. 이처럼 '민족문학'이라는 강고한 프레임이 지금까지의 한국문학사를 이끌어온 근본적 기술원리라고 했을 때 위 세 저술은 이러한 기본구조에 문제를 제기하는 다양한 인식방법을 보여준다. 임전혜의 문학사는 일본유학생들과 프롤레타리아 작가들을 중심으로 한 문학운동 안에서 일본의 사상, 문학과의 능동적인 교섭과 상호이해, 연대의 지점들을 짚어내면서 일국적, 속지주의적인 국가내셔널리즘을 탈피하여 한국과 일본, 재일조선인 간의 문화횡단과 접합의 지점을 모색하는 탈경계적, 탈국가적 인식을 보여준다. 또한 친일문학의 내면적 탐구 및 전통과 현대문학의 연속성에 주목한 사라카와와 사에구사의 문학사는 한국문학사를 관통하는 연속성에 기반하여 고유의 정신사와 보편적 논리를 재구함으로써 객관적 실체로서의 한국문학의 가능성을 타진한다. 몰역사, 탈역사의 위험성은 경계하되 '외국문학'으로서 한국문학의 입지점을 정립하려는 이러한 노력들은 한국문학의 일면성과 제한성을 탈피하여 세계문학의 자장 안에 진입하기 위한 하나의 교두보로 작용할 수 있을 것이다.

둘째, 일반적으로 정치·역사적 사건을 중심으로 시기구분이 이루어지고 주요 문학자의 문학세계를 하나의 표제로 활용하는 한국문학사의 기본적 서술양상을 보완하는 계기를 마련한다. 대체로 사회역사적 배경과 문학적 특징을 총론으로 제시하고 시, 소설, 극문학, 평론 등 제 장르별로 나누어 시기별 주요 문학자의 생애와 작품을 소개하는 식으로 서술되는 기존 한국문학사와 달리, 언어, 이념, 문단, 잡지, 문학사적 사건과 논쟁, 전통의 계승과 변용, 대중문학 등 다양한 문학자와 문학사적 경향, 영향관계를 선별적으로 고찰하고 있는 세 저술을 통해, 기존 서술체계의 평면성을 보완할 수 있는 입체적이고 미시적인 문학사 서술의 제 형태를 모색해볼 수 있을 것이다.

셋째, 동아시아를 아우르는 비교문학적 관점의 수용이다. 세 문학사 모두 한·일, 또는 한·중·일의 문학적 개연성과 영향관계에 대해 깊은 관심과 통찰을 보여준다. 또한 전통과 근현대를 잇는 문학적 연속성을 발판으로 종횡으로 천착되는 비교문학적 고찰을 수행한다. '민족문학사' 정립이라는 문학사적 사명감은 그 구심력만을 희구하다보면 종래에 고립되고 정체된 한국문학사로 나아갈 우려가 있다. 동아시아를 아우르는 문명사적 관점에서 사회, 역사, 문화적 연관성, 교섭과 연대의 실천에 기반한 문학적 제 양상을 비교문학적으로 검토하고 문학사 안에 비판적으로 수용, 유통시킴으로써 한국문학사가 가진 폐쇄성과 협소함을 보완할 필요가 있다. 특히 '민족문학사'의 밑바탕에는 전 세계로 흩뿌려진 해외 한인 이주·이산문학사가 존재한다. 따라서 외부를 향해 확장되고 열린 문학사 서술뿐만 아니라 각국의 문학사를 아우르는 '매개자'로서의 역할도 적극적으로 타진할 필요가 있으며, 그러한 계기의 단초를 세 문학사를 통해 궁구해 볼 수 있을 것이다.

넷째, 남북한문학사의 여백을 메우고 보완하는 재일조선인문학, 일본어문학의 발견은 한국 근현대문학사의 외연을 넓히고 토대를 풍부하게 하는 데 큰 역할을 할 것이다. 친일문학을 필두로 기존의 한국문학사에서 누락되었던 일본어 / 일본 소재 작가와 작품의 발굴, 문학사적 고찰은 식민지시대의 한국 근대문학을 총체적으로 살펴볼 수 있는 문학적 집적물의 확장과 축적을 의미한다. 세 문학사에서 다룬 김이제,

김용제, 김종한, 이석훈, 최병일, 김송, 김만선[43]을 위시하여 문학사에서 사라지거나 외면되었던 작가, 작품들을 발굴, 재검토하고 문학사 안에 편입시키는 과정을 통해 총체적인 한국문학사의 계보를 지속적으로 완성해나갈 수 있을 것이다.

4. 나가는 말

한국에서의 일본문학 번역이나 연구 성과가 상당 부분 축적되어 있는 것에 비해 일본에서의 한국문학에 대한 관심과 연구 현황은 상대적으로 미미한 편이며 특정 연구자에 국한되어 있는 형편이다. 이런 와중에 오무라 마스오, 사에구사 도시카쓰, 오타니 모리시게 등의 제1세대 한국문학 연구자와 세리카와 데쓰요芹川哲世, 시라카와 유타카, 호테이 도시히로布袋敏博 등의 제2세대 한국문학 연구자, 그리고 임전혜, 윤학준 등의 재일조선인 문학 연구자들의 평생을 건 연구 작업들은 특별히 주목할 만하며, 창발적 한국문학 연구와 종합적 한국문학사 기술에 있어 큰 참조점이 된다.

43 김윤식 · 김현의 『한국문학사』와 김재용 · 이상경 · 오성호 · 하정일, 『한국근대민족문학사』에는 이들의 이름이 모두 누락되어 있으며, 권영민, 『한국현대문학사』(2)에는 친일문학자 명단에 이석훈의 이름만 간략히 명기되어 있다. 백철의 『新文學思潮史』에는 최병일을 제외한 모든 문학자의 이름이 몇몇 작품명과 함께 언급되어 있다. 1947년에 상권, 1949년에 하권이 발행되고 1980년에 중판합본이 나온 백철의 『新文學思潮史』에서 언급한 작가, 작품들이 후대 문학사에서 선별, 누락된 경위를 살펴보는 것도 한국문학사 저술의 흐름을 고찰하는 데 유의미한 작업이 될 것이다.

이 글에서는 일본에서의 한국문학 연구 성과 중 한국 근현대문학사를 저술한 세 연구자의 저서를 중심으로 그 인식방법 및 서술양상의 특징과 문화횡단적 실천 양상에 대해 살펴보았다.

먼저 임전혜의 『일본에서의 조선인문학의 역사—1945년까지』는 일본유학생들의 문학활동과 프롤레타리아문학 운동을 중심으로 일본에서 산출된 조선인문학을 시기별로 고찰하면서 한·일간의 능동적인 문화교섭과 상호이해, 정치적 연대의 지점들을 짚어낸다. 다음으로 시라카와 유타카의 「조선근대문학의 발자취」는 근대문학 형성과정에서의 한·중·일 삼국의 동시성과 연관성에 주목하고 일본어 문학과 친일문학 등을 비중 있게 다루면서 한국과 일본의 경계에서 충돌하는 매개적 연구자로서의 중층적 위치성을 보여준다. 마지막으로 사에구사 도시카쓰의 『한국문학을 맛보다』는 동아시아를 아우르는 비교문학적 고찰, 전통과 현대를 잇는 문학적 형식과 주제의 구현, '친일문학'을 바라보는 탈경계적 시선 등을 통해 한국문학의 내적 논리와 외연을 두루 살피는 흥미로운 문화횡단적 계기들을 제공한다.

이들 문학사에서 살펴볼 수 있는 문화횡단적 실천 양상은 첫째, '민족문학사'를 근간으로 한 기존의 한국 근현대문학사를 '식민지 경험'과 '국가민족주의'라는 자장에서 이화시켜 다면적으로 고찰하고 있다는 점, 둘째, 기존 한국문학사의 서술양상을 보완하는 입체적이고 미시적인 문학사 서술의 가능성을 제공한다는 점, 셋째, 동아시아를 아우르는 비교문학적 관점의 수용을 통해 확장되고 열린 문학사 서술의 계기를 마련한다는 점, 넷째, 재일조선인문학, 일본어 문학의 발신을 통해 한국 근현대문학사의 외연을 넓히고 토대를 풍부하게 하는 데 기여한다는 점이다.

임전혜의 문학사는 재일조선인문학 안에서나 한국문학 연구사에 있어서도 상당히 중요한 저서임에도 불구하고 한국문학계 안에서 제대로 다뤄진 적이 거의 없는 저서이며 시라카와 유타카나 사에구사 도시카쓰의 문학사의 경우, 선행연구에서 핵심만 소략하게 소개된 것이 연구의 전부이다. 따라서 이 글에서는 다소 상세하게 각 문학사의 내용과 의미를 설명, 분석하고자 했으며, 저서에 대한 정확한 고증을 중심으로 방법론적 접근을 시도하고자 했다. 연구목적이 일본 저술 한국문학사의 한국 근현대문학 인식과 서술양상을 살펴보는 것이었으나, 임전혜나 시라카와의 경우 해방 이전의 근대문학만을 대상으로 하고 있으며, 사에구사의 경우에도 근대문학에 큰 비중을 둔 저서이므로 주로 19세기 말에서 1945년까지의 근대문학사를 중심으로 논의를 진행하였다. 해방 이후의 현대문학 부분을 거의 다루지 못한 것은 이 글의 한계이며, 이는 이후 한국 현대문학에 관한 관련 논저와 연구 작업을 토대로 지속적으로 보충해나갈 과제로 남긴다.

이제 한국문학은 비단 한국연구자뿐만 아니라 일본과 중국 등 동아시아를 비롯한 세계의 여러 연구자들에 의해 지속적으로 검토되는 세계문화의 유산이 되었다. 따라서 한국문학사 기술이라는 과업은 한국이라는 내부를 성실하고 냉철하게 들여다보는 엄중한 시선과 더불어 세계를 향해 트인 유연한 시야를 확보해야만 비로소 그 의미를 획득할 것이다. 해외에서 저술된 한국문학사를 면밀히 검토하고 상호 교류하는 작업은 따라서 한국문학사가 세계문학사의 자장 안에서 자유롭게 횡단하고 유영하는 한 계기가 될 것이다.

제2부

쟁점을 통해 본 중·일 한국문학사의 문화횡단적 실천

중국 내 한국 한문학사 집필의 역사와 쟁점

배규범

1. 머리말

이 글의 기본적인 목적은 중국에서 발행된 한국 한문학사漢文學史의 분석을 통해 한국문학사에 대한 다층적이며 국제적인 재인식의 방편을 마련하는 것이다. 즉, 한국문학사 기술의 전환점을 찾기 위해 밖에서는 우리 문학사를 어떻게 바라보는지 그 현상을 냉정하고 꼼꼼하게 살펴보자는 것이다. 한·중·일의 지리적, 역사적 관계는 근대 이전까지 문화공동체로서 불리기에 손색이 없었다. 하지만 100년의 세월 동안 삼국은 복잡다난한 근현대화 과정을 거쳐야만 했다. 그 과정에서 서로를 바라보는 시각 또한 바뀌었다. 서로에 대한 인식 태도의 전환과 그 양상을 분석하는 일은 서로에게 미래지향적인 의미를 담고 있다. 상대가 가진 것에 대한 올바른 이해와 함께 자신에게는 긍정적 반성과 전망의 기회를 줄 수 있기 때문이다.

이 글은 다음 세 가지 단계를 통해 진행되었다. 첫째, 한문학사의 위상과 쟁점 사안에 관한 정리 단계이다. 문학사란 개념 자체가 근대적 국가주의의 산물[1]인 만큼 한문학은 문학사 기술에서 배제의 대상이었다. 이후 지리한 논쟁과정을 거쳐 1990년대에 들어서야 한국문학의 범위에 한문학을 확대 수용하는 것으로 일단락이 났다. 이 글에서는 그간 한문학계 내부에서 축적된 연구 성과를 토대로 작가별, 장르별, 문풍별 쟁점사항을 추출한다. 쟁점 사안의 추출과정은 향후 한국 한문학사 집필에 주요 참고사항이 된다는 점에서 세밀하면서도 신중하게 접근해야 한다. 둘째, 해외에서 집필된 한국 한문학사에 대한 정리 단계이다. 이를 위해 한국에서 집필된 한문학사를 정리하고, 그 중 선본善本을 선정해야 한다. 이런 식의 작업을 해외에서 집필된 한국 한문학사로 확대시켜 나간다. 여기서 고려해야 할 점은 각 한문학사들이 서로 다른 시대적, 사회적, 민족적 배경을 가지고 있다는 점이다. 이에 대한 고려 없이 평면적이고 도식적으로 접근하다보면 자칫 오해와 편견을 가질 수 있기 때문이다. 셋째, 첫째 단계에서 선정된 쟁점 부분이 해외에서 집필된 한국 한문학사에서 어떻게 기술되고 있는지를 확인하는 단계이다. 이를 통해 각 문학사가 지닌 입장과 구체적인 기술 태도를 비교 분석하고 그 인식 태도에 대해 생각해 보았다. 이 때 양적 질적 측면을 고려하

1 이는 조동일, 임형택, 고미숙 등 선행 연구자의 일치된 견해이다. 조동일, 『동아시아 문학사 비교론』, 서울대 출판부, 1993; 고미숙, 「고전문학사 시대구분에 관한 몇 가지 제언」, 토지문화재단, 『한국문학사 어떻게 쓸 것인가』, 한길사, 2001; 임형택, 「한국문학사의 서술방향과 체계」, 위의 책; 강상순, 「한국 고전문학 연구에 수용된 탈근대, 탈민족 담론에 대한 비판적 고찰」, 『민족문화연구』 53, 고려대 민족문화연구원, 2010.

여 편의상 한국에서 나온 선본 한문학사를 비교의 기준으로 삼았다. 물론 한국에서 나온 한국 한문학사가 모든 부분에서 나을 것이라는 선입견은 버려야 한다. 이 글의 출발 자체가 밖으로부터의 시선을 수용하여 내재적 발전을 이루기 위한 시도이기 때문이다. 특히 한문학이란 장르의 근원적 특징, 그리고 한국 한문학 역시 한자문화권의 역사 속에서 가동되었다는 현실적인 점을 생각하면 더욱 그렇다.

이 글에서 대상으로 삼은 문학사는 한국본 2종류와 중국본 6종류이다.[2] 이 글은 한국 한문학사 기술의 문화횡단적 의미 추구라는 전제하에 진행되었다. 중국에서 간행된 한국 한문학사의 비교 과정 속에서 드러나는 균열 지점과 창의적 지점의 분석을 통해 향후 상호보완된 한국 한문학사 기술의 단서로 삼고자 한다.

---

2 기존에 출간된 한국(한)문학사는 종류가 워낙 다양할뿐더러 조동일(「한국문학사 서술의 경과와 문제점」, 『동방학지』 74, 연세대 국학연구원, 1992), 정하영(「고전문학사 기술의 성과와 과제」, 토지문화재단, 앞의 책), 강상순・김현양(「한국문학통사 다시 읽기」, 『고전문학연구』 28, 한국고전문학회, 2005) 등 기존 연구에서 수차례 다룬 적이 있기에 여기서는 생략한다. 다만 이 글과 직접적인 연관을 갖는 연구대상으로서 문학사는 다음과 같다. 선본 역할을 할 한국 쪽 문학사는 이가원의 『조선문학사』 상・중・하(태학사, 1995)와 조동일의 『한국문학통사』(지식산업사, 1994)이다. 현재까지 발간된 한국 한문학사 중 이 두 책의 학술적 의미에 대해서는 별도의 언급을 생략해도 될 것이다. 한편 중국 쪽 문학사는 리해산의 『조선한문학사』(연변대 출판사, 1995), 韦旭昇의 『朝鲜文学史』(北京大学出版社, 2008), 李岩 外의 『朝鲜文学通史』(上・中・下)(社会科学文献出版社, 2010), 허문섭의 『조선고전문학사』(료녕민족출판사, 1985), 문일환의 『조선고전문학사』(민족출판사, 2006 수정판), 허휘훈・채미화의 『조선문학사-고대중세부분』(연변대 출판사, 1998)이다. 중국 쪽 문학사에 대해서는 다음 장에서 보다 자세히 언급하도록 한다.

2. 중국 내 한국 한문학사 기술의 역사

중국은 해외 한국어교육과 한국학연구 분야에서 단연 두각을 드러내고 있는 국가다. 2015년 기준, 118개에 달하는 4년제 한국어학과는 그 인프라의 반증이다.[3] 자연 학생들을 위한 문학 관련 교재와 문학사 집필 등이 지속적으로 이뤄지고 있다. 특히 소수민족 전문교육기관으로서 연변대학 조문학부의 존재는 중국 내 한국문학사 기술의 역사 그 자체라고 볼 수 있다. 그럼 한국 한문학사를 중심으로 대표적인 성과를 살펴보도록 하자. 한 가지 미리 언급하고 싶은 바는 표제에서부터 한문학사를 밝힌 것은 리해산의 『조선한문학사』가 유일하며, 나머지는 모두 고전문학사 내지는 한국문학사 속에서 일부로 다루었다는 점이다.

첫째, 1995년 연변대 출판사에서 나온 리해산의 『조선한문학사』다. 다른 문학사와는 달리 이 책은 한문학사라는 표제어를 사용함으로써 정통 한문학사를 표방하고 있다. 이에 걸맞게 각 시대별 한문학적 분위기를 시대적 배경과 연관시켜 일목요연하게 잘 정리하고 있다. 특히 학당學唐・학송學宋시인들의 작품을 별도의 장으로 설정하여 한시의 중국풍 수용양상을 언급하고 있다. 또한 해동강서시파海東江西詩派에 대해서도 그 계파적 연원부터 작가에까지 자세히 설명하면서 그 용어의 부적절성을 지적했다. 한편 작가론을 전개할 때에는 일정한 패턴을 가지고 있다. 즉, '간단한 생평生平 소개→관련 문헌을 통해 개인 성품에 대해 언급→대표 작품 소개 및 해석→비평서에 언급된 작품과 풍격에 대한 소개'가

3 배규범, 「중국 華中地域 한국어학과 현황과 課外活動 개선방안 모색」, 『어문학보』 37, 강원대사범대 국어교육과, 2017, 62쪽.

그것이다. 흥미로운 것은 인물이나 작품에 대한 부정적 견해도 함께 소개하는 등 여느 문학사와는 차별되는 점을 보여준다. 하지만 최초의 사액서원을 도산서원으로 기록하는 등의 오류와 18세기 중엽 이후 조선 후기 문학에 대해서는 상대적으로 소략해 서둘러 마감한 느낌을 주기도 한다.

둘째, 2008년 북경대 출판사에서 나온 웨이쉬성韋旭昇의 『한국문학사韓國文學史』와 2010년 사회과학문헌출판사에서 나온 이암李岩 등의 『조선문학통사朝鮮文學通史』다. 저자 웨이쉬성[4]은 북경대 교수로서 본격적인 1세대 한족漢族 출신 한국문학 연구자이며, 이암은 중앙민족대 교수를 역임한 조선족을 대표하는 학자로 꼽힌다. 특히 중국문학이 조선시가에 미친 영향을 5가지로 설명한 웨이쉬성의 논리[5]는 중국에서의 한·중 비교문학 연구에 단초를 제공했다. 이 책들의 가장 큰 특징은 모두 중국어로 되어 있다는 것이다. 해외에서 현지어로 된 한국문학사는 실질적인 영향력, 즉 엄청난 파급력을 가진다. 그런 점에서 이 책들은 한국어에 서툰 중국 내 한국문학 연구자들에게 훌륭한 길잡이 역할을 해 왔다. 이는 집필 단계에서부터 독자층을 중국 전체로 잡은 데다가 필자진의 뛰어난 중국어 실력이 뒷받침되었기에 가능한 일이었다. 두 책 모두 왕조

---

4 웨이쉬성 교수의 연구는 『韦旭昇文集』(전6권, 中央编译出版社, 2000)에 결집되어 있다. 그의 연구 성과에 대한 평가로는 다음 논문이 있어 참고가 된다. 조동일, 「韋旭昇文集 서평」, 『관악어문연구』 26, 서울대 국어국문학과, 2001; 조동일, 「아시아 지역 한국문학 연구의 현재와 미래」, 『어문학』 87, 한국어문학회, 2005.

5 그가 제기한 다섯 가지 영향은 다음과 같다. 첫째, 새로운 장르, 즉 13세기의 한림별곡과 14세기 후반의 시조는 중국 시사 구조 중 음절조성법을 흡수하여 만든 결과이다. 둘째, 사상 내용으로 볼 때 유가의 충군사상의 영향을 받았다. 셋째, 한국어 시가 중 적지 않은 작품들이 중국의 전고(典故)를 사용하고 있다. 넷째, 한국어 시가 중 대량의 중국 사조(詞藻)를 흡수한 흔적을 찾을 수 있다. 다섯째, 한국어 시가의 전파와 보존에 대해 중국 문학도 중요한 작용을 했다. 韦旭昇, 「中国文学对朝鲜国语诗歌的影响」, 卢蔚秋 编, 『东方比较文学论文集』, 湖南人民出版社, 1987, pp.81~111.

사를 시대구분의 기준으로 삼아 '상고시대－삼국시대－통일신라시대－고려시대(전기/중기/후기)－조선시대 전반기 / 후반기(전기/중기/후기)'로 나누고, 그 아래에 장르와 주요 작가 작품을 장절로 구분하여 수록하는 평범한 기술방식을 택하고 있다. 『조선문학통사』는 좀 더 후대에 나온 것이다 보니 분명 『한국문학사』의 틀을 참고한 흔적이 많이 보이지만 보다 진보한 세밀한 결과를 보여준다.[6] 특히 『신라수이전』, 이제현李齊賢의 사詞, 사행문학 부분은 중국 측 자료를 적극 활용하는 등 사적 개괄의 수준을 넘어 창의적인 시각과 깊이 있는 정리를 하고 있다. 하지만 아쉬운 점도 존재한다. 『한국문학사』는 중국문화에 대한 동경 등 다분히 중국문학의 입장에서의 분위기가 감지되는가 하면,[7] 한국식 한자표기라 할 수 있는 향찰표기법에 대한 별다른 언급이 없고, 한시의 문풍文風과 악부樂府나 사詞 등 기타 장르에 대한 설명이 부족하다. 또한 『조선문학통사』는 고려시대까지는 최치원, 이규보, 이제현 이 세 문인에, 조선시대에는 허균, 김만중, 박지원의 소설에 논의의 초점이 치우친 감이 있다.

셋째, 1985년 요녕민족출판사에서 나온 허문섭의 『조선고전문학사』, 1997년 민족출판사에서 나온 문일환의 『조선고전문학사』, 1998년 연변대 출판사에서 나온 허휘훈·채미화의 『조선문학사－고대중세부분』이다. 이 책들의 공통점은 문학사 교재를 전제로 편찬되었으며,

---

6 중국 현지에서 나온 서평에서는 "역사 전개 단계를 기준으로 '역사유물주의'에 입각해서 조선문학 발전 역사를 탐구"한 책으로 "지금까지의 조선문학사 중 중국 최대 규모의 언급이자, 前人의 성과를 계승하되 이를 한 차례 대돌파한 것으로, 조선문학사가 지향하는 성숙과 과학적 표지를 지향하고 있다"고 평가했다. 张丽娜, 「『朝鲜文学通史』－新的高度」, 『博览群书』, 2012.2期, p.69. 하지만 이 서평은 객관적 분석을 넘어 지나치게 감정적인 면들이 뒤섞여 있어 본 저서에 대한 정당한 평가를 방해하기도 한다.

7 韦旭昇, 『朝鲜文学史』, 北京大学出版社, 2008, p.268.

조선족 학자에 의해 조선어로 표기된 저서라는 점이다.

허문섭의 『조선고전문학사』는 1976년 문화대혁명이 종결되고, 1978년 개혁개방이 이루어지면서 대거 설립된 대학에서 사용할 문학 교재이자 고등학교(현 대학) 교원의 참고서로 집필되었다. 이 책이 나오기 전까지 중국에서는 북한에서 나온 안함광의 『조선문학사』와 김일성종합대학에서 편찬한 『조선문학독본』을 가져다 사용했었다. 이 책은 상당 부분 북한본 문학사의 영향을 떨치기는 어려웠지만,[8] 본격적인 중국 내 한국 고전문학사라는 점에서 의의가 있다고 하겠다. 이에 최웅권은 중요한 작가와 작품을 대부분 수용했고, 사회역사학적 방법과 인민성 원칙을 지켰고, 중국 시각에서 그 수용 발전에 초점을 맞추어 문학사를 서술했다고 평가하기도 했다.[9] 문일환의 『조선고전문학사』는 불교문학, 한문학의 성숙 단계, 각 시대별 한시의 다양한 유파와 경향, 사부辭賦 문학과 사, 악부 문학의 발전, 서민과 위항의 문학풍조 등 목차상으로는 가장 충실한 고전문학사 중 하나로 볼 수 있을 정도로 정리가 잘 되어 있다. 게다가 중국에서는 보기 드물게 2006년 수정판을 내면서 내용을 한층 보강했다. 하지만 세부 내용으로 들어가면 논의의 전개가 깊이보다는 개괄적 요약의 성격을 갖고 있다.[10] 이런 문제점은 허휘훈・채미화의 『조선문학사—고대중세부분』에서는 더 심각하다. 이는

8 다양한 문풍(文風) 등 한시의 디테일한 부분을 외면한 채 사실주의 문학과 유물론적 미학사상에 바탕을 두고 민중 착취와 봉건 타파라는 기준으로 작품을 분석하는 부분들은 북한문학사가 갖는 문제점을 일정 부분 보여준다.

9 최웅권, 「중국 연변에서의 한국문학연구와 그 전망」, 『한양어문연구』 12, 한양어문학회, 1994, 58~60쪽.

10 문일환의 『조선고전문학사』에 대해 적절하게 분석한 논문이 있어 이 책에 대한 세부적인 평가는 생략한다. 소인호, 「문일환 『조선고전문학사』의 기술양상」, 『우리문학연구』 34, 우리문학회, 2011.

교재로서의 성격이 갖는 한계라 할 수 있다.

이상의 논의를 정리하자면, 중국에서 간행된 한국 한문학사는 필자와 사용언어에 따라 구분된다. 중국 내 절대다수를 차지하는 한족 출신 학자에 의해 중국어로 기술된 『한국문학사』와 조선족 출신 학자들에 의해 조선어로 기술된 『조선고전문학사』류이다. 그 사이에 조선족 학자에 의해 중국어로 기술된 『조선문학통사』가 자리하고 있다. 조선족과 조선족 출신 학자들의 존재는 중국에서의 한국 한문학사 연구 분야에서 큰 문화적 자산이었다. 반면 『조선고전문학사』류는 북한판 한국 고전문학사의 영향으로 시작되어(허문섭, 허휘훈) 이제는 본격적인 극복 단계로 들어섰음(문일환, 이암)을 알 수 있다. 이에 따라 교재형 문학사에서 연구형 문학사로 그 위상 역시 진보하고 있는 것으로 보인다. 하지만 이후 30년 간 새로운 형태의 문학사가 나오지 않고 있는 점은 한국문학에 대한 중국 내 학자들의 인식과 관련하여 또 다른 문제점을 던져준다.

3. 한국 한문학사의 쟁점 부분과 중국 내 한국 한문학사의 기술양상

1) 한국 한문학사의 쟁점 추출

본격적인 한문학사 내용 분석을 위해 우선적으로 준비되어야 할 부분은 한국 한문학사 연구에서 제기되었거나 진행 중인 주요 논쟁 사안

〈표 1〉 한국 한문학사 기술의 쟁점 내용

대분류	소분류	표제어		쟁점 내용
안으로부터의 추출	한문학 일반론	①	문풍(文風)의 변화	학당 · 학송 · 학소풍(學唐 · 學宋 · 學蘇風) 등 중국 문풍의 수입 발전 양상
		②	해동강서시파(海東江西詩派)	박은(朴誾)과 이행(李荇)을 중심으로 한 해동강서시파의 문학적 경향과 의미
		③	목릉성세(穆陵盛世)	한국 한문학의 전성기라는 선조 대 문학에 대한 평가
	한문학 개별론	④	「태평송(太平頌)」	진덕여왕 「태평송」의 문학적 특징과 문학사적 의미
		⑤	『신라수이전(新羅殊異傳)』	『신라수이전』의 작자와 「최치원」의 장르
		⑥	『삼국사기(三國史記)』와 『삼국유사(三國遺事)』	두 책의 성격과 문학사적 의미
		⑦	이제현(李齊賢)의 사(詞)	이제현 사(詞)의 특징과 한국 사(詞)문학사 내에서의 위상
		⑧	소악부(小樂府)와 조선악부(朝鮮樂府)	고려시대 소악부와 조선악부의 역사와 연계성
		⑨	『금오신화(金鰲新話)』	『전등신화(剪燈新話)』와의 관계와 문학사적 의미
밖으로부터의 추출	한문학 개별론	⑩	사행문학(使行文學)	한국 사행문학의 시대별 특징과 의미

에 대한 항목화 작업이다. 사실 이 부분은 학계의 다양한 의견이 있기에 조심스러우면서도 또한 광범위한 학문적 내공을 필요로 하는 부분이다. 그런 점에서 우선 필자의 능력을 벗어난다는 전제하에 다음과 같은 궁여지책이나마 모색해 보았다.

일단 안으로부터의 추출과 밖으로부터의 추출을 생각해 보았다. 우선 안으로부터의 추출은 한국에서 나온 한문학사 기술에 대한 기존의 비판적 연구와 분석을 참고하여 이를 몇 가지 범주로 분류하는 방식이다. 이에 한국한문학회,[11] 한국한시학회,[12] 동방한문학회[13] 등 한문학

11 「한국한문학연구의 제문제」, 『한국한문학연구』 8, 1985; 「韓國漢詩史의 전개」, 『한국한문학연구』 15, 1992; 「韓國文學에 있어서 國文文學과 漢文文學의 관련 양상」, 『한국한문학연구』 22, 1998; 「한국문학과 한문학」, 『한국한문학연구』 26, 2000; 「한국 한문학의 연구 현황과 과제」, 『한국한문학연구』 34, 2004; 「한문학 연구의 문화론적 방향」, 『한국한문학연구』 37, 2006; 「한국한문학 연구의 신기획」, 『한국한문학연구』 41,

관련 주요 학회에서 다룬 기획주제 중 한문학사 기술이나 쟁점 및 전망과 관련된 논문들을 우선적으로 검토하였다. 이어 한문학사 기술방법론과 연구 동향 및 과제 등을 다룬 개별 논문을 추가하였다. 이를 토대로 추출된 쟁점들을 편의상 한문학사 일반론과 개별론으로 묶어 보았다. 일반론에는 시대별 문학의 특징과 유파類派의 발전, 문풍의 변모, 문자표기 등이, 개별론에는 개별 작가론, 작품론, 장르론이 포함된다.

한편 밖으로부터의 추출은 해외(중국)에서 간행된 한국 한문학사에서 특별히 두드러지게 다루고 있는 부분을 참고로 범주를 설정하는 방식이다. 물론 기존의 한국(한)문학사에서 대부분 언급이 된 부분이지만, 해외에서는 특히 어떤 부분을 질적 · 양적으로 강조하고 있는지 확인해 보았다. 이는 밖으로부터의 비판적 시선을 한국문학사 기술의 토양으로 삼는다는 이 글의 전체 방향과도 부합되는 부분이기도 하다.

이 외에도 이 글의 쟁점 추출 과정에서 더욱 중요하게 본 부분은 중국에서의 한국 한문학 기술이 갖는 지역성과 역사성이다. 논지 전개상 한 · 중 한문학사 기술에서 비교가 두드러질 수 있는, 이를테면 한국에서 큰 의미를 두지 않지만 중국 연구자 입장에서 주목할 수 있는 부분까지도 과감하게 선택하고자 했다. 중세 한자문화권이라는 태생적 특징 속에서 한국 한문학만이 갖는 고유한 요소는 물론 중국문학과의 관계 속에서 한국 한문학을 어떻게 기술하고 있는가를 주목하는 것이 이 글의 전략에도 도움이 되리라 본다. 이는 한국 한문학사 내의 논란거리

2008; 「韓國漢文學과 中國」, 『한국한문학연구』 44, 2009; 「동아시아 문화교류와 한국 한문학」, 『한국한문학연구』 47, 2011; 「한국고전문학 연구와 인문학의 미래」, 『한국한문학연구』 57, 2015.

12 「17세기 한시사의 구도」, 『한국한시연구』 14, 2006; 「18세기 한시사의 구도」, 『한국한시연구』 15, 2007; 「19세기 한시사의 구도」, 『한국한시연구』 19, 2011.

13 「韓國漢文學의 爭點」, 『동방한문학』 57~58, 2013~2014.

라는 점을 넘어서 해외에서 집필된 한국 한문학사가 갖는 의미와도 연결된다. 이상의 과정을 거쳐 이 글에서 선정한 한국 한문학사의 쟁점은 앞의 〈표 1〉과 같다.

2) 쟁점에 대한 기술양상

앞 장에서 추출된 한국 한문학사 기술의 쟁점 사항을 실제 중국에서 나온 한국 한문학사에서 어떻게 기술하고 있는지 그 양상을 살피고자 한다. 항목이 다양하고 검토 대상이 많은지라 이 글에서는 핵심 사항만 정리하여 그 논지만을 전달하도록 하겠다.[14]

(1) 문풍文風의 변화

중국으로부터 전래된 한문학의 경향들은 줄곧 한국 한문학의 주류를 형성해 왔다. 비록 수입국의 입장에서 산지인 중국보다 조금씩 늦긴 했지만 새로운 문풍의 추구는 한국 한문학 발전의 밑거름이었다. 여기서는 특히 한시 분야에서 주된 문학적 경향이랄 수 있는 문풍의 변화에 대해 중국 내 문학사에서 어떤 관점을 취하고 있는지 확인해보았다. 특히 이 부분은 중한 문학 교류사에서 입장에 따라 어느 한쪽으로 기울거나 지나친 민족주의적 관점이 나올 수 있기에 행간을 읽는 세심함이 필요하다.

깊이의 차이는 있지만 대체로 이가원(1995)과 조동일(1994) 등 문학사

14 이하 인용되는 문학사의 전체 서지사항은 생략하고 지지명과 해당 페이지만 기록하도록 한다.

에서는 대체로 고려를 풍미했던 학소풍學蘇風, 조선 전기 관학파를 중심으로 한 송시풍(학황學黃 등의 해동강서시파 포함), 그리고 조선 중기를 거치면서 이에 대한 반발로 다시 학두풍學杜風 등의 당시풍, 이후 조선 후기 실학적 경향의 사실주의풍 등으로 문풍의 변화를 정리하고 있다. 그런데 한 작가의 작품을 기준으로 주된 경향으로서의 문풍을 언급할 수는 있겠지만 평생 그 문풍만을 따르며 작품 활동을 했다고는 할 수 없다. 워낙 많은 작가들이 다양한 모습으로 등장한다는 점에서 한국한시사에서의 문풍 변화를 일목요연하게 정리하기란 힘든 작업이다. 또한 이가원의 경우, 방대한 자료를 나열 위주로 전달하다 보니 실체 파악이 더 어려운 면이 있다.

결국 각 시대별 특징적 요소만을 언급하는 방법을 주로 사용하고 있는데, 이런 점에서 리해산(1995)의 기술이 돋보인다. 그는 '조선조 전기의 한문학'에서 후반기 한시로 박은, 이행, 신광한申光漢, 김정金淨, 임억령林億齡 등을 다루며 그 맹아적 모습을 언급했다. 또한 '조선조 중기의 한문학'에서는 학송學宋시인들의 한시(황정욱黃廷彧과 최립崔岦)와 학당學唐시인들의 한시(백광훈白光勳, 이달李達, 최경창崔慶昌)로 구분하여 설명했다. 작가 개별문학에 대해서는 성당풍의 김종직金宗直(234쪽), 당시풍의 이주李胄(241쪽), 송시풍의 박은(255쪽)과 정사룡鄭士龍(276쪽), 학송學宋시인으로 호소지湖蘇芝 삼가三家(333쪽) 등을 들었다. 리해산은 조선 당시풍의 역사가 김정과 이주(241쪽)에서 박순朴淳(319쪽)으로 이어졌고, 다시 삼당시인의 등장으로 만개한 것으로 보았다. 그런가 하면 당시를 따라 배운 신광한의 경우, "흔히 '당시파唐詩派'라고 하여 마치 하나의 유파 같은 인상을 주지만 그것보다는 차라리 실정에 맞게 '학당시인學唐詩人'이라고 하는 것이 나을 것"(267쪽)이라 하였다.

한편 이암(2010)은 박순과 삼당시인을 들어 당시파와 송시파를 설명하고 있지만 내용이 부실하고(687~688쪽), 문일환(2006)은 전반적으로 조선의 한시 창작풍토에 대해 참고할 부분이 부족하다. "조선 전기 한시가 주로 송시풍격을 많이 따른 데 반하여 조선 후기 한시는 당시를 많이 전범으로 삼으며 창작되었다"(365쪽)는 식의 막연하고 치밀하지 못한 언급을 보일 뿐 어떤 작가에 의해 어떤 식의 당시풍이 전개되었는지 설명이 부족하다. 이런 모습은 웨이쉬성(2008), 허문섭(1985), 허휘훈(1998)의 경우도 마찬가지이다. 기대와는 달리 중국에서 집필된 한문학사는 학계의 일반 상식선에 그치거나 그보다도 못한 기술양상을 보여주고 있다.

(2) 해동강서시파海東江西詩派

앞 장의 문풍과 연계되는 내용이지만, 해동강서시파는 중국풍 수용 이후 한국적 자체 발전의 예라는 점에서 별도로 짚고 넘어가고자 한다. 현재 해동강서시파는 이행과 박은이 중심이 되어 송대 황정견黃庭堅과 진사도陳師道의 강서시파를 한국적으로 재현한 시파로 알려져 있다. 즉, 강서시파가 당시唐詩의 전통에서 벗어나 기발한 착상과 참신한 표현만 일삼는 기교적인 시를 써서 새로운 풍조를 일으킨 것을 재현했다는 것이다. 그리하여 서거정처럼 화려하게 들뜬 기풍이 없어지고 조선 전기 한시 표현의 격조를 더욱 높인 것으로 평가받고 있다. 하지만 폭 넓은 경험에서 우러나오는 자연스러운 느낌에서 더욱 멀어져, 고고하다고 하나 군벽한 영역으로 폐쇄되었던 것이 시비의 대상이 되기도 했다.(조동일, 385쪽) 이에 대해 이암(2010)은 비슷한 논리를 전개하되 "그들이 주장한 '환골탈태換骨奪胎', '점철성금點鐵成金', '이고위신以故爲新' 등은 조선 전기 문인들에게 접수되어 여러 창작품에 영향을 미쳤는데, 조선 시단에 기교적 형식주의를 중시하는 폐단을 낳았다"(687쪽)고 지적했다.

한편 리해산(1995)은 해동강서시파란 용어 자체에 대해 부정적 견해를 내세웠다. 그는 "예로부터 문장에 능한 자들은 만물을 다루는 것이 도자기를 굽듯, 금속을 제련하듯 하면서 비록 옛사람의 말을 쓰더라도 영단묘약 한 알을 넣어 순식간에 무쇠가 황금으로 변하듯 하게 하는 것"(260쪽)을 강서시파의 가장 중요한 강령으로 꼽았다. 그는 강서시파가 실패한 원인이 만당과 서곤파를 극복하기 위해 내세운 방법에 있다고 보았다. 폭넓은 현실생활을 떠나 유약하고 화미한 형식에 매달려 생긴 모순을 옛 시인의 시를 잘 가공해서 더 나은 짜임새나 수법으로 지을 것을 주장하는 즉, 형식주의로써 형식주의를 반대한 결과라는 것이다.(263쪽) 그는 한층 안정된 설명으로 실제 박은과 이행의 시를 고찰하면 그들을 해동강서시파라고 명명할 이유가 충족되지 않는다고 했다. 그가 그 이유로 첫째, 그들이 강서시파의 주장대로 "무일자무래처無一字無來處"라든가 점철성금, 환골탈태의 계율을 옹호하였거나 따르지 않았다는 김창협의 평가를 들었다. 둘째, 그들이 따랐다는 진사도는 실제 황정견을 배우다가 오류적인 이론과 계율에서 이탈하여 당시唐詩 배우기를 전념하였다. 박은이나 이행이 진사도에게서 배운 것이 두시를 중심으로 한 당시로의 전환이지 결코 그들의 형식주의나 모방주의, 표절행위가 아니었다는 것은 그들의 시를 통해 확인할 수 있다고 했다. 당시 조선 사회현실을 내용으로 당시에 가까운 표현방식을 택하여 자체의 특색 있는 시를 시도한 그들의 경향은 신광한, 김정, 임억령 등에 이어졌다(265쪽)는 말도 덧붙였다. 사실 해동강서시파에 대해서는 학계의 심도 있는 논의들이 진행되었다.[15] 논리의 합당성 여부를 떠나 리해산의 주장은 20년 전 중국에서 간행된 한문학사에 수록된 내용치고 나름

돋보이는 부분이라고 본다.

(3) 목릉성세穆陵盛世

여기서는 한국 한문학의 황금기라고 일컫는 선조 대의 목릉성세를 어떻게 평가하고 있는지를 확인해 보았다. 기본적으로 조동일(1994)은 명종 대에서 선조대로 넘어가면서 발생한 훈구파와 사림파의 권력 다툼 이면에 전개된 문학적 경향을 목릉성세로 표현했다.(385쪽) 그의 말대로 "황혼의 아름다움"이었지만, 정치적 사상적 식견에서 패배한 훈구파는 이른바 관각삼걸館閣三傑(정사룡 · 노수신 · 황정욱)을 중심으로 문학 분야에서 목릉성세의 주역을 담당했다. 이가원(1995) 역시 팔문장가, 삼당파, 경세제가, 호남파 제가, 기타 제가, 여류 제가 등의 시가 등으로 나누어 목릉성세를 분석했다.

여기에 대해 중국의 문학사에서는 별다른 언급이 없다. 심지어 목릉성세라는 말도 사용하지 않고 있어 흥미롭다. 다만 문일환(2006)은 "16세기 후반 조선사회는 겉으로는 사림의 집정, 정치적 안정, 문화적 발전 등으로 목릉성세를 이룬 것 같았으나 안으로는 심각한 한계점이 드러나 당쟁과 역옥, 가렴주구로 인한 농촌의 피폐 등으로 인해 일대 대내외적 위기가 조성되었다. 이에 일부 문인들은 문학에 대한 새로운 인식과 요구를 갖게 되었는데, 그것은 송시풍으로부터 당시풍으로의 방향전환이었다"(284쪽)고 그 이면의 부정적인 부분을 지적했다.

---

15 이종묵의 「海東江西詩派 硏究」(서울대 박사논문, 1994)를 필두로 인두정의 「해동강서시파 한시의 공간이미지 연구」(강원대 박사논문, 2011), 주희창의 「盧守愼의 詩世界 - 海東江西詩派의 詩論을 中心으로」(『한문고전연구』 20, 한국한문고전문학회, 2010), 「湖蘇芝의 詩文學硏究 - 唐詩風을 中心으로」, 『한문고전연구』 26, 한국한문고전학회, 2013) 등의 연구가 주목된다.

(4) 「태평송太平頌」

이 부분은 신라 진덕여왕이 지은 「태평송」의 문학적 특징과 이에 대한 양국 문학사의 입장을 점검하려는 것이다. 삼국시대의 작품이 드물다보니 문학사에서 빠지지 않고 언급되고 있지만 한국의 입장에서는 가히 달가운 주제가 아니다. 이런 경향은 이가원(1995)에게서 분명히 확인할 수 있다. 그는 "진덕여왕 김승만金勝僈의 작이다. 일명 태평송이고, 려당麗唐 양국 문헌에 상세히 기록되어 있다. 진덕여왕 4년(650)에 백제의 군사를 크게 깨치고 비단에 이 시를 짜서 조카 김법민을 보내어 당에 바쳤다"(69쪽)고 개괄한 뒤, 『백운소설』과 『서포만필』의 평가를 들어 "고고 웅혼 전아하고 성운과 의취가 갖추어진 작품"(69쪽)이라 높이 평가했다. 하지만 "우리 시가에 있어서 아유阿諛문학의 효시"(71쪽)라는 말로 이 작품의 성격을 한 마디로 규정했다. 또한 저자 문제에 있어서도 "강수의 대작시代作詩"라는 김태준의 설을 적극 수용하고 있다.(71쪽)

이에 대한 중국 쪽 한문학사는 문학사 기술의 입장 차이를 분명히 보여준다. 기본적으로 「태평송」의 문학적 수준과 문학사적 의미에 대해서는 의견 일치를 보고 있다. "삼국의 다른 시보다 특수하고 능란한 언어구사로 신라한문학의 수준을 보여주는 일례"(리해산, 21쪽)이며, "전 시의 기백은 웅위하고 고아高雅한데, 7세기 신라인의 한시 창작 능력이 이미 상당히 높은 수준에 도달"(이암, 86쪽)했음을 보여주며, "아직 한시 창작이 활발히 진행되지 못하였던 시기에 전 20구의 장편 규모를 가진 오언시로 출현하였을 뿐만 아니라, 특히 그 시풍이 웅건하고 문체가 전아한 것이 특징"(허문섭, 74쪽)이라 높이 평가했다. 하지만 이가원이 아첨문학의 효시라고까지 한 데에 반해 이암(2010)은 "나당 양국의 우호관계를 더욱 빛내준다. (…중략…) 시 속에는 당나라 국력의 강성함과 문화 번영을 찬양하고 있는데, 그것의 위무가 해외에 떨쳐 문화가 사방에 전파된 것을 고도로 평가했다"(86쪽)고 하였다. 또한 허문섭(1985)은 "당시 삼국통일을 지향하며 날로 국력을 강화해 나가고 있던 신라와 당나라 간의 평화적 외교관계도 보여주고 있다"(74쪽)고 긍정적으로 평가하였고, 허휘훈(1998)은 한 걸음 더 나아가 "시는 자주적 기상보다는 세계적 제국의 규범을 존중하고 따르려는 경향을 강하게 드러내고 있다. 이 점에서 시는 고구려 한시들과 대조적이다"(59쪽)라고 하였다. 한편 리해산(1995)은 작자 문제에 대해 무명씨 작이라는 『동문선』 기사를 예로 들며 보다 현실성 있는 설명을 덧붙였다. 즉, "사람들이 흔히 만리장성을 일컬어 "진시황의 만리장성"이라 하고, 『훈민정음』을 "세종대왕의 훈민정음"이라 하듯 이 오언고시도 신라의 유명한 학자를 시겨 지은 것을 진덕여왕의 이름을 달아 당나라에 바친 것으로 짐작된다"(21쪽)는 것이다.

(5) 『신라수이전新羅殊異傳』

여기서는 신라 때 문헌으로 알려진 『신라수이전』의 장르와 작자, 그리고 그 속에 수록된 「최치원」의 문학적 특징을 어떻게 기술했는지 확인해 보았다. 현재 『신라수이전』은 일실逸失되었고, 그나마 수록 작품 13편이 여러 전적에 산재되어 있어 그 작자와 장르상 특징에 대해 이견이 많다. 특히 권문해權文海의 『대동운부군옥大東韻府群玉』에서는 최치원崔致遠 작作이라 했고, 각훈覺訓의 『해동고승전海東高僧傳』에서는 박인량朴寅亮 작이라고 하는 등 언급한 문헌들마다 차이가 있고, 「최치원」의 저자 문제까지 섞여 혼란이 가중되었다.

우선 작자의 경우, 한국과 중국문학사 모두에서 의견이 엇갈리고 있는데 크게 '최치원 설'과 '박인량 설', '제3작자 설' 등으로 정리할 수 있다. '박인량 설'은 이가원, 리해산, 웨이쉬성 등이, '최치원 설'은 조동일, 허문섭, 허휘훈 등이, '제3작자 설'은 이암이 주장하고 있다. 이가원이 별다른 언급 없이 『대동운부군옥』의 기록이 잘못이라 한(240쪽) 반면, 리해산은 『대동운부군옥』의 "新羅殊異傳崔致遠"이라는 표기 형태를 근거로 최치원설을 부정했다.(86쪽) 즉, 서명을 큰 글씨로, 저자명을 작은 글씨로 쓴 다른 예에 맞춰 볼 때, 비록 최치원이 뒤에 있지만 이는 「최치원」의 출처가 『신라수이전』이라는 의미로 해석해야 한다는 것이다. 또한 웨이쉬성은 『수이전』을 신라 민간의 구두전설에 기초하여 후대 문인이 가공한 기록으로 보고, 이런 서면문학은 고려 초기 문학에서나 볼 수 있다는 점과 함께 "학문 연구 태도가 매우 신중했던 유학자 최치원이 자기의 실명을 가지고 제삼자로 만들어 작품 속에 넣고, 여자 무덤 앞에서 조문하는 등 전기의 주인공으로 만들었다는 것은 상상하기 어렵다"(48쪽)고 했다. 한편 조동일은 여러 문제점들을 지적한 뒤, 『수이전』은 일단 신라 때 전적이며, 원작자는 최치원으로 인정된다고 기술했다. 이것이 고려로 넘어오면서 수정 보완한 새로운 수이전이 등장했는데, 이전 것을 수정본과 구분하여 '고본수이전, 신라수이전古本殊異傳, 新羅殊異傳'이라 했다는 것이다. 그리하여 박인량과 김척명金陟明을 고려시대 수이전의 개작자로 보았다.(384~385쪽) 허문섭(100쪽)과 허휘훈(56쪽)은 별 다른 구체적 논증 없이 저자가 최치원이라고만 밝혔다. 이암의 경우, 『신라수이전』이란 독립된 장을 설정하여 『신라수이전』과 「최치원」의 편찬과 유전流傳, 내용과 예술적 가치에 대해 집중적으로 기술하고 있다. 조동일의 의견을 거의 수용하되 최치원 역시 『신라수이전』을 개편한 사람 중 하나였을 것으로 보았다.

다음으로 「최치원」 등 『신라수이전』에 수록된 작품의 성격과 문학적 특징에 대해서도 각종 논의가 진행되었다. 장르에 있어서는 대부분 전기傳奇문학으로 보는 등 통일된 견해를 보여주었다. 이가원은 전기소설을 신괴神怪, 염정艷情, 우언寓言, 협사俠邪로 분류하고, 이 중 「최치원」을 신괴류에 포함시키며 우리나라 전기소설의 효시로 보았다.(238쪽) 리해산은 『수이전』이 불경 이야기, 중국의 지괴소설, 당나라 전기, 간보干寶의 『수신기搜神記』 등에서 영향을 받았다고 했다.(86쪽) 이암은 『육조사적편류六朝事跡編類』(1160년 장돈신張敦頤 편), 『경정건강지景定建康志』(1260년 주응합周應合 편), 『지정금릉신지至正金陵新志』(1344년 장현張鉉 편), 『건륭고순현지乾隆高淳縣志』(청대淸代 주소문朱紹文 편) 등에 수록된 중국 쌍녀분雙女墳 고사를 자세히 탐구한 뒤 「최치원」이 "조선문학사 상 숭고한 위치를 가지며, 중국문학 교류가 낳은 기파奇葩로, 중조문화교류사 상 의의가 크다"(235쪽)고 평가했다. 특히 박인량이 문종 34년(1080) 송나라 사신으로 가면서 거쳐 간 지역 중에 쌍녀분 고사가 있는 고성 지역이 들어 있었고, 박인량이 인근을 지나며 쌍녀분의 전설을 듣거나 「쌍녀분기」 문장을 본 뒤 귀국하여 『수이전』을 수정하면서 「쌍녀분기」를 개작했을 가능성을 제기했다.(241~243쪽) 이 외에도 허문섭은 『신라수이전』이 조선 최초의 서사적 작품의 하나(101쪽)라고 평가했고, 허휘훈도 수이전체 산문이라는 전기적 형태의 예술적 산문으로 발전하여 중세소설의 선구적 작품이 되었다(57쪽)고 높이 평가했다.

(6) 『삼국사기三國史記』와 『삼국유사三國遺事』

삼국시대에 관한 대표적 문헌인 『삼국사기』와 『삼국유사』는 배경 사상과 집필 동기에서부터 선명한 차이를 가져 대비적으로 언급되고 있다. 흔히 전자를 유교사상에 근간을 둔 사대주의적 정사로, 후자를 불교사상에 근간을 둔 민족문화의 보고로 평가하기도 한다. 여기서는 사대事大의 대상이었던 중국에서 나온 문학사는 두 책의 성격을 어떻게 기술하고 있는가를 확인하였다.

한국의 한문학사에서는 『삼국사기』에 대해 호의적인 평가를 내리고 있다. 이가원(1995)은 "한나라 사마천 『사기』의 의법儀法을 수용하여 삼국의 통일되지 않은 언어와 산일散逸된 문헌을 총정리하여 이 광세의 명저를 내었다"(241쪽)고 표현하며, 이를 사대적인 저서로 간주하는 것은 지나친 가평苛評이라 했다. 조동일(1994)은 삼국사기의 저술 목적을 신라 정통론 확립으로 보았다. 그러므로 "화풍으로 국풍까지 아울러서 독자적 전통의 의미도 유교적인 보편주의에 따라 다시 해석하고자 했다. (…중략…) 민간전승에 근거를 둔 하층문화의 개입을 되도록 줄이고, 상층문화가 국가의 규범으로 확립되어야 질서가 수립될 수 있다고 보았다".(392쪽) 결국 "이夷를 화和로 바꾸어놓는 것을 목표로 삼았으며, 그렇게 하는 것이 당시로서는 선진화의 길"(392쪽)이었던 것이다. 한편 이암(2010)은 『삼국사기』에 인용된 대량의 중국 사료와 사론史論에 관심을 표하고, 그 내용을 분석한 결과 김부식이 양국의 사료가 충돌이 발생할 때면 본국 사료를 신임하는 등 선명한 민족의식을 갖추었다고 평가했다.(429쪽) 즉, 『삼국사기』는 유가관념으로 민족역사를 새롭게 해석한 것으로, 민족문화 정신을 새롭게 수립한 특수한 사서라는 것이다. 한편 『삼국유사』에 대해서는 대체로 "야사와 전설, 신화와 민간고사를 보존하여 조선 민족문화와 정신을 농축하는 동시에 많은 방면에서 정사의 내용를 보충"(이암, 423쪽)하는 책으로 인정하고 있다.

한편 두 책과 수록 작품들의 장르에 대해서는 주장이 다양하다. 웨이쉬성(2008)과 이암은 '전기문학'으로, 이가원은 '잡록'으로, 허문섭(1985)

과 문일환(2006)과 허휘훈(1998)은 '역사산문(전기傳記, 연대기)'으로 보고 있다. 다만 조동일은 "『삼국유사』는 『수이전』의 뒤를 이은 설화집이고, 『삼국사기』를 보충한 역사서이며, 『해동고승전』을 다시 쓴 고승전이다"(2권, 97쪽)라고 장르상의 복합성을 설명하고 있다.

(7) 이제현李齊賢의 사詞

사詞는 한문학에서 독특한 장르 중 하나이다. 사가 본격적으로 창작된 것은 고려 중기 이후부터이다. 여기서는 한국 최고의 사 작가로 일컬어지는 이제현의 사 작품에 대해 그 특징과 문학사적 의미에 대해 어떤 시각으로 기술하고 있는지 확인해보았다.

조동일(1994)은 이제현을 "원나라를 지향하는 뜻과 고려를 지향하는 뜻이 서로 갈등을 일으키는 가운데 앞의 것을 수단으로 뒤의 것을 목적으로 삼으려고"(1권, 227쪽)한 인물로 보았다. 그는 원나라 부마국 시대에 무려 11년이 넘게 원나라에 체류하며 고려 조정을 위해 노력한 충신이자 고려를 대표하는 문인이었다. 조동일은 그를 나말羅末의 최치원과 함께 비교언급하면서 "중국 사람이 아니면 지을 수 없는 사 또는 장단구長短句도 음률에 맞게 다듬어내는 솜씨를 자랑했다"(1권, 228쪽)고 칭찬했다.

이는 이제현의 사 작품에 대한 일반적인 설명이라 할 수 있는데, 중국 쪽 문학사로 가면 훨씬 심도 있게 논의가 진행된다. 웨이쉬성(2008)은 「사인詞人 이제현」이란 제목을 붙여 그의 사를 조망하고, 바로 다음에 「중국과 관련된 시사詩詞」라는 별도의 장을 두어 중국과의 연관성을 부각시키고 있다. 그는 "이제현에 이르러 본격적인 사인詞人이 등장하게 되었고, 사 역시 중요한 시 장르로 한국 시단에 정식으로 편입"(105

쪽)된 것으로 보았다. 그의 설명대로 사가 한국에 늦게 들어온 이유는 한국 문인의 입장에서 작시 기술상의 어려움 때문이었다. 사는 중국에서 오·칠언시보다 음악성이 강하며 입에 쉽게 붙어야 한다. 중국 음률에 익숙지가 않고 주로 책으로만 한문을 공부한 고려 시인에게 사의 이해와 창작은 한시보다 훨씬 어려웠던 것이다.(106쪽) 한편 이암(2010)은 송사宋詞 이후 침체에 빠진 원대의 사 문학에서 소수민족으로서 이제현이 보여준 사 창작 능력은 군계일학이었다고 평가했다. 그는 『전금원사全金元詞』의 통계를 바탕으로 원대元代에 대다수가 한족 작가들이며, 그 중 소수민족 9명의 37수만이 수록되어 있다고 했다. 이제현의 경우 53수나 남겼으니 이는 현존하는 원대 소수민족 작가의 전체 작품 수보다도 많으며, 한족 작가의 평균 작품 수보다 많은 분량이라고 했다.(406쪽) 그런가 하면 그가 지은 사가 호방한 것을 주로 삼는 김원金元의 '북종파北宗派' 풍격을 따르게 된 문학적 배경을 구체적으로 설명하고 있다. 즉, 비록 그가 장기간 원나라 생활로 인해 한문화에 침윤되었지만, 중국의 속악을 몰랐기에 중국 문인의 전통적인 곡과 같을 수가 없었다. 그렇지만 수백 년 동안 전해 내려온 사악詞樂은 북방민족의 음악적 심미 습관과 맞지 않았고, 이에 원대에는 가창할 수 없는 것으로 변질되어 갔다. 대부분 사인詞人의 전사塡詞는 격률에만 맞춰 지었지 곡보曲譜를 고려치 않으면서 사는 율시와 같은 장르의 시로 변했던 것이다. 이것은 이제현의 입장에서 보자면 큰 장애가 제거된 것이었다.(407쪽) 리해산(1995)과 허휘훈(1998) 역시 이제현의 사 부분에서 상대적으로 세밀한 설명을 덧붙이고 있다. 중국에서 사의 등장과 음악적 특징을 정리하고(리해산, 184쪽), 예종睿宗 때 고려에 유입된 송악宋樂으로부터 전래의 유래를 찾거나(허휘훈, 125쪽) 한국에서 사가 성행하지 못한 이유를 구체적으로 들기도 했다(허휘훈, 126쪽).

그런가 하면 리해산은 이제현을 사의 대가로 인정하면서도 사 창작에 대한 전혀 다른 견해를 제기해 주목을 끈다. 그는 중국어 곡에 엄격히 맞추어야하는 사를 굳이 지어야 할 필요가 있을까란 의문을 던졌다. "그것을 배우고 짓느라고 허비하는 정력과 시간이면 자체의 민족적 특성에 맞는 노래를 연구 창작하는 것이 옳을 것이다"(189쪽)라는 부분은 다분히 감정적으로 들릴 수도 있다. 하지만 사 장르가 갖는 예술적 난점과 민족문학의 주체성이라는 점을 고려한다면 "조선의 한문학사에 사의 창작성과가 빈약하다고 슬퍼할 것도 없거니와 이제현 같은 문인이 사의 창작에서 큰 성과를 거두었다 하여 조선 민족 자체의 문학발전에 자랑거리가 생겼다고 기뻐할 것도 없나. 못 지었다고 해서 문학사적으로 지위가 낮아지는 것도 아니다"(190쪽)라는 부분은 한 번쯤 귀담아 볼 내용이기도 하다.

(8) 소악부小樂府와 조선악부朝鮮樂府

여기서는 고려시대 소악부의 창작과 그 의미, 그리고 조선시대까지 이어진 조선악부의 역사와 연계성에 대한 기술 태도를 살펴보고자 했다. 이가원(1995)은 매 시대마다 사부辭賦, 시가, 악부를 독립된 장으로 만들어 설명하고 있기에 시대별 각 장르의 변천을 한눈에 알 수 있다. 『한서漢書』「예악지禮樂志」에 처음 등장하는 '악부'는 한 무제 때 교사郊祀의 음악을 정하고 악부라는 관청을 세워 이연년李延年을 협률도위協律都尉로 삼아 민간의 가요를 채집한 데서 나온 말이다.(212쪽) 우리나라에서는 고려시대 이제현과 민사평閔思平이 남긴 11편(『익재난고益齋亂藁』 권4)과 6편(『급암선생시고及庵先生詩藁』 권3)의 한시가 속악가사와 밀접한 관련을 맺고 있다. 두 사람은 당시 유행하던 우리말 노래를 칠언절구 한시로 옮겨놓았는데, 칠언절구의 짧은 형식을 사용했으므로 소악부라고 했다. 조동일(1994)은 이 소악부에 대해 "한시라도 표현이나 정서에서는 우리 문학다운 면모를 갖추어야 하겠다는 자각이 일어나서 이런 작품이 출현하게 되었다고 할 수 있다. 그 결과 속악가사로 전하지 않는 우리말 노래까지 어느 정도 알아볼 수 있게 되었으니 여간 다행한 일이 아니다"(2권 162쪽)라고 높이 평가하고, 이런 시도의 일환으로 시조 장르가 만들어진 것으로 보았다.

비슷한 맥락에서 이암(2010)은 이제현이 「후소악부後小樂府」에서 언급한 "당시 사회상황과 민간풍속을 드러내기 위해서"라는 창작 동기를 통해 소악부의 민중적 경향에 주목했다. 그는 한 걸음 더 나아가 조선시대 악부에 대해서도 논의를 전개했다. 우선 조선 전기의 악부시는 조선의 역사사건과 현실생활을 제재로 삼는 등 제재의 새 영역을 개척하는 과정에서 농후한 민족 색채를 보여 주었고, 독자에게 유익한 감계鑑戒를 제공해 주었으며, 다양한 시가형식을 채용하여 표현력을 강화하고, 조선식 한자어를 사용하여 예술표현력을 증강시켰다고 평가했다.(739~741쪽) 그는 이어 조선 후기 악부의 양상으로 해동악부체海東樂府體의 발전 과정과 구성 상 내용 상 특징에 대해서도 언급했다.(1080~1081쪽) 한편 허문섭(1985)은 「사리화」 등 이제현의 소악부에는 그의 인민창작에 대한 진보적인 입장과 태도가 들어 있다고 보았으며(164쪽), 문일환(2006)은 기존의 논의를 개괄적으로 정리하면서 이제현의 '민요 한역시'가 조선시대 '악장가사樂章歌詞' 문학의 발전에 중요한 영향을 끼쳤다고 주장했다.(178쪽)

(9) 『금오신화金鰲新話』

김시습의 『금오신화』는 한국 최초의 한문소설로 알려져 있다. 여기서는 『금오신화』의 소설사적 의미와 구우瞿佑(1347~1472)의 『전등신화剪燈新話』와의 관계에 대해 중국 쪽에서는 어떻게 기술하고 있는가를 확인했다. 우선 『금오신화』의 장르에 대해서는 '전기傳奇' 또는 '소설'로 정리가 된 상태이다. 조동일(1994)은 "기이한 이야기를 전하는 데 그치지 않고 문학적인 수식에 힘써 의도적으로 창작한 작품"이라는 점에서는 전기이지만, 『금오신화』는 거기다 "자아와 세계의 대결 방식을 전에 없이 구현했기에 최초의 소설"(2권 494쪽)이라 정의했다. 다른 문학사에서는 비슷한 맥락에서 '우언소설'(이가원), '전기소설'(이·리·문·허), '고전소설'(허휘훈)이라고 명명하고 있다. 또한 이암(2010)은 별도의 장을 마련해 『금오신화』가 등장하게 된 원인으로 사회 경제 방면의 발전과 '전기문집 『신라수이전』, 수이전체 산문→의인전기체 산문→패설체 산문'의 조선 산문문학 내적 발전 과정, 그리고 『태평광기太平廣記』나 명나라 전기소설의 영향을 들었다.(793쪽)

한편 『전등신화』와의 관계에 대해서는 『금오신화』의 예술적 특징과 함께 묶어서 설명하고 있다. 모든 문학사가 『전등신화』의 영향에 대해서는 공통적으로 인정하고 있다. 하지만 『금오신화』의 독창적 가치에 대해 더욱 강조하는 분위기다. 이를 리해산(1995)은 "『전등신화』의 작품들에서 마치 꿀벌이 이 꽃 저 꽃에서 꿀을 모으듯 장점들을 취하여 자기식대로 구상하고 조선의 인물들을 조선의 무대에서 조선의 사실에 토대하여 행동하게 한 전기소설들이다"(298쪽)라고 표현했으며, 이암은 "금오신화는 전등신화의 재료를 배합해서 만든 지리하고 파쇄破碎적 작품이 아니라 작자의 사상과 미적 의식 아래 조선의 인화사융人和事融이

관통할 뿐만 아니라 작자의 상상을 더해 하나의 특징을 갖춘 예술을 창조한 것이다"(797쪽)라고 평가했다. 같은 맥락에서 문일환(2006)은 "문제는 어느 정도 모방했는가인데, 김시습은 모방은 했으되 그대로 옮긴 것은 아니다. 구성 형식을 포괄적으로 참고하면서 작품의 내용에 있어서는 창의적인 재창작이 핵심적으로 이뤄진"(342쪽) 것으로 보았다. 이런 생각을 바탕으로 『금오신화』는 "낭만주의 수법으로 비극미의 이상세계를 동시에 그렸으며, 또 현실주의 수법으로 암흑과 추악한 현실사회를 드러내고 비판"(이암, 804쪽)하면서도 "전기적 성격과 낭만주의적 색채가 농후"(허문섭, 265쪽)한 작품으로 "조선 고전문학사에서 소설문학 발전의 새 길을 개척한 첫 성과작"(허문섭, 265쪽)이라 결론 내렸다.

(10) 사행문학使行文學

지금까지의 논의가 한국에서의 논의를 중심으로 추출한 쟁점이었다면 이 사행문학은 중국에서 간행된 한국 한문학사에서 특히 참고할 만한 부분이라 생각된다. 사행의 주체는 고려와 조선이었고, 그 대상은 명과 청이었으며, 주된 목적은 사대교린에 있었음은 주지의 사실이다. 사행에 동원된 문인들은 사행 목적을 수행하는 데 필요한 외교적, 문학적 역량을 갖춘 인물로 선발되었다. 그들이 긴 사행 과정 동안 받은 이국의 문물과 사상은 본국의 문화발전에 발전적 자극이 되었다. 또한 귀국 후 왕에게 올린 보고서와 함께 사행을 통해 남긴 저술들은 당대 한·중교류사에 훌륭한 자료를 제공한다. 이런 중요성에도 불구하고 현재 사행문학에 대한 문학사의 언급은 파편적이라 할 수 있다.

조동일(1994)은 '한문 기록에서 국문 표현으로'라는 장 아래에 '대외관계의 경험 보고'라는 절을 두고 이에 대해 설명하고 있는데, 그러다

보니 상대적으로 비중이 떨어져 보인다. 기술 태도에서도 비슷한 느낌을 주는데, 중국과 일본의 경우를 함께 다루면서 사행문학을 사신들의 명나라(‘조천록朝天錄’)와 청나라(‘연행록燕行錄’) 기행 정도로 보고 있다.(431~435쪽) 이에 반해 이암(2010)은 ‘고려말엽의 사절문학使節文學과 정몽주의 사행시’, ‘조선조 전반기의 사절문학’, ‘기행문학의 걸작 『열하일기』’를 독립된 장으로 설정하여 고려시대부터 조선 후기까지 사행문학의 역사와 내용들을 정리하고 있다. 고려 말 명나라를 사행하면서 남긴 작품들의 분석을 통해 “참신한 감수성과 예술적 사유로 이국 풍모를 담았다”(463쪽)고 했으며, 그 중 정몽주의 사행시가 조선 사행문학의 전범을 개척한 것으로 평가했다.(483쪽) 명나라와의 관계는 조선 건국 이후 더욱 활발해졌는데, 태조에서 세종 연간 59년 간 조선이 명에 파견한 사절은 418차, 명이 조선에 파견한 것도 95차에 달할 정도였다. 이암은 그런 과정을 담고 있는 “『조천록』과 『황화집』은 양국 사절이 성치적 교류를 하던 여가 시간에 단련하여 나온 양국 사절문학의 결정체”(621쪽)라는 결론을 내렸다. 이 외에도 조천록이 갖는 기행문학으로서의 의미를 다양한 장르상의 검토, 정경의론情景意論 속에 융화된 이국적 심미감수, 그리고 작품의 사상적 의의 등을 중심으로 기술했다.(626~627쪽) 그는 조선 전기의 대표 사행문학으로 권근의 사행시(654쪽), 이수광의 「조천朝天」시(654~660쪽)와 북경 「납매臘梅」시(660~675쪽) 등을 들었다. 조선 후기의 경우는 유기游記와 사행록使行錄을 함께 다루고, 그중에서도 빛나는 업적인 『열하일기』를 별도의 장으로 보다 깊이 다루었다. 이암의 이런 기술태도는 논의의 깊이를 떠나 한자문화권의 독특한 문학적 전통을 이해하려는 긍정적 시도라고 할 수 있다.

4. 중국 내 한국 한문학사 기술의 특징과 인식 태도

이상 중국에서 간행된 한국 한문학사를 검토해 본 결과 논점이나 기술방식에 있어 대부분 한국의 연구 성과와 궤를 같이 하고 있음을 확인할 수 있었다. 하지만 한문학의 본산인 중국에서 진행된 문학사이기에 나름의 눈여겨볼 만한 부분들이 존재하는 것도 사실이다. 이 장에서는 앞선 논의 과정 중 드러난 중국판 한문학사들이 갖고 있는 특징을 한국 한문학에 대한 인식 태도와 함께 정리해보도록 한다.

첫째, 중국의 입장이나 중·한 관계를 우선적으로 염두에 둔 기술이 자주 보인다. 진덕여왕의 「태평송」에 대한 긍정적 평가나 해동강서시파와 목릉성세에 대한 부정적 견해, 그리고 사행문학의 부각 등이 그 예라 하겠다. 반면 고려시대의 독특한 문학현상인 '귀화문인'(조동일, 제4판 2권 239~242쪽)에 대한 언급이 전혀 없어 대조를 이룬다.

둘째, 표기법의 차이나 정치적인 면보다는 그것이 담고 있는 내용과 문학성 자체에 초점을 맞추고 있다. 향찰표기법이나 한글 창제와 같이 표기법 자체가 갖는 문화사적 의미보다는 소악부나 사 등에서 엿보이는 민중성과 민족성을 강조했다. 이는 한국에서 보편적으로 인식되어 온 『삼국사기』의 사대성이나 『금오신화』의 『전등신화』 모방성에 대해 민족정신을 새롭게 수립했다거나 창의적 재창작물로 평가한 데서 두드러진다.

셋째, 중국의 원전자료나 장르에 강점을 보이며 이를 한문학사 기술에 구체적으로 적용했다. 「쌍녀분」을 설명하면서 무대가 되는 지역의 현지縣誌를 참고한다든지, 이제현의 사 문학을 설명하면서 사 장르의 발전 과정을 정리하고 당시 원대 사 문학의 조류 속에서 특징적 요소를 찾아낸 것은 시사하는 바가 크다.

넷째, 한문산문 장르에 대한 불분명한 태도가 보인다. 한문학계에서는 오랫동안 한문학 장르에 대해서 논의해왔다.[16] 정통 한문학은 근대 문학과 개념에서부터 용도에까지 상당 부분 이질적 기반을 갖고 있다. 그러기에 한문학 장르에 대한 범주화 작업이 쉽지만은 않은 것이다. 그럼에도 불구하고 최소한의 학문적 고민의 과정이 필요한데, 그런 점에서 중국판 한문학사에서는 '패설체稗說體'를 한문산문을 통칭하는 장르명으로 사용하고 있다는 느낌을 준다. 패설체를 종합적 성격을 띤 산문 형태로 보고, 잡록雜錄 · 시화詩話 · 필기筆記 · 야사野史 · 구전口傳 등을 모두 포함시키고 있다.

다섯째, 교과서적 진술태도를 극복하지 못하거나, 단순한 참조를 넘어 표절의 위험도 내포하고 있다. 이는 중국판 한문학사가 집필되던 과정과도 직접 관련되어 있다고도 볼 수 있다. 허문섭, 문일환, 허휘훈의 문학사는 중국 내 교육과정의 필요성에 의해 교과서로 집필된 것들이었다. 바로 1970~1980년대 한국에서 집필된 문학사의 과정을 생각하면 쉽게 이해가 될 것이다.[17] 게다가 정치적 관계로 인해 북한문학사를

---

16 이가원, 「한문 문체의 분류적 연구」(『아세아연구』 3, 고려대 아세아문화연구소, 1960); 심경호, 『한문산문의 미학』(고려대 출판부, 1998); 김종철, 「한문 문체 연구의 쟁점」(『동방한문학』 57, 동방한문학회, 2013); 심경호, 「한국 한문산문사 서술의 제문제」(『한국한문학연구』 64, 한국한문학회, 2016) 등 참조.

17 한문학이 인문학의 한 분야로 공인 받은 것은 1950년대 말부터 1960년대 초에 이르러서다. 하지만 국학으로서 본격적인 연구 인프라를 구축하기 시작한 것은 1970년대 한문교육이 제도권으로 들어오면서부터이다. 즉, 1973년 제3차 교육과정에서 국어에 편입되어 있던 한문교과가 독립되면서 한문교육학과가 창설되었고, 이들을 가르칠 (한)문학사가 집필되었다. 그런 점에서 이 시기 다양하게 쏟아져 나왔던 문학사들은 교과서로서의 성격이 짙을 수밖에 없었다. 임형택, 「한국 20세기의 한문교육과 그 당면과제」(『한문교육연구』 23, 한국한문교육학회, 2004); 황위주, 「한문학 연구의 몇 가지 과제」

수용한 것도 순수 학술적 의미의 한문학사 집필을 방해했으리라 본다. 또한 구체적인 내용에 있어 '최치원 문학의 시기구분'이랄지 '통일신라 시대 향가의 사상이나 내용 분류' 같은 부분은 참고의 수준을 넘은 것으로 보인다. 이는 한문학사 기술에서 표절의 범위라는 새로운 문제를 던져준 것으로 볼 수 있다.

5. 맺음말

한국문학사 기술의 문화횡단적 연구는 '시각'과 '도구'라는 두 가지 점에서 출발할 수 있다. '시각'은 생산자(원조)와 수용자의 입장을, '도구'는 보편문자와 사상을 말한다. 문학사의 집필은 근대 이후에 와서야 시작되었다. 하지만 그 문학사가 기술의 대상으로 하고 있는 작품들은 중세와 봉건이라는 체제를 특징으로 한다. 그 시대 동아시아 사회체제의 중심은 중국이었다. 그들은 생산자로서 한자와 유학(또는 선종)을 만들었고 고려와 조선은 그것을 수용해 자국 문화로 발전시켰다. 여기까지는 문화의 전파와 발전적 수용이라는 긍정적 선순환 구조이다. 하지만 그렇게 만들어진 한국 한문학에 대해 원 생산자로 자부하고 있는 그들의 시각은 어떠할까? 그들은 한국 한문학에서 어떤 부분을 눈여겨보고 또 어떻게 평가할까? 이 글은 중국에서 그동안 간행된 한국 한문학

(『대동한문학』 22, 대동한문학회, 2005); 심호택, 「한국한문학 연구의 문명사적 검토」(『대동한문학』 48, 대동한문학회, 2016) 등 참조.

사의 분석을 통해 그런 점을 거칠게나마 확인해본 결과물이라 하겠다.

이 글은 그간 한문학계에서 축적된 연구 성과 중 한문학사 각 분야에 걸쳐 제기된 다양한 쟁점적 요소들을 추출하고, 이를 한국과 중국에서 간행된 대표적 한문학사에 적용하여 그 의미를 분석하였다. 1차 단계에서 20여 개의 표제어를 추출하였고, 한문학 장르의 연원이나 중국문학과의 역사적 관계 등을 고려하여 보다 연관성이 높은 것으로 다시 10개를 최종 선정하였다. 즉, 문풍의 변화, 해동강서시파, 목릉성세, 「태평송」, 『신라수이전』, 『삼국사기』와 『삼국유사』, 이제현의 사, 소악부와 조선악부, 『금오신화』, 사행문학이 그것이다. 이 문제들에 대한 구체적인 기술양상을 검토함으로써 각 주제에 대한 한국과 중국 간, 또는 중국 내부에서의 차이점도 확인할 수 있었다. 그리고 이런 과정을 통해 중국에서 간행된 한국 한문학사의 인식 태도를 다음과 같이 정리할 수 있었다. 우선 긍정적인 부분으로는 첫째, 중국의 입장이나 중·한 관계를 우선적으로 염두에 두었으며, 둘째, 표기법의 차이나 정치적인 면보다는 그것이 담고 있는 내용과 문학성 자체에 초점을 두었고, 셋째, 중국의 원전자료나 장르에 강점을 보이며 이를 한문학사 기술에 구체적으로 적용했다는 점을 들 수 있다. 그러나 한문산문 장르에 대한 불분명한 태도, 교과서적 진술태도와 단순한 참조를 넘은 표절의 위험 등은 아쉬운 점이었다.

현재 한자는 통용문자로서 완연히 사장화死藏化의 길에 들어섰다. 이런 현실에서 한문학 작품과 그 사적 구성체인 한문학사는 어디로 가야 할 것인지 중요한 기로에 서 있기도 하다. 단순 수용자로서가 아니라 민족문화의 창조자로서 위상을 찾아가는 과정에는 그 시대 우리 조상들의 시각으로 돌아가는 작업이 필수적으로 요구된다. 그러기에 더욱 우리 문학에 대한 밖으로부터의 시선에 관심을 기울이고 그동안 우리가 놓친 부분은 없는지 되돌아볼 필요가 있다.

중 · 일 한국문학사의 판소리 기술양상과 의미

서유석

1. 서론

이 글은 중국에서 기술된 한국문학사인 이암李岩, 서건순徐健順, 지수용池水涌, 유성운俞成云의 『조선문학통사朝鲜文學通史』, 웨이쉬성韋旭昇의 『한국문학사韓國文學史』와 일본에서 발행된 한국문학사인 김동욱金東旭의 『조선문학사朝鮮文學史』, 변재수卞宰洙의 『조선문학사朝鮮文學史』, 그리고 조동일의 『한국문학통사』 외 13종[1]의 한국문학사와 북한에서 나온 사회과학

1 연구대상으로 삼은 한국문학사는 다음과 같다. 이 중에서 『한국문학의 갈래이론』은 문학사가 아니지만, 조동일의 문학사 기술에 있어 갈래 구분의 선행연구를 확인할 수 있기 때문에 연구대상으로 삼았다. 조윤제의 『국문학사』, 『국문학개설』, 『한국문학사』는 출판연대는 다르고 머리말의 내용에도 차이가 있지만, 실제로 판소리 관련 부분의 기술을 포함해서 내용에는 큰 차이를 보이지 않는다.
김사엽, 『조선문학사』, 정음사, 1948; 김석하, 『한국문학사』, 신아사, 1978; 김재철,

원 문화연구소의 『조선문학사』, 심양에서 출판된 조선족 허문섭의 『조선고전문학사』를 대상으로 이들 문학사에 나타나는 판소리와 판소리계 소설에 대한 인식과 기술양상을 살피고자 한다.

널리 알려진 바와 같이 자국문학사 기술은 근대적 국가 만들기의 주요 수단으로 활용되어 왔다. 문학사 서술과 확립은 그 나라가 가지고 있는 문학의 연속성과 고유한 문예의식의 정립을 가능하게 한다. 사실 한 국가의 자국문학사 기술은 이미 만들어져 있는 외국의 문학사 기술과 깊은 영향관계를 가지고 있다.[2] 특히 우리문학사는 같은 한자 문화권 내에 속해 있는 중국과 일본의 자국문학사의 영향을 받았음을 부인하기 어려울지 모른다.[3] 이렇게 한 문학사가 서술될 때 다른 나라의 문학사와 상호 참조가 이루어지는 것이 분명한 사실이라면, 문학사 기술은 그 자체가 문화 교류와 접변의 사례이며, 더 나아가 언어횡단적 실천[4]의 장소일 수 있다. 그리고 이러한 양상은 중국과 일본에서 기술된

『조선연극사』, 동문선, 2003(초판, 1933); 김준영, 『한국고전문학사』, 형설출판사, 1981; 김태준, 박희병 교주, 『증보조선소설사』, 한길사, 1991; 김현 · 김윤식, 『한국문학사』, 민음사, 1973; 안자산, 『조선문학사』, 태동, 1991(초판, 1922); 이병기 · 백철, 『국문학전사』, 신구문화사, 1979(초판, 1957); 조동일, 『한국문학의 갈래이론』, 집문당, 1990; 조동일, 『한국문학통사』 4판, 지식산업사, 2004; 조윤제, 『한국문학사』, 동국문화사, 1965; 조윤제, 『국문학개설』, 동국문화사, 1963; 조윤제, 『국문학사』, 동국문화사, 1953.

2 동아시아의 문학사 기술과 상호 간의 영향관계는 다음을 참조하였다. 조동일, 『동아시아문학사 비교론』, 서울대 출판부, 1993; 류준필, 『동아시아의 자국학과 자국문학사 인식』, 소명출판, 2013.

3 실제로 같은 공동어문을 사용했던 국가들 사이에서 문학사 기술 방식의 참조는 주목을 요한다. 특히 한국과 일본문학사에서 漢文學을 자국문학사에 넣어 기술할 것인가의 문제는 오랜 논란거리였다. 임형택, 『한국학의 동아시아적 지평』, 창비, 2014.

4 리디아 리우, 민정기 역, 『언어횡단적 실천』, 소명출판, 2005, 17~95쪽. 리디아 리우는 손님언어(원천언어)와 주인언어(목표언어) 사이의 1 : 1 등가는 결코 이루어질 수 없는 것이라 설명한다. 예를 들어 판소리를 중국어 혹은 일본어로 번역할 만한 마땅한 단어가 없을 뿐더러, 동일한 개념도 존재하지 않는다. 따라서 언어횡단적 실천이란 찾을 수 없는 등가물을 자국의 인식에 알맞은 개념하에서 새롭게 찾아내는 것이다. 이러한 논의에

한국문학사에도 똑같이 적용될 것이다. 그렇다면 자국문학사의 관점에서 다른 나라의 문학사를 살펴보는 것은 자연스러운 결과라 할 수 있다. 따라서 중국과 일본에서 기술된 한국문학사는 서로 다른 문화 사이의 수용과 배제, 혹은 변용과 전유가 일어나는 문화교섭의 광장이 된다.

이 글은 이러한 문제의식을 바탕으로 중국 한국문학사와 일본 한국문학사의 판소리 기술양상과 남한과 북한, 그리고 조선족에 의해 기술된 문학사와의 비교 검토를 실시한다. 문학사의 다양한 기술 항목들 중에서 판소리에 집중하는 것은 판소리가 가지고 있는 독특한 문학사적 위상에 기인한 것이다. 판소리는 가장 한국적인 갈래로 불린다. 하지만 동시에 판소리와 유사한 형태의 문학 혹은 연행예술이 일본과 중국에도 존재하는 것이 사실이다. 따라서 판소리에 대한 문학사 기술은 분명히 자국 문학사 기술양상과의 영향 관계에 놓이게 된다. 실제로 중국 한국문학사 기술에서 판소리는 음차 그대로 '盤騷里(Pánsāolǐ)'로 불리거나 아니면, 강창講唱, 설창說唱과 같은 용어가 사용된다. 이는 자국문학사의 강창문학과 설창문학의 인식에 빗댄 기술이라 할 수 있다. 일본 한국문학사에서의 판소리 기술도 비슷하다. 일본 한국문학사는 판소리를 가타가나(パンソリ)로 기술하면서도 동시에 '謠物語(うたものがたり, Utamonogatari)'라는 용어를 사용한다. 이는 '歌物語(うたものがたり, Utamonogatari)'라는 이미 존재하는 문학 갈래와의 차이점을 두고 그 유사성을 통해 판소리를

따르면 너무나 당연해 보이는 자국문학사 혹은 자국문학의 개념을 통한 다른 나라 문학사에 대한 인식과 기술은 그 자체로 언어횡단적 실천의 장소가 될 수 있다. 일본의 한국문학사가 '謠物語'라는 용어로 판소리를 기술하는 것은 자신들의 '歌物語'와 같은 수준의 인식이니 서술이 아니다. 마찬가지로 說唱과 講唱이라는 개념으로 판소리를 기술하는 중국 한국문학사도 중국문학 내의 강창문학에 대한 이해를 기반으로 하지만, 그 기술양상은 분명 차이가 있다. 이 글은 이러한 기술양상의 차이에 먼저 주목한다. 세부적인 차이의 의미는 후속 연구를 통해 밝혀보고자 한다.

설명하기 위한 새로운 용어로 볼 수 있다.

중국문학사의 강창과 설창의 시각에서 바라보는 판소리는 분명 지금 우리의 한국문학사가 생각하는 판소리와 다른 모습을 제시할 수 있을지도 모른다. 마찬가지로, '歌物語'를 대신하여 만들어진 '謠物語'라는 용어로 기술되는 판소리에는 우리가 미처 확인하지 못한 판소리의 다른 모습이 발견될 가능성이 높다. 따라서 중국과 일본의 한국문학사 판소리 기술양상의 고찰을 통해 문학사 기술을 통한 다양한 문화접변의 사례를 확인함과 동시에 한국문학사가 포착하지 못했던 판소리에 대한 새로운 연구 시각의 조망을 기대할 수 있다.

이 글에서는 이를 위해 먼저 한국문학사에서의 판소리 기술양상을 간략하게 살펴, 해외 한국문학사의 판소리 기술양상과의 비교를 위한 기준점을 찾아본다. 그 다음 일본의 한국문학사와 중국의 한국문학사에 나타나는 판소리 기술의 양상과 의미를 살펴봄으로써 한국문학사와의 비교지점을 도출할 것이다. 연구대상은 판소리뿐만 아니라 판소리계 소설의 기술양상도 함께 살피도록 한다. 연행물인 판소리와 독서물인 판소리계 소설의 향유는 동시대에 함께 이루어졌으며 몇몇의 문학사는 이를 뚜렷하게 구분하지 않기 때문이다.

2. 한국문학사에서의 판소리 기술양상

이 장에서는 먼저 13종의 한국문학사에 나타난 판소리 기술양상을, 판소리를 지칭하는 용어 중심으로 간략하게 살펴보도록 한다. 사실 본 논의를 좀 더 정밀하게 펼치기 위해서는 13종의 한국문학사가 보여주는 판소리에 대한 평가와 의미에 대한 천착이 필요할 것이다. 하지만 판소리에 대한 문학사적 평가는 김현・김윤식, 조동일의 문학사와 같이 최근 문학사 외에는 잘 등장하지 않는다. 따라서 이 장에서는 판소리를 지칭하는 용어를 중심으로 한국문학사에서의 판소리 기술양상을 살핀다. 판소리를 지칭하는 용어의 변화 그 자체가 문학사에서의 판소리 기술의 의미를 드러내고 있기 때문이기도 하다.

사실 '판소리'란 용어가 판소리 등장부터 사용된 것은 아니다. 소리, 선소리, 창 등 다양한 이름으로 불리었고, 사실상 지금의 '판소리'란 용어는 일제 강점기 후반에 처음 등장했으며 본격적으로 사용된 것은 해방 이후로 추측된다. 실제로 초창기 문학사에서 판소리를 지칭하는 용어 역시 이와 크게 다르지 않다. 앞선 문학사에서 판소리를 판소리로 부르는 경우는 찾기 힘들다. 먼저 국내 문학사에서 판소리를 부르는 용어를 살펴보도록 한다.

① 안자산, 『조선문학사』 : 희곡(戱曲)

② 김태준, 『증보조선소설사』 : 가극(歌劇)

③ 김재철, 『조선연극사』 : 구극(舊劇)

④ 조윤제, 『국문학사』 : 창곡(唱曲) 혹은 창극(唱劇)

⑤ 김사엽, 『국문학사』 : 창극(唱劇)

⑥ 이병기 · 백철, 『국문학전사』 : 극가(劇歌)

⑦ 김현 · 김윤식, 『한국문학사』 : 판소리

⑧ 김석하, 『한국문학사』 : 판소리(창극, 극가)

⑨ 김준영, 『한국고전문학사』 : 극가(劇歌)

⑩ 조동일, 『한국문학통사』 : 판소리

판소리라는 용어가 새롭게 등장한 것처럼, 문학사 기술에서 판소리를 지칭하는 용어는 매우 다양하다. 연구대상으로 삼은 문학사는 아니지만, 판소리에 관한 최초의 종합적 연구서로 볼 수 있는 정노식의 『조선창극사』(1940)에서도 판소리를 지칭하는 용어는 '창극'이며, 판소리란 단어는 찾아볼 수 없다.[5] 오히려 '소리'라는 표현이 더 많이 나올 뿐이다. 위에서 살펴본 문학사에서의 판소리에 대한 명칭 변화도 시대 순으로 변화한 것도 아닌 듯싶다.

안자산의 문학사는 '희곡'이란 독립된 장에서 판소리와 판소리계 소설을 구분하지 않고 기술하고 있고, 판소리가 가지고 있는 갈래적 특징에 대한 심도 있는 논의는 드러나지 않는 것으로 보인다. 그가 판소리와 판소리계 소설을 '희곡'으로 통칭하는 것은 판소리가 단순히 연행물이기 때문인 것으로 보이는데, 이는 주목을 요하는 사실이다. 판소리가 가지고 있는 연행성을 초창기 국문학사가 먼저 인식했다고 볼 수 있기 때문이다.

김태준은 소설사적 관점에서 판소리계 소설을 논의하며, 판소리로

5 정노식의 『조선창극사』에서 판소리란 용어의 사용은 본문에 나오지 않는다. 김약영(김양수)이 써준 서문에만 등장한다. 정노식이 판소리를 지칭하는 용어는 창극이었다. 물론 정노식이 사용한 창극이란 개념은 지금의 '창극'과는 분명한 차이가 있다.

전승되는 형태를 가극으로 설명하고 있다. 주목해야 할 부분은 신재효의 판소리 사설 정리를 "이야기책을 광대의 소리로 개작하였다 하거니와"[6]로 설명하고 있다는 점과 아울러 판소리의 인기를 소위 시민계급(중인, 서울, 서리, 평민, 천민)의 요구에 부응한 것으로 판단하고 있다는 점이다. 이러한 기술은 시민계급의 요구에 의해 '순조부터 광무'까지의 소설과 가극(판소리)의 성장이 이루어졌다는 설명이 된다. 김태준은 여기서 더 나아가 '갑오경장을 기점으로 신흥하는 시민'이 '조선 사회의 중추'를 이루고 소설, 연극은 물론이거니와 '모든 문화 형태가 낡은 것을 버리고 새 것을 요구하게 된다'고 설명한다.[7] 이는 판소리의 등장을 소위 근대문학의 출발점으로 놓고자 하는 시각을 엿볼 수 있어 주목된다. 왜냐하면, 판소리와 소설의 부흥을 시민계급의 요구로 기술한 뒤 바로 이를 신문예운동으로 설명하면서 신소설과 연관시키기 때문이다.

김재철의 『조선연극사』는 철저히 '극'의 입장에서 판소리를 살핀다. 조선 후기 판소리에 대한 기술 없이 '광대'라는 존재의 설명으로 구극舊劇(판소리)의 기술을 시작한다. 그는 '광대란 가창을 전문으로 하는 사람'이라고 설명하며, '가사歌詞를 전업하던 광대는 이어서 구극 배우의 명칭으로 화'하였다고 기술한다.[8] 뒤이은 '구극의 대두'에서는 신재효를 설명하는데, 이 부분에서 '순조조에 신재효가 영정英正간에 창작된 소설 「춘향전」을 가극화한 것은 시대상으로 별로 의문을 둘 필요가 없다'고 설명하면서 더 나아가, "신재효는 「춘향전」을 위시하여 종래의 소설을 희곡화하였으며, 동시에 가극화한 것을 추측할 수 있으며, 조선 구

6 김태준, 박희병 교수, 앞의 책, 220쪽.
7 위의 책, 220쪽.
8 김재철, 앞의 책, 191~192쪽.

극의 문을 열었다고 아니할 수가 없다"라고 기술하면서 판소리를 '극'으로 규정한다.[9] 그리고 판소리는 '가창하는 가운데 1편을 연출하는 기형적 연극'이라고 설명하고 있다. 이는 판소리의 공연예술적 성격에 초점을 둔 기술로 볼 수 있다. 그리고 소설에서 판소리가 나왔다는 논의를 펼치고 있는 점은 주목을 요한다.

김사엽의 문학사는 창극이라는 용어를 사용하고 있다. 하지만 김사엽의 '창극'은 우리가 지금 사용하고 있는 창극의 개념과는 다르다. 김사엽의 '창극'은 지금의 창극과 판소리를 합한 개념처럼 사용된다. 특히 김사엽의 『조선문학사』는 「춘향전」을 설명하면서, "이 소설의 형식이 일면 장편시체로 된 것은 다음 시대에 성행된 한 경향으로 노래와 소설이 합류해서 창극을 이루려던 과도기적 현상이다"라고 기술하는데, 이는 소설 「춘향전」이 먼저고 그 다음 판소리 〈춘향가〉가 나왔다는 것처럼 읽히는 것이 사실이다. 하지만 뒤이은 '창극의 발달과 광대'라는 절에서는 "영정시대부터 시조가 생겨나고, 노가재를 중심으로 하여 가곡의 창법이 보급되어 대유행을 보게 되더니, 이것은 기후 광대들에 의해서 소설과도 합류해서 창극을 꾸며 내었고 이는 다시 잡가의 가창을 직업으로 하는 일군과 극을 위주로 해서 소위 구극을 발달시킨 구극 배우군과의 두 파로 나뉘게 되었다"라는 설명으로 바뀐다.[10] 이러한 기술에 따르면 판소리는 가곡 창법의 변화를 따른 음악이 소설의 사설과 결합하여 판소리를 만들어 내고, 일군의 광대들이 단가와 노래로 자신의 특장을 발전시켜 지금의 판소리, 정확히는 창극을 만들게 되었다는

---

9 위의 책, 193쪽.

10 이러한 설명은 김재철의 『조선연극사』와 상통하는 부분이 있음을 정확히 살필 수 있다. 김사엽, 앞의 책, 310쪽.

설명이지만, 그 근거가 무엇인지에 대한 정확한 서술은 찾아보기 어렵다. 또한 판소리 광대의 소리는 "가사에 충실하기보다는, 시조 꺾어 넘어가는 묘경을 더 중요시 하였으니"라고 설명하여 시조창의 음악적 자장하에 판소리가 놓여 있는 것으로 설명하고 있다.[11]

조윤제는 창곡이라는 다른 문학사에서 찾아볼 수 없는 용어를 사용하고 있어 주목해 볼 수 있다. 특히 조윤제는 일찍이 「춘향전」 교주본을 내놓은 바 있어 판소리에 대한 남다른 이해를 가지고 있을 것으로 보이지만, 실제로 그는 판소리와 판소리계 소설의 연관성에 대해 별다른 견해를 보이지 않는다. 또한 조윤제는 김사엽과 반대되는 기술을 보여준다. 조윤제는 '조선의 희곡문학이 빈약함'을 지적하면서 판소리가 '당당한 희곡'으로서가 아니라 일종의 '창극'으로 겨우 발달하였다고 기술한다.[12] 또한 창곡(판소리)은 청조 희곡의 영향으로 보이는 창극과 아울러 발달하여 왕성하여졌다고 기술하는데, 소위 창곡과 희곡의 분명한 차이가 적시되어 있지 않다. 다만 창곡은 소위 잡가나 선소리꾼들의 레퍼토리를 의미하고, 희곡은 판소리 작품을 의미하는 것으로 볼 수도 있다. 기술의 말미에는 신재효를 언급하면서 조선의 희곡가로 소개하고 있으면서, 매우 이채로운 현상으로 단정지을 뿐이다. 또한 조윤제는 판소리의 음악적 변화가 시조가 아닌 가사의 영향을 크게 받았다고 적시하는데, 이는 김사엽이나 김준영의 시각과는 전혀 다른 것으로 주목된다.[13] 또한 김사엽과 조윤제의 문학사는 판소리 작품의 경개만을 간단히 소개하고, 그 문학적 가치에 대해서는 기술하지 않고 있기도 하다.

11 위의 책, 310~313쪽.

12 조윤제, 앞의 책, 401~404쪽.

13 김사엽과 김준영은 판소리가 시조의 음악적 자장 안에 있는 것으로 파악한다.

김현 · 김윤식의 『한국문학사』는 판소리를 우리 문학사만의 자생적 갈래의 하나로 설명한다. 이는 앞선 연구 성과의 반영으로 보인다. 특히 『한국문학사』는 다른 문학사에서 거의 다루어지지 않았던, 판소리의 수사법과 사설의 다양한 언어 사용 측면에 주목하고 있다는 점을 반드시 살펴야 한다. 즉 판소리가 기존의 문장체 고소설과 다른 문체를 가지고 있다는 사실을 강조하면서 소위 판소리 서사체가 개화기 소설의 한 주류를 형성한다는 기술을 확인할 수 있기 때문이다. 실제로 구활자본 소설의 많은 분량이 판소리계 소설임을 생각해본다면 이는 분명 의미 있는 기술이겠지만, 판소리의 문체가 문장체 고소설과 완연히 다르다는 점을 생각해본다면 이 기술의 의미는 우리 문학의 근대 기점을 영정조 시기로 끌어올리면서 소위 문학사의 단절론을 극복하고자 하는 『한국문학사』의 문학사 기술 원칙에 따른 것으로 설명할 수 있다.

김석하 역시 판소리라는 용어를 채택하고 있다. 김석하의 문학사는 판소리 작품의 내용에 대한 설명 없이 판소리의 발전과정이나 구성형식만 기술하고 있을 뿐이다. 백철의 『국문학전사』는 특이하게 극가라는 용어를 사용하고 있는데, 판소리에 대한 기술은 김사엽, 조윤제의 것과 큰 차이를 보이지 않는다.

판소리를 극가로 부르는 문학사 중에 가장 주목을 요하는 것은 김준영의 것이다. 이 책은 서문에서 '비교문학적 관점'으로 문학사를 기술하고 있음을 정확히 밝히고 있다는 것에 주목할 필요가 있다. 김준영은 '극가劇歌 = 판소리'라는 용어로 판소리를 기술하는데, 판소리의 기원을 중국의 강창문학에서 찾고 있다. 결국 판소리를 강창문학으로 생각하고 있다고 설명할 수 있다. 사실 판소리의 강창문학 기원설은 1960년대 민속학의 태두인 장주근에 의해 본격적인 논의가 시작되기 이전부터, 중국문학 전공자들에 의해 꾸준하게 제기된 문제이다. 김준영은 이러한 논의를 대폭 수용하면서, 자신만의 관점으로 판소리가 중국 강창문학에 근거한다고 보고, 그에 따라 '판소리 = 극가'라는 등식을 성립시키고 있는 셈이다.[14]

조동일은 판소리의 갈래를 논의하면서 처음에는 서사장르류, 판소리 장르종이라는 규정을 선 보인 바 있다. 즉, 서사 갈래 안에 판소리라는 독립된 형식으로 본 것이다. 하지만 『한국문학통사』에서의 판소리는 동아시아 구비서사시의 전통에 입각한 '구비서사시'로 규정된다. 물론 이러한 변화는 오랜 기간 지속된 연구 성과에 의한 것이다. '구비서사시'로의 정립은 동아시아 문학 전통 내에서 판소리의 위치를 다시 확인한 것으로 주목할 필요가 분명하다. 실제로 구비서사시로 규정된 판소리의 기원이나 갈래를 명확히 설명하는 것은 쉽지 않다. 조동일의 논의처럼 판소리를 '구비서사시'로 '규정'할 수 있다면, 이는 앞서 살핀 '강창문학'과의 연관성도 고려할 필요가 있다. 소위 '강창문학'이라고 불리는 노래와 이야기가 교차되는 형태의 갈래는 중국문학뿐만 아니라 세계 문학 곳곳에서 확인할 수 있기 때문이다. 다시 말해서 노래와 이야기의 결합, 즉 운문과 산문의 교차 형식과 연행으로 향유된다는 사실은 강창문학과 구비서사시가 동일하게 보여주는 공통점이기 때문이다. 어떤 의미에서는 판소리를 '구비서사시'로 규정하는 것은 세계문학사에서 찾아볼 수 있는 '노래와 이야기를 섞어 연행되는 형식'의 모든 갈래 내에서 판소리의 위치를 확인할 수 있는 계기가 될 수도 있다.[15]

---

14 김준영의 판소리 강창문학 기원에 관한 논의는 아래에서 자세히 다루어진 바 있다. 서유석, 「판소리 中國 講唱文學 起源說 再論」, 『공연문화연구』 36, 한국공연문화학회, 2018, 111~113쪽.

15 이러한 시도는 조동일의 연구 성과에서 확인할 수 있다. 조동일, 『동아시아 구비서사시

이렇게 각각의 문학사가 보여주는 판소리에 대한 명칭의 혼선 혹은 서로 다른 지칭은 당대 연구 성과의 반영이기도 하지만, 각각의 문학사가 가지고 있는 집필 의도에 따른 것일 수도 있다. 해당 문학사가 판소리를 어떻게 이해하고 있는지를 보여주는 근거이기도 하다. 해방 직후부터 1950년대까지의 문학사는 판소리를 '극'의 관점에서 파악하려는 시각이 강하다. 이러한 기술 시각이 판소리 그 자체로 돌아서게 되는 것은 판소리에 대한 다양한 논의가 촉발된 이후부터라고 생각된다.[16] 조동일의 논의와 같이 소위 국문학 2세대 연구자들이 기술한 문학사에서 판소리는 지금처럼 판소리란 명칭으로 기술된다. 그리고 '극'이라는 관점에서 기술되기보다는 오히려 사설의 문학성에 더 치중하는 양상을 살필 수 있다. 이는 판소리 기원에 대한 다양한 논의가 함께 이루어지면서 본격적인 판소리 '사설'에 대한 연구가 시작되었기 때문이다. 즉 문학사에서 판소리라는 명칭의 사용은 판소리의 갈래를 어디에 놓고 살필 것인가와 밀접한 관련이 있는 것으로 보인다. 다시 말해서 초창기 한국문학사가 판소리의 연행성에 주목하여 '극'이라는 개념을 판소리 지칭에 많이 사용하였다면, 1970년대 이후 문학사 기술에서는 판소리가 가지고 있는 나름의 독창성에 더 주목하고 있는 것으로 보인다.

의 양상과 변천』, 문학과지성사, 1997.

16 확신할 수는 없지만, 문학사 기술에서 판소리를 부르는 다양한 명칭이 판소리로 정리되는 과정에는 1966년 개최된, '판소리의 장르 문제'라는 심포지엄을 빼놓을 수는 없을 것으로 보인다. 당시 이능우는 판소리를 소설로, 이두현은 판소리를 희곡으로, 강한영은 판소리를 판소리 그 자체로 보았는데, 강한영은 이후 판소리의 연극적 성격에 더 비중을 두었다. 또한 김우탁은 판소리를 '우리 독특한 장르'로 파악하였으며, 김학주는 판소리와 중국 강창문학과의 연관성에 주목하였다. 이 논의 이후 조동일은 판소리의 갈래를 '구비서사시'로 규정하는 데까지 나아간다. 조동일, 『한국문학의 갈래이론』, 집문당, 1990, 28쪽; 성현경, 「판소리의 갈래 연구」, 『동아연구』 20, 서강대 동아연구소, 1990, 1~36쪽.

한국문학사 내에서도 판소리를 지칭하는 용어는 이렇게 다양한 변화 양상을 보여 왔다. 그렇다면 중국과 일본의 한국문학사에서 판소리는 어떻게 기술되고 있는가? 한국의 각 문학사가 집필 의도에 따라 다른 갈래적 명칭을 판소리에 부여하고 있는 것처럼 중국과 일본의 한국문학사에서는 판소리가 가지고 있는 다양한 갈래적 성격에 더하여 자국 문학사의 인식 틀을 더한 판소리 기술을 하고 있음을 살펴볼 수 있다.

3. 일본 한국문학사의 판소리 기술양상과 의미

한국문학사의 일본어 번역판이 아닌, 일본인과 재일조선인을 내상으로 한 일본어판 한국문학사, 즉 『조선문학사』는 김동욱과 변재수의 것을 살필 수 있다.[17] 먼저 김동욱의 『조선문학사』[18]는 비교문학적 관점에서 기술된 것이다. 책의 서문에서부터 문학사 기술의 관점을 정확히 밝히고 있다. 서문의 문학사 기술의 의도를 잠시 살펴본다.

1. 比較文學的 視點을 加味한 것과,

17 류정선, 「일본 '한국문학사'에서의 한국고전문학사 인식과 서술양상」, 『비교문화연구』 48, 경희대 비교문화연구소, 1~30쪽

18 金東旭, 『朝鮮文学史』(日本放送出版協會(NHK), 1974)는 1976년 일신사에서 『국문학사』라는 이름으로 한국어로 번역되어 출판된다. 번역된 책의 서문에는 "이 국문학사는 필자가 일본에 머물러 있을 당시 일본 독자를 위해서 쓴 「朝鮮文学史」(NHK)를 기본으로 하여 엮은 것이다"라고 밝히고 있다. 정확한 문면을 확인하기 위해, 金東旭의 『朝鮮文学史』 인용은 일본출판본과 한국번역본을 모두 사용하도록 한다.

2. 漢文學을 우리의 正統的인 文學原譜 속에서 把握한 것과,
3. 文學을 西歐式이 아닌 東洋的인 概念에서 파헤치려고 한 점과,
4. 항상 文學圈 외에서는 民俗的인 文學發想을 그 書寫된 時期에서 文學의 圈內에 끌어 들이려고 한 점과, (例를 들면 原始敍事詩, 野談 등을 正統文學으로 다루려고 한 것 등)
5. 항상 文化史的인 幅넓은 視野에서 文學을 다루며,
6. 國民文學의 起點을 판소리 生成으로 잡으려고 한 점 등,[19]

역시 주목해야 할 부분은 마지막 6번이다. 김동욱은 소위 '국민문학'의 기점을 판소리 생성으로 파악하고 있다. 사실 위에서 확인할 수 있는 '국민문학'이라는 개념은 모호해 보인다. 소위 '국민국가nation-state'의 개념에서 찾아볼 수 있는 '국민'처럼 볼 수도 있기 때문이다. 특히 문학사 기술이 근대적 국가 만들기의 주요한 수단이었음을 감안할 때, 위의 '국민국가'는 '민족국가' 혹은 '민족문학'의 개념처럼 보이기도 한다. 하지만 『조선문학사』 문면에 나타난 '국민문학'의 개념은 계급과 신분을 뛰어넘어 모든 사람들에게 애호 받을 수 있는 문학 형태로 한정되는 것처럼 보인다. 이는 아래 예문에서 확인해 볼 수 있다.

廣大에 의해 創成된 것이 士大夫의 助言에 의해 보다 좋은 것으로 만들어져 갔던 過程에, 士大夫 自身도 參加했기 때문에, 國民文學的인 共感의 터전이 마련되었던 것이라고 보면 좋을 것이다. 이렇게 하여 18세기 말기에 내려오면, '賤民'인 廣大가 임금의 御前에서도 演唱하도록 허락되었고,

19 김동욱, 『國文學史』, 일신사, 1976, 3쪽.

이처럼 판소리는 國民文學으로 크게 성장하여 그 바톤을 新小說에게 넘겨 주게 되었던 것이다.[20]

위의 예문에서 살필 수 있는 것처럼 김동욱의 '국민문학'은 일단 단순하게 임금부터 천민까지 모든 계층에게 사랑받을 수 있던 문학을 지칭하는 것으로 보인다. 하지만 '국민문학의 바톤이 신소설'로 넘어갔다는 기술과 아울러, 머리말에서 살필 수 있는 '국민문학의 기점은 판소리 생성'이라고 보는 부분은 분명 다른 의미로도 읽어낼 수 있는 가능성이 있다.

김동욱은 판소리와 같은 '민중적 문예 양식'들이 '중국과 일본에서는 12, 13세기에 이미 드러나고' 있었지만, 우리의 경우 '봉건문화'와 '사대부들의 획일성' 아래에서 '한문학에 눌려' 그 모습을 드러내지 못하던 환경에서 판소리와 같은 민중문예의 등장은 '기적에 가까운 일'이라 평가한다.[21] 판소리의 생성을 '국민문학'의 기점으로 파악하는 김동욱의 이러한 시각은 판소리가 가지고 있는 민중성에 주목하면서 동시에 판소리의 등장을 소위 근대문학의 출발로 보고자 하는 경향도 읽어낼 수 있다. 그리고 이는 한국문학사의 근대 기점을 영정조 시기로 올려잡은 김현, 김윤식의 『한국문학사』의 시대구분과도 통하는 지점이다.

결국 김동욱이 주장하는 '국민문학'에서는 판소리를 근대문학의 출발점으로 보고자 하는 경향을 엿볼 수 있는데, 이는 사실 앞서 살핀 김태준의 문학사 기술과 거의 같은 지점으로 생각해 볼 수 있다. 김태준 역시 판소리의 부흥과 높은 인기를 시민계급의 요구로 파악했고, 이러

20 위의 책, 198쪽.
21 위의 책, 197쪽.

한 문예운동이 뒤이은 신소설에까지 영향을 준다고 기술하기 때문이다. 즉 김동욱은 『조선문학사』 기술에서, 판소리를 사대부의 억압을 뚫고 기적적으로 드러난 '민중문예 양식'으로 파악하고, 동시에 판소리부터 특정계층에 국한되지 않은 계급과 신분을 뛰어넘은 문예물이 되었음을 증명하여, 판소리의 생성에 '국민문학'이라는 이름을 붙임으로써, 소위 자생적 근대 문학의 기점을 판소리 생성 시기로 끌어 올리고 있는 것이다. 판소리가 가지고 있던 당대의 높은 인기와 아울러, 다른 문화권에서 쉽게 찾아볼 수 없는 판소리의 독특한 양식에 주목했기 때문이다. 물론 나손 김동욱이 펼쳐온 판소리 연구에 대한 높은 성과와 애정이 이러한 문학사 기술을 낳았는지도 모를 일이다. 하지만 분명한 것은 판소리가 가지고 있는 독특한 갈래적 특징을 발판으로 소위 '민족문학'의 독특한 위상을 자신의 『조선문학사』 내에서 더 강화하려던 것으로 추측할 개연성은 충분하다는 것이다. 실제로 『조선문학사』는 일본인을 상대로 일본어로 서술된 문학사이기 때문이다.

하지만 이보다 주목을 요하는 부분은 김동욱이 판소리를 '謠物語'라는 용어로 번역하고 있다는 점이다. 널리 알려진 바와 같이 '物語'란 일본문학에서 오늘날 소설에 해당하는 고전문학 갈래의 하나이다. 사실 '謠物語パンソリ'라는 용어는 한국문학, 일본문학 어디에도 사용되지 않는 용어이다. 이는 아마도 '우타모노가타리歌物語'의 원용으로 보는 것이 정확한 시각이다.[22]

일단 '우타모노가타리'는 운문인 '와카和歌'와 이야기인 '모노가타리物語'가 결합된 갈래인데, '우타歌'가 중심이 되는 이야기로, 운문과 산

---

22 서재곤, 「일본어판 한국문학사 재고」, 『일본언어문화』 12, 한국일본언어문화학회, 2008, 309~310쪽.

문의 결합, 혹은 노래와 이야기의 결합이라는 양식적 측면에서는 판소리와 유사하지만, 와카를 중심으로 와카의 배경과 유래를 이야기하는 형태이기 때문에 근본적인 구성 형식은 판소리와 차이가 있다고 볼 수 있다. 하지만 김동욱의 판소리 기술은 '우타모노가타리'에서 벗어나지 않는 부분도 있다. 판소리를 비교문학적 관점에서 일본문학과 비교하면서 판소리 이본의 다양성을 '우타모노가타리'의 대표작인 일본의 헤이케모노카타리平家物語와 비교하기 때문이다. 결국 김동욱은 일본의 '우타모노가타리'와 판소리가 다른 점을 정확히 인식하면서도, 판소리에 대한 일본인들의 이해를 돕기 위해 일본문학사에서 찾을 수 있는 용어를 한국문학사 기술에 더하고 있는 셈이다.

그렇다면, '謠物語'는 어떻게 나온 용어일까? 서재곤은 '謠物語'의 '謠'가 와카와 달리 판소리의 '唱'이 노래라는 점을 고려하여 붙인 것으로 설명하고 있다. 하지만 판소리의 '唱'을 단순히 '노래'라고 지칭하는 것도 쉽지 않다. 판소리는 하나의 긴 서사를 운문과 산문, 혹은 노래와 이야기(아니리)로 나누어 부르기 때문에, 판소리의 '唱'은 하나의 독립된 '노래'처럼 기능하는 부분도 있지만, 그 자체로 서사를 이끌어가는 주요한 핵심이기도 하기에, 단순히 '노래'라고 지칭하기는 어려운 부분도 존재한다. 하지만 일본인을 대상으로 쓴 『조선문학사』의 기본 서술 의도가 일본인들에게 한국문학을 소개하고 이해시키려는 데 있기에, '謠物語'라는 개념의 등장은 와카 중심의 '우타모노가타리'를 연상시키면서 판소리가 가지고 있는 그 형식을 일본 독자에게 주지시키는 데 충분한 용어였을 것으로 판단된다. 실제로 '謠物語'와 '歌物語'는 모두 히라가나로 읽으면 똑같은 '우타모노가타리うたものがたり'가 된다.

김동욱에 의해 제시된 '謠物語パンソリ'는 변재수의 『조선문학사』에도

동일하게 사용된다. 일단 해당 부분을 제시하면 다음과 같다.

> 이 시기의 소설에는, '판소리 대본'이라고 명명하는 독특한 형태의 작품이 있다. 판소리라는 것은, 간단히 말하면, "謠物語(パンソリ)"라고도 말할 수 있지만, 독특한 절을 반복하여 이야기를 노래 부르듯이 말하는 형식으로, 그 자체는 음악의 분야에 속한 것이다. 문학의 분야에서 문제가 되는 것은 판소리 대본이다. 이것은 판소리 공연을 위하여 씌어진 것으로, 독특한 형태를 지녔지만, 전반적으로 보면, 서사적 묘사 방법에 따라 씌어진 소설체와 비슷하다. 판소리 대본은 구전설화에 기초한 것도 있고 또 개별적 작가의 소설을 개작한 것도 있지만, 주로 18세기 이후에 많이 창작됐다. 대표적인 판소리 대본으로는 춘향전, 심청전, 토끼타령 등이 있다.[23]

일단 변재수의 『조선문학사』는 사회주의 문학관에 입각하여 기술된 것으로 북한에서 기술된 한국문학사와 그 맥을 같이 하는 특징을 찾을 수 있다.[24] 따라서 변재수의 『조선문학사』에는 판소리라는 독립된 용어가 거의 드러나지 않는다. 문학사 전체에서 판소리라는 용어가 '謠物語'로 등장하는 것은 위 부분이 전부다. 대신 판소리계 소설에 대한 기술을 찾아볼 수 있다. 하지만 판소리계 소설에 대한 내용은 북한문학사의 그것과 큰 차이점을 찾기 어렵다.

차이점이 있다면, 오히려 북한문학사보다 판소리 혹은 판소리계 소설에 대한 이해도가 뒤처진다는 점이다. 판소리계 소설, 혹은 판소리

---

23 卞宰洙, 『朝鮮文学史』, 青木書店, 1985, p.213. 변재수의 『朝鮮文学史』 번역은 필자 스스로 한 것이다. 짧은 일본어로 인해, 오역의 가능성이 충분하다는 부끄러운 사실을 밝혀둔다.

24 조동일, 『동아시아 문학사 비교론』, 서울대 출판부, 143쪽.

서사체가 문장체 고소설과 다른 가장 큰 차이점 중 하나가 뛰어난 묘사와 조선 후기 현실 생활의 핍진한 반영인데, 변재수의 『조선문학사』는 이를 반대로 기술한다. 이를 제시하면 다음과 같다.

> 그렇지만 구전설화를 소재로 한 소설에도 단점은 있을 수밖에 없다. 먼저 말한 것처럼 묘사력의 미숙과 구성법의 정형화, 인물의 형상화에 리얼리티가 부족하다는 것이 그 주된 문제이다.[25]

이러한 기술은 뒤에 개별 작품 논의에서 뒤집어지는 경우도 발견할 수 있다. 예를 들어 「흥보전」을 기술하면서 흥보와 놀부의 대조적인 성격은 당대의 지배계급과 피지배계급의 관계를 드러내고 있다는 서술도 확인할 수 있으며, 더 나아가 놀부의 형상이 상품화폐 발전에 따라 출현한 이기주의자이자 탐욕의 화신인 당시 지주 계급의 전형으로 묘사되고 있다는 기술도 있다. 분명 '리얼리티가 부족'하다고 기술하면서, 개별 작품론에서는 반대로 당대 '상품화폐 발전에 따른 인물의 전형'이 드러난다는 것은 모순적 서술처럼 보인다.

이는 변재수의 『조선문학사』가 북한 사회과학원 문학사를 기반으로 하면서, 개작되었기에 이루어진 현상이라 추론해 볼 수 있다. 하지만 역시 주목을 요하는 것은 판소리를 김동욱과 마찬가지로 '謠物語'로 번역하고 있다는 점이다. 만약 '謠物語'를 쉽게 '노래이야기'로 생각할 수 있다면, 이 용어 자체가 노래와 이야기의 교차 반복으로 이루어지는 판소리의 형식을 가장 잘 나타내고 있기에 그대로 사용한 것으로 생각해

25 卞宰洙, 앞의 책, p.215.

볼 수 있다. 그리고 '物語'라는 개념의 등장은 역시 『조선문학사』가 상정하고 있는 일본인, 그리고 재일조선인들의 이해를 돕기 위한 문화접변의 사례라 할 수 있다. 즉 '謠物語'라는 용어는 일본 자국 문학사 기술과 이해의 방식이 한국문학사 기술에 적용된 중요한 사례로 볼 수 있는 셈이다.

4. 중국 한국문학사의 판소리 기술양상과 의미

중국에서 서술된 한국문학사의 판소리 기술양상과 의미를 살피기 전에 먼저 중국의 한국문학사 기술에 많은 영향을 준 것으로 보이는 북한문학사와 북한문학사의 직접적인 영향을 받은 조선족에 의해 서술된 한국문학사를 살펴볼 필요가 있다.

먼저 북한문학사에서는 판소리에 대한 기술을 쉽게 찾아볼 수 없다. 이는 1964년 11월 7일 김일성이 문학예술부문 일꾼들 앞에서 행한 연설에서 그 이유를 찾아볼 수 있을지 모른다. 김일성은 판소리를 배격하는데, 그 구체적인 이유는 판소리가 양반의 노래 곡조라는 점, 듣기 싫은 탁성을 낸다는 점이다.[26] 1964년 이후 판소리는 북한의 전통공연예술 무대에서 완전히 사라진다. 조상선이 1964년 발표한 창극 〈춘향전〉

---

26 서도 소리가 맑은 소리를 내는 창법을 구사하는 데 비해, 일제강점기를 거쳐 시김새가 많은 호남의 음악으로 구성된 판소리가 북한 사람들에게는 듣기 싫은 탁성으로 인식될 가능성은 충분하다.

은 판소리적인 작품이 아니라 이미 혁명가극화한 것으로 보는 견해가 우세하다.[27] 이와 같은 이유에서인지 몰라도, 북한문학사에서는 판소리계 소설에 대한 기술은 자세하지만, 판소리 자체에 대한 기술은 거의 찾아볼 수 없다.[28]

북한의 『조선문학사』에서는 '판소리계 소설'이라는 남쪽의 용어도 사용하지 않는다. 우리의 '판소리계 소설'이라는 명칭은 북한문학사에서 '구전설화에 토대한 국문소설'이라는 용어로 바뀌어 있다.

'구전설화에 토대한 국문소설'에는 '판소리계 소설' 말고도, 「장화홍련전」과 「콩쥐팥쥐」가 함께 묶여있고, 이 범주 안에 「심청전」, 「흥보전」이 포함되어 있다. 「토끼전」의 경우에는 '봉건사회의 악덕을 풍자한 우화소설'이라는 독립된 장으로 구분하여, 조선 후기 우화소설의 자장 내에서 함께 설명한다. 가장 중요한 지점은 「춘향전」을 독립된 장으로 빼내어 단독 기술하고 있다는 점이다. 이러한 양상은 중국의 한국문학사 기술에서도 동일하게 찾아볼 수 있는 모습이다.

조선족학자인 허문섭의 『조선고전문학사』[29]는 북한문학사와 마찬가지로 판소리를 독립된 장으로 구분하여 기술하고 있지 않다. 북한문학사와 마찬가지로 '판소리계 소설'은 많은 비중을 들여 서술하고 있는데, '소설문학의 흥성에서 민간국문소설'이라는 제목하에 다양한 판소리계 소설을 논의하고 있다는 점도 북한문학사와 동일하지만, 「춘향

---

27 정병헌, 「박동실의 삶과 판소리 활동」, 『월북국악인연구』, 국립국악원, 2003, 43쪽.

28 창극에 관한 짧은 기술은 확인할 수 있다. 역시 판소리 자체를 서술하는 것은 아니고, 원각사 조직 이후 준세기의 판소리나 다른 극예술 형식을 계승하고 새로운 시대적 요구의 인민들의 미학 정서적 요구에 맞게 혁신한 음악극 예술로서의 창극을 설명할 뿐이다. 사회과학원 문학연구소, 『조선문학사(19세기 말~1925)』, 과학・백과사전출판사, 1980, 16~17쪽.

29 허문섭, 『조선고전문학사』, 심양 : 료녕민족출판사, 1985.

전」만을 독립적으로 기술하거나 작품의 우수성을 설명하고 있지는 않다는 차이점도 있다.

주목해야 할 점은 북한문학사에 등장하는 「춘향전」의 창작 경위와 이본 설명이 김태준의 『증보조선소설사』와 정노식의 『조선창극사』의 내용을 그대로 담고 있을 뿐, 새로운 기술은 찾아보기 어렵다는 점이다. 오히려 송만재와 류진한의 생몰연대와 작품 창작 연대는 남한의 연구 성과와 다르고, 더 나아가 앞뒤가 맞지 않는 기술을 보여주고 있기도 하다. 사실 북한문학사의 판소리 관련 기술에서 가장 강조하는 부분은 「춘향전」의 주제이다.

> 량반신분의 청년남자가 천인신분의 처녀와 맺은 순결한 사랑의 이야기를 통하여 봉건사회의 신분적불평등을 반대하는 시대의 요구와 인민의 지향을 형상적으로 밝혀낸 여기에 「춘향전」의 주제사상적 내용이 가지는 거대한 사회적 의의가 있으며 사랑의 주제해명에서 「춘향전」이 독창적으로 개척한 새로운 경지가 있는 것이다.
>
> 「춘향전」은 이렇듯 주제의 새로운 탐구와 해명에 기초하여 제재의 현실성과 광대한 사회생활의 진실한 묘사, 각계각층 인물의 생동한 성격창조를 보장함으로써 이 시기의 가장 우수한 사실주의 작품의 하나로 되었다.
>
> 「춘향전」에는 동시대의 그 어느 작품에서도 볼 수 없는 당대 봉건사회 현실의 거대한 화폭이 그려져있으며 첨예한 사회적문제가 의의있게 해명되었다.[30]

30 사회과학원 문화연구소, 『조선문학사(18세기 문학)』, 과학 · 백과사전출판사, 1994, 170~171쪽.

「춘향전」을 포함한 판소리, 판소리계 소설의 주제에 대한 논의는 오랜 쟁점 중 하나이다. 조동일은 일찍이 판소리, 판소리계 소설에는 표면적 주제와 이면적 주제가 병립하고 있음을 주장한 바 있고, 이러한 논의는 지금까지 판소리 작품에 대한 연구에 많은 영향을 끼치고 있는 것이 사실이다. 하지만 북한문학사에서는 사회주의적 측면에서 김일성과 김정일의 교시에 따라 일관된 주제만을 주장하고 있을 뿐이다. 국내 한국문학사와 또 다른 차이점으로 드러나는 것은 「춘향전」을 실학문학의 자장 아래 두고 이몽룡이 실학적 인물형으로 발전하지 못하고 있다고 지적하고 있는 부분이다.[31]

허문섭의 『조선고전문학사』도 작품의 평가와 해석에서는 북한문학사와 유사성을 더 많이 갖지만, 작품의 기원에 대해서는 국내 한국문학사의 연구 성과를 인용하고 있다. 18세기 초, 혹은 중엽에 무명씨의 광대, 판소리 작가들에 의하여 「춘향전」이 창작되었다는 기술은 김동욱의 논의와 같고, 작품의 근원설화로 꼽는 것들 역시 김동욱의 논의와 일치한다. 그리고 작품의 기원에 대한 논의는 김태준의 『증보조선소설사』와 정노식의 『조선창극사』의 원전을 인용하고 있다는 점에서 북한문학사와 유사하지만, 작품에 대한 기술은 북한문학사보다 더 상세하다는 차이점이 분명하다.

중국의 한국문학사 판소리 기술도 북한의 서술과 유사한 형태를 확인할 수 있다. 먼저 웨이쉬성의 『한국문학사』[32]부터 살펴보도록 한다. 『한국문학사』의 1986년 초판의 제목은 『조선문학사』였지만, 최근 판본은 같은 내용을 담고 있으면서도 『한국문학사』로 제목이 바뀌어 중

31 물론 이몽룡을 '인도주의사상을 지닌 봉건말기의 새 형의 량반'으로 지칭하기도 한다.
32 韦旭昇, 『朝鲜文学史』, 北京大学出版社, 2008.

국 내 달라진 남북한의 위상을 가늠케 한다.

일단 웨이쉬성의 『한국문학사』는 북한문학사와 마찬가지로 판소리를 독립시켜 기술하지 않는다. 이러한 이유는 북한문학사가 김일성의 교시에 의해 판소리 기술을 의도적으로 배제한 것과는 다른 의미를 가지고 있는 것으로 보인다. 문학사 전체에 구비문학과 극문학에 대한 기술이 매우 약한 것이 특징인데, 이러한 편제 구성상 판소리를 따로 기술할 부분을 찾지 못했기 때문으로 예상할 수 있다. 실제로 판소리 그 자체에 대한 기술은 조선 후기 시가문학을 서술하면서 가사문학의 말미에 신재효에 대한 서술에서만 확인할 수 있다. 신재효에 대한 서술은 국내 문학사와 큰 차이를 보이고 있지는 않은 것으로 확인된다. 하지만 판소리계 소설에 대한 기술은 '민간전설을 기초로 한 국어소설'이란 부분으로 독립되어 있다. 이 부분에서는 「춘향전」과 「심청전」, 우화소설, 그리고 「배비장전」이 포함되어 있는데, 이러한 구성은 북한문학사의 기술 방식과 거의 흡사하다.

웨이쉬성의 『한국문학사』에서 판소리 혹은 판소리계 소설 「춘향전」의 기술 내용은 북한문학사와 유사하다. 처음에는 작품의 창작 경위와 배경을 설명하고, 작품의 주제에 대해 기술한 뒤, 인물 형상화에 대한 논의로 서술을 끝마친다. 하지만 「춘향전」에 대한 인식의 범위는 분명히 다르다. 웨이쉬성은 춘향전의 보조 인물들, 특히 방자, 향단, 농부, 집장 등의 인물에 집중하고, 그들의 행동에 주목한다. 번역해서 옮기면 다음과 같다.

> 밭의 농민들은 거지로 위장한 이몽룡에게 변학도의 죄행을 서술하면서 그에 대한 미움도 표출했다. 이몽룡의 시동 방자도 때로는 그의 주인에 비

아냥거리는 태도를 취한다. 작품은 방자의 이러한 묘사 방법에 희극성의 수요 외에 일반 시민계층의 권위 인물을 무시하는 '존엄'의 사상 경향이 있다. 조선왕조 봉건사회의 몰락 추세의 상황하에 귀족의 지위는 점차 신흥산업자본세력의 충격을 받았다. 18세기에서 19세기의 소설가 박연암은 「양반전」, 「호질」 등 작품에서 봉건귀족을 비웃었다. 「춘향전」에 나타난 방자의 이몽룡에 대한 태도 역시 이러한 경향이 있다. 「춘향전」의 작가는 이러한 묘사를 통해 하층인물들로 하여금 이야기 줄거리를 끌고 나가게 하는 데 큰 작용을 했다. 이를 통해 이 작품의 사상적 의의를 제고한다. 이 작품은 당시 사회 각 계층의 사상 동향을 반영하고 있다.

봉건등급제도의 속박에서 벗어나고자 하는 면에서 「춘향전」은 시민계층의 사상 경향을 표현하였다. 봉건제도하에서 춘향이와 같은 사회적 지위에 놓인 여자는 귀족들의 사랑을 받더라도 그들의 시녀나 첩이 될 수밖에 없다. 그들의 정부인을 들이기 전이더라도 춘향이는 시녀나 첩밖에 될 수가 없다. 신분이 비천한 자는 귀부인이 될 수 없다. 「춘향전」이 있기 전 조선 17세기 문인 소설 「구운몽」 역시 이렇게 문제를 처리했다. 하지만 춘향이는 당당하게 정부인의 자격으로 이몽룡과 백년가약을 맺었다. 이를 통해 시민계층이 봉건 문법을 타파하고자 하는 관념의 속박이 더욱 강렬해졌다는 것을 알 수 있다.[33]

조동일은 『한국문학통사』에서 조선 후기 고소설 향유의 양상을 시민市民(도시에 사는 상공업자)이라는 새로운 향유층 등장의 산물로 파악한 바

---

33 위의 책, pp.330~331. 예문은 필자가 직접 번역한 것이다. 번역의 문제 책임은 필자 본인에게 있다. 앞으로 2종의 중국문학사에서 원문을 인용할 경우, 필자의 번역문을 제시하고, 각주에는 원문의 페이지를 명기하도록 한다.

있다. 웨이쉬성의 문학사 기술, 특히 판소리계 소설 부분에서는 조동일과 유사한 시각을 확인할 수 있다. 북한문학사나 조선족문학사가 이념에 치우친 기술을 보여주는 것과 달리 소위 '시민계층'의 의식을 반영하고 있다는 기술은 매우 흥미롭다. 판소리가 서민의 문예물에서 출발하여 양반과 임금에 이르는 상류층의 사랑을 받게 된 것을 볼 때, 더더욱 그러하다. 실제로 아무 생각 없던 이도령에게 춘향이라는 존재를 다시금 깨닫게 하는 것은 남원의 농부들이며, 몇몇 이본들 중 신분제의 모순이나 탐관오리의 횡포가 강하게 드러나는 이본의 경우에는 웨이쉬성의 지적과 같이 보조적 인물들의 행동이나 대사에서 이러한 시각을 충분히 확인할 수 있기 때문이다.

웨이쉬성의 『한국문학사』 판소리 기술이 보여주는 또 다른 주요한 특징은 북한문학사나 국내 문학사들이 살피지 않았던 판소리의 중요한 특징을 적확하게 서술하고 있다는 점이다.

> 이외에 작품은 주인공 심리 활동 묘사와 자연 경물의 묘사에 선명하고 생동적이다. 예를 들면 이몽룡이 춘향이를 보고 난 후, 서재에 돌아오고 나서도 춘향이를 잊지 못하고 정신이 혼미하여……[34]

> 작품의 경치묘사에서도 뚜렷하여 이야기 줄거리 발전이 인물의 감정과 잘 결합되어있다. 경치를 받쳐주고 사건의 발생과 진행을 도와주면서 분위기를 조성하여 정경과 잘 어우러지게 하고 있다. 예를 들면 이몽룡이 처음으로 춘향이를 보고 사랑의 마음을 가지게 되었을 때 방자로 하여금 춘

34 위의 책, p.331.

향이의 거처를 확인하면서 다음과 같이 경물을 묘사한다.[35]

김병국은 판소리, 판소리계 소설의 문체를 살피면서, 소위 문장체 고소설과 전혀 다른 판소리만의 문체 혹은 판소리계 작품의 형식적 특질을 '판소리 서사체'로 명명한 바 있다. 판소리 서사체가 문장체 고소설과 확연하게 차이가 드러나는 부분은 바로 묘사와 나열에 집중한다는 점이다. 특히 이러한 묘사와 나열은 관념적인 사물의 열거에 그치는 것이 아니라, 실재하는 일상의 것들과 실제 풍경에 집중하고 있기에 그 가치가 더 크다. 판소리나 판소리계 소설이 보여주는 풍경 묘사의 의미는 조동일의 『한국문학통사』를 제외한 다른 국내 문학사에서는 전혀 기술되지 않는 부분이며, 더 나아가 북한문학사와 조선족문학사에서도 확인할 수 없다. 웨이쉬성의 이러한 기술 태도는 소위 중국의 '강창문학' 혹은 '설창문학'이 가지고 있는 특징을 판소리와 판소리계 소설에 적용하면서, 판소리와 강창문학의 유사성을 이용하여 판소리에 대한 적확한 이해에 도달하고 있는 것으로 보인다.[36] 다시 말해서, 판소리가 중국의 강창문학에 영향을 받았다는 국내 기술과는 달리 중국의 강창문학과 판소리가 가지고 있는 유사성을 통해 판소리를 이해하고, 더 나아가 판소리 서사체가 가지고 있는 정확한 의의를 찾아 기술할 수 있었던 것으로 볼 수 있다. 이는 다음의 기술에서도 확인할 수 있다.

이러한 풍격의 문체는 설창각본이 결정하는 것인데 이것은 창극의 모

35 위의 책, pp.331~332.

36 실제로 웨이쉬성이 판소리를 번역한 용어는 '설창'이고, 판소리계 소설을 번역한 용어는 '설창적 각본'이다. 이는 판소리를 이해하는 틀로 중국문학사의 '설창'을 사용하고 있음을 확인할 수 있는 주요한 근거가 된다.

태에 가장 중요한 특징이다. (…중략…) 작품이 가지고 있는 예술상의 단점은 인물 성격의 형상화 수요에 상관없이 이야기 줄거리에서 벗어난 과장 수법이 과도하게 사용되고 있다는 점이다. 예를 들면 줄거리 전개와 상관없이 민간의 몇몇 빨래 중인 여인들을 「구운몽」 중 팔선녀와 같다고 형용하는 것이나 그녀들에게 양소유와 같은 이가 배우자가 되지 못한 것을 아쉬워하는 부분 등은 불필요하다고 느껴진다.[37]

판소리에서 등장하는 사물의 나열을 통한 묘사는 분명 서사 진행 속도를 늦춘다. 그리고 이러한 묘사는 흔히 장면극대화의 원리 혹은 부분의 독자성이라는 개념으로 설명된다. 웨이쉬성의 판소리에 대한 기술이 국내 판소리 연구 성과를 반영한 것인지 정확히 확인할 수는 없지만, 어떠한 측면에서는 중국의 설창문학적 관점에서 판소리에 대한 깊이 있는 이해에 도달한 문학사 기술이라는 가정도 가능하다. 중국의 설창에도 판소리와 유사한 사물의 나열을 통한 묘사 방식을 확인할 수 있기 때문이다.

머리에는 검은 깁에 금박 장식 모자를 썼는데, 찬란한 진주구슬 한 알을 모자 중앙에다 박았네. 진홍색 도포 겉에다 또 황금 갑옷을 덮어 입고, 청동 엄심경 가슴과 등에 대어 심장을 가리웠네. 온갖 보석으로 장식한 사만대를 허리에 둘러매고, 푸른산 바위와 구름 무늬를 수놓은 새신을 신었네.

—「花關索傳」[38]

---

37 韦旭昇, 앞의 책, p.332.

38 장수연, 「중국 설창과 판소리 사설의 서사특징 비교시론」, 『중국문학연구』 34, 한국중문학회, 2007, 169쪽 재인용.

위의 예시는 중국 명나라 때 설창 작품 중 하나인 「설창사화」에 실려 있는 「화관색전花關索傳」의 한 부분이다. 등장인물의 외양을 묘사하는 방식은 판소리와 거의 유사하다. 아래는 「장자백 창본 춘향가」의 묘사대목이다.

> 신연급창(新延及唱) 거동(擧動)보소. 키 크고 길 잘 걷고 맵씨있고 어여쁘고 영리(伶利)한 저 급창. 김제망건(金堤網巾) 대모관자(玳瑁貫子) 자지당줄 달아 써 가는 양태 평포립(平布笠) 갑사(甲紗) 갓끈을 넓게 달아 한 옆 기울여 비식이 써, 전배자(氈背子) 전토수(氈套手) 보라동옷에 방패천익(防牌天翼) 앞자락 맵씨있게 뒤로 돌쳐 잡아매고, 비단쌈지 전주머니 은장도(銀粧刀) 비식 차 누비바지 새질버선 새날초신을 얽게 신고, 결백(潔白)한 장유지(壯油紙) 조롱단님에 거드러졌다.
>
> —「조상현 창본 춘향가」[39]

두 묘사 방식을 직접 비교해보면, 그 유사성에 놀라게 된다. 먼저 시선의 이동이 똑같다. 등장인물의 머리에서 발끝으로 내려오는 것이 동일하다. 그 뿐만이 아니다. 비유적 표현이 등장하지만, 그 묘사는 해당 인물의 옷차림을 청중의 눈앞에 그대로 그려내는 형식을 취하고 있다. 특히 옷차림이나 장신구 하나하나를 자세히 설명하는 방식도 유사하다. 물론 이러한 묘사가 등장할 때, 서사 진행 시간이 멈추거나 느려지는 것이 동일함은 두 말할 나위가 없다.

결국 웨이쉬성이 판소리를 기술하는 방식은 철저하게 사국문학사의 '강창' 혹은 '설창'에 대한 이해에 기대고 있다고 추측해 볼 수도 있다.

39 한국브리태니커, 『판소리 다섯 마당』, 한국브리태니커회사, 1982, 50쪽.

일단 중국의 강창문학은 판소리와 마찬가지로 운문과 산문의 결합으로 연행된다는 점에서 동일한 형식을 가지고 있다.[40] 이러한 형식상의 유사성은 분명 웨이쉬성의 판소리 기술에 많은 영향을 주었을 것이 분명하다. 자국문학사 내의 유사 갈래를 통해 판소리를 설명하는 것은 중국 독자들에게 한국 판소리에 대한 올바른 이해를 도모할 수 있는 좋은 서술방식이기 때문이다.

이암의 『조선문학통사』는 판소리를 음차대로 '盤騷里'로 지칭하거나 '민간설창民間說唱'으로 번역하고, 판소리계 소설은 '강창각본체소설講唱脚本体小說'이란 용어로 지칭한다. 웨이쉬성과 이암의 차이점은 '설창'과 '강창'이라는 조금 다른 용어를 사용하고 있다는 점이다. 하지만 설창說唱과 강창講唱은 실제로는 같은 뜻이라 큰 차이는 없는 것으로 파악된다.[41]

이암의 『조선문학통사』의 판소리계 소설 기술은 웨이쉬성의 『한국문학사』보다 어떤 면에서는 북한문학사의 판소리계 소설 기술과 더 유사한 양상을 보인다. 「춘향전」을 북한문학사처럼 따로 떼어내어 '동국절창'이라고 소개하고 있기 때문이다. 하지만 『조선문학통사』는 남쪽의 「춘향전」 연구 성과도 대폭 수용하고 있다는 차이점을 가지고 있다.

먼저 작품의 연원에 대한 설명은 김태준의 『증보조선소설사』에 기록되어 있는 이삼현의 「이관잡지」에 대한 설명부터 시작된다. 이후 만화본 춘향가에 대한 기술과 함께 완판 84장본 「열녀춘향수절가」를 선본

40 중국 강창문학과 판소리의 유사성, 그리고 그 기원에 대해서는 다음을 참조할 필요가 있다. 서유석, 앞의 글, 103~135쪽.

41 현재 중국에서는 강창, 설창과 같은 운문과 산문의 결합으로 연행되는 문예형식을 모두 '곡예'라는 용어로 통합해서 지칭하고 있다. 결국 강창과 설창은 같은 의미로 볼 수 있는 셈이다. 하지만 분명 두 단어가 가지는 작은 뉘앙스 차이는 정확히 살펴볼 필요가 있다. 이는 후속연구에서 좀 더 자세히 다루어 보기로 한다. 이정재, 「강창, 설창, 곡예 개념의 재검토와 구비연행론의 가능성」, 『중국문학』 54, 한국중국어문학회, 2008, 113~132쪽.

善本으로 삼아 논의를 시작한다. 중국의 한국문학사가 다양한 「춘향전」 이본 중에서 완판 84장본에 집중하는 이유는 1954년 열녀춘향수절가가 중국어로 일찌감치 번역되었기 때문인 것으로 보인다. 『조선문학통사』는 「춘향전」의 주제를 사랑과 봉건사회의 문제점 지적의 융합으로 파악하는데, 이는 국내 연구가 보여주는 경향과 비슷한 점을 확인할 수 있는 부분이다. 또한 웨이쉬성의 『한국문학사』와 유사하게 방자, 향단, 집장사령 등 보조적 인물에 대한 깊이 있는 논의를 보여주고, 더 나아가 『한국문학사』와 같이 「춘향전」에 나타나는 많은 양의 대사와 열거를 통한 묘사의 특징을 기술하고 있다. 이 부분은 웨이쉬성의 『한국문학사』와 예를 든 부분까지 유사하여, 선행된 연구 성과를 반영하고 있는 것이 분명해 보이기도 한다. 하지만 차이점도 분명히 존재한다.

> 이것은 분명 귀족 후손의 정원 묘사이다. 신분이 비천한 춘향이네 집은 절대로 이러한 정원이 있을 수 없다. 소설의 전후 사설이 모순되는 것 같지만 이는 기나긴 세월동안 많은 사람들이 작품을 윤색한 결과이다. 당연히 이토록 생기발랄한 경물은 주인공의 깨끗하고 달콤한 사랑을 부각시키기 위한 수단일 뿐이다. 독자들은 과장스럽다고 느낄 수 있지만 사실상 평민백성들이 부귀영화를 위한 심미적 재미를 선사하기 위한 것이다. 이와 같이 그림처럼 아름다운 정취와 무휴지의 나열은 '판소리' 소설의 큰 특징이다.[42]

『조선문학통사』는 판소리의 과장된 묘사가 가지는 의미를 나름 정확히 지적하고 있다. 한국문학사는 열거를 통한 비속한 묘사를 정면 그대

42 李岩 外, 『朝鲜文学通史』(下), 社会科学文献出版社, 2010, pp.1210~1211.(필자 번역)

화의 원리나 부분의 독자성이라는 기존의 연구 성과를 바탕으로 기술하는 것에 비해, 『조선문학통사』는 판소리의 과장된 묘사가 판소리 향유층의 부귀영화를 위한 심미적 재미 선사를 위한 것으로 기술한다. 즉 이러한 묘사가 가지고 있는 판타지적 특징을 적확히 지적한 것이다.[43] 사실 판소리의 과장된 묘사는 그 자체로 판타지를 의미할 수 있다. 쉽게 설명하면, 우리가 요즘 TV의 '먹방'을 보며 대리 만족에 빠지고, '가상 육아'와 '가상 결혼'을 통해 연애와 결혼을 하나의 환상 혹은 판타지로 즐기는 것처럼 판소리가 보여주는 과장된 열거를 통한 일상 묘사는 사실 가질 수 없는 것들에 대한 판타지로 기능할 수 있기 때문이다.

5. 결론

한국문학사에 나타나는 판소리에 대한 기술양상은 각각의 문학사가 가지고 있는 문학사 서술의 원칙에 따라 차이점이 분명하다. 한국문학사의 경우 초창기 문학사는 판소리를 '극'으로 보는 경향이 뚜렷함을

43 판소리문학에 나타나는 과도한 묘사를 판타지의 관점에서 살핀 논의로는 다음을 살필 수 있다. 이중 정충권의 논의는 주목을 요한다. 판소리의 과장된 묘사가 보여주는 환상성을 오히려 일상의 관점에서 다시 살피고 있기 때문이다. 과도한 판타지가 성립되기 위해서는 그 환상이 실현될 수 있는 일상이 뒷받침되어야 한다는 점에서 일상에 주목한 정충권의 논의는 매우 중요하다. 강명관, 「판소리계 소설에 나타난 식욕과 판타지」, 『고전문학연구』 32, 한국고전문학회, 2007; 서유석, 「판소리 몸 담론 연구」, 경희대 박사논문, 2009; 이유경, 「절제된 식욕, 판타지의 현실적 합리화」, 『신재효의 세계 인식과 욕망』, 지성인, 2012; 정충권, 「일상성」, 『판소리 문학의 비평과 감상』, 월인, 2016.

확인할 수 있었고, 판소리의 갈래와 기원에 대한 논의가 심화된 이후부터는 판소리를 한국의 독자적인 문예 갈래로 인식하고, 이를 문학사 기술에 그대로 반영하고 있는 모습을 확인할 수 있었다.

일본의 한국문학사는 자국문학사 기술 방식이나 판소리와 유사한 자국문학의 갈래를 판소리 기술의 준거로 활용한 모습을 확인할 수 있다. '謠物語'라는 만들어진 용어가 그 증거이다. '謠物語'는 일본문학의 '歌物語'가 '와카和歌'라는 노래 중심의 이야기라는 것에 착안하여 고안된 것으로 볼 수 있다. 만약 '謠物語'라는 용어를 쉽게 '노래이야기'로 번역할 수 있다면, 운문과 산문, 또는 노래와 이야기의 교차 반복으로 이루어지는 '판소리'와 '歌物語'의 유사성에 주목하면서도 그 차이점을 드러내고자 하는 노력이 반영된 결과이다. 즉 자국문학사 인식의 틀이 그대로 한국문학사 기술에 반영된 모습이라 할 수 있다.

해외의 한국문학사 기술에 자국문학사 인식의 틀이 그대로 반영되는 모습은 중국의 한국문학사에서도 확인할 수 있다. 중국 한국문학사에서 판소리는 '강창' 혹은 '설창'으로 번역된다. 판소리계 소설은 '설창적각본' 혹은 '강창각본체소설'로 번역된다. 이는 중국의 한국문학사가 중국문학사 내의 강창문학이라는 틀 안에서 판소리를 인식하고 기술한다는 근거가 된다. 특히 중국 강창문학이 가지고 있는 묘사 방식의 특징을 판소리 인식과 기술에도 그대로 적용하고 있는 것은 자국문학사를 통해 외국문학사를 인식하고 있다는 중요한 근거가 될 수 있다. 실제로 중국의 강창문학과 판소리는 운문과 산문의 교차반복으로 이루어지는 연행물이라는 공통점을 가지고 있고, 열거를 통한 과장된 묘사는 두 갈래의 공통점이기도 하다.

판소리, 謠物語, 講唱, 說唱, 說唱脚本体, 講唱脚本体小說은 모두 자국

문학사와 해외문학사가 만나는 문화접변의 모습이면서 동시에 서로 다른 언어와 문화가 횡단하며 만나는 '언어횡단적 실천'[44]의 양상이기도 하다. 동아시아라는 인접 지역 안에서 자국문학사의 인식틀을 가지고 다른 나라의 문학사를 기술하게 될 경우 문화와 언어는 교차하면서, 그 번역의 양상은 새로운 의미를 낳을 수 있다. 본 연구를 잇는 후속 연구는 판소리를 기술하는 이 다양한 번역 용어들이 가지는 문화교섭의 의미를 찾는 데까지 나아가야 할 것이다. 왜 판소리를 '謠物語'로 번역했는지, '講唱'과 판소리의 유사성은 어디까지인지를 좀 더 면밀히 살핀다면, 분명히 판소리가 세계문학사 안에서 가지고 있는 위상을 좀 더 명확히 설명할 수 있을 것으로 예상할 수 있기 때문이다.

---

44 리디아 리우, 민정기 역, 앞의 책, 17~95쪽.

일본과 중국의 한국문학사에 나타난 카프 인식과 서술양상

서동수

1. 서론

이 글의 목적은 일본과 중국에서 발간된 한국문학사를 중심으로 카프의 문학활동과 작품에 대한 평가를 구체적으로 살펴보는 데 있다. 일본과 중국은 지속적으로 한국문학에 관심을 표하고 있으며, 자국의 관점과 문학사 기술방식을 바탕으로 다수의 한국문학사 저술을 발간해오고 있다. 일본과 중국에서의 문학사 기술 및 연구는 자국의 특정 이데올로기와 연구자의 정체성 등으로 인해 한계를 지니고 있지만, 한편으로는 한국문학사의 객관성 확보라는 측면에서 이러한 외부자의 시선이 필요한 것도 사실이다. 더불어 민족 중심의 문학사관 극복과 통일문학사의 가능성에 대한 고민이 심화되고 있는 시점에서, 타자의 관점에서 기술된 한국문학사의 연구는 더욱 절실해 보인다. 이에 발 맞춰 국내에서도 일본과 중국에서 발간된 한국문학사에 대한 연구가 진행되어 왔다.[1] 이러한 연구들은 주로 타자의 관점에서 기술된 한국문학사의 필요성을 강조하면서, 이것이 갖는 의의와 양상을 소개하는 것에 초점을 맞추고 있다. 다만 본격적인 연구가 아직 시작되지 않은 관계로 일본과 중국에서 간행된 한국문학사의 서지사항과 내용에 대한 개관의 형식에 머무는 아쉬움이 있다.

이에 본 글에서는 일본과 중국의 한국문학사에 나타난 카프의 서술 양상을 살펴보고 그 문학사적 평가를 비교 및 대조해보고자 한다. 카프는 자국의 시선만으로는 해결할 수 없는 복잡성을 지니고 있다. 이는 카프가 문학운동만으로 규정될 수 없는 역사적, 정신적, 심리적인 요소들과 얽혀있기 때문이다. 한국의 공산주의 운동은 소련을 비롯하여 중국, 일본과 밀접한 관계를 지니고 있으며, 카프 역시 이러한 국제적인 정치적 상관관계 속에서 태동한 역사적 산물이다. 따라서 카프의 문학운동이 일본과 중국에서 어떠한 관점으로 수용되고 있는지 확인하는 작업은 중요하다.

이 글에서는 현재 일본과 중국에서 발행된 한국문학사 중 카프에 대해 기술한 다음의 문학사를 연구대상으로 삼고자 한다. 일본의 자료로

1 서재곤, 「일본어판 한국문학사 재고」, 『일본언어문화』 12, 한국일본문화언어학회, 2008; 장사선, 「일본에서의 한국 현대문학 연구」, 『한국현대문학연구』 30, 한국현대문학회, 2010; 정현숙, 「북한, 중국, 일본의 한국현대문학사에 대한 인식(1)」, 『인문과학연구』 21, 강원대 인문과학연구소, 2009; 이선이 외, 「중국의 한국문학사 저술 현황과 한국현대문학사 서술양상」, 『외국문학연구』 49, 한국외대 외국문학연구소, 2013; 이선이, 「중국에서 저술된 한국근현대문학사의 문화횡단적 실천」, 『비교문화연구』 48, 경희대 비교문화연구소, 2017; 윤송아, 「한국문학사를 가로지르는 언어, 문화, 역사의 계기들－일본 저술 한국문학사의 한국근현대문학 인식과 서술양상을 중심으로」, 『비교문화연구』 48, 경희대 비교문화연구소, 2017.

는 사에구사 도시카쓰三枝壽勝의 『한국문학을 맛보다韓國文學を味わう』(國際交流基金アジアセンター報告書, 1997)와 시라카와 유타카白川豊의 「조선근대문학의 발자취朝鮮の近代文學の步み」(『豊かな地球社會への展望』, 九州産業大學出版會, 1997), 임전혜任展慧의 『일본에서의 조선인문학의 역사日本における朝鮮人の文學の歷史－1945年まで』(法政大學出版局, 1994)를 살펴본다. 중국의 자료로는 김병민의 『조선문학사－근대현대부분』(연변대 출판사, 1994), 김영금金英今 편저의 『한국문학간사韓國文學簡史』(남개대 출판사, 2009), 허쩐후아何鎭華의 『조선현대문학사朝鮮現代文學史』(중앙번역출판사, 2008)를 대상으로 한다.[2] 또 카프의 문학사적 평가에 대한 종합적인 고찰을 위해 남한과 북한의 문학사도 함께 다루고자 한다. II장의 1, 2항은 일본과 중국의 연구자가 바라본 카프의 문학사적 의의를 고찰하였으며, 3항에서는 재일동포 연구자가 바라본 재일조선인 프롤레타리아의 활동을 중심으로 고찰하였다. 또한 III장에서는 일본과 중국에서 발간된 한국문학사에서 언급된 카프 작가와 작품을 중심으로 고찰하였다.

카프에 대한 각국의 연구가 진행 중이라는 점에서 본 연구가 일본과 중국의 입장을 대표할 수는 없으나, 현재의 연구동향을 살핌과 동시에 추후의 본격적인 연구에 기초를 놓을 수 있을 것이다. 또한 "가치중립성과 자국의 관습적 판단기준에 근거한 오인과 굴절의 과정이 공존"[3] 하는 외부인의 시선을 이해할 수 있을 것이며, 이를 통해 문화의 "교섭과정에서 의미의 이동과 생성이 수행되는 문화횡단적 실천"[4]의 가능성도 발견할 수 있을 것이다.

---

2 이상의 자료는 각주 생략하며 본문에 쪽수만 표기한다. 원서의 번역은 연구팀에 참여한 고유림(중국어) 선생님과 방윤제(일본어) 선생님의 도움을 받았다.

3 윤송아, 앞의 글, 33쪽.

4 이선이, 앞의 글, 109쪽.

2. 일본과 중국에서 바라본 '카프'의 문학사적 의미

1) 일본의 한국문학사와 카프에 대한 인식

카프를 기술하고 있는 일본의 한국문학사로는 사에구사 도시카쓰와 시라카와 유타카의 저술이 있다. 그런데 시라카와는 카프의 결성과정을 요약적으로 설명하면서 이기영의 『고향』을 소개하는 데 그치고 있어 본격적인 문학사로는 한계를 지니고 있다.[5] 따라서 여기서는 사에구사의 논의를 중심으로 고찰하고자 한다.

장사선에 의하면, 1970년대 일본에서 한국문학을 연구하는 데 가장 중요했던 일은 아카데미즘의 확보였다. 당시 잡지 위주의 저널리즘에서 벗어나 대학 안으로 한국문학 연구를 끌어들였던 연구자 중의 한 명이 사에구사이다. 아카데미즘의 1세대로 불리는 사에구사는 이광수를 비롯해 여러 편의 한국문학 관련 연구들을 발표했다. 그중 1997년에 발간된 『한국문학을 맛보다』는 "본격적인 문학사는 아니지만 현재로서는 일본인의 시각에서 한국 현대문학을 통사적으로 서술한 유일한 글"[6]로 평가되고 있다.

---

5 시라카와 유타카는 한국문학을 연구하는 2세대에 속한다. 시라카와는 "일본인만이 이룰 수 있는 문학 환경에 대한 세밀한 조사를 통해 한국문학사의 모습을 바꾸고 영역을 넓히는 데 일익을 담당"(장사선, 앞의 글, 521쪽)한 연구자로 평가되기도 한다. 시라카와의 「조선근대문학의 발자취(朝鮮の近代文学の歩み)」는 『풍요로운 지구사회에의 전망(豊かな地球社会への展望)』(1997)에 실려 있는 글이다. 개화기에서부터 1945년까지의 문학을 약 60여 쪽에 걸쳐 다루고 있는 글로서, 본격적인 문학사로 간주하기는 어렵지만 중요하다고 생각되는 대상들의 '발자취'를 쫓고 있다는 점에서 의의가 있다.

6 정현숙, 앞의 글, 136쪽.

사에구사는 『한국문학을 맛보다』의 '7장 해방 전까지의 문학－프롤레타리아문학의 탄생과 배경'에서 카프를 다루고 있다. 사에구사는 카프의 결성과 활동을 간략히 정리하는 것으로 시작하여, 프롤레타리아 문학의 한계, 그리고 임화, 최서해, 조명희, 이기영, 송영 등을 다루고 있다. 또한 '나카니시 이노스케 환영 좌담회' 사진을 제시하면서 염군사와 파스큘라에 이어 카프의 결성과정을 간략히 다룬 후, 1, 2차 방향 전환의 시기를 언급하는 수준에서 마무리 짓고 있다. 이 같은 사에구사의 글을 주목해야 하는 이유는 카프와 작가를 바라보는 몇 가지의 논쟁적인 표현 때문이다. 카프에 대한 사에구사의 전체적인 평가는 "문학적으로 수준 높은 것이 없다고 생각하는 게 좋겠어요"(92쪽)라는 문장으로 요약할 수 있다. 사에구사가 카프의 문학적 수준에 높은 점수를 주지 않은 이유는 다음과 같다.

첫째, 카프를 일시적인 문학운동으로 보고 있다. 사에구사는 카프의 결성시기를 1925년으로 보면서 "결성에서부터 해산하기까지 길게 봐도 10년 만에 그 역사가 끝나게 된다"(92쪽)고 평하고 있다. 카프가 해방 이후에도 한국문학사에 깊숙이 영향을 끼친 점을 고려한다면, 이러한 표현들이 카프에 대한 새로운 시각의 제시인지 아니면 '카프'라는 단체명에 입각한 운동 시기에 대한 엄밀한 표현인지 판단하기는 쉽지 않다. 왜냐하면 이를 확인할 만한 부가 설명이 생략되어 있기 때문이다. 하지만 글의 맥락이나 뉘앙스를 고려할 때 "역사가 끝나게 된다"라는 표현은 카프를 특정한 상황에서 발생한 일시적인 운동, 즉 카프를 역사적 소임을 마치고 소멸하는 '역사적 장르'처럼 인식하고 있는 것이다. 다시 말해 카프를 10년이라는 한정된 상황 속에서 생멸해 간 일시적인 문학 운동으로 평가하고 있는 것이다.

둘째, 일제에 대한 '대결의식'의 부재이다.

> 프롤레타리아문학에 대해서 무언가 전투적 내용을 기대하는 사람들로서는 임화의 시가 부족하다고 느낄지 모르지만, 조선 프롤레타리아문학에서 이 이상 강력하고 문학적으로 수준이 높은 것은 없다고 봐도 좋을 겁니다. 일본과 싸우는 것과 일본으로부터의 독립운동의 실상을 조선 프롤레타리아문학 안에서 보려 한다면 아마 실망할 거라고 생각합니다. 이광수 소설 중에 일본 경관을 살해하고 달아나는 등의 일본인에 대한 큰 증오를 그린 것은 있지만 그 당시 출판된 프롤레타리아문학의 소설 속에서 간접적인 것을 제외하고 일본인을 정면에서 다루며 공격하는 것은 없습니다. 일본인과 싸우거나 계급투쟁 속에서 일본인과 경쟁하는 것, 혹은 그 사상을 직접 그리거나 기술한 것은 없다고 생각하는 편이 좋습니다.(92쪽)

카프를 평가함에 있어 사에구사의 판단기준은 "일본과 싸우는 것", 즉 일본을 향한 적대적 감정을 동반한 투쟁 여부이다. 실제로 사에구사는 '프롤레타리아문학의 한계'라는 항목의 거의 대부분을 '일본'[7]에 대한 적개심 부족에 할애하고 있다. 즉 일본과의 정면 대결 유무를 문학적 성과의 기준으로 삼고 있는 것이다. 임화의 시에서 실망어린 "부족한 느낌"이 드는 이유도 "전투적 내용에 대한 기대"의 어긋남 때문이다. 사에구사는 심지어 이광수의 작품에도 일본 경관을 살해하는 장면이 나오는데, "당시 출판된 프롤레타리아문학의 소설 속에서는 간접적인 기술은 차치하고 일본인을 정면으로 다루고 공격하는 것은 없"다며 프

7 사에구사는 '일제'가 아니라 '일본'이라고 쓰고 있다.

로문학이 친일작가만도 못하다고 비판하고 있다.

사에구사의 이러한 논리는 일본의 검열 문제로까지 이어진다. 즉 카프는 "계급투쟁이라는 것을 드러낸 덕분에 독립투쟁은 이면에 감추어지게 되고, 반대로 일본의 검열이 풀어졌을 가능성도"(93쪽) 있다는 것이다. 이러한 입장은 상당히 논쟁적이다. 왜냐하면 마치 카프의 투쟁의식 결여가 일제의 검열 약화를 가져왔다는 것처럼 들리기 때문이다. 다시 말해 프로문학의 투쟁 강도가 미약했기 때문에 굳이 검열을 할 필요가 없었다는 논리이다. 식민지시대의 검열은 단지 문자적 검열을 넘어 사상의 통제와 신체의 억압을 담보로 하는 식민지 통치와 지배의 수단이었음은 이미 널리 알려진 바다. 게다가 사에구사가 그토록 중시한 일제에 대한 대결의식의 결여는 카프 자체의 문제라기보다는 일제의 사회주의 운동의 탄압과 강경해진 검열의 연장선에서 봐야 할 문제이기도 하다. 이런 측면에서 사에구사가 말한 카프의 대결의식과 검열 간의 연관성은 논란의 여지가 많은 표현이다. 이러한 논쟁적인 표현들로 인해 임화의 「우리 옵바와 화로」를 "장편서사시"(92쪽)로 잘못 부른다든가, 아니면 파스큘라의 결성시기에 대해 "1923년 또는 24년인지 잘 모르지만"(91쪽)이라고 부정확하게 표현하는 것들이 오히려 부차적인 것으로 여겨질 정도이다.

사에구사는 카프에도 일제와의 대결의식이 있었음을 보여주기 위해 송영의 『교대시간』을 소개한다. 사에구사가 "프롤레타리아문학이 온건하다는 얘기만 하고 있다며 실망할지도 모르니, 일본인이 나오고 조선인과 일본인이 서로 싸우는 장면이 나오는 소설 중 내가 아는 것을 소개"하겠다며 제시한 작품이 송영의 『교대시간』이다. 이 작품은 조선과 일본의 노동자가 석탄 광산에서 사소한 일로 패싸움을 벌이는 사건을 통해 노동자의 단결을 강조한 작품이다. 사에구사는 이 작품에 대해 "일본인과 조선인이 (…중략…) 이렇게 박력 있는 묘사는 지금까지 이 『교대시간』 외에는 모"르며, "당시 상황을 노골적으로 그린 매우 드문 작품"(95쪽)이라고 평가하고 있다. 하지만 이는 노동자 간의 일시적인 싸움일 뿐이지 사에구사가 말한 '일본에 대한 투쟁'과는 거리가 멀다. 게다가 그 싸움은 궁극적으로 '노동자는 모두 하나다'라는 인식에 도달한다. 그리고 자본가와의 대결의지는 마지막에 선언적인 형태로만 등장한다. 사실상 송영의 『교대시간』은 한국뿐 아니라 북한 및 중국의 문학사에서도 크게 주목받는 작품이 아니다. 오히려 일제에 대한 투쟁의식을 강하게 보여주는 작품은 이북명의 『질소비료공장』이다. 이 작품은 한국, 중국, 북한문학사에서 자주 언급되고 있다.[8] 결론적으로 사에구사는 프롤레타리아문학을 당시 조선의 계급의식이 아닌 "일반적인 계급의식이나 당시 조선의 농민과 노동자의 모습을 그린 것"에 지나지 않는 추상적인 문학으로 평가하고 있다.

8 남한의 문학사에서는 이북명의 『질소비료공장』에 대해 "작가의 생활체험 현장이며 소설의 무대인 내호의 질소비료공장이 일본 독점자본의 최전위였던 것과 관련하여 일본인 감독과 조선인 노동자의 문제가 중요한 주제가 되었다. 『질소비료공장』은 이 시기 노동문학의 최고성과"(김재용 외, 『한국근대민족문학사』, 한길사, 1997, 480~481쪽)라고 평가하고 있다. 중국에서는 "일본재벌 소구찌(野口)가 경영하던 질소비료공장에서의 자본가계급과 로동자계급의 첨예한 모순"을 그린 작품으로, "카프의 사실주의 소설 중에서 우수한 단편소설"(김병민, 『조선문학사-근대현대부분』, 연변대 출판사, 1994, 222쪽)로 평가하고 있다. 북한에서는 "공장 로동자들의 생활처지와 운명, 그들의 의식장성과 단결된 힘의 불패성을 반영하였다는 데서 의의를 가지는 작품"(김하명 외, 『조선문학사(1926-1945)』, 과학백과사전출판사, 1981, 386쪽)으로 평가하고 있다.

2) 중국의 한국문학사와 카프에 대한 인식

중국에서 바라보는 '카프'의 평가는 크게 남한과 북한의 입장을 종합한 경우와 북한의 입장을 제시하는 경우로 나뉜다. 전자의 경우는 김영금의 『한국문학간사』[9]와 김병민의 『조선문학사-근대현대부분』이며,[10] 후자의 경우는 허쩐후아의 『조선현대문학사』이다. 이들 중국 연구자들은 카프에 대해서 전반적으로 긍정적인 평가를 내리고 있다. 다만 김병민이 카프의 활동을 본격적으로 다룬 것과 달리 김영금은 카프에 대해 매우 간략히 언급만 했으며,[11] 허쩐후아는 북한의 관점을 그대로 기술하고 있다.[12] 따라서 이 글에서는 카프를 본격적으로 다룬 김병민의 문학사를 중심으로 살펴보고자 한다.

김병민의 『조선문학사』는 19세기 말부터 해방 전까지를 다루고 있다. 카프에 대한 기술은 주로 'Ⅲ장 1920년대 전반기문학'과 'Ⅳ장 1920년대 후반기~1930년대 전반기 문학'에서 다루고 있다. 김병민은 카프의 역사적 의미를 크게 세 가지 차원에서 언급하고 있다.

---

9 김영금의 『한국문학간사』는 한국의 연구성과를 폭넓게 반영하고 있으며, 한국에서 다루고 있는 주요 작가와 작품들도 포함하고 있다.(이선이 외, 앞의 글, 310쪽)

10 조선족 학자인 김병민의 『조선문학사』는 그동안 북한문학사의 관점에서 기술된 것으로 알려져 왔다. 김병민이 석사학위를 북한에서 취득했다는 점과 한국문학사를 기술할 때 북한문학사를 주로 참조했다는 것이 그 이유였다. 또한 카프에 대한 평가도 계급적 시각에 기반하고 있다는 점도 무시할 수 없는 이유였다. 그러나 김병민의 『조선문학사』에는 당시 북한문학사에 포함되지 않은 작가들도 언급되어 있다. 이처럼 김병민의 『조선문학사』는 북한의 문학사와 달리 비교적 유연한 태도를 유지하고 있다는 점도 주목할 필요가 있다.

11 김영금은 2장 4절 「신경향소설과 전향소설」의 항목에서 단지 4쪽을 할애해 프롤레타리아문학 활동과 작가, 작품을 간단히 소개하는 데에 그치고 있다.

12 허쩐후아의 문학사는 "중국에서 중국어로 쓰인 북한의 현대문학사"(이선이 외, 앞의 글, 311쪽)로 불릴 만큼 북한의 시선으로 기술되어 있다. 카프 역시 북한과 동일한 관점으로 기술되어 있다.

> 카프의 결성은 현대조선문학발전 특히 프롤레타리아문학의 새로운 발전에서 크나큰 력사적의의를 가진다. 첫째로 카프의 결성은 현대조선문학으로 하여금 민족해방운동의 일익을 담당하게 하였는바 민족해방운동의 중요한 구성부분으로 되게 하였다. 둘째로 카프가 결성됨으로써 프롤레타리아작가들과 진보적이며 애국적인 작가들에 대한 조직적인 령도를 강화하게 되었고 문학운동을 목적, 의식적으로 발전시킬수 있었다. 셋째로 카프가 결성됨으로써 민족의 리익과 어긋나는 문학현상을 단호히 반대배격하고 프롤레타리아문학 진지를 수호할 수 있었다.(210~211쪽)

김병민은 카프의 역사적 의미를 조직적인 영도 속에서 반민족주의와의 치열한 투쟁을 통해 민족해방운동에 일익을 담당한 것에 두고 있다. 당시의 한반도에서는 일제의 경제수탈과 대륙침략을 위한 병참기지화가 이루어지고 있었고, 이에 맞서 조선에서는 노동운동과 학생운동이, 중국 동부에서는 조선공산주의자들에 의한 항일무장투쟁이 진행되고 있었다. 이러한 "사회정치적 문화적 특질은 문학발전에 새로운 특질을 부여"하게 되었는데, 카프가 이러한 특질을 가장 잘 반영했다는 것이다. 카프는 지난 "10년간의 발전행정에서 우여곡절도 겪었지만 당시로서는 가장 투철한 민족의식과 선진사상을 가지고 문학운동과 창작활동을 지도함으로써 문학을 민족해방투쟁에 합류"(213쪽)시켰기에 이 시기를 카프가 "문단흐름의 주도적 위치에 놓이게" 되는, 이른바 "카프문학시대라 규정"(209~210쪽)하고 있다. 이처럼 김병민에게 카프의 가장 중요한 의의는 "민족해방운동의 중요한 구성부분"이라는 것이다.

그런데 여기서 좀 더 주목해야 할 것은 카프(프롤레타리아문학)의 존재론적 의미이다. 김병민에게 카프는 민족해방운동을 담당했다는 의의

외에도 또 다른 의의를 지니고 있다. 김병민에게 카프는 『조선문학사』 속에 포함된 하나의 연구대상일 뿐만 아니라 『조선문학사』를 기술하게 한 원동력이었다. 다시 말하면 김병민의 『조선문학사』는 카프를 언급하고 평가하기 위해 쓴 책으로 볼 수 있는 것이다.

> 집필과정에서 필자는 문학발전의 력사적 진실성을 보여주면서 객관적이고 과학적인 가치판단을 주기에 노력하였다. 특히 근대현대문학발전의 법칙과 특징, 사조 및 류파의 형성과 발전, 작가, 작품의 문학사적 성과와 위치, 문학 종류와 형식의 변모양상과 특징 등을 해명하는 데 주의력을 돌리였다.(2쪽)

윗글에서 특히 눈여겨봐야 할 부분은 "문학발전의 력사적 진실성"과 "객관적이고 과학적인 가치판단"이다. 김병민에게 "문학발전의 역사적 진실성"이란 유물사관에 입각한 역사발전의 원칙이다. 그 원칙이란 원시공산제에서 봉건제로 그리고 자본주의를 거쳐 사회주의로 진입한다는 이른바 전근대-근대-현대의 도식을 말한다. 따라서 문학의 역사적 진실은 이러한 도식에 발맞춰 나가는 것, 즉 "시대의 요청과 사회발전과 력사발전의 필연성 속에서 미학리상"(184쪽)을 성취하는 것이다. 그러므로 작가가 얼마나 "시대현실의 사회미학적 요구에 적응하여 적극적인 탐구를 경주"(62쪽)했는가에 따라 문학의 역사적 진실성의 정도가 달라진다는 것이다. 김병민에게 문학의 역사적 진실성의 모델은 카프이다. 카프의 위상은 그의 저술 분량에서도 알 수 있다. 김병민의 『조선문학사』 전체 분량은 403쪽인데, 이 중에서 프롤레타리아문학에 관한 분량은 총 132쪽으로 전체 분량의 30%에 해당한다. 『조선문학사』의 범위가 19세기 말부터 해방 전까지임을 고려한다면, 상당한 분량을 프롤레타리아문학에 할애하고 있음을 알 수 있다.

김병민의 이러한 문학사 기술은 북한의 영향도 있지만, 중국의 문학사 기술과도 무관하지 않다. 실제로 중국의 자국문학사 기술도 '좌련(중국좌익작가연맹)' 중심의 좌익문예운동과 항전문예운동을 중심에 두고 있다. 중국에서도 좌익문학은 특정한 역사단계의 문학현상으로서 사회변혁시기의 풍부한 역사내용을 담고 있으며, 작가들도 선명한 정치입장과 혁명적 사상경향에 따라 사회모순을 폭로하고 최하층 인민 등 약세한 군체들의 이익을 수호했다는 평가를 받고 있다.[13] 이처럼 중국 안에서 좌익문학이 갖는 위상은 자연스럽게 중국문학사 안에서도 비중 있는 기술로 드러난다. 김병민의 드라마적 구성과 대결구도의 기술은 중국문학사 기술관점인 '나선형의 상향운동'과 관련되어 보인다.[14]

13 "중국과 한국의 문학사에서 사회주의 사상의 출현은 중요한 의미를 가진다. 중국에는 중국좌익작가연맹, 일명 '좌연'이라고 일컫는 조직이 있고, 한국에는 카프가 있다. 중국좌익작가연맹은 1930년 3월 2일에 성립되어 1936년에 해산을 선포한, 불과 6년밖에 존속하지 못한 조직이나 그가 일으킨 거대한 역사적 작용과 후세에 준 심원한 영향은 어떻게 말하여도 과분하지 않을 정도로 크게 인정받는다. 중국에서 좌익문학운동은 이 '좌연'의 해산으로 인해 결속된 것이 아니며 1940년대에 커다란 발전을 가져왔다. 또한 전반 중국문학사에서 인물형상부각, 이야기서사경향, 장르, 정치와 심미의 관계, 혁명적 낭만주의 등 모든 면에서 문학의 방향을 결정하리만큼 커다란 영향력을 일으켰다."(김명숙(중국 중앙민족대학), 해외한국문학사 자문위원 인터뷰 내용, 2018.1~2.10)

14 후앙시우지(黃修己)의 『中国现代文学发展史』(고대중국어문연구회 역, 범우사, 2006)의 서문에는 "중국 현대문학의 발전 역시 직선식이 아니라 나선형의 길을 따라 상향운동하였다"라고 언급하고 있다. 이는 부정과 갈등이 역사발전의 동력이라는 의미이다. 즉 "각파의 주장과 작품 사이의 상호 비판과 상호 경쟁"의 상황이 "현대적 문학을 창조"하는 과정이라는 것이다. 다시 말해 역사적으로 도래할 필연적 사건(현대문학의 창조)을 위해 대립과 갈등이라는 투쟁 역시 필연적이며, 이러한 과정이 문학사 기술의 조건이 되는 것이다. 중국문학사의 자장권에 있는 김병민의 문학사 기술 역시 이와 무관해 보이지 않는다.

3) 재일동포의 한국문학사와 재일본 조선인의 프롤레타리아문학에 대한 인식

본 장에서는 재일본 조선인의 프롤레타리아문학에 대한 평가를 중심으로 다루고자 한다. 일본에서 벌인 조선인들의 문학활동은 경성 중심의 카프로는 수렴될 수 없는 특이점이 존재한다는 점에서 독립된 항에서 다루고자 한다. 이와 관련해서는 임전혜의 『일본에서의 조선인문학의 역사日本における朝鮮人の文學の歴史－1945年まで』(法政大學出版局, 1994)를 중심으로 살펴보겠다.

임전혜의 『일본에서의 조선인문학의 역사－1945년까지』는 일본의 사에구사나 시라카와를 비롯해 중국의 연구들과도 많은 차이가 있다. 우선 임전혜가 재일동포라는 점, 그리고 연구대상이 한국의 카프가 아닌 재일본 조선인의 프롤레타리아문학이라는 점, 그리고 서문에서 밝히고 있듯이 "현재에 있어서 재일조선인의 활발한 문학활동을 그 처음 시기부터 살펴보고자 하는 것이 이 책의 목표"(2쪽)로, 이 책은 재일조선인문학의 존재론적 의미 찾기에 초점을 맞추고 있다는 점 등이 그 변별점이다. 그러다보니 재일조선인이 일본어로 활발하게 창작하기 시작했던 1920년대 후반의 문학사, 특히 재일본 조선인의 프롤레타리아문학에 초점을 맞추어 기술하고 있다.[15]

카프와 관련된 기술은 '제2부 재일조선인의 형성과 문학운동'에서 본격적으로 다루고 있다. 이 역시도 조선이 아닌 일본 내에서의 활동을

15 재일본 조선인의 프롤레타리아문학에 대한 연구는 아직까지 부족하다. 주된 연구로는 박명용의 『한국프롤레타리아 문학 연구』(글벗사, 1992), 임규찬의 『일본 프로문학과 한국문학』(연구사, 1987), 권영민의 『한국 계급문학 운동사』(문예출판사, 1998) 등이 있다.

중심으로 기술하고 있으며, '제3전선파—카프 동경지부—무산자사—동지사—코프 조선협의회'로 이어지는 과정을 일본 프롤레타리아 문단과의 관계 속에서 기술하고 있다. 이같은 서술은 카프에 대한 본격적인 연구는 아니지만 그동안 주목받지 못했던 일본 내 활동을 세밀하게 추적하고 있다는 점에서 주목을 요한다. 몇몇 특징적인 모습을 살펴보면 다음과 같다. 첫째, 카프지부(동경) 대 카프본부(경성)와의 긴장관계이다.

> 동경지부의 동맹원들이 하는 말에 따르면, '경성'의 동맹원들 상당수는 단지 서재 안에서 연구하고, 책상 앞에서 창작하며, 다소 극단적으로 말하면, 오로지 저널리즘의 파도를 타는 것으로 밖에 여겨지지 않았다는 것이다. 그에 대하여 동경의 동맹원들 대부분은 스스로 나서서 노동조합 안으로 들어가 프롤레타리아적 조직 안에서 일함으로써 자신들의 문학과 연극에 올바른 프롤레타리아적 방향을 전하고자 노력하였다.(161쪽)

김두용은 1929년 11월 17일 카프 동경지부가 해산하자 카프본부(조선)는 예술투쟁을 버리고 정치투쟁에만 전력할 것을 주장했다. 그러나 임전혜의 지적처럼 "정치와 예술에 관한 김두용 이론의 오류는 누가 보더라도 분명"했다. 그럼에도 김두용의 글이 "일본에 있는 조선인 문학자들에게 공감을"(164쪽) 얻은 이유는 "카프본부와 동경지부가 대립"(161쪽)하고 있었기 때문이다. 김두용에 따르면 "경성의 동맹원들의 상당수는 단지 서재 안에서 연구하고, 책상 앞에서 창작하며, 조금 극단적으로 말하면 오로지 저널리즘의 파도를 타"고 있지만, "동경의 동맹원들의 대부분은 스스로 나서서 노동조합 안으로 들어가 프롤레타리아적인 조직 안에서 일"한다는 것이다. 이처럼 이들 간의 대립은 감정적으로까지 확대되어 갔다.

둘째, 재일본 조선인문학의 독자적인 의의를 강조하고 있다. 비록 '제3전선파'를 비롯한 문학단체들의 "활동목표가 조선으로의 프롤레타리아 예술활동의 전파에 역점"(156쪽)을 두고 카프본부를 지원하는 것이었지만, 유독 임전혜는 재일본 조선인만이 갖는 의의에 주목하였다. 이는 임전혜가 재일본 조선인과 그들의 문학을 단지 '보여주기showing'에 그치지 않고 타자화를 강제하는 땅에서 어떻게 주체적으로 살아남았는가라는 '의미화signifying of being'에 목적을 두었기 때문이다. 임전혜가 '동지사同志社'에 주목한 것도 바로 이 때문이었다.

> '동지사'의 태도는 일본에 있어서 조선인 예술가가 자신이 놓인 현실을 주체적으로 열어 나가기 위한 자세를 확립하기 시작했다는 점에서 큰 의의를 가진다. 그것과 동시에 '동지사'가 조선과 일본의 프롤레타리아문학·예술운동의 교류와 연대를 위한 매개적 역할을 자처함에 따라 '재일본'이라는 조건을 마음껏 발휘한 점도 아울러 명심해야만 할 것이다. 이리하여 '동지사'는 그 독자적인 운동을 강력히 추진하고자 하였다.(166쪽)

임전혜에 따르면 "일본에서 조선인의 독자적인 문학조직은 결성과 동시에 탄압을 받으면서 조선인문학자의 활동은 큰 벽에 부딪혔"(165쪽)다. 하지만 "일본 프롤레타리아문학 운동과의 조직적인 연대를 확립하는 것으로 회생하여, 많은 가능성을"(165쪽) 보여줄 수 있었는데, '동지사'가 그 역할을 담당했다는 것이다. 즉 '동지사'를 통해 비로소 재일본 조선인 작가들이 "아무런 망설임 없이 일본에 있는 조선인"(166쪽)을 대상으로 활동할 수 있었다는 것이다. 왜냐하면 '동지사' 이전까지는 모든 결정을 카프본부(경성)에서 했으며, 작품들도 조선 본국의 노동자, 농민을 대상으로 했기 때문이다. 이처럼 임전혜는 '동지사'를 "1945년 이전의 일본 내 조선인 예술단체 안에서는 가장 규모가 크고 충실한 조직으로 발전하려는 요소를"(166쪽) 갖춘 단체로 보았다.

하지만 곧 '동지사'는 임전혜에게 비판의 대상이 된다. 임전혜는 재일본 프롤레타리아문학 조직이 '제3전선파'에서 '무산자사', '동지사'를 거쳐 마지막 '코프(일본 프롤레타리아 문화연맹)'의 산하기관인 '조선협의회'와 병합되는 과정을 문제삼았다. 특히 '동지사'가 '코프' 산하인 '조선협의회'로 병합되는 과정을 더욱 비판하였다. '동지사'가 해산한 표면적 이유는 일본과 조선이 따로 조직을 갖는 것 때문이었다. 그런데 이보다 더 큰 문제는 "'동지사'의 해체에 대한 일본에서의 조선인예술가 자신의 자세"(171쪽)였다. 임전혜가 봤을 때, '동지사'와 '코프'의 결합은 "적어도 민족적 개성과 독자성을 존중하여 합친 최상의 국제적 연대의 운동 형태였다고는 생각할 수 없"(171쪽)다는 것이다. 임전혜는 이에 대해 "부적절한 방법은 바른 목적을 왜곡해버린다는 자명한 이치를 다시 떠올리지 않을 수 없"(171쪽)다며 강하게 비판하고 있다.

그렇다면 임전혜가 비판한 부적절한 방법과 바른 목적을 왜곡한다는 의미는 무엇일까. 표면상 '동지사'가 '조선협의회'와 결합함으로써 잡지 『우리동무』뿐 아니라 코프에서 발행한 미술신문의 부록만화 『붉은 주먹』을 조선어로 간행할 수 있었으며, 일본문학단체와의 교류도 보장받을 수 있는 긍정적인 면도 없지 않았다. 하지만 임전혜는 이를 표면적인 이익에 불과한 것으로 보았다.

'동지사'의 태도는 일본에서의 조선인 예술가로서 마땅히 부여받은 자

> 신들의 임무를 스스로 방기하는 것은 아닐까? '코프'와의 동지적인 연대를 갖는 것과 스스로의 임무를 '코프'가 부여해야한다고 정해버린 것과는 본질적으로 다르다. 일본에서의 조선인 예술가의 민족적 주체의 취약함이 이와 같은 형태로 드러났다고 볼 수 있을 것이다.(171쪽)

임전혜는 '동지사'가 "지배계급과 피지배계급의 의식, 즉 어떤 계급적 차별의식"[16]을 극복하지 못하고 자신의 권리를 코프에게 방기한 것을 문제 삼고 있다. 동지적인 연대와 자신의 임무를 코프에 위임하는 것은 본질적으로 다른 것이기 때문이다. 임전혜는 이로 인해 "일본에서의 조선인 예술가의 민족적 주체의 취약함"이 드러났다고 보고 있다. 재일동포인 임전혜에게 '동지사'가 일본 '코프'의 우월적 지위 밑으로 편입해 들어가는 모습은 마치 조선이 일제 강점에 들어가는 과정처럼 보였던 것이다. 카프지부(동경)와 카프본부(경성) 간의 갈등 그리고 살아남기 위해 일본 코프의 산하기관으로 들어간 '동지사'의 선택이야말로 민족 간의 갈등과 외세의 득세 속에서 비굴한 생존을 위해 일제 밑으로 들어가는 모습과 일치하기 때문이다. 그래서 임전혜는 생존을 위한 '동지사'의 "부적절한 방법" 때문에 재일본 조선인문학의 주체성을 세우려는 "바른 목적을 왜곡해버린다는 자명한 이치"를 "다시 떠올리지 않을 수 없었"던 것이다. 임전혜는 "민족적 주체의 취약함"이 이러한 과정들의 필연적인 결과임을 '동지사'를 통해 강조하고 있는 것이다.

그럼에도 불구하고 임전혜는 "일본에서 조선인 작가의 작품들이 일본 프롤레타리아문학 운동의 직접적인 지원과 연대 안에서 싹을 틔우

16 박명용, 앞의 책, 106쪽

고 성장해왔다는 사실을 간과”(178쪽)하지 않았다. “일본에서 조선인들의 생활을 노래한 최초의 시인”(177쪽)인 김희명, “일본에서 삐라 말기와 전단 뿌리기”(180쪽)를 하는 젊은 투사를 그린 강문양, “일본인은 우리들의 적이다. 하지만 전일본의 무산자는 우리의 편이다. (…중략…) 동지들 손을 잡아주게, 그리고 한 가지 일을 부탁하네!”(182쪽)라고 외친 시인 김병호, 비록 후에 “일본 제국주의 앞에 무릎을 굽”혔지만 한때는 “일본제국주의를 향해 발사되는 강력한 총알”(188쪽)이었던 김용제 등을 통해 재일본 조선인문학의 의의를 드러내고 있다.

3. 작가 및 작품에 대한 문학사적 평가

본 장에서는 일본과 중국에서 저술된 한국문학사에서 중요하게 다룬 작가와 작품을 중심으로 고찰하고자 한다. 일본과 중국에서 공히 다루는 최서해, 임화, 조명희 그리고 이기영에 초점을 맞추어 양국 간의 시각적 차이를 비교 및 대조하고자 한다.

1) 최서해의 경우

최서해에 대한 평가는 전반적으로 신경향파 문학의 대표 작가로 소개하고 있으며, 작품으로는 「탈출기」에 초점을 맞추고 있다.

사에구사는 "최서해의 문학만큼 조선인의 비참한 모습을 그린 박력 있는 것은 없"으며 "문장도 든든"(93쪽)하다고 호평하지만, 항일의식에는 의문을 제기하고 있다. 주지한 바처럼 사에구사는 프롤레타리아문학의 한계로 항일의식의 부재를 든 바 있는데, 최서해의 작품 속에도 비참한 조선의 근본 원인인 일본에 대한 언급이 빠져있다는 것이다. 사에구사는 최서해의 「토혈」, 「기아와 살육」, 「홍염」 등에 일본인이 등장하지 않으며, 오히려 "「기아와 살육」, 「홍염」에서는 악독한 억압자가 중국인"임을 지적하고 있다. 또한 사에구사는 북한에서 발행한 최서해 작품집에는 조선인을 억압하는 중국인에 대한 묘사가 생략되어 있으며, 한국에서 발행한 최서해 전집에도 이 부분이 빠져있음에도 불구하고, 왜 한국의 연구자들이 "프롤레타리아문학에서 가장 좋은 책은 북한의 책이라고 생각"(93쪽)하는지 의아해하였다.

김영금은 최서해의 소설에 대해 "한국문학사에 있어 처음으로 사선에서 몸부림치는 극도의 빈곤과 주인공이 절망 속에서 살인, 방화, 폭력, 울부짖음 등 비상식적인 행위를 하는 것을 묘사"(147쪽)한 것으로 평하고 있다. 특히 「탈출기」는 "식민지 현실에 대한 근본적인 질문을 제시"했으며, "20년대 한국 사회 구조의 본질에 대한 인식을 표현"함으로써 "빈곤을 호소하는 생활문학의 한계를 극복"하고 "처음으로 무산계급의 입장에서 한국사회의 현실을 규명"한 "신경향파 문학의 걸작"으로 평가하고 있다.(147쪽)

허쩐후아는 특이하게 최서해를 조명희 다음의 항목에 배치하고 있다. 프롤레타리아문학의 발전과정상 최서해를 조명희 앞에 기술하는 것이 문학사의 일반적인 구성방식인데, 허쩐후아는 최서해를 일관되게 맨 마지막에 배치하고 있다. 소설부분 개관에 해당하는 '제2장 제2절 산문' 항목에서도 조명희-이기영-송영-최서해의 순으로 기술하고 있으며, 독립된 항목에서도 최서해는 맨 마지막에 배치되어 있다. 또 김병민이나 김영금과 달리 세부적인 평가에서도 최서해의 한계를 부각시키고 있다. 예를 들어 「탈출기」는 "인민 대중의 투쟁과 결합하지 못했고, 개인 반항의 수준에서만" 머물렀으며, 「기아와 살육」은 "사회제도를 근본적으로 변혁시킬 구체적인 방법을 몰랐고, 경수가 추구한 계급 이상도 명확한 목표가 부족"했다(55쪽)는 식이다. 「홍염」에 대해서도 "문씨와 지주 간의 모순충돌을 지주와 농민계급 간의 계급대립과 투쟁의 차원으로 끌어내지 못"(57쪽)했다고 지적하고 있다.

또한 허쩐후아는 최서해를 "우수한 현실주의 작가 중의 하나"(51~52쪽)로 소개한다. 이는 일반적으로 최서해를 '신경향파 작가' 혹은 '무산계급 작가'로 보는 것에 비해 다소 이례적이다. 왜냐하면 '현실주의'는 주로 신경향파 문학보다도 현실의식이나 계급의식이 결여된 것을 지칭할 때 사용하는 표현이기 때문이다. 이는 최서해를 일정한 의의에도 불구하고 여전히 한계성이 분명한 작가로 평가하고 있는 북한문학사의 시각이 반영된 것으로 보인다.

2) 임화의 경우

임화는 일본과 중국의 한국문학사에서 크게 주목받지 못하고 있다. 일본의 경우 사에구사를 제외하고는 이름조차 언급하지 않고 있으며, 중국의 경우도 김병민을 제외하고는 다루고 있지 않다. 즉 시라카와는 임화에 대한 언급이 없으며, 임전혜의 경우는 재일조선인문학에 초점을 맞췄기 때문에 언급할 이유가 없었던 것이다.

중국은 북한문학사의 영향으로 보인다. 중국 여러 연구자가 지적하듯, 중국에서는 한국문학사를 기술할 때 『조선문학통사』(과학원출판사, 1959)나 박종원, 류만의 『조선문학개관』(사회과학출판사, 1986) 등의 북한문학사를 주요 자료로 참조하고 있다.[17] 잘 알려져 있듯이 북한문학사에서 임화는 아예 언급되지 않거나 혹은 "일제의 주구로 완전히 전락"[18]한 "반동문학가"[19]로 낙인 찍혀 있다. 좌익문학을 중시하는 중국이기에 이러한 북한의 관점을 수용하는 것은 자연스러워 보인다.

여기서는 사에구사를 중심으로 김병민의 논의를 비교・대조하면서 논하고자 한다. 사에구사는 임화의 가장 큰 특징으로 낭만주의를 꼽고 있다.

> 프롤레타리아문학으로서 지금도 뛰어난 성과로 남아있는 것은 시에서는 마쓰모토 세이초(松本清張)가 쓴 『북방의 시인』의 주인공의 모델이 된 임화(1908~53)가 아닐까 생각합니다. 임화는 젊은 시절에 이곳저곳을 방랑하며 스스로를 다다이스트라고 말했다고 합니다만, 로맨틱한 감정을 가진 사람이었던 것 같습니다. 그로 인해 1927년 정도에 프롤레타리아문학에 다가간 듯합니다. (…중략…) 1929년 「우리 옵바와 화로」는 활동가인 오빠가 붙잡힌 뒤 남동생과 여동생이 오빠의 뒤를 이어 힘든 시간을 견뎌낸다는 내용의 긴 시지만, 여기에도 임화의 낭만적인 글쓰기가 잘 나오

17 김명숙(중국 중앙민족대학), 해외한국문학사 자문위원 인터뷰 내용, 2018.1.1~2.10, 김준선(중국 중앙민족대학), 해외한국문학사 자문위원 인터뷰 내용, 2017.5.18~6.10. 참조.

18 김하명 외, 『조선문학사(1926~1945)』, 과학백과사전출판사, 1981, 366쪽.

19 과학원 언어문학연구소 문학연구실 편, 『조선문학통사(현대편)』, 평양 : 과학원출판사, 1959, 170쪽.

고 있습니다.(자료 편 참조) 이 시는 당시 프롤레타리아 장편서사시라고 불리며 꽤 호평을 받았던 것 같습니다. 로맨티시즘을 축으로 하면서 계급 투쟁을 노래하는 것이 그의 특색입니다.(92쪽)

카프의 평가에 있어 임화가 차지하는 위상은 무시하기 어렵다. 카프 동경지부에서 건너온 소장파이자 카프의 중요한 변곡점마다 서 있었던 임화에 대한 평가는 간단치 않기 때문이다. 그럼에도 사에구사는 임화에 대해 낭만주의를 앞세워 평가하고 있다.

김병민도 임화의 낭만성을 지적했다. 김병민은 임화에 대해 한 장 반 정도를 할애하여 기술하고 있는데, 임화를 "카프의 대표적인 시인이자 비평가"(265쪽)로 평가하고 있다. 특히 「우리 옵바와 화로」는 "현대시문학에서 최초로 나타난 서정서사시"(267쪽)이며, 이 작품으로 인해 1930년대 많은 시들이 서정서사시의 형식을 취했다고 보고 있다. 그러한 임화가 "초기에는 감상주의에 심취"(265쪽)했으며, 「우리 옵바와 화로」에는 "로동운동에 대한 긍정의식이 다소 막연하게 표현"(267쪽)되어있다며 임화의 낭만성을 에둘러 언급하였다.[20]

사에구사와 김병민의 차이는 낭만성(감상성)의 위치에 있다. 김병민에게 임화의 낭만성은 한계가 아닌 극복대상이다. 김병민은 이 낭만성이

---

20 임화의 낭만성에 대한 평가는 남한의 문학사에서도 예외는 아니다. 낭만성 혹은 감상성으로 불리는 측면은 그의 한계를 지적할 때 빠지지 않는 대목이기도 하다. 조동일은 「우리 옵바와 화로」가 보이는 현실인식의 모호성에 대해 임화가 "낭만주의 운운하면서 합리화"(조동일, 『한국문학통사』 5(제2판), 지식산업사, 1993, 486쪽)하고 있다고 혹평한 바 있으며, 김윤식도 이 작품이 지닌 "센치멘탈한 열정"(김현・김윤식, 『한국문학사』, 민음사, 1994, 166쪽)을 부정하지 않았다. 김재용, 하정일 등이 쓴 『한국근대민족문학사』에서도 "이 시는 일정한 리얼리즘적인 요소를 내포하고 있음에도 불구하고 감상성을 극복하지 못했"(김재용 외, 『한국근대민족문학사』, 한길사, 1997, 537쪽)다는 평가를 하고 있다. 이처럼 「우리 옵바와 화로」에 대해서는 대체로 비슷한 입장들을 내놓고 있다.

「양말 속의 편지」에 이르러 "구체적인 투쟁과정에 대한 묘사 속에서 설득력 있게 표현"(267쪽)됨으로써 해결되었다고 보고 있다. 김병민은 임화의 낭만성을 평가의 중심축이 아닌 성과와 한계라는 균형 속에서 보고 있다. 즉 임화의 삶과 문학 속에 분명히 낭만성은 존재하지만, 그것을 극복하는 과정 또한 주목하고 있다.[21] 이처럼 "임화의 시에 대한 당대의 평가는 비판과 찬사가 엇갈리는 양상을 보여주었지만 (…중략…) 거의 모든 논자들이 그 리얼리즘적 가치를 인정하고"[22] 있다는 것이다.

그러나 임화의 낭만성에 대한 사에구사의 입장은 다르다. 사에구사는 낭만성을 임화 개인과 카프를 평가하는 중요한 잣대로 보고 있다. 사에구사는 위의 인용문에서 보듯이 임화에 대해 "젊었을 때는 여기저기 방랑하고 스스로도 다다이스트라고 했다고 하지만 로맨틱한 심정의 사람이었던 것 같습니다"(92쪽)라고 말한다. 그러나 이러한 평가에서는 "카프서기장을 역임했다든가 「우리 옵바와 화로」, 「네거리의 순이」 계열의 시가로 당대 시단을 울렸다든가, 이북만의 조직훈련을 받고 조직운동에 뛰어난 능력을 보인"[23] 임화를 찾아 볼 수 없다.

뿐만 아니라 사에구사는 임화의 "로맨틱한 심정"을 그의 생애를 결정짓는 중요한 동기로 평가한다. 임화가 "1927년 정도에 프롤레타리아 문학에 다가간" 것이나 또 "그의 작품에 긴 시가 많은" 것도 "로맨틱한

---

21 남한의 문학사에서도 임화의 「양말속의 편지」는 감상성을 극복한 작품으로 보고 있다. 사례를 들면 "「우리 옵바와 화로」에서와 같은 다소 막연한 감상 대신 구체적인 투쟁과정 속에서 형성된 노동자들의 계급적 연대와 투쟁의식 등이 그 투쟁의 주체인 노동자 자신의 진술을 통해서 형상화되고 있다는 점에서 본격적인 프로시로 높은 평가"(김재용 외, 앞의 책, 539쪽)를 받았다고 지적하고 있다. 김윤식도 "애상적이자 감상적인 수준을 극복하고 이론투쟁으로 나아갈 결의를 보인 점에서는 과연 임화다운 것"이라고 평하고 있다. 김윤식, 『임화연구』, 문학과사상사, 1993, 283쪽.

22 김재용 외, 앞의 책, 539쪽.

23 김윤식, 앞의 책, 5쪽.

심정”에서 찾고 있다. 임화에 대한 평가의 절정은 「우리 옵바와 화로」에 대해 “로맨티시즘을 축으로 하면서 계급투쟁을 부르는 것이 그의 특색”(92쪽)이라고 규정하는 부분이다. 사에구사는 “여기에도 임화의 낭만적인 글쓰기가 잘 나오고 있습니다”라고 말하고 있는데, “여기에도”라는 표현이야말로 임화의 삶과 작품 전반에 낭만성이 작용하고 있다는 것을 강조하는 것이다. 하지만 1925년 조선공산당 창당을 주도한 김재봉이 코민테른 제출 위임장에 썼던 “조선독립을 목적하고 공산주의를 희망함”[24]은 당시 사회주의 운동의 지상 목표였으며, 그 흐름 속에서 카프는 문학단체를 넘어 조선의 독립운동이자 사회혁명을 추구하던 강력한 문화운동의 장이었음을 고려할 때, 카프와 그들의 작품을 낭만성으로 가두는 것은 카프가 지닌 역사적 의미를 희석시킬 수 있다.

3) 조명희의 경우

사에구사는 조명희의 「낙동강」을 “1927년 7월은 카프가 마침 방향전환을 하던 시기로 그 때에 계급의식이나 정치의식을 담은 소설로 평가”(94쪽)하고 있다. 하지만 사에구사는 “당시의 문학 속에서 투쟁의 강렬한 내용은 아니지만 역시 낭만주의와 통하는 뭔가 마음을 치는 듯한 애수를 띤 여운이 남는다는 의미에서 인상적인 작품입니다”(94쪽)라고 결론짓는다. 앞서 언급했듯이 사에구사는 임화 문학의 부정적 요인으로 낭만성(감상성)을 강조한 바 있는데, 「낙동강」에 대한 낭만주의 발언

24 최백순, 『조선공산당 평전』, 서해문집, 2017, 30쪽.

은 카프의 방향전환이나 프로문학으로 「낙동강」을 평가하지 않고 있다는 의미이다. 이처럼 사에구사가 카프와 낭만주의를 결합시키는 관점은 결국 조선 프롤레타리아문학의 가치 평가와 연결되어 있다.

반면 중국 연구자들의 반응은 일본과 사뭇 다르다. 김병민은 조명희를 "조선프롤레타리아문학의 발생과 발전에서 중요한 역할을 한 대표적 작가"(227쪽)로 보고 있다. 특히 「낙동강」은 "조선인민의 민족적, 계급적 해방투쟁의 승리는 사회주의 사상으로 무장되고 대중 속에 뿌리박은 선각자의 지도 밑에서 로농대중의 단합된 투쟁에 의해서만이 가능하다는 주제의식"(229~230쪽)을 보여준 "조명희의 대표작일 뿐만 아니라 조선프롤레타리아 소설문학, 특히는 카프 재편성 후에 나타난 우수한 대표 작품의 하나"(229쪽)로 극찬하고 있다.

허쩐후아는 조명희를 제2장 제4절의 독립된 항목에서 집중적으로 다루고 있다. 허쩐후아는 조명희를 "맹아시기에 문단에서 활약한 저명한 작가 중의 하나"(47쪽)로 평하고 있다. 여러 작품들을 논하고 있지만, 역시 가장 주목한 작품은 「낙동강」이다. 허쩐후아는 이 작품에 대해 "사회주의현실주의의 각종 원칙을 드러냈고, 초기의 자발적인 단계인 무산계급문학 즉 신경향파문학이 자발 단계의 무산계급 문학으로 발전되는 데에 중요한 역할"(51쪽)을 한 것으로 평가하고 있다.

그런데 허쩐후아의 이러한 평가는 일본의 사에구사와의 시각차를 드러낸다. 이른바 낭만성(감상성)의 문제인데, 사에구사가 「낙동강」의 낭만성을 프로문학의 한계와 연결짓고 있다면, 허쩐후아는 정반대의 입장에서 평가하고 있다. 허쩐후아는 「낙동강」의 낭만성을 "풍부한 서정색채"로 보면서 이 "깊은 서정미는 사람을 감동시키는 비극적인 힘"으로 판단하고 있다. 여기에서 허쩐후아가 말한 '비극적인 힘'은 사에구사의 하강미로서의 감상성과는 다르다. 허쩐후아에게 "사람을 감동시키는 비극적인 힘은 혁명활동을 자신의 생활의 신조로 삼은 새로운 인간의 내면적인 열정과 어떠한 난관과 시련이라도 극복하는 견강의지와 기필코 올 것이라는 신념과 연결되어" 있다. 허쩐후아는 이를 가리켜 "강렬한 혁명낭만주의의 색채"라고 말하고 있다.(51쪽) 북한에서도 「낙동강」의 "랑만주의적 색채가 농후한 시적문체"를 특징으로 보고 있지만, 여기서의 낭만성은 "시대의 격동적인 분위기를 표현하는 데 대응한 패기있는 운문적인 서술"이며, "격동된 감정과 다감한 정서로 찬 소설의 내용을 그에 알맞은 형식으로 표현"[25]한 것으로 보고 있다.

4) 이기영의 경우

사에구사는 이기영에 대해 간략하게 소개하고 있다. 그는 이기영을 "프롤레타리아문학에서 가장 실적을 거둔 사람" 중의 하나로 보고 있지만, 그의 대표작 『고향』에 대해서는 "일본 유학에서 돌아온 학생이 자신들의 마을의 개혁운동을 구상한다는 잔잔한 터치의 소설"로 평가하고 있다.(94쪽) 뿐만 아니라 "이기영의 소설은 모두 온화하고 부드러운 것으로 그 덕분에 현재도 읽히는 것 아닌가"(94쪽)라고 말하고 있다. 중국을 비롯해 남북 모두에서 대표적인 프롤레타리아 문인으로 평가받는 이기영을 온화하고 부드러운 작품을 쓰는 낭만적 작가로 규정하는 것은 매우 예외적인 모습이다. 게다가 "대부분의 사람들이 쓰지 못한

25 김하명 외, 앞의 책, 402쪽.

1940년대 암흑기에 5~6권의 장편을 냈다"는 이유를 들어 이기영을 "일본에 협력한 친일문학가"(94쪽)로 규정하고 있다.

시라카와는 이기영의 『고향』에 초점을 맞추어 평하였다. 시라카와는 '신경향파 문학의 대두'라는 제목하에 카프의 결성과 진행과정에 대해 간략히 언급하고 있다. 그는 '신경향파 문학'을 프롤레타리아문학이라는 '새로운 경향'을 지칭하는 용어로 사용하고 있기 때문에, 최서해로 대표되는 카프 이전의 작품을 소개하고 있지는 않다. 그는 이기영을 "북조선에 가서 죽기까지 일관되게 사회주의 노선을 견지한 작가"이며, 그의 작품 『고향』은 "현재까지 조선근대문학사 안에서 흔들리지 않는 위치를 점하고"(323쪽) 있다고 평가하고 있다. 시라카와는 『고향』의 주요 등장인물과 줄거리를 소개하면서 말미에 다음과 같이 평가하고 있다.

> 이를 보면 전형적인 농촌소설인 것을 알 수 있지만, 1부, 공장노동자의 쟁의(爭議) 이야기가 들어가 있는 부분이 분명히 프롤레타리아문학답다고 말할 수 있겠습니다. 일본의 『太陽のない街(태양이 없는 거리)』(1929)가 떠오를지도 모르겠습니다. 하지만 애초에 당시 조선은 기본적으로는 농업사회여서 식민지하의 공업화는 아직 본격화되지 못했기 때문에 조선의 프롤레타리아문학이라는 것은 실질적으로는 농촌소설이었다고 할 수 있습니다.(324~325쪽)

이기영의 『고향』에 대한 평가는 각 연구자의 몫이지만, 시라카와처럼 카프의 대표작이라 불리는 이 작품을 "전형적인 농촌소설"로 평가하기 위해서는 보다 분명한 근거를 제시해야 한다. 게다가 다음 장인 '8. 농촌소설과 브나로드 운동'의 항목에서 이광수, 장혁주, 이무영, 심훈을 농촌소설의 대표로 언급함으로써, 이들과 이기영을 동일한 층위에서 바라보게 만들고 있다. 비록 농촌이라는 공간을 배경으로 하고 있지만, 『고향』은 "문학사 중심부와 관련된 것"이자 "예술성 차원으로까지 고양된 형상성을 풍부하게 확보함으로써 소설사에 빛"[26]나는, 그리고 "우리 근대장편소설에서 리얼리즘의 확립을 결정적으로 보여주는 것"[27]으로 평가받는 작품이다. 그렇기에 이기영을 이광수 등과 동일한 층위에서 평가하는 것은 논쟁의 소지가 있다. 하지만 시라카와는 별다른 근거를 제시하지는 않은 채 이기영을 대표로 삼아 조선 프롤레타리아문학이 "실질적으로는 농촌소설"이었다고 결론짓고 있다. 이는 프로문학에 대해 "당시 조선의 농민과 노동자의 모습을 그린 것"이라는 사에구사의 논지와도 맞닿아 있다.

반면 중국의 평가는 일본과 다르다. 김병민은 이기영을 "현대 조선문학사에서 가장 걸출한 작가로서 사회주의사실주의 문학의 정초자의 한 사람"(231쪽)이라며, 이기영이 갖는 무게를 강조하고 있다. 이와 함께 "농민들의 언어와 향토색이 풍기는 언어의 풍부한 소유자"이며, "산 체험에 기초"해 "이야기를 끈기있게 끌고" 나갈 뿐만 아니라 이러한 개성을 통해 "선진적 사상이 독자들에게 소박하고 친근하면서도 은근하고 웅심깊게 안겨오며 그로서 인민들의 사랑을 받는 농민생활주제에 가장 탁월한 작가"(234~235쪽)로 보고 있다. 특히 『고향』은 "해방전 그의 대표작이자 해방전 조선프롤레타리아문학 발전에서 기념비적 의의가 있는 작품"(235쪽)이라고 극찬하고 있다. 이는 '마을 개혁을 잔잔한 터치로 그린 소설'(사에구사)이나 '이광수, 심훈, 이무영 류의 농촌소설'(시라카와)로

26 김윤식 · 정호웅, 『한국소설사』, 예하, 1995, 144쪽.
27 김재용 외, 앞의 책, 496쪽.

본 일본인 연구자들과는 결이 다른 평가이다. 특히 항일의식의 결여라는 사에구사의 평가와는 달리, 김병민은 『고향』이야말로 “지주계급의 가혹한 착취를 반대하여 소작쟁의를 일으킨 원터마을 농민들의 투쟁을 기본 줄거리로 하면서, 이 투쟁을 일본제국주의의 침략적인 재벌이 경영하는 제사공장 로동자들의 파업투쟁과의 밀접한 련계속에서 묘사하고”(235쪽) 있다고 평가하였다.

김영금은 이기영을 “한국프로문학의 대작가”라 소개하면서, 특히 『고향』에 대해서는 “20년대 농촌현실의 총체적인 면모를 반영했고, 한국최우수의 현실주의 장편소설 중 하나”(148쪽)라며 극찬하고 있다. 특히 “꿈만 꾸고 과거를 그리워하는 복고주의와 달리 소설은 당시 민중의 입장에서 현실을 평가하고 반영하여 노동계급의 세계관과 가치관을 드러냈다”(148쪽)고 평가하고 있다.

허쩐후아 역시 이기영에 대해 긍정적인 평가를 내리고 있다. 허쩐후아는 이기영의 소설이 1930년대 조선의 현실을 진실히 반영했으며, 특히 조선 농민들이 벌인 조국과 민족해방 투쟁을 실감나게 재현했다고 평하고 있다. 그런 면에서 이기영은 조선 무산계급문학의 발전에 큰 공헌을 한 작가이며, 그의 작품은 조선 현대문학사 상에 중요한 위치를 차지한다고 평하였다. 특히 『고향』은 이기영의 대표작일 뿐만 아니라 조선 현대문학 중에 기념비적인 작품이라고 극찬하였다.(92쪽)

또한 허쩐후아는 이기영과 카프를 하나의 동일체로 인식하고 있다. 다시 말해 이기영의 생애와 문학의 변화과정을 카프의 변화과정과 동일시함으로써 이기영의 위상을 극대화하고 있다. 허쩐후아는 카프가 신경향파와 방향선환론 등을 통해 변화, 발전했듯이 이기영의 삶과 문학도 동일한 궤적을 그리고 있다고 보고 있다. 예를 들면 이기영의 초기 작품인 「오빠의 비밀편지」는 남존여비의 봉건 구습과 종교의 위선을 비판했지만 향후 방향성을 제시하지 못했으며, 이후에 나온 「가난한 사람들」도 "초기 무산계급문학의 일반적"인 한계를 넘지 못했다고 보았다. 하지만 1925년 카프의 결성이 신경향파문학의 한계를 극복하는 계기가 되었듯이, 이기영도 카프 창립으로 인해 "이기영의 문학창작의 전환점"을 맞이했다고 지적하였다. 다시 말해 카프의 등장으로 프롤레타리아문학 운동이 본격적으로 발전되었듯이, 이기영도 "카프의 성립 후에 창작 열정이 더욱 고조"되었으며, "사상과 예술기법의 발전"을 이루었다는 것이다.(91쪽) 이기영의 발전은 김일성의 영향으로 더욱 빨라진다. 김일성의 영도로 "조선인민항일투쟁도 무장투쟁의 새로운 단계"에 진입하자, "이런 혁명 형세는 이기영으로 하여금 냉정하게 객관적인 현실을 사고하고 연구하게 하였"고, 그 결과 "시대의 특징을 명확히 인식"하게 되면서 "새로운 작품을 창작하고 새로운 인물을 만드는데 기초를 마련"했다는 것이다.(91쪽) 이를 반영한 작품이 「원보」, 「종이 뜨는 사람들」이며, 이 작품들을 통해 이전의 한계를 극복하고 "사회주의현실주의 창작의 길로 나갔다"고 평하고 있다.(91쪽) 이처럼 해산 전까지 치열했던 카프의 발전과정은 그대로 이기영의 문학활동과 동일시되고 있는데, 그 정점에 『고향』이 있다.

허쩐후아는 『고향』에 대해 "중요한 주제, 심각한 사상내용, 개성이 선명한 인물이미지, 엄밀한 구조와 소박하고 간결한 언어로 조선 20년의 현실생활을 넓은 화면으로 보여줬으며" 그런 측면에서 "30년대의 대표작일 뿐만 아니라 조선 사회주의현실주의 문학의 걸작"(96쪽)이라고 하였다. 또 1940년대는 일제의 "야만적이고 잔혹한 문화정책으로 인해 작가의 사상이 충분히 표출되지 못했고, 계급모순이 심각하게 폭로되지 못"하는 등 "현대 제재를 표현하는 것이 매우 어려웠"지만, 이기영의 장편소설 『봄』은 "사회주의현실주의 창작원칙"을 지켰으며(95쪽), 위에서 언급한 제한성도 "8·15 조선해방 후에 장편소설 『두만강』에서 완벽하게 해결되었다"(98쪽)고 평가하였다. 이는 카프의 한계가 해방 이후 김일성의 영도로 인해 '완벽하게 해결되었다'는 북한 시각의 연장선이다.

4. 결론

이상으로 일본과 중국의 한국문학사에 나타난 카프와 관련 작품에 대한 문학사적 평가를 살펴보았다. 각각의 평가를 정리하면 다음과 같다. 우선 카프의 문학사적 평가에 대해서는 일본과 중국이 대별되는 양상을 보였다. 일본의 사에구사의 경우 카프를 비롯해 프롤레타리아문학에 대한 부정적인 기류를 보이고 있다. 사에구사는 특정시기의 한정된 문학운동이었다는 점과 감상적 낭만주의, 일본과의 대결의식 부재 등을 카프의 한계로 보았다. 반면 재일동포 출신인 임전혜의 분석은 사에구사와 달리 재일본 조선인의 문학에 초점을 맞추었다. 임전혜는 해방 이전에 "일본어를 사용하여 창작하는 것은 자민족의 지배자 언어를 강요당한 굴욕적인 행위"로 인식하고 있다. 하지만 "재일조선인 작가가 나아가야 할 방향의 하나가 굴욕의 문학에서 민족문학의 확립"에 있으며, 따라서 "재일조선인 작가의 일본어 창작은 조선민족의 문학이며,

동시에 일본문학의 하나"라는 입장을 견지하고 있다.(235쪽) 이러한 인식은 일본 내 조선인의 프롤레타리아문학 활동에 대해 심도있는 연구로 이어져 재일조선인문학의 존재론적 의미와 가치를 찾는 것으로 귀결되었다.

중국 연구자들은 여러모로 일본과 대조되고 있다. 우선 카프를 비롯해 프롤레타리아문학 전반에 긍정적인 시선을 보내고 있다. 김병민은 카프를 현대문학의 출발로 보면서 카프의 출현을 드라마의 구성을 통해 기술하고 있다. 김영금은 매우 소략하나마 역시 긍정의 포즈 속에서 카프를 평가하고 있다. 허쩐후아는 북한의 관점에서 카프와 작품들을 기술하고 있다. 앞의 김병민과 김영금이 비교적 중립적인 관점을 유지하려 했다면, 허쩐후아는 북한의 입장에 경도되어 마치 중국판 북한문학사를 보는 듯한 인상을 주었다.

작가로는 최서해, 임화, 조명희, 이기영을 살펴보았다. 최서해에 대한 평가는 전반적으로 일본과 중국이 유사하였지만 적대적 인물의 국적에 대한 차이가 있었다. 임화와 조명희에 대해서는 낭만성에 대한 해석을 중심으로 사에구사와 김병민의 견해 차이가 있었다. 사에구사가 낭만성을 긍정적 요인으로 봤다면, 김병민은 극복대상으로 보았다. 이기영에 대해서는 일본이 농촌소설로 본 반면 중국에서는 프로문학의 대표작으로 보았다.

카프를 둘러싼 일본과 중국 간의 차이와 원인을 살피는 일은 간단치 않다. 여기에는 연구자의 이데올로기나 자국의 문학사관 그리고 북한을 비롯해 한·중·일 간의 사회정치적인 문제 등 여러 요인이 복잡하게 얽혀있기 때문에 일반화하는 데는 여러 어려움들이 따를 수밖에 없다. 하지만 북한을 비롯해 카프를 둘러싼 한·중·일 간의 논의는 이제

시작인 셈이다. 앞으로 각 나라별 입장을 넘어 동아시아에서 카프가 가지는 역사적 의미에 대해 보다 정교하고 정밀한 논의가 시작되어야 할 것이다.

일본 한국문학사에 나타난 항일문학과 친일문학 기술양상

손지연

1. 서론

이 글은 일본에서 저술된 한국문학사 기술 내용 중 항일문학, 친일문학 부분에 주목하여 이를 남북한문학사와 비교・분석함으로써, 항일과 친일을 둘러싼 한국과 일본의 인식차를 구체적으로 드러내 보이는 것을 목적으로 한다. 일본에서 저술된 한국문학사는 양적으로 많지 않으며, 더구나 고전문학에서 근현대문학까지 체계적으로 다룬 것은 찾아보기 어렵다. 지금까지 알려진 한국문학사는 약 8종인데, 주로 고전문학사 기술에 치우쳐 있고 근현대문학에 관한 기술은 미미하다.[1] 일본인

1 일본에서 저술된 한국문학사의 고전문학과 근현대문학 인식 및 서술양상에 관해서는 각각 류정선의 「일본 '한국문학사'에서의 한국고전문학사 인식과 서술양상」(『비교문화

의 시각에서 집필된 본격적인 한국 근현대문학사라는 평가를 받고 있는 사에구사 도시카쓰三枝壽勝의 『한국문학을 맛보다韓國文學を味わう』(國際交流基金アジアセンター, 1997)와 시라카와 유타카白川豊의 「조선근대문학의 발자취朝鮮近代文學の步み」(『豊かな地球社會への展望』, 九州産業大學出版會, 1997) 정도를 들 수 있다. 이와 함께 통시적 시좌의 문학사 저술은 없지만, 한국 근현대문학 일본인 연구자의 최전선에 자리하는 오무라 마스오大村益夫의 연구 성과도 빼 놓을 수 없다. 일본의 한국문학사의 경우 친일문학이라는 프레임이 매우 선명하게 자리한다. 이는 기본적으로 남한문학사의 서술체계에 따르고 있지만 항일문학과 친일문학에 대한 평가 부분에 이르러서는 남한문학사와 분기점을 이루는 지점이며, 북한의 관점과도 확연히 구분되는 지점이기도 하다.[2]

이 글에서는, 일본 내 한국 근현대문학의 연구 현황, 특히 일제 말기 식민지문학(친일문학)에 집중되는 현상과 그 이유를 살펴보고, 일본에서

연구』 48, 경희대 비교문화연구소, 2017)과 윤송아의 「한국문학사를 가로지르는 언어 · 문화 · 역사의 계기들-일본 저술 한국문학사의 한국근현대문학 인식과 서술양상을 중심으로」(위의 책)를 참고 바람.

2 일본에서 저술된 한국 근현대문학사에 주목한 선행연구로는, 장사선의 「일본에서의 한국 현대문학 연구-역사적 반성 및 협동 연구 전망」(『한국현대문학연구』 30, 한국현대문학회, 2010), 설성경 외의 『세계 속의 한국문학』(새미, 2002), 김수용 외의 『한국문학의 해외 수용과 연구 현황』(연세대 출판부, 2005), 정현숙의 「북한, 중국, 일본의 한국현대문학사에 대한 인식(1)」(『인문과학연구』 21, 강원대 인문과학연구소, 2009), 윤송아의 「한국문학사를 가로지르는 언어 · 문화 · 역사의 계기들」(『비교문화연구』 48, 경희대 비교문화연구소, 2017) 등에서 많은 시사를 받았으며, 일제 말기 친일 문인의 내적 갈등, 내적 논리에 대한 일본 특유의 시선을 추출하는 데에는, 임종국의 『친일문학론』(평화출판, 1966), 김재용의 『협력과 저항』(소명출판, 2004), 『풍화와 기억』(소명출판, 2016), 김학동의 『장혁주의 일본어 작품과 민족』(국학자료원, 2008), 『장혁주의 문학과 민족의 굴레』(역락, 2011), 심원섭의 『일본 유학생 문인들의 내성 · 수학 체험』(소명출판, 2012), 곽형덕의 「경계의 모호함과 평가의 단호함을 묻다-시라카와 유타카, 『장혁주 연구-일어가 더 편했던 조선작가 그리고 그의 문학』」(『사이間SAI』 9, 국제한국문학문화학회, 2010) 등의 논의를 참고하였다.

저술된 한국문학사에서 항일문학과 친일문학이 선별 혹은 배제되는 방식, 그리고 그것을 해석, 평가하는 방식과 우리 문학사와 충돌되거나 비껴가는 양상을 구체적으로 짚어보고자 한다.

2. '친일-문학(사)'의 일본(적) 역사화 과정

일본인 연구자들이 한국문학, 그 중에서도 근현대문학 영역을 연구대상으로 삼기 시작한 것은 그리 오래 되지 않았다. 그 현황에 대해 일목요연하게 정리한 바 있는 장사선에 따르면, 저널리즘적 논의를 탈피하고 일본인에 의해 처음으로 아카데미즘적 연구가 시작된 것은 1970년대 무렵으로, 와세다早稲田대학의 오무라 마스오와 덴리天理대학의 오타니 모리시게大谷森繁, 그리고 뒤늦게 합류한 동경외국어대학의 사에구사 도시카쓰가 일본 내 한국 근현대문학 연구의 선편을 쥐고 주도해 간 1세대 연구자라고 한다. 여기에 가지이 노보루梶井陟, 다나카 아키라田中明, 오쿠라 히사시小倉尚, 조 쇼키치長璋吉 등이 뜻을 함께 하여 '조선문학의 회朝鮮文學の会'를 결성하고, 동인지 『조선문학－소개와 연구』(1970～1974)를 간행하면서 일본인 연구자들에 의한 한국 근현대문학 연구의 길이 열리게 된 것으로 보인다.[3]

---

3 장사선, 앞의 글, 518～519쪽; 장문석, 「1960～1970년대 일본의 한국문학 연구와 '조선문학의 회'－오무라 마스오 교수에게 질문하다」, 『한국학연구』 40, 인하대 한국학연구소, 2016, 187쪽 참조.

물론 그 이전에도 한국 근현대문학 연구가 전혀 없었던 것은 아니지만, 식민지시기(정확히는 1939년 무렵부터)에는 문학 연구라기보다 내선일체 정책을 지탱하기 위한 시국적 성격이 강하였고, 해방 이후 50년대까지는 김달수, 이은직, 박춘일 등의 재일조선인에 의한 연구(대개 북한문학에 치우친)가 대부분이었다.[4] 그러던 것이 1970년대에 들어서면서, 일본 잡지 『문학文學』에 '조선문학' 특집호가 꾸려지고, 재일조선인 잡지 『한양』과 『계간 삼천리』의 발행부수가 급증하는 등 한국(남한)문학에 대한 관심이 고조된다. 또한, 한국에서 금기시 되던 김지하 연구가 폭발적인 인기를 얻어 그를 우상화하는 분위기까지 만들어졌다고 한다. 김지하 연구를 비롯한 한국 현대문학 관련 단행본과 문학사가 다수 간행되고, 도쿄외국어東京外國語대학과 도야마富山대학에 조선어, 조선문학 관련 학과가 만들어지는 것도 이 무렵이다.[5] 이와 같은 급격한 변화의 기저에는 1965년 한일조약과 1972년 남북공동성명의 영향이 컸던 것으로 보인다. 여기에 총련 조직의 경직성을 비판하는 목소리까지 가세하여 북한문학 일변도에서 남한문학으로 연구의 판도가 뒤바뀌는 사태가 빚어지게 된 것이다. '조선문학의 회'는 바로 그 중심에 서 있었다고 해도 과언이 아니다. '조선문학의 회' 결성을 전후한 사정은 오무라 마스오의 최근 인터뷰에 자세하게 언급되어 있다.

> 1965년까지 일본에서 조선문학 연구라 하면 북한문학뿐이었죠. 그때까지 한국문학은 시야에 전혀 없었습니다. 하지만, 제가 조선문학회를 조직해서 1970년에 『조선문학 소개와 연구』를 처음으로 발행했을 무렵에는

4 설성경 외, 앞의 책, 326쪽.
5 장사선, 앞의 글, 531쪽.

상황이 완전히 바뀌었습니다. 저희가 낸 잡지를 보더라도 한국문학이 중심이었고 북한문학 쪽은 오히려 줄어든 것을 확연하게 알 수 있습니다. 65년 이후부터 지금까지 그런 현상은 일본 내에서 큰 변화가 있는 것 같지는 않습니다. (…중략…) 1965년 한일조약에 즈음해서 가지무라 히데키(梶村秀樹)나 미야타 세쓰코(宮田節子) 씨 등이 정말 열심히 활발하게 활동을 했습니다. 그 과정에서 하타다 다카시(旗田巍) 선생이 약간 뒤로 밀려났습니다. 하타다 씨가 **"조선학은 차별부락이다"**라는 말을 해서 큰 파문이 일어났습니다. 그 말인즉 조선학은 학문으로서 정착되기는커녕 일본 내에서 차별을 받는다, 전체 학문의 1%도 차지하지 못하고 있다는 취지의 내용이었습니다. 이에 대해서 『조선평론(朝鮮評論)』에서 논쟁이 오고가기도 했고요. 일본조선연구소 측에서 제게 운동 차원에서 북한의 자료를 번역해 제공하라는 요청이 왔던 적이 있었지만, 제가 거절했습니다. 연구소 내에 문학부가 있었으나 실제로 활동을 하는 사람은 거의 없었습니다. 조선문학이라 해도 재일조선인문학을 읽는 모임이 됩니다.[6] (강조는 인용자, 이하 같음)

'조선문학의 회'는 '독립선언'이었다고 생각합니다. 아까 말씀드린 『문학』 1970년 11월호 '조선문학' 특집을 봐도 알 수 있듯 저(오무라 마스오 –인용자 주)와 다나카, 가지이 등 몇몇을 제외한 모든 필자들은 한국인이었습니다. 일본조선연구소처럼 정치 단체의 활동도 있었지만, 우리는 한국의 문학과 문화를 연구한다는 생각이었습니다. '조선문학의 회'는 한국인들이 아닌 일본인들의 모임이자, 정치와는 거리를 둔 연구 모임이었습

6　오무라 마스오, 곽형덕 역, 『한국문학의 동아시아적 지평』, 소명출판, 2017, 489~490쪽.

니다. 그래서 사실 윤학준 씨의 가입은 거절했습니다.[7]

위의 두 인용문에서 보듯, '조선문학의 회'는 설립 초기부터 순수 일본인의 모임이자, 정치와 거리를 둔 순수 학술 모임이라는 점을 매우 강하게 의식했던 것으로 보인다. 무엇보다 북한문학에 치우쳐 있던 재일조선인 연구자들과 거리를 두고 동시기 일본에 체재하던 김윤식 등 한국 연구자와의 교류를 심화해 간 것도 변화된 특징 중 하나라고 하겠다.[8]

실제로 오무라 마스오는 1970년대 중반에 임종국의 『친일문학론』(高麗書林, 1976)과 김윤식의 『한일문학의 관련양상』(朝日新聞社, 1975), 『상흔과 극복—한국의 문학자와 일본』(朝日新聞社, 1975)을 번역하였으며, 80년대에는 사에구사 도시카쓰, 조 쇼키치와 함께 『조선단편소설선』(岩波文庫, 1984), 『한국단편소설선』(岩波書店, 1988)을 간행하는 등 소설 번역에도 힘을 기울였다. 전자는 해방 이전 식민지시기 작품이고, 후자는 동시대 작품을 모은 것인데, 오무라 마스오의 회고에 의하면 두 권 모두 판매량이 저조하였으나 그나마 독자층을 확보할 수 있었던 것은 식민지시기 문학이었다고 한다.

이러한 현상은 독자층만이 아니라 연구 영역으로 옮겨오면 더욱 두드러진다. 김용제, 김종한, 윤동주 등 식민지 문학에서부터 재만조선인문학, 재일조선인문학, 북한문학, 해방 이전 리얼리즘 문학에 이르기까지 관심 영역이 폭넓게 걸쳐져 있던 오무라 마스오의 경우는 예외로 하더라도, 그 외 사에구사 도시카쓰, 시라카와 유타카, 세리카와 데쓰요芹

7 정문식, 위의 글, 188쪽.

8 1970년 당시 김윤식과 오무라 마스오를 비롯한 일본 내 한국문학 연구자들과의 친분 및 학문적 교류 상황은 김윤식, 『내가 읽고 쓴 글의 갈피들』(푸른사상, 2014, 275~302쪽)에 기술되어 있다.

川哲世, 호테이 도시히로布袋敏博, 하타노 세쓰코波田野節子 등 1세대, 2세대 일본인 연구자의 관심은 대개 식민지시기 문학에 치중되어 있다.[9]

비록 소수이긴 하지만 이들의 연구가 일본과 한국 학계에 본격적으로 발신되기 시작하는 것은 1990년대 후반 이후 2000년대에 들어서면서부터라고 할 수 있다. 그 배경에는 포스트콜로니얼 연구 붐을 타고 확산된 제국주의, 식민지, 젠더 등 마이너 문학에 대한 관심이 자리한다. 이광수, 윤동주, 장혁주, 채만식, 김종한 등 개별 작가를 심도 있게 다룬 연구서를 비롯해 소설 번역 작업이 활기를 띠게 되는 것도 그러한 흐름과 무관하지 않을 것이다.[10] 이 외에도 조선 편, 타이완 편, 만주 편, 남양군도 편으로 이루어진 총 27권 분량의 『일본식민지문학정선집日本植民地文學精選集』(ゆまに書房, 2001), 『조선근대문학선집朝鮮近代文學選集』(平凡社, 2005~), 『한국근현대문학사전韓國近現代文學事典』(権寧珉・田尻浩幸 공편,

---

9 이에 관해서는 장사선의 앞의 글에 자세히 기술되어 있다.(520~523쪽)

10 그 대표적인 저작은 다음과 같다. 『朝鮮文学関係 日本語文献目錄 1882.4~1945.8』(공편, 綠蔭書房, 1997); 『対訳 詩で学ぶ朝鮮の心』(편역, 青丘文化社, 1998); 『사진판 윤동주 자필 시고 전집』(공편, 민음사, 1999); 『윤동주와 한국문학』(소명출판, 2001); 『조선 근대문학과 일본』(綠蔭書房, 2003); 『近代朝鮮文学日本語作品集』(전6권, 綠蔭書房, 2004); 『金鍾漢全集』(공편, 緑蔭書房, 2005); 『人間問題』(平凡社, 2006); 『식민주의와 문학』(소명출판, 2014); 『오무라 마스오 저작집』(전6권, 소명출판, 2017)(이상, 오무라 마스오); 『韓国文学を味わう』(国際交流基金アジアセンター報告書, 1997); 『사에구사 교수의 한국문학 연구』(베틀북, 2000); 『한국 근대문학과 일본』(공편, 소명출판, 2003); 『이광수 작품선』(이룸, 2003); 『濁流』(講談社, 1999); 『現代韓國短篇選』 上・下(공역, 岩波書店, 2002); 『植民地期朝鮮の作家と日本』(大学教育出版, 1995); 『植民地期朝鮮の作家と日本』(大学教育出版, 1995)(이상, 사에구사 도시카쓰); 「朝鮮近代文学の歩み」(『豊かな地球社会への展望』, 九州産業大学出版会, 1997); 『日本植民地文学精選集』(朝鮮編 監修, ゆまに書房, 2001); 『張赫宙日本語作家選』(공편, 勉誠出版, 2003); 『万歳前』(勉誠出版, 2003); 『朝鮮近代の知日派作家、苦闘の軌跡 廉想渉、張赫宙とその文学』(勉誠出版, 2008); 『한국근대 知日작가와 그 문학 연구』(곽형덕 역, 깊은샘, 2010); 『장혁주 연구-일어가 더 편했던 조선작가 그리고 그의 문학』(동국대 출판부, 2010); 『미망인』(글누림, 2018)(이상, 시라카와 유타카).

明石書店, 2010) 등과 같이 사전, 전집류의 간행도 눈에 띈다. 또한, 구보타 준久保田淳 외, 『이와나미 강좌 일본문학사岩波講座日本文學史』(岩波書店, 1997) 시리즈, 이노우에 히사시井上ひさし・고모리 요이치小森陽一 공편의 『좌담회 쇼와문학사座談会昭和文學史』(集英社, 2003) 시리즈 등의 일본 자국문학사로 시선을 돌려보면, 이전 문학사에 보이지 않던 재일조선인문학이나 오키나와문학이 새롭게 편입되는 변화가 포착된다.[11]

이처럼 식민지 문학 시리즈가 간행되고 일본(본토) 문학사 기술에 주변부 문학이 포함되는 현상은 역사수정주의와 반反지성주의, 그리고 일상을 파고드는 '계속되는 식민지주의'에 대한 동시대의 성찰적 사유가 반영된 결과라고 할 수 있을 것이다. 그런데 여기서 환기해야 할 것은, 오무라 마스오, 사에구사 도시카쓰, 시라카와 유타카의 연구가 포스트콜로니얼 연구 붐을 타고 시작된 것이 아니라는 점이다. 이들 연구자의 관심은 일관되게 식민지시기 문학이었고, 오히려 뒤이은 포스트콜로니얼 연구가 이들의 연구 성과에 얼마간 빚을 지고 있는 것으로 보아야 할 것이다.

그렇다면 왜 이들 연구자는 여타 한국문학 가운데 일본인의 입장에서는 곤혹스러울 법한 친일문학을 연구대상으로 선택하였을까? 그것도 한국에서조차 관련 연구가 척박하던 이른 시기에 관심을 갖게 되었

11 1980년대 후반에 간행된 『강좌 쇼와문학사(講座 昭和文学史)』(有精堂, 1988)는 총 5권으로 이루어져 있으며, 목차 구성은 기본적으로 쇼와 초기 문학, 쇼와 10년 전후, 전중부터 전후로, 쇼와 30~40년대, 일본문학의 현상 등 단순한 시기구분으로 되어 있음을 알 수 있다. 반면, 17권이 넘는 방대한 분량의 『이와나미 강좌 일본문학사(岩波講座 日本文学史)』 시리즈에는 「재일조선인의 문학」(제14권), 「아이누 문학」(제17권)이, 총 6권으로 구성된 『좌담회 쇼와문학사(座談会 昭和文学史)』에는 「인류문학과 오키나와의 문학—'침묵'을 말하는 언어」, 「재일조선인문학—일본어문학과 일본문학」(제5권)이 수록되어 있다.

는지 궁금하지 않을 수 없다. 한국 학계에서도 친일문학은 임종국의 『친일문학론』(평화출판, 1966)이 간행되기까지 오랫동안 금기의 영역으로 남겨져 있었고, 그 후로도 김재용, 류보선, 강상희, 하정일 등에 의한 새로운 방법론이 제출되기까지 상당한 기간이 소요되어야 했다.[12] 분명한 것은 한국과 마찬가지로 일본인 연구자 역시 임종국의 『친일문학론』에 촉발된 측면이 강하고, 이에 어떤 형태로든 자극을 받았다는 것이다. 특히 오무라 마스오의 경우는, 앞서 언급한 바와 같이 이 책이 간행되고 얼마 되지 않아 일본에 번역·소개하는 역할을 하였는데, 친일문학의 선정 기준이라든가 친일 문인을 바라보는 시선은 상당히 달랐던 것으로 보인다. 또한, 1970년대에 한국에서 일제 말기 식민지문학 연구로 석사학위를 취득한 사에구사 도시카쓰의 경우도 임종국의 『친일문학론』을 적극적으로 인용하고 있으나,[13] 이후의 연구에서는 그만의 독자적인 시각을 확보한다. 즉, 임종국의 『친일문학론』이 한국의 경우와 마찬가지로 일본인 연구자들로 하여금 친일문학으로 입문하는 길

12 이 복잡하게 얽힌 친일문학의 주요 쟁점을 이해하는 데에 김명인의 다음과 같은 논의가 참고가 된다. "임종국의 『친일문학론』이 소박한 민족주의의 입장에서 친일문학론을 최초로 제기했다면 김재용은 임종국의 억압 / 저항론을 통해 비판적으로 갱신하면서 친일문학을 한국 근대문학사의 중심 주제로 가져다 놓았고, 강상희가 이를 또 다른 동일화와 배제의 전략이라 비판하고 해체적 탈근대·탈식민적 관점을 제기했다면 윤대석은 탈식민주의적 관점의 문제에서 탈식민적 실천의 문제로 이를 발전시켰으며, 박수연은 탈근대·탈식민주의의 심리적 근거를 문제 삼아 친일문학을 보는 제3세계 민족주의적 관점의 복권을 시도했다면 하정일은 맑스주의적 탈식민론의 관점에서 제논의들을 정리하여 논란의 한 단락을 지었다고 할 수 있다. 한편, 김철과 류보선은 친일문학 자체에 대한 비판보다는 그 발생론적 맥락을 한국 근대문학의 성격과의 관련 속에서 밝히는 데 더 주력하여 한국 근대문학과 그 작가들이 지닌 식민지 근대라는 조건 속에서 모더니티 지향의 특수성이 친일문학을 필연적으로 낳을 수밖에 없었다는 결론에 도달한다. 김명인, 「친일문학 재론—두 개의 강박을 넘어서」, 『한국근대문학연구』 17, 한국근대문학회, 2008, 287쪽.

13 사에구사 도시카쓰, 「狀況과 文學者의 姿勢—日帝末期 韓國文學의 경우」, 경희대 석사논문, 1976.

을 열어주었지만, 그 내용을 비껴가는 형태로 한국 연구자와는 또 다른 의미에서 친일문학 연구 지형에 변동을 일으키게 되는 것이다.

일본인 연구자가 한국의 친일문학을 연구한다고 할 때 우선 떠오르는 것은 그들의 포지션 문제다. 본 논의의 문제의식과도 겹쳐지는 부분으로, 이에 관한 중요한 논점을 제공하는 선행연구가 있다. 『세계 속의 한국문학』 제4장 3절에 수록된 글이 그것인데, 일본인 연구자가 친일문학을 연구대상으로 삼는 것 그 자체로 이미 일본 연구자가 갖고 있는 자국에 대한 역사관과 깊이 연관되어 있다고 지적하며, 특히 오무라 마스오와 사에구사 도시카쓰의 친일문학 연구의 특징과 차이를 다음과 같이 선명하게 대비시켜 제시한다.

> 오오무라 교수의 이러한 문제의식의 이면에는 역시 전후 민주주의 고양기에 청년기를 보낸 연구자의 역사적·윤리적 책무감, 그리고 자국의 역사에 대한 윤리적 집착이 작용하고 있는 것으로 보인다. (…중략…) 오오무라 교수가 자신들 세대들의 한국 문학 연구 속에 '구도적 자세'가 있었다고 고백한 이유일 것이 아니겠는가 생각된다. 이런 의미에서 오오무라 교수의 한국 문학관은 '일본적'이다. 그에 의하면 한국의 문인들은 최종적으로 일본이라는 외부적 요인 — 보수 진영과 진보 진영 양쪽을 포함한 — 의 희생자가 된다. 이 때문에 한국의 친일 문인들은 자신의 죄과에 대한 약간의 면죄부를 부여받을 수 있을지도 모르며 이런 의미에서 오오무라 교수의 논의는 한국 문학이 안고 있는 오래된 상처를 '덮어주는' 기능을 담당하고 있는 것인지도 모른다.[14]

14 설성경 외, 앞의 책, 344쪽.

> 또 다른 연구자(사에구사 도시카쓰—인용자)는 친일 문인들의 의식 구조 속으로 깊이 들어가 문제의 본질을 분명하게 인식할 것을 강조하는 '상처 파헤치기' 스타일의 연구 방법을 보여준다. (…중략…) 사에구사는 바로 '수치'라는 언어 자체에 내포되어 있는 한국인의 친일 콤플렉스를 정면으로 문제 삼으면서 그것의 극복 방법을 타진하고 있는 것이다. (…중략…) 사에구사의 이 발언은 '수치'가 갖고 있는 뿌리 깊음, 그것이 한국 근대사의 거대한 뿌리에 해당하는 것임을 고려해 볼 때 당연한 것이라고 해야 할 것이다. (…중략…) 이 발언 밑에, 어떤 의미에서는 한국문학보다 더 심각한 문제를 안고 있는 일본문학사를 마주하고 있는 저자의 문제의식이나 모종의 콤플렉스가 강력한 투사의 형태로 자리하고 있는 것으로 보이는 것은 물론이다.[15]

한국문학사에서 '암흑기'로 치부되는 친일문학의 발생 원인을 전적으로 외부적 요소(일본 제국주의의 외압)로 보고 그 상처를 덮어주고 치유하려는 오무라 식 기술이나, 친일문학 역시도 동시대 한국 문인들이 주체적으로 선택한 결과라는 점을 상기시키며 그 상처를 파헤치려는 사에구사 식 기술이나, 표면적으로는 상반된 것처럼 보이지만 "일본 연구자들의 연구가 한국문학사의 상처를 직시하는 작업이 되는 것임과 동시에 일본인이 회피하고 싶은 일본 근대사의 상처를 파헤치는 작업"이라는 점에서 동일하며, "한국 지식인들과 마찬가지로 일본 지식인들 역시도 청산하지 못한 일본 근대사의 원죄적 상처"[16]에서 자유롭지 않다는 상기 인용문의 지적은 지극히 타당해 보인다.

15 위의 책, 346~350쪽.
16 위의 책, 359쪽.

이들 연구자의 상반된 인식을 종합해 보면, 항일문학 혹은 친일문학을 이야기 할 때 기본적으로는 그들이 식민지 지배 당사자인 일본인이라는 인식이 저변에 강하게 깔려 있으며, 이러한 일본인의 입장에서 친일문학이 옹호할 수도 비난할 수도 그렇다고 외면할 수도 없는 곤혹스러운 명제라는 사실은 부정하기 어려워 보인다.[17]

이 글에서 다루고자 하는 두 권의 문학사 텍스트 역시 이러한 중층적인 측면이 강하게 드러나 있다. 따라서 여기에서는 각 저자들이 일본인으로서 친일문학을 대하는 대비되는 방식, 즉 친일이라는 상처(원죄는 일본)를 덮어주고 그 대립항에 위치하는 항일(저항)적 측면을 적극적으로 평가하려는 오무라 식 기술과 친일을 한국문학사의 상흔 내지는 굴복, 콤플렉스의 문제로 이해하고, 이를 '일본 = 지배 / 한국 = 식민지'라는 역사적 문맥이 개입되지 않은 순수한 '외국문학'으로서 접근해 가려는 사에구사 식 기술을 비교 분석하고자 한다. 또한 앞의 두 방식과 달리, 동시대 일본 문단 상황을 적극 반영하여 '일본어 문학'이라는 자장 속에 친일문학을 한꺼번에 녹여내고 있는 시라카와 식 기술을 함께 시야에 넣어 보도록 하겠다. 이때 친일문학을 선별 혹은 배제하는 방식, 그리고 그 가운데 노골적인 친일과 선의의 친일을 구분하여 해석하는 방식, (한국에서는 비판적 잣대가 되는) 일본어 창작에 대한 무비판적 혹은 호의적인 평가, 항일문학에서 저항적 측면을 부각시키거나 소거하는 방식 등은, 세 연구자의 미묘한 인식의 차이를 가늠케 하는 중요한 척도가 된다.

---

17 오무라 마스오의 다음과 같은 발언은 그러한 심경을 잘 대변해 준다. "어쩔 수 없는 상황에서 친일문학을 했다 하더라도, 조국을 등졌다는 점에서 본다면, 본국에서 규탄받는 것은 당연할 것이다. 그러나 우리 일본인이 그 비난의 합창 속에 끼어들 수는 없다. 물론 우리는 친일 행위를 옹호하려는 것도 아니며, 옹호가 가능한 것도 아니다." 오무라 마스오, 심원섭 역, 『사랑하는 대륙이여 – 시인 김용제 연구』, 소명출판, 2017, 10쪽.

3. '외국문학'으로서의 친일문학

—사에구사 도시카쓰 『한국문학을 맛보다』

우선, 본격적인 한국 근현대문학사라는 평가를 받고 있는 사에구사 도시카쓰의 『한국문학을 맛보다』(이하, 『한국문학』으로 약칭)를 살펴보자. 이 책은 총 10장으로 이루어져 있으며, 이 가운데 항일문학에 대한 기술은 따로 보이지 않고, 윤동주와 한용운에 대한 짤막한 기술만 보인다. 그에 비해 친일문학 기술에는 비교적 많은 장을 할애하고 있는데, 제7장 「암흑시대의 문학」과 제8장 「친일문학 그 후」, 그리고 제4장 「근대사를 살아간 이광수」가 그것이다. 여기에서 친일 문인으로 거론되고 있는 작가는 이광수를 비롯하여 김용제, 주요한, 김종한, 이석훈, 최재서, 최병일 등이다. 이들에 대한 기술 가운데 특징적인 부분만 살펴보면 다음과 같다.

우선 김용제의 기술에서는, 일본 프롤레타리아 시인으로 출발했으나, 훗날 군국주의 혹은 전쟁에 협력한 시집을 간행하게 되었고, 그 가운데 『승리의 태평양』은 아주 공허한 작풍의 시라고 평하고 있다. 또한, 김용제와 같이 프롤레타리아문학에서 친일문학으로 '전향'한 경우, 그 근원을 따지자면 "일본의 지배"에서 비롯된 것인데, 그런 일본인이 앞장서서 "일본인이 얼마나 식민지 사람들의 인간성을 나락으로 떨어뜨렸는지 알 수 있다"고 말한다거나, "가해자 측 일본인이 희생자의 존재를 적극적으로 강조"하고, "반성을 소리 높여 과도하게 주장"하는 것은 이상한 독해 방식이며, 더 나아가 "문학이라기보다 범죄심리학"에

가깝다고 비판한다.[18]

한편, 앞서 살펴본 것처럼, 일본인으로서 한국의 친일문학을 어떻게 읽을 것인가를 둘러싸고 사에구사와 커다란 인식의 차이를 보였던 오무라 마스오는 김용제의 '전향'을 놓고도 조금 다른 해석을 내놓는다.

> 단 김용제의 경우는 사정이 좀 특이하다. 아라 마사토, 오다기리 히데오, 사사키 기이치 등이 '성전 문인'을 윤리적으로 비판한 바처럼, 우리 일본인이 김용제를 질책할 수는 없다. 후퇴 중이던 일본 프롤레타리아문학의 맨 앞에 그를 세워 격렬하게 싸우게 하고 패배를 맛보게 했으며, 그 패배 후에 다시 격렬하게 친일문학에로 달려가게 한 것도 일본이기 때문이다. 해방 후 한국에서 김용제는 시종 문단 표면에 나오는 일이 없었다. 나올 의지가 없었던 것이 아니라, 나올 수 없었던 것일지도 모른다. 어떻든 친일문학으로 나아갔던 김용제는 그 나름으로 대가를 치렀던 것이다. 죄의식, 수치 의식이 있었든 없었든 간에, 그는 남은 반생을 빛이 들지 않는 한국 사회의 구석에서 살아감으로써 그 나름으로 책임을 진 것이다.[19]

오무라는 저항 시인 윤동주뿐만 아니라 프롤레타리아 문인에서 친일로 전향한 김종한, 김용제에 대해서도 깊은 애정을 갖고 연구를 해 온 것으로 잘 알려져 있다. 위의 인용문의 출처이기도 한 『사랑하는 대륙이여—시인 김용제 연구』에서 오무라는 김용제를 가리켜 "일본의 지배

---

18 三枝寿勝, 『韓国文学を味わう』, 国際交流基金アジアセンター, 1997, p.98. 이하 문서에서는 출판본으로 하며 인용 쪽수는 본문 안에 표기하기로 한다. 이 책의 자세한 서지사항에 관해서는 이선이의 글 「중·일 한국 현대문학사의 해방공간 서술양상과 그 의미」의 각주 2번을 참고할 것.

19 오무라 마스오, 심원섭 역, 앞의 책, 159쪽.

계급과 식민지 지배에서 가장 용맹하게 저항한 한국의 프롤레타리아 시인"이자 "일본과 한국의 프롤레타리아문학사에 빛나는 업적"[20]을 남긴 시인이라는 높은 평가를 내린 바 있다. 그런 그가 한국문학사에서 온전히 평가되지 못한 것은 그렇다고 하더라도 일본문학사에서 망각되어 온 것은 "국제적인 벗이 행했던 역할에 둔감"했고, "이웃나라의 진보적인 문인에게 친일문학을 강요하여 기진맥진 끝에 변절에 이르게 한 사실을, 아픔을 안고 직시하려 하지 않는다는 점"[21]에서 찾고 있다.

오무라는 김종한에 대해서도 『김종한 전집』(공편, 緑蔭書房, 2005)을 간행할 만큼 높이 평가하고 있는데, 사에구사 역시 김종한에 대해 남다른 평가를 내리고 있다. 김종한은 일본어로 된 시집은 두 권만 남아 있는데, 이 가운데 「원정園丁」(『국민문학』 1942.1)이라는 시는 명백하게 내선일체, 즉 일본인과 조선인이 하나의 민족이 될 수 있음을 노래한 시이지만, 다른 문인들처럼 총독부의 요구에 앞장서서 응하거나 노골적으로 천황을 노래하지는 않았다면서 이렇게 말한다. "분명히 이것은 내선일체를 노래한 시이지만 매우 온화한 느낌으로, 소리 높여 반대를 외치는 것도, 또 자신이 그것에 적극적으로 참가하는 것도 아닌, 작가의 체념이 느껴지는 시"이며 "친일문학이라고 해도 작가자신의 성실함이 묻어나는"(72쪽) 시라는 다소 생소한 평가를 내리고 있다. 또한 김소운과 함께 "조선인이면서 일본어로 시를 번역한 업적이 있는 사람"(98쪽)이라는 표현에서, 번역가로서의 능력, 일본어 실력에도 주의를 기울이고 있음을 엿볼 수 있다. 이러한 측면은 뒤이어 살펴볼 시라카와 유타카의 문학사 기술에서도 두드러진다.

---

20 위의 책, 9쪽.
21 위의 책, 10쪽.

다음은 이석훈에 대한 기술인데, "친일소설로는 이광수가 가야마 미쓰로香山光郎라는 이름으로 작품 활동을 한 것은 잘 알려져 있는데 그 외에도 마키 히로시牧羊라는 이석훈"(98쪽)이 있다고 소개한 후, 앞서 김종한과 마찬가지로 "성실함이 전해지는 친일문학"(98쪽)이라고 기술한다. 기존 한국문학사에서는 볼 수 없는 김종한과 이석훈에 대한 그의 평가를 좀더 따라가 보자.

> 결과적으로 김종한과 이석훈은 일본인 입장에서 볼 때, 눈에 거슬린다거나, 마음의 상처가 되는 저항감 없이 읽을 수 있는 친일문학이 아닌가 한다. 그들 이상으로 노골적인 글쓰기를 하면, 거꾸로 무언가 묘한 느낌을 주는 것은 사실이다. (…중략…) 친일문학 안에서도 일본인에게 받아들이기 쉬운 사람의 작품을 읽고 "이 사람들은 불쌍한 희생자다"라는 식으로 말하는 것은 어딘가 이상하기 때문이다.(98쪽)

사에구사의 일관된 주장은 한국문학(친일문학)을 어디까지나 '외국문학'으로서 연구하라는 것이다. 친일문학을 통해 과거 역사를 반성하고 희생자에게 어떤 상처를 남겼는가를 알려고 하는 것이나, 거꾸로 한국의 독립운동이나 사회운동에 대한 일본인들의 관심, 예컨대 일본에서의 윤동주나 이육사의 인기 역시 일본인의 과도한 자의식에서 기인한 것으로, 한국문학(친일문학)을 '희생자' 프레임에 가두는 결과밖에 되지 않는다고 비판한다. 즉, 일본인의 입장에서 친일문학을 '일본 제국주의에 의한 상흔 = 희생자 · 피해자'로 보는 시각은 "살인범이 자기가 죽인 자나 상처 입힌 피해자의 상태를 보고 싶어 하는 것과 똑같은 심리"에 다름 아니라는 것이다. 그런 점에서 김종한이나 이석훈의 작품은 일본인의 입장에서 볼 때 "눈에 거슬린다거나, 마음의 상처가 되는 저항감 없이 읽을 수 있는 친일문학"이라는 것인데, 우선은 김용제나 주요한과 같이 "노골적인" 친일문학과 대비되는 지점에서 그 이유를 찾고 있는 듯하다. 노골적이지 않은 그리하여 일본인의 입장에서 '희생자·피해자'라는 구도에 구애됨 없이 읽을 수 있는 친일작품, 혹은 "성실함이 전해지는 친일문학"이라는 사에구사 식 표현은, 그의 친일문학 인식을 엿볼 수 있는 중요한 단서가 된다.

한국문학사에서는 도외시되었던 이석훈, 김종한에 대한 호의적인 평가는 오무라, 사에구사에 이어 시라카와에게서도 찾아 볼 수 있다. 사에구사의 경우, 친일협의가 명백한 최재서에 대해서도 친일 문인이라는 점을 유보한다. 이를테면 최재서를 다음과 같이 소개한다. 최재서는 한국에서는 "일본에 가장 많이 협력한 악질적인 작가"(99쪽)로 알려져 있으며, 그의 대표작 『민족의 결혼』은 일본인의 피를 이어받은 가락駕洛족 여성과 신라인(왕실) 남성의 결혼으로 내선일체를 표방한 작품으로 읽혀지고 있는데 이러한 독해는 잘못된 것으로, 신라가 대국이고 가락족은 신라의 차별 받는 쪽이라는 점을 상기하면, 그와 반대로 "교묘하게 내선일체의 냄새를 풍기면서(카모플라쥬)"(99쪽) 일본에 대한 차별을 폭로한 것으로 읽어야 마땅하다고 말한다. 이어서 "일본에 가장 많이 협력했다는 이유로 원망 받는 민족반역자라고 해도, 이런 글까지 썼다는 점은 간과해서는 안 될 것"(99쪽)이라는 말도 덧붙인다. 그러나 이 같은 주장은 일제 말기의 대표적 친일잡지 『국민문학』을 이끌어 간 최재서와 『민족의 결혼』에 대한 한국 학계의 기존의 논의를 반박하기에는 논리적 근거가 빈약하며, 한국 학계의 평가를 뒤집으려는 성급함이 오히려 최재서에 대한 과도한 변호(이해)로 이어진 것이 아닌가 한다. 이와 반대로 1942년 총독부 기관지 『매일신보』에 연재된 이광수의 소설 『원효대사』의 경우, 시기적으로 볼 때 "민족적인 정신을 주장하는 작품일 리 없는"데, 한국에서는 모두 "민족적 정신을 강하게 표현한 작품으로 읽는 것"(62쪽)에 의문을 제기한다. 더구나 "그가 일본에 협력하는 행동을 했다고 일컬어지던 시기"이며, "이광수가 아무리 민족적인 것을 쓰려고 해도 허락될 리 없으므로, 『원효대사』는 거꾸로 면밀하게 읽으면 어딘가에 필시 일본 지배자에게 허락된 글쓰기가 있을 것"(62쪽)이라고 단언한다. 여기서 "일본 지배자에게 허락된 글쓰기"란 『원효대사』가 '친일문학'의 범주에서 자유롭지 못하리라는 추측이 내포된 것으로 볼 수 있다.

이광수의 행보와 그의 문학적 실천이 민족주의와 반민족주의 사이에서 아슬아슬한 줄타기를 한 측면이 분명 존재하며, 이를 어떻게 평가할 것인가를 둘러싸고 한국 학계는 그간 수많은 논의를 축적해 왔다. 주로 민족주의적 관점에서 읽어 온 『원효대사』의 독해에 균열을 내는 것은 물론, 이를 친일문학이라는 자장에 옮겨 놓으려는 시도가 앞서의 최재서의 『민족의 결혼』을 친일문학의 자장에서 비껴 놓으려는 시도와 어떻게 충돌하고 겹쳐지는지 살펴보는 일은 흥미로운 지점이 아닐 수 없다. 한 가지 분명한 것은 사에구사가 『원효대사』를 호출한 이유가 그것이 민족주의 정신을 표현한 것이었는지 아닌지의 여부를 판단하기 위함이 아니라는 것이다. "한국의 젊은이들의 이광수에 대한 평가도 언젠가는 바뀔 것"(62쪽)이라는 표현에서 알 수 있듯, 민족주의든 친일이든 이광수에 대한 한국 학계의 평가가 한곳으로 지나치게 기우는 것을 경계하라는 제언으로 보인다. 타당한 제언으로 보이나, 문제는 "민족을 위한 친일행동"(62쪽)이었다는 그의 논리가 이광수의 자기정당화의 논리에 기대고 있을 뿐, 친일문학의 내적 논리를 섬세하게 파악하는 데에까지는 이르지 못하고 있다는 점이다. 그것은 어쩌면 사에구사의 한계라기보다, 애초부터 그의 관심이 이광수의 친일문제에 놓여 있지 않았다는 것, 더 나아가 친일에 대한 그만의 문제의식을 우회적으로 반영한 결과라고 볼 수 있다.

마지막으로 최병일에 대한 평가 또한 색다르다. 친일성향을 보이는 최병일의 여러 작품 가운데 사에구사가 선정한 것은 소설집 『배나무梨の木』이다. 이 작품들은 모두 일본어로 쓰였는데 사에구사는 이를 "총독부가 허가한 친일문학"(100쪽)이라고 소개하며 "판소리에서나 볼 수 있는 유머와 민족의식, 혹은 『임꺽정』에 흐르고 있는 것 같은 정신"(99쪽)이 엿보인다고 언급한다. 또한 전쟁 말기에 쓰여진 작품이라는 생각이 들지 않을 정도로 "밝은 인상"의 작품이라는 데에 높은 점수를 부여하고 있다. 그러나 일본어 발음이 서툰 조선인의 모습을 그린 장면, 그것도 '황국신민 서사'를 제대로 발음하지 못하는 조선인을 희화하여 그린 장면을 유머와 해학으로 볼 것인지, 일본 제국이 강제한 '국어'로서의 '일본어'를 제대로 구사하지 못하는 조선인에 대한 경각심을 표현하고자 한 것인지는 좀더 세심한 작품 분석이 수반되어야 할 듯하다.

정리하자면, 사에구사 도시카쓰의 『한국문학』은 기본적으로 한국문학사의 서술체계를 따르고 있지만, 항일문학이나 친일문학에 대한 기존의 한국 학계의 평가에 대해서는 끊임없이 의문을 제기하며 다른 방식의 읽기를 시도하고 있는 점이 두드러진다. 한국문학사에서 제대로 다루어지지 않았던 '친일문학' '암흑시대의 문학'을 전면에 내세우고, 그 가운데에서도 완벽하게 배제되어 온 김종한, 이석훈 등을 한국문학사 안에 새롭게 자리매김하려는 시도가 그것인데, 그 과정이 다소 성급하며 논리적 비약과 한계를 보인다. "한국문학을 외국문학으로서 연구하라"[22]는 사에구사의 연구자적 포지션은 달리 말하면, '일본'이 깊게 개입된 '친일' 혹은 '친일문학'이라는 사상적 결투의 장場에 한국만 남겨두고 홀로 도주하는 격이며, 그런 의미에서 논리적 비약과 한계는 이미 예견된 일이라고 하겠다.

4. '지일'과 '친일' 사이
—시라카와 유타카, 「조선근대문학의 발자취」

그렇다면 시라카와 유타카의 「조선근대문학의 발자취」(이하, 「발자취」로 약칭)는 항일문학과 친일문학을 어떻게 기술하고 있을까? 친일문학과 관련해서는 14장 「일본어 문학의 등장」과 15장 「'일제' 말기(1941~45)의 제상諸相」 두 개의 장에서 다뤄지고 있으며, 장혁주와 김사량, 이석훈, 김용제 등을 언급하고 있다. 앞서의 사에구사의 기술방식과 가장 변별되는 것은 '친일문학' 혹은 '암흑기 문학'이라는 범주를 따로 설정하지 않고 주요 문학사적 사건이나 작가, 작품, 잡지를 중심으로 기술하고 있는 점이다. 이때 '일본어 문학의 등장'이라는 측면, 즉 일본어로의 창작 여부가 동시대 한국문학사 형성에 매우 중요한 영향을 미친 것으로 보고 있다. 그 분기점으로 삼고 있는 것이 1938년 조선교육령 개

22 사에구사 도시카쓰, 심원섭 역, 앞의 책, 11쪽.

정으로, '조선어'가 '수의隨意과목'으로 격하되고 '일본어' 사용이 강제되던 개정 이후 시기의 작품들과 그 이전에 발표된 작품은 성격이 다르다고 말한다. 이어서 "일본문단에 진출하고 싶다든가, 일본어로 일본 독자에게 조선의 현실을 알리고 싶다든가 하는 다양한 개인적인 동기"[23]에서 일본어 작품을 생산한 작가로 김사량과 장혁주를 언급한다. 김사량의 경우, 아쿠타가와芥川상 후보작으로 오를 만큼 높은 평가를 받았던 『빛 속으로光の中に』를 (조선어 사용이 가능했던 시기에) 일본어로 쓴 것은 어디까지나 "조선의 현실을 일본에 호소하기 위한 그의 집념"(354쪽)에서 비롯된 것이며, 이후 태평양 전쟁 발발과 함께 조선으로 "강제 귀향당한" 후에는 조선어로 창작활동을 이어간 "기개 있는 작가"(356쪽)라고 소개하고 있다.

장혁주의 경우도 『아귀도餓鬼道』(1932)라는 작품이 종합잡지 『개조改造』의 현상소설로 당선되면서 일본 프롤레타리아문학계에서 높은 평가를 받았으나, 이후 "먹고 살기 위해 조선 풍속물을 쓰"거나, "친일적 작품"(354쪽)에도 손을 댄 것이라고 말한다. 「발자취」에서는 짧게 언급하였지만, 장혁주가 친일문학으로 향해간 궤적에 관한 시라카와의 인식은 『장혁주 연구—일어가 더 편했던 조선작가 그리고 그의 문학』(동국대출판부, 2010)에 자세히 기술되어 있다. '일본어가 더 편했던 조선작가'라는 이 책의 부제는, 장혁주에게 있어 '일본어'란 문학을 위한 단순한 '도구'로서의 의미 그 이상의 함의가 있음을 짐작케 한다.

장혁주의 일본어 글쓰기를 둘러싼 복잡한 사정에 대해 재일 평론가 임전혜는 '민족적 변절'이며, 일본제국주의에 굴복한 작가라고 잘라 말

23 白川豊, 「朝鮮近代文学の歩み」, 『豊かな地球社会への展望』, 九州産業大学出版会, 1997, p.354. 이하 이 책의 인용 쪽수는 본문 안에 표기하기로 한다.

하지만, 시라카와의 경우는 좀더 신중하게 접근하며 판단을 유보한다.[24] 그의 또 다른 저서『한국근대 知日작가와 그 문학 연구』(깊은샘, 2010)에서는 한국은 물론 일본문학에서조차 철저히 외면당해 온 장혁주의 문학사적 위치에 대한 그의 고민의 흔적을 엿볼 수 있다.

> 두 작가는 창작 활동의 질과 양을 보더라도 문호라고 해도 좋을 정도의 위치에 있었다고 생각할 수 있는데, 염상섭의 경우 문학사 속에서 그에 상응하는 대우를 받고 있다고 할 수 있지만, 장혁주는 그 자세 및 일본어 작품이 많은 것 등 때문에, 한국 근대 문학사 속에서 거의 말살 당한 채로 현재에 이르고 있다고 해도 과언이 아니다.[25]

친일문학이라는 잣대만 놓고 볼 때, 장혁주와 염상섭은 매우 대조적인 행보를 보이는데, 시라카와는 이 둘의 접점을 "일본을 잘 알고 있는 이른바 '지일파' 식민지 문인"[26]이라는 데에서 찾고 있다. 이러한 시도 자체가 한국문학사에서는 생소하다고 할 수 있는데, '친일파'가 아닌, '지일파' '식민지 문인'이라는 자장, 더 구체적으로는 동시대 일본문단 상황으로 자리를 옮겨 비춰 보게 되면 이 둘의 접점과 차이점은 선명해진다. 시라카와는 이를 두 작가 모두 일본(문단)을 향한 열망이 강하였

24 곽형덕에 따르면, 장혁주의 조선어 작품을 둘러싸고, 임종국은 "조선에서 발표된 그의 글들은 일본작가의 기고문"이라고 평가절하한 반면, 임전혜는 장혁주의 '민족적 변절'을 통렬히 비판하며, 그를 일본제국주의에 굴복한 작가라고 규정지었고, 시라카와는 장혁주가 일본작가인지 아닌지는 논외로 하더라도 결과적으로 한국 문단의 작가로는 인정받지 못한 작가라는 결론을 내린다. 곽형덕, 앞의 글, 398쪽.

25 시라카와 유타카, 곽형덕 역, 『한국근대 知日작가와 그 문학 연구』, 깊은샘, 2010, 61~62쪽.

26 위의 책, 53쪽.

고, 각각 일본이라는 "더 큰 시장"을 향해 창작 활동을 전개한 점은 동일하지만, 둘의 평가가 엇갈리게 된 것은, 염상섭은 초연한 문명 비판적인 태도(염세주의적 리얼리즘)로 일관한 반면, 장혁주는 세상과 밀착하여 그 때 그 때의 상황에 대응하는 방식(실용적 리얼리즘)을 취했기 때문이라고 보았다. 식민지 상황에 대해서나 '일본'에 대해서나 염상섭은 상당히 신중하고 냉정하게 대응했으며, 일본어 작품을 한 편도 남기지 않은 이유도 거기에서 연유한다는 것이다. 거꾸로 장혁주의 경우는 출생에 관한 원체험적인 콤플렉스(양반이 아니라는 데에서 오는)와 이로 인한 자존심 과잉, 감정적으로 반응하거나 반발하는 성향이 창작 활동에도 그대로 드러나며, "'친일'적 언동"을 많이 한 것도 그와 같은 성격적 결함에서 오는 것이라고 말한다.[27] 친일 혐의로 덧칠된 기존의 장혁주 문학에 대한 평가를 재고하기 위한 논거로 그의 성격적 결함을 꼽고 있는 것이다.

이와 함께 전쟁 협력적인 내용뿐만 아니라 그 대부분을 일본어로 창작하여 명실공히 친일문학 선두에 자리해 온 장혁주 문학을 "탁월한 일본어 실력"이라든가 "일본어 능력"[28]이라는 측면에서 바라봄으로써 기존의 평가와 다른 해석을 시도한다. 이를테면, 1930년대 후반 염상섭이 붓을 꺾고 만주행을 결심하게 된 것은 한국 내 빈약한 독자층이나 작가로서의 위기의식 등이 복합적으로 작용한 결과이지 결코 일제에 협력하는 것을 피하기 위한 것은 아니라며 기존의 해석을 반박하는 한편, 같은 시기 장혁주가 일본에 완전히 정주하여 일본어 작품 생산에 몰두한 것은 "일본어 능력을 절차탁마해서 일본인 작가"와 맞붙을 수 있을 정도의 "수준 높은 작품을 써서 인정받고 싶은 마음"[29]에서라는

27 위의 책, 61쪽.
28 위의 책, 47쪽.

선의의 해석으로 일관한다. 이는 장혁주에 대한 시라카와의 평가가 한 쪽으로 치우쳐 있음을 보여주는 하나의 사례라고 하겠다. 또한, 장혁주의 일본어 소설을 다수 언급하면서, 일본의 국책에 따르는 시국적인 작품은 『이와모토 지원병』과 『새 출발』 두 작품뿐이며, 그것도 "노골적으로 일본의 국책에 아첨하고 있다고 할 수 있는 정도의 내용"[30]은 아니라고 기술하고 있는데 이에 대해서는 논의의 여지가 있어 보인다. 그 외에도 "비판적인 발언을 하기 어려운 공적인 자리에서 이뤄진 언동만을 보고, 장혁주의 '친일' 행위를 검증하는 것은 불공평한 인물 평가"[31]라든가, "1940년을 전후해서 장혁주는 솔선해서 '친일' 노선을 걸어갔던 것으로 보이는데, 사실상 일본 국내(내지)에 머물면서 작가 활동을 계속하기 위해서는 그 이외의 선택지는 없었던 것도 사실일 것이다"[32]라는 식의 별다른 검증 과정 없이 선의로 해석한 기술이 다수 보인다. 이것은 장혁주 문학을 오로지 '친일'이라는 프레임에 가둬버리는 방식을 그대로 거꾸로 뒤집어 놓은 것이라는 인상을 주며, '친일'을 '지일'로 바꿔 해석하면서까지 장혁주라는 한 개인의 삶에 과도하게 몰입한 데에서 비롯된 것이 아닐까 한다.

그럼에도 불구하고 여타 친일문학 가운데 유독 장혁주 문학이 "거의 말살당한 채로" 한국문학사 정전 밖으로 밀려나 있다는 시라카와의 지적은 유효해 보인다. 한일 문학사 어디에서도 인정받지 못했던 장혁주의 문학사적 위치를 가늠해 볼 필요가 있을 텐데, 이에 관해서는 곽형

---

29 위의 책, 47쪽.

30 위의 책, 50쪽. 장혁주의 일본어 작품 중 친일성향의 작품은 얼마 되지 않는다는 식의 발언, 이를테면, 일본어 작품 70여 편 중 "시국 국책관련 작품"은 10편 정도밖에 되지 않는다는 식의 발언에 대해서는 김학동도 지적한 바 있다. 김학동, 앞의 책, 61쪽.

31 시라카와 유타카, 곽형덕 역, 앞의 책, 43쪽.

32 위의 책, 42쪽.

덕의 다음과 같은 논의가 참고가 된다.

> 그렇다면 장혁주를 한국문학이라는 카테고리 밖으로 배제하고 있는 규정력의 근원은 어디에 있을까? 이것은 비단 장혁주가 1936년 일본어 창작을 위해 발표기관이 집중된 도쿄로 거점을 옮기고, 1939년 이후 노골적으로 전쟁 협력적인 문필 활동을 했다는 사실 때문만은 아니라고 할 수 있다. 이 문제만으로는, 일제 말 정도의 차이는 있겠으나 국책 활동을 누구보다도 활발히 벌였던 이광수나 유진오 등의 한국어(조선어) 작품이 한국문학사에서 정전으로 자리잡은 경위를 설명하기 어렵다. 즉, 단순히 그것만이 문제라고 한다면 장혁주가 남긴 많은 한국어 작품까지 배제된 이유를 설명할 수 없다. 그것보다는 해방 후 장혁주가 조선을 지배했던 일본에 귀화(naturalization)했다는 사실이야말로 앞서 설명한 문학사적 배제에 결정적인 원인으로 작용했다고 할 수 있을 것이다.[33]

노골적인 친일 행적으로 치자면 장혁주나 이광수, 유진오가 별반 다르지 않지만, 유독 장혁주에 대한 배제와 거부 반응이 심한 이유를 곽형덕은 그가 해방 후 일본으로 귀화한 데에서 찾고 있다. 그런데 일본으로 '귀화'한 장혁주와 이광수나 유진오의 경우를 구분하지 않고 함께 예로 드는 것은 다소 무리가 있어 보인다. 그도 그럴 것이 동반자문학의 범주로 자리매김되어 온 유진오에 대한 평가는 차치하더라도,[34] 이광수 문학이 한국문학사의 정전으로 자리잡게 된 데에는 친일문학의

---

33 곽형덕, 앞의 글, 398~399쪽.

34 권영민의 『한국현대문학사(1)』(민음사, 2008, 379~378쪽)에서는, 계급 문단과 직접적인 관계없이 진보적인 성향의 작품 활동을 실천한 동반자작가로 이효석과 함께 유진오를 언급하고 있다.

길에 들어서기 이전의 문학적 평가, 즉 『무정』(1917) 등의 작품이 한국 근대문학사에 미친 파급력이 워낙 크고, 한국 근대정신사에 있어서도 이광수를 빼놓고 계몽주의, 민족주의를 생각할 수 없기 때문이다. 아울러 남한문학사와 결은 다르지만 북한문학사[35]에서도 이광수 문학에 대한 일정한 평가가 이루어져왔다.

어찌되었든 장혁주가 남북한문학사 모두에서 철저히 외면당해 온 것은 사실이다. 그럼에도 남는 의문은 장혁주만큼이나 일본어 창작이 많았던 김사량의 (재)평가에 대한 시라카와의 문제제기는 찾아보기 힘들다는 점이다. 왜냐하면 『천마』(1940)를 위시해 식민주의에 대한 강한 비판의식을 작품에 담아온 김사량에 대한 평가도 한국문학사에서 배제되어 오긴 마찬가지이기 때문이다. 그 이유는 무엇보다 김사량이나 장혁주나 작가적 출발이나 문학 발신의 거점이 전적으로 일본이었으며, 대부분이 일본어로 창작되어 한국문학사의 지형 안에 그 모습을 드러내기 어려웠던 점에서 찾을 수 있을 것이다.[36] 그런 의미에서, (문제제기가

---

35 북한문학사의 이광수에 대한 평가는 시기별로 변곡점이 있는데, 오태호에 따르면, "1950년대에는 '부르조아 반동작가'로 비난 일색이던 방식에서 1980년 '부르조아 계몽문학'의 작가를 거쳐 1990년 이래로 '근대 소설 양식의 확립'과 '소설의 개척 공로'까지 함께 인정받고 있는, 비난의 대상에 불과하던 부르주아 반동작가에서 문학 공로를 인정받는 부르주아 계몽주의 작가"로 평가되고 있다고 한다.(오태호, 「이광수의 『무정』에 대한 북한문학의 문학사적 인식의 변화 양상 고찰」, 『현대소설연구』 67, 한국현대소설학회, 2017, 170~171쪽) 또한, 『무정』의 평가에 있어서도 '부르주아 계몽주의'의 역사적 가치를 인정하는 입장에서 당대 사회 문제를 비판한 시대정신과 새로운 문체 등을 평가하는 방향으로 선회한다. 다만, 『무정』보다는 『개척자』를 높이 평가하며, 이 점은 남한문학사와의 두드러진 차이라고 할 수 있다. 황정현, 「북한 문학사의 시각과 이광수 연구사 — 『조선문학개관』 이후의 인식 변화를 중심으로」, 『현대문학이론연구』 66, 현대문학이론학회, 2016, 395~396쪽.

36 김사량 문학은 1973년에 김달수·김석범·안우식·이회성·임전혜에 의해 『金史良全集』(全4卷, 河出書房新社)으로 간행된 바 있다. 이에 자극을 받아 최근 한국에서도 김재용, 곽형덕에 의해 『김사량 전집』(전5권, 역락, 2016)이 번역되어 나왔으며, 김사량 문학에 대한 (재)평가 작업이 점차 활기를 띠고 있다.

장혁주에 한정된 것이라는 점은 그렇다고 하더라도) 유독 장혁주 문학이 "거의 말살당한 채로" 한국문학사의 정전 밖으로 밀려나 있다는 시라카와의 주장은 그대로 일본문학사로 향할 수밖에 없을 것이다. 시라카와 스스로도 장혁주 문학의 자리를 '친일문학'의 자장이 아닌 '일본어 문학'의 자장으로 옮겨 놓은 것처럼, 장혁주 문학은 한국문학사보다 오히려 일본문학사 안에서 논의되어야 할 부분이 많아 보이기 때문이다.

그런데 그보다 더 문제적인 것은 일본어 창작으로 향해 간, 혹은 향해 갈 수밖에 없었던 사정이 각기 다른 장혁주와 김사량, 이석훈, 김용제 등을 동일한 '일본어 문학'이라는 자장 안에서 기술하고 있는 점이다. 적어도 「발자취」의 기술에서는 그것이 노골적인 국책 선동의 글쓰기든 우회적인 글쓰기든 구분 없이 일본어로의 창작은 '친일'의 기준으로 삼고 있지 않음을 알 수 있다. 장혁주와 마찬가지로 이석훈에게서도 '친일문학'이라는 프레임을 걷어내고 주인공 = 작가의 내면을 따라가는 데에 충실하고자 하며, "조선어 발표기관이 격감한 가운데 일본어 표현력이 있는 문인은 이광수 이하 많은 작가가 일본어로도 작품을 썼"으나, "거꾸로 일본어 실력이 없는 작가는 완전히 궁지에 몰리고 말았다"(357쪽)라는 기술에 머물고 있는 것도 그러한 연유에서다. 결과적으로 시라카와는 장혁주를 비롯한 친일 문인들의 위치를 '일본어 문학'의 자장으로 옮겨 놓음으로써 그들을 '친일'의 혐의로부터 비껴가게 했지만, 그 비껴간 자리에서 '일본어 문학' 자장 안에 분명한 형태로 존재했던 식민지시기 문학을 배제하고 철저히 자국문학 중심으로 기술해 온 전후-일본문학사의 편협성 내지는 성찰력 부재라는 또 다른 문제와 마주하게 됨으로써 그 한계를 드러낸다. 분명한 것은, 한일 양국의 일국사 중심의 '문학사'라는 '정전'은 '친일문학' '친일문학자'들이 설 자리를 애초부터 마련하지 않음으로써 성립될 수 있었다는 사실이며, 시라카와의 문학사가 애초부터 '친일문학' 혹은 '암흑기 문학'이라는 범주를 설정하지 않은 것은 그러한 '정전'화 된 한국의 '친일' '문학사'에 균열을 내고 새로운 가능성(예컨대 '지일'이라는 프레임)을 열어 두기 위한 그만의 방식이 아니었을까 한다. 그렇다고 하더라도 장혁주 문학을 위시한 친일문학에 대한 시라카와의 시각은 논쟁의 소지가 없지 않다.[37]

5. 결론

지금까지 일본에서 저술된 두 권의 한국문학사 기술을 중심으로 항일문학과 친일문학을 둘러싼 한국과 일본의 인식의 차이를 살펴보았다. 그 결과, 일본인의 입장에서 한국 근현대문학 연구의 물꼬를 튼 오무라 마스오와 사에구사 도시카쓰, 그리고 뒤이은 시라카와 유타카의 인식의 차이를 선명하게 확인할 수 있었다. 그 특징만 간략하게 언급하

37 장혁주 문학을 위시한 친일문학에 대한 시라카와의 시각 혹은 포지션을 문제 삼은 주목할 만한 논의로는 곽형덕과 김학동의 연구가 있다. 곽형덕은, 시라카와의 저서 『장혁주 연구－일어가 더 편했던 조선작가 그리고 그의 문학』을 언급하며, "장혁주의 위치를 협력과 저항 사이에서 부단히 찾아내려 하면서도, 섣불리 장혁주가 일본제국에 협력했다는 기존의 논리를 전면 부정"하지 않으면서, "모호한 경계들(ambiguous borders)을 좇으면서 단호한 평가들(decisive judgments) 사이를 잇는 가교 역할"(앞의 글, 408쪽)을 하는 것으로 시라카와의 문학사적 위치를 가늠하고 있다. 반면, 김학동은 같은 책에 대해 "일본어 작품의 분류기준에 객관성이 부족하고, 작가의 친일적 행적에 대해 명확한 정의를 내리지 못하고 있다는 점에서 본질적인 한계"(김학동, 앞의 책, 59쪽)를 드러내고 있음을 비판적으로 언급하고 있다.

면, 우선 오무라의 경우는, 이광수나 장혁주 등에 대해서는 별도의 언급이 없고, 김용제에 대해서는 친일 행적은 부정할 수 없는 사실이나 프롤레타리아문학 업적 면은 평가해야 한다는 입장을 보인다. 또한, 김종한에 대해서는 그의 작품세계를 누구보다 높게 평가하는데, 900여 페이지에 이르는 작품을 발굴・수록하여 간행하는 수고를 아끼지 않은 것에서도 잘 알 수 있다. 나아가 친일 혐의에 대해서도 적극적으로 대변하는 일도 마다하지 않는다.[38] 무엇보다 윤동주 문학을 한국문학사에서 중요하게 자리매김한 부분은 대부분의 일본인 연구자들이 윤동주의 항일(저항)적 측면을 간과해 온 것과 크게 변별되는 지점이라고 할 수 있다. 다음으로 사에구사 도시카쓰의 경우는, 기본적으로 한국문학사의 서술체계를 따르고 있지만, 항일문학이나 친일문학에 대한 기존의 한국 학계의 평가에 대해서는 끊임없이 의문을 제기하며 다른 방식의 읽기를 시도하고 있는 점이 두드러진다. 예컨대, 한국 학계에서는 도외시 되었던 김종한, 이석훈 등에 주목하여 그들의 문학을 높이 평가하는 방식이라든가, 한국 학계에서는 중요하게 다루어지고 있는 이광수의 친일적 요소는 크게 중시하지 않는다거나, 기술하더라도 '민족을 위한 친일'이라는 이광수의 자기변명을 그대로 추수하는 형태에 머물고 있는 점이 그것이다. 여기에 더하여 이육사나 윤동주의 기술에서 항일(저항)의 문맥을 소거하는 방식 또한 눈에 띈다. 이 부분은 윤동주 문학의 저항적 측면을 적극적으로 발굴, 소개해 온 오무라 마스오와 변별

38 예컨대 전집 간행사의 다음과 같은 기술이 그러하다. "「조선 옷을 입고 조선의 온돌에서 자더라도 훌륭한 황민(皇民)이 될 수 있다」라는 말도, 훌륭한 '황국신민'이 되고자 하는 결의표명으로 봐서는 안 된다. 일본이 전통적 한복(韓服)은 경제적이지 않고 활동적이지 않기 때문에 각반과 몸빼를 강요하고, 온돌은 자칫 게으름에 빠지기 쉽기 때문에 히바치(火鉢 : 일본식 화로)를 강제한 것인데, 이에 대한 아슬아슬한 저항과 거부라고 봐야 할 것이다." 「金鍾漢全集の刊行にあたって」, 『金鍾漢全集』, 緑蔭書房, 2005, p.2.

되며, 한용운의 「님의 침묵」을 '민족의 시'가 아닌 '연애의 시'로 해석하는 방식은, 윤동주의 시에서 저항의 측면보다 보편적 의미의 '조국'을 그리는 마음을 읽어낸 시라카와의 시선과 맞닿아 있다고 할 수 있다. 무엇보다 '일본'이라는 문맥을 완전히 소거한 '친일' 문학의 독해가 갖는 논리적 비약과 한계는 사에구사 문학사를 파악하는 데에 간과해서는 안 될 부분이다. 마지막으로 시라카와 유타카의 문학사 기술에서 특징적인 것은, 탁월한 일본어 실력을 갖춘 작가나 일본어 창작에 후한 점수를 주고 있는 점이다. 그로 인해 장혁주, 김사량, 이석훈, 김용제 등을 동일한 '일본어 문학'이라는 자장 안에 녹여냄으로써 각기 다른 친일의 내적논리를 희석시켜 버리는 한계를 노정한다. 친일 문인들에 대한 과도한 몰입(이해)의 측면도 엿볼 수 있는데, 특히 장혁주에 대한 시라카와의 남다른 애정은 그의 발언 곳곳에서 확인할 수 있었다. 염상섭과 장혁주를 '한국 근대 지일 작가'라는 범주로 묶어 설명하는 방식도 한국문학 연구에서는 낯선 방식이며, 사에구사와 마찬가지로 이석훈에 대한 호의적인 평가도 눈여겨 볼만하다.

이로써 세 연구자들의 입장 차이는 어느 정도 명확해졌다고 할 수 있다. 그런데 본 논의에서 미처 다루지 못했지만 친일의 (재)평가 부분에서 인식이 겹쳐지는 작가군이 있다. 김종한과 이석훈에 대한 평가 부분이 그것인데, 서로 상반된 견해를 보여 왔던 오무라와 사에구사가 김종한에서 접점을 이루고 있는 것처럼 보인다. 이석훈에 대해서는 사에구사와 시라카와가 같은 목소리를 내고 있는 듯하다. 우선 생각해 볼 수 있는 것은, 이들 작가에게서 이광수, 장혁주, 김용제 등 노골적인 친일 협력 문인들과는 다른 내면을 발견했으리라는 점이다. 사에구사의 표현을 빌자면, "눈에 거슬린다거나, 마음의 상처가 되는 저항감 없이 읽을 수 있는 친일문학"(98쪽) 정도가 될 터인데, 이는 친일협력의 유형을 보다 세분화해서 들여다보지 않으면 그 의중을 간파하기 어렵다. 이 글이 다 풀어내지 못한 친일문학에 대한 일본인 연구자들의 미세한 입장의 차이, 특히 그 차이가 확연했던 오무라 마스오와 사에구사 도시카쓰의 김종한 문학을 둘러싼 인식의 접점을 살펴보는 일은 후속 과제로 삼고자 한다.

중·일 한국 현대문학사의 해방공간 서술양상과 그 의미

이선이

1. 해방공간이 놓인 자리

분단 70년을 넘어선 지금, 판문점선언은 남북교류의 물꼬를 트면서 대립과 갈등을 넘어 공존과 평화의 시대를 여는 새로운 신호탄이 되고 있다. 선언이 곧바로 현실이 될 수는 없지만 이 선언에 담긴 구상들은 남북이 지향하고자 하는 미래를 선취하고 있다는 점에서 앞으로 남북이 만들어나갈 '분단 너머'의 시대를 예감하게 한다. 이러한 역사적 전환기에 남북한문학을 동시에 조망하며 상호인식의 가능성을 만들어 나가는 것은 우리시대가 떠안고 가야 할 긴박한 과제의 하나이다. 특히 해방공간은 이러한 과제를 해결하고자 할 때 직면하게 되는 시발점으로 우리에게 주어져 있다. 우리가 만들어갈 공존과 평화의 가능성은 해방공간이라는 혼란스러운 시기에 한민족이 겪었던 대립과 분열에 대한 성찰을 통해 모색될 수 있기 때문이다.

이런 맥락에서 우리문학사에 있어 '해방공간'이 차지하는 의미는 각별하다. '민족문학 건설'이라는 동일한 문학적 지향에도 불구하고 외세의 개입과 정치적 입장차로 인해 민족문학에 대한 이해가 분열되었고, 종국에는 서로 다른 체제 구축으로 인해 공통의 지향점은 실종된 채 민족문학 건설은 미완의 기획으로 남게 되었다. 따라서 이러한 분단체제를 넘어서려는 순간 우리는 다시 민족문학의 건설이라는 의제에 직면할 수밖에 없고, 동시에 서로 다른 체제와 미학적 입장차를 조율할 수 있는 어떤 (불)가능성을 해방공간을 통해 타진할 수밖에 없다. '분단 너머'의 우리문학사가 설령 근대적 민족문학이라는 형식이 아니라 하더라도 민족과 언어를 공유하는 남북한문학을 담아낼 문학사라는 그릇은 여전히 민족문학이고, 이를 제대로 추진하지 못했던 해방공간에 대한 비판적 사유는 반드시 요청되기 때문이다. 따라서 우리에게 해방공간은 분단을 사유하는 방법이자 이를 극복할 수 있는 기원으로 남겨져 있는 셈이다.

주지하다시피 해방 이후 진행된 남북한의 문학사 서술은 이념적 입장차로 인해 극명한 이질성을 보이고 있다. 하지만 제3의 입장을 견지하며 남과 북을 비교적 근거리에서 동시에 조망가능한 중국과 일본의 우리문학사에는, 남북의 시각과 다른 지점들이 있어 주목을 요한다. 중국과 일본에서 저술된 우리문학사는 표면적으로 볼 때, 남한문학사의 시각을 우위에 두는 경우, 북한문학사의 시각을 우위에 두는 경우, 남북의 시각을 동시에 포착한 경우로 대별된다. 하지만 그 면면을 들여다보면 이러한 단순 분류로 포착되지 않는 복잡한 인식들이 포함되어 있어 문제적이다. 특히 남과 북의 어느 한쪽이 아니라 남북한문학사를 동시에 횡단하는 경우, 남북한문학사 및 자국문학사에 대한 인식들이 여러 층위에서 상호 접합 및 충돌하는 양상을 보이면서 남북한문학사가 포착하지 못하는 시선을 보여주고 있어 깊이 들여다 볼 필요가 있다. 무엇보다 분단의 기원에 해당하는 해방공간에 대한 문학사 서술에 있어서 이러한 복합적인 인식들은 다차원적인 문화횡단적 실천을 보이고 있어 분단체제 이후를 모색하는 현시점에서 새로운 사유의 지평을 모색하는 데 중요한 참조항이 될 수 있다.

여기에서는 남북한문학사를 통합적으로 서술한 중국의 우리문학사인 김병민 외의 『조선·한국당대문학사』(2000)[1]와 일본의 사에구사 도시카쓰三枝壽勝의 『한국문학을 맛보다韓國文學を味わう』(1997)[2]를 분석대상으로, 해방공간에 대한 주요 시각, 서술체계, 서술상의 특징, 작품 평가의 기준 등 전반적인 서술양상을 살펴보고자 한다.[3] 특히 남북을 통합한 한반도

---

1 이 책은 『朝鲜·韩国当代文学史』라는 제목으로 2004년에 昆仑出版社에서 중국어판으로 출간되었다. 중국어판의 경우, 본문은 한국어판을 수정 없이 번역하였지만, 각주의 서지사항을 보완하면서 오류가 있었던 부분들은 바로 잡고 있다. 하지만 수정 이후에도 부분적으로 참고문헌상의 오류가 발견되기도 한다.

2 이 책은 1996년에 일본 국제교류기금 아시아센터에서 Asia Center Lecture Series라는 프로그램으로 진행한 '아시아 이해 강좌'의 하나로 개설된 강좌의 보고서이다. 이 강의는 1997년 1월 21일부터 4월 1일까지 전 10회에 걸쳐 사에구사 도시카쓰가 진행하였으며 보고서는 1997년 12월에 발간되었다. 이 보고서를 토대로 Web版(http://www.han-lab.gr.jp/~cham/ajiwau/contents.html)으로 재구성된 자료가 일본 조선문학연구회 웹사이트에 게재되어 있다. 여기서는 출판된 보고서판을 활용하고자 한다.

3 중국에서 발간된 한국문학사 가운데 현대문학사를 다루고 있는 저술로는 허쩐후아(何镇华)의 『朝鲜现代文学史』(中央编译出版社, 2008), 김병민 외의 『조선·한국당대문학사』(연변대 출판사, 2000), 김영금의 『朝鲜—韩国文学史』(外语教学与研究出版社, 2010), 박은숙 외의 『韩国·朝鲜近现代文学史』(外国教育与研究出版社, 2016) 등이 있고, 일본의 경우에는 임전혜(任展慧)의 『日本における朝鮮人の文学の歴史—1945年まで』(法政大学出版局, 1994), 사에구사 도시카쓰(三枝寿勝)의 『韓国文学を味わう』(国際交流基金アジアセンター, 1997), 시라카와 유타카(白川豊)의 『朝鮮の近代文学の歩み』(九州産業大学出版会, 1997)가 있다. 이 가운데 남북한문학사를 아

의 관점을 취하고 있는 이들 텍스트를 다층적으로 읽어내기 위해 대표적인 남북한문학사 및 중・일문학사와 비교하여 텍스트를 읽어내는 작업도 동시에 수행할 것이다. 물론 중국은 우리의 해방공간에 해당하는 시기에 국공내전을 겪고 있었기 때문에 문학사 서술양상을 직접적으로 비교할 수는 없다. 하지만 국공내전에서 중국공산당이 권력을 잡기까지의 과정을 중국문학사에서는 지역별로 나누어 좌우익 작가의 작품을 동시에 다루고 있다. 이는 좌우익의 분할점령 상태였던 우리의 해방공간과 유사한 면이 없지 않다. 또한, 문학사 서술면에서 보더라도 사회주의적 리얼리즘에 입각한 미학적 입장과 함께 문학의 자율성에 입각한 모더니즘 및 순수문학을 중국 현대문학사에서 다루는 방식과 이 둘을 사회주의 리얼리즘으로 통합해 나가는 방식은 남북한문학사 서술에 있어서 참조텍스트로서 일정한 의미를 갖는다.

한편, 일본의 경우에 전후문학戰後文學이 연합군의 점령하에 전개된다는 점에서 유사성은 있지만, 일본 전후시기를 우리의 해방공간과 단순 비교할 수는 없다. 하지만 전후 일본문단에서 중요한 쟁점이 된 전쟁책임에 대한 문인들의 자아비판 문제나, 연합군 점령기를 거치면서 새로운 국가건설의 과제가 이데올로기 투쟁 양상으로 표출되었고 확고한 냉전체제가 구축된 55년체제에 이르기까지의 혼란상은 우리의 해방공간과 유사한 면이 적지 않다. 특히 이 과정에서 문학의 변화는 우리의 해방공간과 그 경향이나 주제에 있어서 유사성을 보이고 있어 참조대상으로서 일정한 의미를 갖는다. 따라서 여기서는 남북한문학사 및 중・일 자국문학사와 비교하여 중・일의 한국 현대문학사에 나타난 해

우르면서 해방공간을 나름의 시각을 갖고 서술하고 있는 경우가 김병민 외와 사에구사 도시카쓰의 저술이다.

방공간에 대한 서술양상과 그 의미를 살피고, 이 과정에서 우리가 분단 너머를 사유하는 데에 의미 있는 가능성들을 짚어 보고자 한다. 여기에서 참고할 남한문학사는 해방공간을 비교적 자세하게 기술하고 있는 김윤식의 『한국현대문학사』(1983)와 권영민의 『한국현대문학사』(2002)이며, 북한문학사는 북한 정권 수립 이후 최초로 발간된 과학원 언어문학연구소 문학연구실 편의 『조선문학통사』(1959)와 최근에 방대한 분량으로 문학사를 정리한 사회과학원 주체문학연구소 편의 『조선문학사·10』(1994)이다. 또한 대표적 중국 현대문학사인 후앙시우지黄修己의 『중국현대문학발전사』(1988)와 일본문학사인 호쇼 마사오保昌正夫 외의 『일본 현대 문학사』(1998)를 참조항으로 삼을 것이다.

2. 해방공간에 대한 서술양상 분석

우리문학사에서 해방공간의 중심 의제가 '민족문학 건설'이었음을 전제할 때, 이질적 두 체제가 양립해 있는 현 시점에서 이 시기는 어떻게 재사유되어야 하는 것일까? 우선 해방공간의 문학사 서술에서는 남북으로 나누어져 기술되어 온 기존 남북한문학사에서 배제 내지는 억압해 왔던 시각이 복원될 필요가 있을 것이다. 이를 위해서는 먼저 해방공간에서 진행된 이념적 분열과정에 대한 비판적 인식이 선행되어야 한다. 이 비판의 과정은 남북한문학사의 어느 하나에 치우치지 않고 새로운 의미들을 발견해 나갈 때 일정한 의미를 획득할 수 있을 것이다.

이는 권영민이 분단시대 문학사를 기술하면서 제기한 다음과 같은 문제의식과도 연결된다.

> 식민지시대의 문학과 해방 이후의 문학이 문학사적 연속성을 확보하기 위해서는 이데올로기의 표면화에 따른 문학의 이념적 분열과정이 반드시 비판적으로 인식될 필요가 있으며, 남북한의 문학이 문학사 연구의 대상으로 함께 포괄되어야 할 것이다.[4]

권영민은 이념으로 인한 남북한문학의 분열과정에 대한 비판적 인식과 남북한문학의 동시적 포착을 통해서 일제강점기와 문학사적 연속성 확보를 이루어나가는 것이 분단시대의 문학사적 요청이라고 보았다. 이 견해에 따르면, 해방공간에 대한 문학사 서술은 남북이라는 서로 다른 문학적 입장에 대한 비판적 인식과 남북한문학을 동시에 포함하면서 이전 시기와의 문학적 연속성 확보가 중요한 관건이 되는 시기이다. 비판적 인식과 연속성 확보라는 과제는 해방공간이 하나의 역사가 둘로 나누어지는 분기점임을 명확하게 인식하는 일이면서, 동시에 그동안 분단국가주의가 구축해온 적대적 이데올로기에 입각한 문학사 서술을 비판적으로 재인식하는 일이라 하겠다. 이러한 시각을 염두에 두고 김병민과 사에구사 도시카쓰의 우리문학사에서 해방공간이 어떻게 서술되고 있는지 살펴보면 다음과 같다.

---

4 권영민, 「분단문학의 전개양상을 어떻게 이해할 것인가」, 『한국현대문학사』, 민음사, 1993, 22쪽.

1) 김병민 외의 『조선 · 한국당대문학사』 분석[5]

한 · 중 수교 이후 활발한 교류가 진행되던 시기에 발간된 『조선 · 한국당대문학사』[6]는 김병민, 허휘훈, 최웅권, 채미화가 각각 해방직후의

5 '제1장 해방직후의 문학'의 목차는 다음과 같다.
제1절 사회문화적배경과 문학발전개관
1. 해방직후의 사회현실과 문단상황 / 2. 좌익, 우익 문단의 문학적주장 / 3. 문학발전의 기본특징
제2절 해방직후의 소설문학(1)
1. 토지개혁을 반영한 소설창작과 리기영의 『땅』 / 2. 로동계급의 로력투쟁을 반영한 소설창작 / 3. 남반부국민들의 조국통일지향을 반영한 소설창작 / 4. 기타 경향의 소설창작
제3절 해방직후의 소설문학(2)
1. 일제하 식민지생활체험에 대한 반성 / 2. 해방직후 현실상황에 대한 사실주의적반영과 비판적시각 / 3. 분단현실에 대한 사실주의적반영 / 4. 순수문학적인 지향 및 기타 경향의 소설창작
제4절 해방직후의 시문학(1)
1. 해방의 기쁨과 감격, 당과 조국, 수령에 대한 송가 / 2. 민주개혁의 현실에 대한 긍정과 찬미 / 3. 항일혁명전통에 대한 시적형상화 / 4. 통일지향의 시적표현
제5절 해방직후의 시문학(2)
1. 해방의 감격과 시창작 / 2. 순수문학의 지향과 시창작
제6절 해방직후의 희곡문학
1. 희곡문학의 일반적상황 / 2. 좌익작가들의 희곡창작 / 3. 우익작가들의 희곡창작

6 이 문학사는 그동안 김성수, 이승윤, 이선이에 의해 관심의 대상이 되었다. 김성수는 이 문학사에 대해 각주에서 간략하게 언급하면서 "최선을 다해 분단 모국 양면을 포용하려는 재중동포 학자의 배려와 노력을 인정한다고 해도 변증법적 통합논리를 세우지 않고 10년 단위 시대구분과 남북의 기계적 병립에 불과한 형식적 통합서술"이라는 한계를 지적하였다.(김성수, 「남북한 근현대문학사의 비교와 통합방안」, 토지문화재단 편, 『한국문학사 어떻게 쓸 것인가』, 한길사, 2003, 271쪽) 이에 대한 본격적 논의로는 이승윤의 「한국문학사를 바라보는 또 하나의 시각-『조선-한국당대문학사』를 중심으로」(『한국근대문학연구』 25, 한국근대문학회, 2012)가 있다. 여기서는 해방공간에 대한 인식을 중심으로 남북한문학사에 대한 준립적 태도, 해방 전 문학과의 연속성을 강조한 시각, 좌우의 문인의 상호접촉을 내세운 점을 이 저술의 특징으로 제시하였다. 이 연구는 김병민이 해방공간을 어떻게 기술하고 있는지 정확하게 짚어내지 못했으며 체계상의 특징을 중심으로 기술되고 있어서 면밀한 분석으로 이어지지는 못하였다. 필자는 「중국에서 저술된 한국근현대문학사의 문화횡단적 실전-남한문학사 · 북한문학사 · 자국문학사라는 세 겹의 프리즘」(『비교문화연구』 48, 경희대 비교문화연구소, 2017)에서 중

문학, 1950년대의 문학, 1960년대의 문학, 1970년대의 문학 및 1980년대의 문학을 나누어 집필한 공저이다. 이 문학사는 시기별 사회문화적 배경과 문학발전을 개관하고 소설, 시, 희곡을 중심으로 '조선문학'과 '한국문학'을 병렬적으로 조합하는 방식을 취하고 있다. 저술의 전반적인 체계 면에서 보면 남북의 시각을 아우르면서 객관적 입장으로 우리문학사를 기술하고자 한 것으로 볼 수 있다. 이러한 태도는 『조선・한국당대문학사』라는 제목에서부터 알 수 있다. 여기서는 중국문학사에서 사용하는 용어인 '당대문학'과 남북한문학을 대등하게 결합하는 방식을 취하고 있다.

이 저술에서 해방공간은 대표저자인 김병민에 의해 집필되었다. 저자는 이 시기를 '해방 직후'로 명명하고 있다. 일반적으로 북한문학사에서는 해방을 맞이한 1945년 8월부터 한국전쟁이 발발한 1950년 6월 이전까지를 '평화적 민주건설 시기'로 명명한다. 이에 반해 남한문학사에서는 '해방공간', '해방기', '해방 직후' 등으로 명명한다. 여기에서는 '해방 직후'라는 용어를 사용하고 있는데, 이는 이 시기에 대한 특별한 의미부여를 하지 않으려는 객관적인 태도를 견지한 것으로 볼 수 있다. 북한문학사에서 이 시기를 '평화적 민주건설 시기'라고 지칭할 때, 여기에는 이 시기가 토지개혁 등 민주개혁이 이루어진 시기라는 점을 강조하려는 의도가 담겨 있다. 이에 반해 남한문학사에서 사용하는 '해방공간'이나 '해방기', '해방 직후'라는 용어는, 일제의 억압으로부터 벗어났다는 '해방'에 강조점이 찍힌 개념이다. 김윤식이 『한국현대

국에서 저술된 한국 현대문학사 전반을 살피는 가운데 이 저술의 인식과 서술방법을 살핀 바 있다. 하지만 해방공간을 대상으로 삼지 않아서 이 시기의 주요 시각과 내용을 엄밀하게 분석하지는 못하였다.

문학사』에서 이 시기의 의미를 일제로부터 벗어나 비로소 회복한 모국어와 민족정신에서 찾고자 할 때, 이러한 태도는 '해방'을 강조한 인식의 결과로 볼 수 있다.[7] 김윤식의 문학사를 포함하여 다수의 남한문학사에서 널리 통용되는 '해방공간'이라는 용어는, 시간적인 변화를 찾아보기 어려운 혼란스러운 당시의 시대상황을 강조하고자 한 인식의 결과이다. 권영민의 『한국현대문학사』에서는 '해방 직후'와 '해방공간'이라는 용어를 동시에 사용하고 있지만, '해방 직후'라는 용어를 시기에 대한 용어로, 세부내용 기술에서는 '해방공간'이라는 용어를 병용하고 있다. 권영민은 우리의 현대문학사가 분단시대의 문학임을 전제하면서 북한문학을 별도의 장에서 기술하고 있는데, 남북한문학을 동시에 조망하려는 서술태도가 '해방 직후'라는 용어 선택으로 나타났다고 하겠다. 무엇보다 이 시기가 남북한에 서로 다른 체제가 수립되는 시기라는 점에서 민족 공통의 감격인 '해방'을 강조하면서도 시간적 흐름을 포착해내는 '직후'라는 용어로 이 시기를 명명한 것은 객관적 태도를 견지하려는 서술태도를 취한 것으로 볼 수 있다. 또한, 김병민의 저술에서 해방공간을 바라보는 기본시각은 이 시기가 '분단문학의 형성기'라는 입장이다. 남북한문학사를 동시에 수용하려는 통합적 입장을 취하고 있는 저자에게 해방공간이 남북한으로 나누어진 분단문학의 기원으로 인식되는 것은 어쩌면 당연해 보인다. 그렇다면 실제 서술과정에서 이러한 시각이 어떻게 반영되는지를 살펴보자.

저자는 우선적으로 좌우익문단의 대립 과정을 상술하면서 남북이 어떤 사회문화적 배경하에 서로 다른 체제를 만들었는지에 주목한다. 저

7 김윤식, 『한국현대문학사-1945~1980』(증보판), 일지사, 1983, 13~19쪽 참조.

자가 이 시기를 바라보는 시각은 남한에서 이 시기를 바라보는 일반적인 시대인식을 벗어나지는 않는다. 그는 이 시기를 '동맹군에 의한 반도의 해방은 구쏘련, 미국의 개입과 함께 무산계급정치세력과 부르주아 정치세력 사이의 첨예한 모순, 갈등'의 시기이자 '공산주의사상과 민족주의사상의 첨예한 갈등'이 공존하는 시기로 본다. 즉 해방은 주체적으로 이루어진 것이 아니라는 점, 이 시기는 부르주아와 프롤레타리아 사이의 계급갈등과 공산주의와 민족주의라는 이념갈등이 주요 갈등의 요인이었다는 점을 분명히 인식하고 있다. 이 시기는 이러한 외세와 내분이 긴밀하게 연관되면서 분단으로 이어지는 과정으로서, 문학은 정치에 종속되는 양상을 보인 시기이다. 따라서 분단문학의 형성과정은 정치와 문학의 관련양상을 통해 규명될 때 구체화될 수 있을 것이다. 하지만 이 저술에서 민족문학 건설에 실패한 분단문학의 원인은, 해방 이전부터 진행된 대립의 연속이자 내부적 역량 부족으로 기술되고 있다.

> 아울러 좌익, 우익 문단의 대립과 론쟁은 그것이 해방된 현실에서의 민족문학건설문제를 둘러싸고 전개되여있지만 결국은 리념과 사회미학적리상을 달리한것과 관련하여 또한 해방전 프로문학과 민족주의문학 사이의 대립과 론쟁의 계속으로 파악된다. 어찌보면 상기한 현상은 주체적력량의 취약성으로 하여 민족해방과 근대적인 사회혁명이 무산될수밖에 없었던 조선근대사의 숙명적인 문학적현상일 것이다.[8]

8 김병민 외, 『조선 · 한국당대문학사』, 연변대 출판사, 2000, 12쪽.

저자는 이 시기 민족문학 건설의 실패 원인을 민족 내부의 역량부족과 해방 이전 시기의 이념적 대립의 연속에서 그 원인을 찾고 있다. 결국 이러한 원인의 한 축을 해방 이전 문학사와의 연속성에서 찾고 있는 것이다. 이러한 시각은 자연스럽게 북한문학은 해방 이전 프롤레타리아문학 계열의 연속선상에 놓이고 남한문학은 순수문학과 민족주의문학 계열의 연장선상에 놓인다는 인식으로 이어진다. 즉 해방공간에서 좌우익의 갈등과 대립은 해방 이전과의 연속선상에서 보아야 하고, 이는 다시 민족해방과 근대화를 주체적으로 이룩하지 못한 한계에 그 원인이 있다고 보고 있는 것이다. 이러한 판단은 정치적 결정에 의해 민족문학 건설의 논의가 차단된 이 시기 민족문학론의 향방에 대해서 비판적 인식을 회피하는 태도로 연결된다. 이 시기의 문학이 정치와 긴밀하게 연관되어 있다는 점에서 정치에 대한 문학의 종속 문제는 비판적으로 인식될 필요가 있다. 하지만 저자는 제3의 시각과 남북한문학사의 객관적 인식을 표면적인 체계에 담아내는 데는 성공하고 있지만, 실제 서술에 있어서 문학과 정치의 관련양상에 대한 입장을 유보 내지는 회피함으로써 분단문학의 형성과정에 대한 비판적 인식을 담아내는 데에는 실패하고 있다. 해방공간에 대한 객관적 인식은 어떻게 남한은 문학을 탈정치화하고 북한은 문학을 정치에 예속시켰는가에 대한 구체적 과정과 이에 대한 비판적 인식이 뒷받침될 때 가능하다는 점에서, 김병민의 해방공간에 대한 서술은 문학사 내부의 도식적인 연속성만을 바라보았을 뿐, 이 시기 문학사를 비판적으로 서술하는 지점까지는 나아가지 못하고 있다고 하겠다.

다음으로, 분단문학의 형성기라는 시각에서 해방공간의 문학사를 전개하고 있는 이 저술의 세부적인 서술내용과 특징은 무엇인지 살펴보

자. 저자는 이 시기 문학의 전개양상을 좌우익 문학단체 중심으로 설명한 후에, 문학발전의 기본적 특징을 다섯 가지 항목으로 나누어 기술하고 있다. 2절부터 남과 북의 소설, 시, 희곡문학사를 각각 별도의 절節로 구분하여 서술한 것과는 달리, 저자는 1절에서 총론 차원에서 남북한문학의 특징을 종합하여 기술함으로써 해방공간이 남북한문학의 통일적 기술이 가능한 시기임을 실증적으로 보여주고자 한다. 저자가 이 시기 문학발전의 기본특징으로 기술하고 있는 내용은 다음과 같다. 첫째, 이 시기에는 좌우익문단의 교류가 어느 정도 이루어지고 있었다는 점이다. 저자는 좌우익문단이 형성되는 과정에서 '문학적인 상호접촉'이 있었음을 강조한다. 여기서 문학적 상호접촉이란 문인 간의 직접적인 교류뿐만 아니라 동일한 주제의 작품들이 좌우익 작가들에 의해 공통적으로 창작되거나 발표지면을 공유하는 문학적 교류까지를 두루 포함한다. 둘째, 해방 이전 문학과의 연속선상에서 이 시기 문학을 이해할 수 있다고 보고 있다. 즉 좌익문단의 문학은 해방 전 프롤레타리아문학의 계승으로, 우익문단의 문학은 해방 전 순수파문학과 민족주의문학의 계승으로 선명하게 도식화하여 기술한다. 이러한 도식적 이해는 해방공간에서 '민족문학 건설'이라는 민족 공통의 과제를 둘러싸고 진행된 대립도 해방 전 프로문학과 민족주의문학 간의 갈등의 연장선상으로 파악함으로써 역사적 발전과정 속에서 이 시기 민족문학논쟁을 기술하고 있는 것이다. 셋째, 해방공간에서는 좌우익이 해방의 감격, 식민지시기에 대한 비판과 반성, 재외동포의 귀환, 분단에 대한 인식 등의 주제를 공통의 관심사로 다루었다는 점에 주목한다. 이를 통해 이 시기에 좌우익 모두에게 합치된 현실인식이 존재했다는 점을 강조하고 있는 것이다. 넷째, 이 시기에 장편서사시, 영화문학과 극문학, 송가문

학 등의 새로운 문학 장르가 나타났다는 점을 특징으로 꼽고 있다. 마지막으로 이 시기 문학현상의 한계점을 지적하고 있는데, 이 시기 문학은 사상이나 예술면으로 새롭거나 성숙한 면모를 보여주지 못하였고 30년대의 모더니즘적 경향인 현대파 문학은 퇴보하였다고 지적하고 있다. 이상에서 열거한 이 시기의 문학적 특징은 남북한문학 공통에 적용될 수 있는 부분과 남한문학 혹은 북한문학에 부분적으로 적용될 수 있는 내용을 종합한 것으로서, 저자는 이를 이 시기 전반적인 문학발전의 특징으로 제시함으로써 분단문학 전체를 조망하는 시각을 견지하고자 한다. 이 가운데 그동안 남북한문학사에서 간과해온 바는, 이 시기 좌우익 문인들의 상호 교류와 공통의 관심사에 대한 인식이다.[9] 그렇다면 실제로 이 저술에서 여기에 해당하는 부분이 어떻게 기술되는지가 중요한 대목이 될 것이다.

해방공간에서 남북문단의 재편에 대한 비판적 인식은 이 시기 좌우익 작가들의 공통의 관심사와 상호교류라는 공유지점을 발견하려는 시각을 통해 다른 가능성을 찾아나갈 수 있다는 점에서 민족문학의 건설방향을 모색하는 의미 있는 시각을 담고 있다고 평가할 만하다. 하지만 해방공간에 대한 새로운 인식의 방향을 제시한 것과는 달리 실제적인 문학사 서술에서는 이러한 인식이 누락되거나 매우 소략하게 기술되고 만다. 이 시기 소설의 경향에 한정해서 살펴보자면, 저자는 해방공간의 북한소설을 '① 토지개혁을 반영한 소설창작과 리기영의 『땅』, ② 로동계급의 로력투쟁을 반영한 소설창작, ③ 남반부국민들의 조국통일지향을 반영한 소설창작, ④ 기타 경향의 소설창작'으로 나누고, 좌우익 공통의

9 이승윤은 이러한 의도가 투영된 데에는 '중국 내 조선족 학자로서 남북교류에 일정한 역할을 자임하고자 하는 의식'이 작용했다고 보았다. 이승윤, 앞의 글, 319쪽.

주제라고 언급한 내용은 '기타 경향의 소설창작'의 한 부분에 배치하여 소략하게 언급하고 있을 뿐이다. 즉, 북한문학사에서 공식적으로 다루는 내용을 전면에 배치하고 그 밖의 경향 안에서 김일성의 위대성을 다룬 작품들과 함께 이 부분을 소략하게 기술하고 있다. 이 시기의 남한문학사에서는 앞서 언급한 공통의 주제가 소설문학의 중심 주제인 점과 비교해 보면 저자의 문제의식이 다소 피상적인 수준에 머물렀으며, 그 결과 문학사 서술양상도 기존 남북한문학사를 재편하는 차원에 머무르고 있음을 알 수 있다.[10] 여기서 공통의 관심사를 문학적 주제로 삼은 것으로 기술한 작가와 작품은 이태준의 「해방전후」와 허준의 「잔등」이다. 이 두 작가와 제시한 작품은 기존 남한문학사에서 중요하게 평가하고 있으나 북한문학사에서는 다루지 않고 있다.[11] 이 두 작가를 북한문학사에 편입시키는 것은 이 저술이 갖는 특징적인 지점인데, 이들 작품에 대한 서술은 저자가 해방공간을 통해 재인식하고자 한 좌우익 문인이 가진 공통의 관심사에 대한 확인이라는 점에서 일정한 의미가 있다. 하지만 실제 서술은 남한문학에서 이들을 삭제하고 북한문학에 편입시키는 차원을 넘지 못하고 있다. 또한 그 내용도 남한문학사의 평가를 인용하는[12] 수준에 머물고 있어서 이 시기 문학현상의 특징으로 삼고자 한 공통의 주제에 대한 강조점을 온전히 서술하지 못하는 한계를 보인다.

---

10 이 책에서 이 시기 남한 소설문학의 경향은 '① 일제하 식민지생활체험에 대한 반성, ② 해방직후 현실상황에 대한 사실주의적반영과 비판적시각, ③ 분단현실에 대한 사실주의적반영, ④ 순수문학적인 지향 및 기타 경향의 소설창작'으로 나누어 기술되고 있다.

11 북한문학사가 시기별로 다소간의 변화를 보이고는 있고, 1990년대에 저술된 문학사에서는 그동안 외면했던 프로문학 및 진보문학 일부가 복원되었으나 이태준과 허준은 여전히 배제되고 있다.(김성수, 「북한의 일제강점기 문학사 서술」, 민족문학사연구소 남북한문학사연구반 편, 『북한의 우리문학사 재인식』, 소명출판, 2014, 87쪽 참조)

12 김윤식 외의 『한국현대문학사』(현대문학사, 1994), 권영민의 『한국현대문학사』(민음사, 1993), 이재선의 『현대한국소설사』(민음사, 1991)를 참고하고 있다.

그렇다면 저자는 왜 이 시기의 문학사 서술에서 상호접촉을 강조했을까? 이러한 서술태도는 "오로지 이북소설문학의 맥락을 분명하게 하기 위한 데 목적을 두면서 좌익작가들의 소설을 다루려 한다"[13]는 집필의도와 연관되는 것으로 보인다. 저자는 좌우익 작가군을 나누는 분류기준을 분단 과정에서 남북의 어느 쪽을 선택했는가라는 지역선택에서 찾고 있다. 이에 따라 엄격하게 좌우익 작가군으로 나누어 문학사를 기술하게 되는데, 이는 중국 현대문학사의 서술양상과 매우 흡사한 면을 보이는 대목이다. 중국 현대문학사에서 1937년 이후의 문학사는 지역별로 나누어 국민당 통치구(국통구)문학, 공산당 통치구(공통구)문학, 일본제국주의자가 점령한 점령구(일본 점령구)문학으로 나누어 기술한다.[14] 하지만 이처럼 저자가 지역선택을 기준으로 좌우익 작가군을 명확하게 구분하는 것은 해방공간의 급변하는 혼란상을 감안할 때 억지스러운 감이 없지 않다. 특히 '상호접촉'에 강조점을 두고자 한 입장이라면 작품의 성과를 평가하는 방식에 있어서, 좌우를 넘어서서 민족문학의 건설이라는 차원에서 서술될 필요가 있을 것이다. 하지만 김병민의 해방공간에 대한 실제 서술에서는 좌우를 떠나서 민족적 현실을 어떻게 형상화하고 있는가라는 측면이 기술되지 못하고 있어서 민족문학의 건설이라는 이 시기 문학사의 주요 의제를 생산적인 방식으로 다루지 못하는 한계를 보인다.

마지막으로, 이 저술에서 작품에 대한 평가의 잣대가 되는 미학적 입장은 어떠한지 살펴보자. 저자는 체제 면에서 남북한문학을 종합적으

13 김병민 외, 앞의 책, 15쪽.

14 우앙시우시(黄修已), 고대중국어문연구회 역, 『中国现代文学发展史』, 범우사, 1988, 479쪽 참조.

로 포착하고자 하였지만 문학적 가치평가를 내리는 미학적 관점은 철저히 사회주의적 리얼리즘을 따르고 있다. 좌익문단에 대해 평가하는 데 있어서 저자는 전반적으로 우호적인 평가를 내리며 우익문단에 대해서는 비판적인 평가를 내린다.

> 좌익문단의 민족문학에 대한 주장이 비교적 진취적으로 다방면의 내용을 포섭하고 있는 데 비해 우익문단의 민족문학 주장은 "문학적 실천의 방략이나 리념적 지표를 제대로 제시하지 못한 것이 사실이다"[15]

저자는 좌익문단의 민족문학에 대한 주장이 진취적이고 다양한 내용을 보였다면, 우익문단은 그렇지 못했다는 평가를 내리고 있다. 하지만 저자가 권영민의 문학사에서 인용한 부분의 맥락을 보면 이와는 사뭇 다르게 서술되고 있다.

> 좌익문단의 민족문학에 대한 논의가 계급적 이념성에 의해 규정되고 있는 것과는 달리, 민족계열의 우익문단에서는 그 문학적 실천의 방략이나 이념적 지표를 제대로 제시하지 못한 것이 사실이다.[16]

권영민은 좌익문단이 계급적 이념성에 규정을 받았다면 우익문단은 이념적 지표를 제시하지는 못했다는 상반된 경향으로 기술하고 있다. 이를 김병민은 좌익문단은 진취적이고 다양한 내용의 민족문학을 제시하여 상대적 우위에 있었다고 평가함으로써 좌익문단에 대한 긍정적

15 김병민 외, 앞의 책, 8쪽.
16 권영민, 앞의 책, 48쪽.

평가를 내리고 있다. 이러한 입장 차이는 김기림의 다음 글에 대한 평가에서도 여실히 드러난다.

> 오늘에 있어서는 정치란 우리들 자신의 손으로 하는 우리들의 생활의 설계와 조직이여야 되게 되었으며, 이러한 정치의 단계에 있어서는 시가 시의 왕국을 구름 속에 꾸미는 것보다는 한 새나라의 건설이야말로 얼마나 시인의 창조의 의욕에 불을 질러놓은것이야 (…중략…) 시인은 자유와 정의를 지키는 넓은 동맹군의 일익이 되어야 할 것이다.[17]

이에 대해 김병민은 "이처럼 김기림은 시와 정치의 결합을 주장하였고 그것의 실현은 새나라 건설을 위한 시창작과 시인 모두가 혁명력량의 일익이 되는 데 있다고 보았다"[18]고 기술하고 있다. 하지만 권영민의 문학사에서 인용문은 "김기림이 주장하고 있는 시와 정치의 결합이란 실상 정치를 위한 시와 다름이 없다"[19]라고 평가된다. 김기림의 주장에 대한 김병민의 평가는 중국문학사에서 '예술을 위한 예술을 견지한 작가는 신문학 대오에서 소수에 불과했고, 문예는 정치에 종속하며 무산계급과 기타 혁명인민이 대표하는 인민을 위한 예술을 강조'[20]하는 입장과 다르지 않다. 이처럼 김병민의 문학사 서술태도는 기본적으로 사회주의적 사실주의라는 입장에 서 있으며, 그 결과 남한문학에 대해 '사회역사의식의 외면'[21]이라는 비판적 시각을 드러내는 반면 북한

---

17 김기림, 「우리시의 방향」, 조선문학가동맹 편, 『건설기의 조선문학』, 온누리, 1946, 63쪽.
18 김병민 외, 앞의 책, 47쪽.
19 권영민, 앞의 책, 63쪽.
20 후앙시우지(黃修己), 고대중국어문연구회 역, 앞의 책, 699~703쪽 참조.
21 김병민 외, 앞의 책, 46쪽.

문학에 대해서는 평가를 회피하는 경향을 보인다. 이처럼 저자가 사회주의적 사실주의라는 미학적 입장을 암묵적으로 견지하고는 있으나, 공식적인 북한문학사의 시각과는 일정한 인식차를 보이는 것도 사실이다. 김병민은 김일성가계 우상화와 이를 위한 혁명문학에 대한 평가에 있어서 수용과 배제라는 두 가지 태도를 분명히 견지하고 있다. 그는 항일혁명문학에 대해서는 높게 평가하지만 이에 반해 북한문학사에서 지속적으로 강화일로에 있는 김일성가계 우상화는 소략하게 언급한다. 또한 소련 혹은 소련문학과의 연관성을 언급하지 않고 '간도지방의 항일혁명투쟁'을 다룬 작품은 소재 자체에 의미를 부여하는 등 중국조선족의 시각을 분명히 하고 있다.[22] 이처럼 해방공간에 대한 김병민의 서술태도는 표면적으로는 중립적이고 객관적인 태도를 견지하고 있는 것으로 보이지만, 세밀한 분석과 평가의 차원에서는 사회주의적 사실주의에 밀착된 서술양상을 보인다.

---

22 김병민이 중국조선족 학자라는 입장을 감안한다면, 일제강점기에 중국에서 전개된 항일혁명투쟁문학에 대한 관심과 애정은 남다를 수밖에 없다. 북한문학사에서는 해방 전 항일혁명투쟁문학을 김일성 가계우상화의 수단으로 활용함에 따라 심각한 왜곡을 보이고, 남한에서는 이 부분을 간과하고 있다는 점에서 이는 통일문학사의 과제로 남아있다.(김병민・최일, 「중국의 동북함락구문학과 그 연구에 대한 고찰—광복 전 중국조선족문학 연구의 새로운 시각을 위하여」, 『동방학지』 132, 연세대 국학연구원, 2005, 참고)

2) 사에구사 도시카쓰의 『한국문학을 맛보다』 분석[23]

사에구사 도시카쓰는 일본에서 유일하게 한국 현대문학사를 일본어로 저술한 일본의 대표적인 한국문학 연구자로서, '한국 근대문학은 보편적인 문학의 하나'라는 관점을[24] 학문적 입장으로 견지하고 있다. 전후 한국문학 연구자로는 1세대에 속하는[25] 그가 쓴 『한국문학을 맛보다』[26]는 근대적인 민족국가서사의 완성을 체계화하려는 기존 문학사의 체계를 해체시키는 다소 이질적인 텍스트로서, 민족과 국가라는 이데

---

23 '제8장 혼란기의 문학—해방부터 분단국가 성립까지'의 목차는 별도의 번호를 매기지 않고, '문학 운동의 분열, 문학적 주제가 된 해방의 의의(김송의 「무기 없는 민족」; 김만선의 「한글강습회」와 「이중국적자」; 김내성의 「혼혈아」(원제 : 「민족의 책임」)), 친일문학의 그 후(봉황각좌담회; 이태준의 「해방전후」; 채만식의 「민족의 죄인」), 해방 직후의 시집과 잡지' 순으로 기술되고 있다.(文学運動の分裂, 文学のテーマとなった解放の意義(金松(キム・ソン)の「武器のない民族」; 金萬善(キム・マンソン)の「ハングル講習会」; 金萬善(キム・マンソン)の「二重国籍者」; 金来成(キム・ネソン)の「混血児(原題 : 民族の責任)」), 親日文学のその後(『鳳凰閣座談会』; 李泰俊(イ・テジュン)の「解放前後」; 蔡萬植(チェ・マンシク)の「民族の罪人」), 解放直後の詩集と雑誌)

24 김윤식은 『사에구사 교수의 한국문학 연구』 출간에 붙인 서문에서 "씨의 한국 근대문학을 바라보는 시각은 「한국근대문학은 문학이다」의 명제로 요약된다"고 밝히고 있다.(사에구사 도시카쓰(三枝寿勝), 심원섭 역, 『사에구사 교수의 한국문학 연구』 베틀북, 2000, 3쪽)

25 일본에서의 한국 현대문학 연구자에 대한 전반적인 고찰은 장사선의 「일본에서의 한국 현대문학 연구—역사적 반성 및 협동 연구 전망」(『한국현대문학연구』 30, 한국현대문학회, 2010)와 설성경 외의 『세계 속의 한국문학』(새미, 2002, 326~359쪽)을 참조할 수 있음.

26 이 책에 관한 기존 연구로는 정현숙, 「북한, 중국, 일본의 한국현대문학사에 대한 인식(1)」(『인문과학연구』 21, 강원대 인문과학연구소, 2009); 장사선, 「일본에서의 한국현대문학 연구—역사적 반성 및 협동 연구 전망」(『한국현대문학연구』 30, 한국현대문학회, 2010); 윤송아, 「한국문학사를 가로지르는 언어 · 문화 · 역사의 계기들—일본 저술 한국문학사의 한국근현대문학 인식과 서술양상을 중심으로」(『비교문화연구』 48, 경희대 비교문화연구소, 2017)가 있다. 정현숙과 장사선은 이 문학사의 목차와 내용을 간략하게 소개하면서 친일문학에 대한 시각에 주목하였다면, 윤송아는 이 책의 인식방법과 서술양상 전반을 살피면서 동아시아를 아우르는 비교문학적 고찰, 전통과 현대를 잇는 문학적 형식과 주제의 구현, 친일문학을 바라보는 탈경계적 시선이라는 특징이 어떻게 드러나는지를 살피고 있다.

올로기로부터 비교적 자유롭게 한국문학사를 사유하는 특징을 보인다. 이 저술은 한국문학사의 주요 의제를 중심으로 서술된 쟁점 중심의 문학사라 할 수 있다. 이러한 핵심적인 의제를 확정짓는 저자의 시각은 기존 문학사에 의해 자연화되고 경화된 관점들을 재구축하면서[27] 새로운 인식지평을 모색하고 있다. 이러한 태도는 책 제목인 『한국문학을 맛보다』에서부터 감지할 수 있다. 문학사의 흐름을 짚어내면서 이를 향유의 대상으로 삼고 있다는 점은 매우 독특한 시각이라 하겠다. 문학사 서술에 있어서 무엇보다 체계가 중요하다면 이 책은 체계보다는 의미 있는 주제들을 중심으로 문학사를 서술하면서 기존 문학사와는 다른 시각을 보여준다. 이러한 점에서 이 저술은 최근 우리 문학의 쟁점으로 부상한 '문학사 이후의 문학사'[28]를 모색하는 한 사례로서도 의미를 갖는다. 특히 이 책은 일본인을 대상으로 하는 대중강연을 목적으로 씌어졌다는 점에서 대중문학사의 성격을 띠면서, 동시에 외국문학사로서 한국문학사를 바라보는 외부자적 시각을 취하고 있어 민족적 경계안에 갇힌 사유를 넘어서는 지점들을 포함하고 있다는 점에서 문제적이다.

전반적인 서술체계를 살펴보면, 1장에서 6장까지는 한국 근대문학의 여러 쟁점을 다루면서 주요 작가와 작품을 소개하고 있으며 7장부터 10장까지는 시기별 문학의 흐름을 주요 테마를 중심에 두고 소개하고 있다. 1장에서 한국 근대문학 100년을 구한말, 일제강점기, 남북분

27 소영현, 「문학사의 타자들을 돌아보다」, 천정환 외, 『문학사 이후의 문학사』, 푸른역사, 2013, 125쪽.

28 기존 문학사가 국가, 민족, 남성엘리트 중심의 이데올로기적 성향을 갖는 서술방식을 취하고 있다는 문제점과 한계를 비판적으로 극복하기 위해 기존 문학사의 해체와 재구성 방식을 모색한 천정환 외의 『문학사 이후의 문학사』(푸른역사, 2013)는 적지 않은 파장을 일으켰다.

단, 군사독재정권, 민주화시기로 대별하여 간략하게 시기별 특징을 소개하고, 각각의 시기별 문학사 서술에서는 전반적 개관은 소략하게 다루거나 생략하고 있다. 전반부는 한국문학사의 주요 쟁점인 표기 문제, 외국문학 수용 문제, 전통 계승 문제, 이광수 문학에 대한 평가 문제 등을 주세별로 서술하고 있으며, 해방 이후부터는 시기별 주요 주제와 작가 및 작품을 개괄적으로 서술하고 있다. 전반적으로 남한문학사의 시각을 수용하고 있지만 월북작가나 북의 작가, 대중작가나 무명작가에 대해서도 주제에 따라 비중 있게 다루고 있어서 남과 북이라는 경계에 얽매이지 않으면서 비교적 자유롭게 작가와 작품을 선별하여 기술하는 태도를 보인다.

그렇다면 사에구사 도시카쓰는 해방공간의 문학사를 어떻게 인식하고 있는지 기본 시각부터 살펴보자. 그가 해방공간을 바라보는 입장은 이 시기를 '혼란기'로 명명하는 용어선택에서부터 파악가능하다. '해방에서부터 분단국가 성립까지'라는 부제를 붙여서 역사적 시기구분을 명확하게 하고 있지만 문학사적으로는 이 시기가 '혼란기'임을 명확하게 드러내기 위해 해방공간의 문학을 '혼란기의 문학'으로 명명하고 있다.

> 어쨌든 해방 후 한국은 힘든 혼란기였어요. 한국의 경우, 일본의 식민지가 되기 전이 조선시대였으므로 해방이 되었다고 해도 돌아갈 근대국가가 없었습니다. 이 때문에 문학은 물론 정치도 모두 새로 만들지 않으면 안 되었고, 게다가 분단 상황하에서 아직도 완전한 독립을 이루지 못한 셈입니다. 어떤 국가, 어떤 사회를 만들 것인가 하는 것에 대해서는 미지수였고 한민족에게는 전례 없는 과제가 부여된 것으로, 남북 어느 쪽이 옳았다고 간단하게 말할 수는 없습니다.[29]

이 시기가 혼란기로 인식된 주된 원인은 근대국가를 수립하지 못한 상태라는 점에 기인한다. 국권회복의 제도적 장치가 부재했다는 사실과 그에 따라 새롭게 만들어나가야 할 국가와 사회에 대한 다양한 비전이 각축을 벌이는 상황이라는 인식은 이 시기를 혼란기로 포착하게 되는 이유이다. 따라서 저자는 이 시기의 문학이 정치적, 사회적 혼란기라는 시대상황을 반영하는 하나의 프레임이라는 관점에서 문학사를 인식해 나간다.

그렇다면 이 같은 혼란기라는 시각이 해방공간의 문학사 서술에서는 어떻게 나타나는지 살펴보자. 우선 저자는 이 시기 문학에 대해 기술하면서 주요 단체와 매체에 대해 간략하게 언급한다. 문학단체에 대한 기술에서는 우익에 대해서는 언급이 없이 좌익의 문학단체 조직과정을 기술하고 있지만, 주된 내용은 혼란상에 초점이 맞추어진다. 특히 좌익 내에서도 주장하는 바가 달랐음에 주목하면서 좌익 계열이 둘로 나누어져 '북은 진보적 민주주의 민족문학, 남은 시민주의의 시민사회에 기반을 둔 민족문학'[30]을 주장했다는 점을 예로 들어 같은 좌익 내에서도 입장차가 있었음에 주목한다. 한편, 북에서는 김일성의 지시하에 창작이 진행되면서 조기천의 「백두산」과 「두만강」이라는 장편서사시가 창

---

29 "いずれにしても解放後の朝鮮は大変な混乱期でした。朝鮮の場合は日本の植民地になる前が李朝時代ですから、解放されたといっても戻るべき近代国家がないわけです。このため、文学はもちろん、政治も含めてすべて新しく作らなければいけないことになり、しかもこの分断の中でまだ完全な独立が得られていなかったわけです。どういう国家を、どういう社会を作るかということについては未知数で、朝鮮民族にとっては全く前例のない課題を与えられたわけで、簡単に南北のどちらが正しかったとは言えません。"(三枝寿勝,『韓国文学を味わう』, 国際交流基金アジアセンター, 1997, p.106, 인용문 필자 번역)

30 "北の人たちも民族文学と言うのですが、それは進歩的な民主主義的な民族文学ということです。南では、市民主義の市民社会ということに根ざした民族文学になります。"(위의 책, p.105)

작되어 유명해졌다고 언급하고, 남북의 선택이 결국 '정치에 영향을 받은 문학운동政治に影響された文學運動'이라는 점에 주목한다. 또한 이 시기 주요 잡지에 대해서는 좌우익의 주요 잡지를 소개하면서 민족주의계열의 잡지인 『백민』이 내용적으로 충실했다는 평가를 내리고 있다. 이처럼 조직과 매체에 대해서 간략하게 소개하는 데 그쳤다면, 이 저술에서 중점적으로 서술되는 내용은 이 시기 문학적 주제를 담은 작품 소개이다. 저자는 이 시기 문학의 중심 주제를 해방의 감격이나 새조국 건설의 희망을 담아내는 작품을 통해 서술하기보다는 격동의 시기를 살아가는 한민족의 혼란스러운 삶의 실상을 담아내는 작품에 주목하는 특징을 보인다.

이 저술에서 해방공간의 중심 주제는 두 층위의 문학적 주제를 중심으로 서술되고 있는데, 첫 번째 층위가 해방 직후의 혼란상이고 두 번째 층위가 친일행위에 대한 반성 문제이다. 이에 대해서 구체적으로는 '문학적 주제가 된 해방의 의의'와 '친일문학 그 후'라는 항으로 나뉘어 기술되고 있다. '문학적 주제가 된 해방의 의의'라는 항에서는 해방 직후의 혼란상을 작가들의 급전된 변모를 통해 언급하며 이 시기 혼란상을 구체적으로 담아낸 작품에 대해 기술해나간다. 우선 그는 박태원과 김남천이 해방 전과 달리 해방이 되자마자 곧바로 작품의 경향을 바꾸는 변신의 발 빠름을 보여주었음에 주목한다. 이와 함께 해방 직후를 소재로 하는 두 편의 소설인 김송의 「무기 없는 민족」과 김만선의 「한글강습회」를 통해 해방공간의 혼란상을 서술해 나간다. 이 두 작품은 해방공간의 실상을 다루고 있는데, 「무기 없는 민족」은 해방이 되었지만 여전히 계엄령 상태에서 벗어나지 못하는 한국인의 슬픔을, 「한글강습회」는 만주에서 일본어만 배우던 재만조선인들에게 해방을 맞이하여 한글을 가르치려 하지만 아무도 한글을 배우러 오지 않는 현실을 주요 내용으로 한 소설이다. 특히 기존의 남한문학사에서 해방공간의 재만조선인을 소재로 다룬 경우, 주로 귀국서사에 주목하는 것이 주된 경향이었던 것과는 달리, 「한글강습회」에서는 재만조선인이 마주한 해방 직후의 냉엄한 현실을 다루고 있다는 점에서 차이점을 드러낸다. 이런 점에서 이 저술은 귀국서사[31]를 주된 경향으로 삼는 내셔널리즘적 욕망과 일정한 거리를 둔 채 혼란기의 비극상에 주목하는 탈민족적 시각을 보여준다. 이들 작품을 통해 저자는 해방 직후가 감격과 환희의 시간이 아니라 여전히 일제의 속박하에 놓인 역설적이고도 아이러니한 혼란스러운 상황임에 주목한다. 「무기 없는 민족」에 대해 저자는, "8월 16일 이후 한국인이 완전히 자유롭게 된 것이 아니라 미군이 들어오기 전까지는 일본군이 계엄령 상태로 삼엄한 경계를 했음을 알 수 있습니다. 그러한 해방 직후의 상황을 한국인의 슬픔으로 매우 잘 그려낸 소설"[32] 이라고 평가한다. 이러한 평가로 볼 때, 저자는 이 시기를 해방이 곧바

31 고명철은 김만선의 만주서사가 주로 귀국서사라는 내셔널리즘적 시각으로 조명 받았다는 점을 비판적으로 인식하며 해방 직후 만주의 현실을 직시한다는 점에서 분석하고자 한다. 그는 김만선의 만주서사에서는 해방 직후 만주의 중층적 현실 및 만주국 근대문명의 허상을 파악할 수 있을 뿐만 아니라 식민지배권력의 협력에 대한 자기비판 서사로서의 의미가 드러난다고 보았다. 특히 「이중국적자」의 배경이 된 혼란스러운 만주의 정세를 명확히 이해하면서 인물들의 삶의 욕망을 살펴야 한다고 보았다. 민족이라는 기표에 의해 가해자와 피해자가 되는 현실을 대비시킴으로써 혼란기에 삶의 파괴상을 드러내고자 한 사에구사의 인식은 이러한 고명철의 인식과는 일정한 거리를 갖는다.(고명철, 「김만선의 만주서사—해방직후, 재만조선인, 만주의 중층적 현실 「이중국적」, 「한글강습회」, 「압록강」, 「귀국자」를 중심으로」, 『한민족문화연구』 50, 한민족문화학회, 2015 참조)

32 "8月16日以後ソウルが完全に朝鮮人の自由になったのではなく、米軍が来るまでは日本軍が戒厳令状態で厳重に警戒をしていたことが分かります。そういう解放直後のことが朝鮮人の悲しみとして非常によく書かれている小説だと思います。"(三枝寿勝, 앞의 책, p.107)

로 자유의 쟁취로 이어지지 못한 혼란기로 파악하고, 한국인이 대면한 혼란상을 드러내는 작품에 큰 의미를 부여하고 있음을 알 수 있다.

이와 함께 사에구사 도시카쓰는 이 시기 문학의 한 경향을 한국인, 중국인, 일본인의 관계에 대해 다루고 있는 김만선의 「이중국적자」와 김래성의 「혼혈아」를 중심으로 기술한다. 이 두 편의 소설은 모두 해방공간에서 야기된 민족 간의 갈등을 다룬 작품이다. 즉 한국인과 중국인, 한국인과 일본인의 갈등관계를 보여주는 작품에 초점이 맞추어져 있다. 김만선의 「이중국적자」는 해방 후 만주에 살던 주인공이 중국인들에게 일본인의 앞잡이로 매도되면서 결국 살해당하는 이야기이며, 김래성의 「혼혈아」는 단란한 가정을 이루고 살던 주인공이 해방이 되자 아내가 일본인이라는 이유만으로 일본으로 돌려보내야 하는 현실을 다루는 소설이다. 만주와 국내, 중국인의 한국인에 대한 차별과 한국인의 일본인에 대한 차별을 대비시키면서 저자는 격변하는 현실하에서 한국인이 겪는 상반된 입장을 문제 삼고 있다. 이를 통해 저자는 해방공간이 타민족에 대한 비이성적인 분노의 감정이 분출하는 혼란의 공간임에 주목하고 있는 것이다. 이처럼 사에구사 도시카쓰는 해방이라는 역사적 사건과 그 이후에 겪게 되는 국내외 한국인의 혼란스러운 삶을 다룬 작품을 이 시기의 주요 작품으로 서술함으로써 해방이 곧바로 자유의 회복으로 이어지지 않았고, 상황에 따라 가해자와 피해자라는 입장이 전변할 수 있다는 점을 부각시킨다. 이러한 주제는 그동안 남북한문학사에서 간과해온 내용으로서 외부자적 시각이 발견할 수 있는 새로운 지점이라 할 수 있다. 특히 여기서 서술대상이 된 작가와 작품은 모두 기존의 문학사적 평가에서 주변적으로 평가되던 작품이다. 김송, 김만선, 김래성은 모두 주류 작가군에 포함되지 않는 군소작가들로서 남북한문학사에서 다루어지지 않는 작가들이다.[33] 이 가운데 김만선의 경우, 만주를 배경으로 작품을 쓴 월북작가라는 점에서 만주문학에 대한 높은 관심을 보이는 일본적 시각이 투영된 것으로 볼 수도 있다. 이와 달리 김송이나 김래성은 남북의 본격적인 문학사에서 다루지 않는 작가이며 일본에서도 중요한 연구대상으로 다루어지지 않는 작가이다. 따라서 저자가 문학사의 서술대상으로 삼는 작가와 작품은 철저히 주제를 잘 드러낼 수 있는 사례를 중심으로 하고 있음을 알 수 있다. 또한 여기서는 기법이나 문체 등의 형식미나 미학적 완성도 및 예술적 성취에 대해서는 평가를 내리지 않고 있다. 이 또한 당대 시대상황에 대한 문학적 재현이라는 사회사적 성격에 중심을 두고 문학사를 서술하고 있음을 방증하는 예라 할 수 있다. 따라서 이 저술은 이 시기 혼란상의 중심에 이념과 인간, 상황과 인간의 관련성이라는 문제를 놓고 이를 초점화시켜 서술해 나가는 특징을 보이고 있다.

또한, 여기에서는 해방공간의 주요 이슈 중 하나인 친일청산의 문제를 '친일문학의 그 후 작가'라는 항에서 다루고 있다. '친일문학'이라는 용어는 북한문학사에서는 언급 자체가 되지 않으며 친일 문인의 자기반성 문제를 다루는 남한문학사에서도 이를 표면에 내세우지 않고 있다는 점에서, 이를 소제목으로 내세우고 본격적으로 내용을 기술하는 것은 외부자적 시각이 두드러지는 대목이라 할 수 있다. 김윤식은 해방공간에 대한 문학사 기술에서 이 부분을 '죄의식과 자기비판'으로, 권영민은 '체험의 형식과 비판의 형식'으로 우회적으로 기술하고 있으며,

33 세 작가 모두 북한의 『조선문학통사』(하)(과학원출판사, 1959)와 『조선문학사 · 10』(사회과학출판사, 1994)에는 전혀 언급이 되지 않는다. 김송의 경우, 남한의 『한국현대문학사』(민음사, 1993)와 『한국현대문학사—1945~1980』(일지사, 1983)에서 각각 전쟁종군작가로 참전한 명단에 이름을 올리고 있을 뿐이다.

이 주제를 다루는 방식에 있어서도 다소간의 차이를 보인다. 사에구사 도시카쓰는 친일의 경력을 가진 친일 문인들의 직접적인 자기비판과 이를 주제로 삼은 작품을 검토하며 작가의 자기비판 방식에 주목하고 있다. 이를 통해 저자는 이 시기에 작가들이 친일문제를 어떻게 인식하고 있는지 서술해나간다. 여기서 저자는 잡지에서 개최한 좌담회의 내용과 작품을 통한 자기비판을 순차적으로 살피고 있다. 저자는 먼저 이 시기 친일문제에 대한 일반적 인식 수준을 이광수의 행적과 잡지에 실린 「봉황각좌담회」 기록을 통해 기술한다. 이광수는 대표적인 친일작가이지만 해방공간에서 김구의 자서전인 『백범일지』를 윤문했다는 점을 예로 들면서 이광수에 대한 평가에서 민족의 반역자와 독립운동가로부터 존경을 받는 인물이라는 이중적인 면이 공존하고 있었다는 점을 언급하고 있다. 이러한 언급을 통해 당시 국내에서는 아직 친일문제에 대한 깊은 성찰이 부재했고 친일작가 자신도 이 부분에 대한 자기반성이 부재했음에 주목한다. 또한, 문학자의 자기비판을 다룬 좌담회에 대해 기술하면서 작가들의 반성적 태도를 작가별로 언급하며 친일문제에 대한 당시 작가들의 인식 수준을 살핀다. 마지막으로, 저자는 친일에 대한 작가의 자기비판을 다룬 소설에 대해 서술하면서 이태준의 「해방전후」와 채만식의 「민족의 죄인」을 분석하고 있다. 여기서 상세한 분석과 평가의 대상이 된 작품은 채만식의 「민족의 죄인」이다. 저자는 친일을 어떻게 반성할 것인가라는 진지한 자기비판의 문제와 대면하고 있는 이 시기의 대표작으로 「민족의 죄인」을 높게 평가하면서 이 작품에 대한 세밀한 분석을 시도하고 있다. 사에구사 도시카쓰의 서술내용은 김윤식이 해방공간에 대한 서술의 하위 항목으로 '죄의식과 자기비판'을 설정하고 '작품을 통한 자기비판'을 다루는 경우와 표면적으로는 유사성을 보인다. 하지만 김윤식이 이 작품에 대한 평가에서 친일이란 "식민지 상태로 인한 국가 상실의 민족에 있어서는 그것이 사회학적 의미를 넘어서는 魂의 문제"[34]라고 보면서 정신의 문제로 인식했다면, 사에구사가 이 작품을 통해 친일문제를 다루는 방식은 다양한 친일논리를 직접적으로 대면하는 것 자체에 역점을 두고 있다. 따라서 사에구사는 정직하게 자신의 행위를 들여다보지 않고 이를 새로운 시대만들기에 적극적으로 참여하는 것으로 갈등을 봉합하는, 작가 자신의 분신이라 할 수 있는 화자 '나'의 해결방식에 대해 비판적인 평가를 내린다. 즉 사에구사는 이 작품을 분석하면서 자신의 문제를 정직하게 대면하지 않는 작가의 태도에 대해 비판적 입장을 보인다. 이는 권영민의 서술양상과도 사뭇 다르다. 권영민이 「민족의 죄인」을 평가하면서 "생존의 조건과 모럴의 선택이 서로 대응하고 있는 이 소설에서 작가는 철저한 자기비판만이 죄의식에서 벗어날 수 있는 길임을 제시하고 있다"[35]고 보았다면, 사에구사 도시카쓰는 화자인 '나'의 자기비판의 철저성에 이 소설의 무게중심이 놓인 것이 아니라고 보았다. 채만식의 자기비판 방식은, 친일문제를 논의함에 있어서 경제적 여유를 가진 자는 친일로부터 자유롭지만 그렇지 않은 경우에는 생계유지의 차원에서 친일을 할 수밖에 없었다는 현실논리가 갈등하고 있다고 보고, 이러한 갈등을 통해 '교묘하게 문제를 미루고 있다'[36]고 비판한다. 즉 친일의 문제를 일제강점기를 살아낸 이들이 감내해야 했던 보편적인 문제로 환원시켜

---

34 김윤식, 『한국현대문학사-1945~1980』(증보판), 일지사, 1983, 30쪽.

35 권영민, 앞의 책, 80쪽.

36 "つまり、非常に深刻な小説だと思ったのですが、実は巧妙に何か問題がずらされているらしいのです。ですから、この小説はかなりさまざまな問題を含んでいることが分かります"(三枝寿勝, 앞의 책, pp.114~115)

버리는 방식이 갖는 한계를 지적하고 있는 것이다. 이 소설에서 화자인 '나'는 이런 논리를 우회하면서 본질적인 자기비판을 회피하는 방식을 취하고 있는데, 사에구사는 이러한 태도가 대단히 문제적이라고 지적하고 있다. 자기비판이라는 소설적 전개가 한편으로는 '일본의 전쟁책임문제를 말할 때도 별로 언급되지 않는 매우 드문 발상법'[37]이라고 평가하면서도, 다른 한편으로는 작가의 자기비판의 문제가 식민통치하의 보편적이고 일반적인 문제로 귀결되는 방식을 비판적으로 서술하고 있는 것이다. 이러한 비판은, 작가의 모럴문제가 추상적 차원에서 해소될 성질의 것이 아니라 자기정직성을 견지하며 문제의 실상을 대면하는 데까지 나아가야 한다고 생각하는, 친일문제 전반에 대한 저자의 입장을 드러낸 것으로 볼 수 있다.[38] 이와 같이 저자는 해방공간에서 친일문학가들이 보인 자기비판의 실상을 행적, 담론, 작품을 통해 들여다보면서 친일 문인에 대한 비판논리를 구체적으로 기술하고 있다.

마지막으로, 사에구사 도시카쓰가 해방공간의 문학사에서 작품을 평가하는 기준 혹은 입장은 어떠한지 살펴보자. 저자는 작품의 형식이나 수사적, 문체적 특징에 주목하거나 특정한 이념에의 지향을 보이지 않기 때문에 분명한 문예미학적 입장을 견지하지는 않고 있다. 다만 저자가 이 시기 문학사를 파악하는 데 있어서 의미 있는 잣대로 삼은 것은 모럴의 문제를 중심에 둔 이념과 인간, 상황과 인간의 관련성이다. 이는 해방공간의 한국문학을 바라보는 저자의 입장이, 좌 / 우익이나 가

37 "このような話は、日本での戦争責任の問題のところでもあまり出なかったので、大変珍しい発想法ではないかと思います"(위의 책, p.113)

38 사에구사 노시카쓰는 친일문제를 일본의 책임으로만 돌리고, 자기비판을 회피하는 방식이야말로 일본의 식민지배의 가장 뿌리 깊은 영향이라고 보고 있다.(사에구사 도시카쓰, 심원섭 역, 앞의 책, 507쪽)

해자 / 피해자라는 이분법적 도식화를 통한 문학사적 배치의 문제에 있는 것이 아니라 상황에 대한 인간의 윤리적 선택문제에 천착하고 있음을 말해준다. 저자는 해방공간에서 벌어지는 다양한 혼란상을 선 / 악이나 윤리 / 비윤리라는 이분법적 도식으로 파악할 때, 오히려 문제의 본질을 짚어내지 못하고 추상적 차원으로 흐를 수 있다는 문제의식을 갖고 있는 것으로 보인다. 이러한 태도는 일방적인 민족문학, 친일문학의 도식적 평가방식에서 비껴서는 서술 전략이라 할 수 있다. 저자는 해방이 되자 과거 일본어를 배우던 사람들이 마침내 한글을 배우리라는 기대가 배반되는 현실을 통해 해방의 감격으로만 재현되는 민족주의적 시각으로부터 거리를 보이고 있으며, 재만조선인과 재한일본인이 해방 직후의 혼란 속에서 삶을 파괴당하는 모습에 주목함으로써 친일에 대한 평가가 과도한 민족주의로 인해 개인의 삶을 파괴할 수도 있다는 점에 천착하기도 한다. 이처럼 저자가 해방공간의 우리문학사 서술에서 문제 삼고 있는 이념과 인간 또는 상황과 인간, 그리고 여기에서 제기되는 모럴의 문제는 결국 전후 일본문학사에서 중심 의제가 되는 전전戰前 시기 전쟁책임문제에 대한 작가들의 자기비판과 연관된다고 하겠다. 하지만 한국문학사에서 친일문제가 제대로 다루어지지 못했듯이, 일본에서도 전쟁 협력에 대한 자기비판은 제대로 이루어지지 못한 채 "1948년 무렵에는 전쟁 책임을 지탄받았던 작가들이 잇달아 부활"[39]하게 되었고, 이 문제는 여전히 현재의 문제로 남고 말았다. 저자가 친일문학의 문제를 자기비판과 연결시켜 사유한 것은 이러한 일본 전후문학사의 쟁점이 문화횡단적 실천을 통해 한국문학사에도 투영된

39 호쇼 마사오 외, 고재석 역, 『일본 현대 문학사』, 문학과지성사, 1998, 275쪽.

결과로 보인다. 하지만 사에구사 도시카쓰가 기대고 있는 이분법적 도식 넘어서기라는 전략이 가해자의 자기위장 전술일 수 있다는 비판은 피하기 어렵고, 이러한 전략을 통해 해방공간에서의 문학적 주제가 이전 문학사와 어떻게 연속성을 확보하며 이해가능한 것인지는 여전히 의문으로 남는 한계를 보인다.

3. 맺음말

지금까지 중국과 일본에서 저술된 한국 현대문학사의 해방공간 서술양상을 남북한문학사 및 자국문학사와의 비교를 통해 살펴보았다. 김병민과 사에구사 도시카쓰의 해방공간에 대한 문학사 서술에서는 민족국가의 구획 내에서만 인식되어 왔던 우리문학사를 다층적, 국제적으로 재인식하게 하는 의미 있는 지점들을 보여주고 있다. 김병민의 경우, 해방공간에서 좌우익의 작가가 공통의 관심사를 가졌다는 사실에 착목하면서 이를 문학사 서술에 담아내고자 하였다. 물론 실제 서술에서 이러한 시각은 제대로 반영되지 못한 채 하나의 가능성으로 남고 말았다. 하지만 통합서술이 산술적 결합이 아니라 남북한문학사의 접점을 모색하는 방향으로 나아가야 한다는 방향성 제시라는 면에서, 향후 민족문학 건설의 가능성을 타진하는 하나의 시각으로 충분한 의미를 갖는다. 특히 분단체제 너머를 사유하는 데 있어서 민족문학의 건설이라는 해방공간의 과제는 여전히 중요한 의미를 갖는다는 사실을 직시할 때, 좌우익의 연결고리를 찾는 일은 절실히 요청되는 바이기 때문이다. 김병민이 남북 통합 문학사 서술의 단초를 제공했다면, 사에구사 도시카쓰는 기존의 남북한문학사와는 다른 방식으로 해방공간을 사유함으로써 민족문학의 외연을 확장하고 있다. 특히 쟁점 중심의 문학사를 서술하면서 이념과 인간, 상황과 인간, 작가의 윤리성 문제 등 보편적인 차원에서 해방공간의 문학적 주제에 접근하고 있어서 민족국가서사로서의 문학사를 넘어서는 지점을 선취하고 있다. 남북한 가운데 어느 하나의 시선에 포섭되거나 통합에 연연하지 않으면서 의미 있는 주제를 포착해내는 사에구사 도시카쓰의 시각은, 한국문학사가 인간과 삶을 사유하는 성찰의 장으로서 재인식될 수 있는 가능성을 실험하고 있다고 하겠다. 다만 이 문학사가 분량이나 서술방식에 있어서 완성된 상태가 아니고, 저자의 문학사 평가 기준이 해방 이전과의 연관성을 고려할 때에도 적용 가능한지에 대해서는 의구심을 갖게 한다는 점에서 그 한계는 분명하다.

우리시대의 과제가 된 분단 너머의 문학사 서술은 역사학자 강만길의 주장처럼 상호적대성을 재생산하는 분단국가주의에서 벗어나 통일민족주의적 시각으로의 전환이 요구된다. 일차적으로 이는 기존 남북한문학사에 대한 비판적 인식을 바탕으로 할 때 가능한 시각이다. 이러한 시각을 만들어나가는 과정에서 중국과 일본에서 저술된 한국 현대문학사의 가능성과 한계는 우리에게 시사하는 바가 적지 않다.

중국과 일본에서 저술된 한국 현대문학사의 한국전쟁 인식과 문학사 기술양상

허쩐후아의 『조선현대문학사』와 사에구사 도시카쓰의 『한국문학을 맛보다』를 중심으로

윤송아

1. 한국전쟁을 바라보는 다원적 역사인식

1945년 8월 15일, 일본의 패전으로 한반도는 식민의 굴레에서 벗어나 해방되었지만 북위 38도선을 기준으로 남북으로 분단되어 미국과 소련의 새로운 통치구도 안에 편입된다. 분할된 국토와 상이한 정치체제를 기반으로 1948년 8월과 9월에 각각 수립된 대한민국과 조선민주주의인민공화국은 '북진통일론' 혹은 '국토완정國土完整'의 이상理想이 충돌하는 가운데, 1950년 6월 25일부터 1953년 7월 27일까지 한국 현대사의 가장 비극적인 사건인 '한국전쟁'의 포화 한복판에 내던져지게

된다. 북한의 남진공격으로부터 촉발된 한국전쟁은 이후 미국과 중국의 참전으로 민족 간의 내전에서 국제전의 형태로 확장되었으며, 수백만 명에 이르는 군인 및 민간인 사상자와 폐허가 된 국토를 남긴 채 3년여 만에 정전협정으로 일시 정지되었다. 이후 냉전과 탈냉전의 시대를 거쳐 70여 년에 이르는 분단과 반목의 세월 동안 남북은 완전히 이질적인 정치, 경제, 문화적 토대 위에 이원적 국가체제를 구축하게 되었다.

이처럼 남북 분단 고착화의 시작이자 수많은 난민과 이산가족의 기원, 그리고 동족상잔과 무고한 민간인 학살의 현장이 된 한국전쟁은 남북한의 문학장 안에서도 그 역사적 무게를 다각도로 해명하려는 중요한 창작의 화두로서 제기되어왔으며 현대문학사를 관통하는 기본 쟁점으로 인식되어왔다. 한국전쟁을 둘러싼 문학적 응전의 양식은 한국전쟁을 바라보는 다원적 시각을 그대로 반영하고 있으며, 이는 비단 남북한문학사만이 아닌 한국전쟁과 관련된 제 주변국가의 입장 및 경험과 연동한다는 점에서, 그 쟁점의 복잡성과 변용・확장의 가능성을 보여준다.

일례로 한국전쟁을 명명하는 방식을 살펴볼 수 있는데, 이는 직접적으로 한국전쟁을 인식하는 제 입장의 기본 시각을 드러낸다. 일반적으로 남한의 경우에는 '6・25', '6・25사변', '6・25동란', '6・25전쟁', '한국전쟁' 등으로 명명하며,[1] 북한의 경우에는 '조국해방전쟁'이라는 용어를 쓴다. 북한은 한국전쟁의 성격을 한반도에서 사회주의 국가를 건설하기 위한 조국해방전쟁, 계급해방전쟁으로 규정[2]하기 때문이다. 북한에 지원군을 파병한 중국에서는 '항미원조抗美援朝전쟁'이라는 용어를 사용

1 이 글에서도 기본적으로 '한국전쟁', '한국전쟁문학'이라는 용어를 사용할 것이다.
2 한성훈, 『전쟁과 인민—북한 사회주의 체제의 성립과 인민의 탄생』, 돌베개, 2012, 71쪽.

한다. 이는 1945년 중국이 항일전쟁에서 승리한 직후 시작된 국공내전에서 조선인부대가 활약하고, 전前 중국공산당원이 중심이 된 북한정부가 적극적으로 내전을 도와[3] 항쟁해온 사실이 그대로 북한의 '조국해방전쟁'을 원조하는 적극적 계기와 당위로 작용했으며, 중국이 미국의 냉전구도에 정면 대응하는 사회주의 건설의 수순으로서 한국전쟁을 인식했음을 보여준다. 일본의 경우 대체로 '조선전쟁'이라는 용어를 사용하며 이는 남북을 아우르는 한반도를 지칭하는 개념으로서, 재일조선인과 연계된 명명법으로 사료된다. 영미권에서는 'Korean War', 'Korean Conflict', 'Korean Civil War' 등으로 부른다. 'The Forgotten War'[4]라는 용어는 국제사회(미국) 안에서 한국전쟁이 놓인 불편한 입지점을 상징적으로 보여준다.

이와 같이 남북을 위시하여 한국전쟁에 개입된 제 국가들의 정치·역사적 맥락과 접근방식에 따라 한국전쟁을 바라보는 시각에는 다양한 편차가 존재하며, 이를 문학적으로 재현하는 과정에서도 북한은 '조국해방전쟁시기문학', 중국은 '항미원조문학'이라는 용어를 통해 한국전쟁의 정치사적 의의를 부각하는 반면, 한국에서는 '전시문학·전후문학'이라는 용어를 통해 "인위적인 재난의 정점으로서 전쟁의 시대인 동시에 전쟁체험과 그 처리, 전후의 황막한 분위기가 편재화하는 수난의 시대"[5]로서 한국전쟁기를 초점화하는 접근 방식을 보여준다.

한국전쟁에 대한 이러한 정치·역사적 인식은 당연히 각국의 한국문학사 서술에도 일정한 영향을 미친다. 이 글에서는 한반도 및 주변국의

---

3 와다 하루키(和田春樹), 서동만 역, 『한국전쟁』, 창작과비평사, 1999, 36쪽.

4 Blair Clay, *The Forgotten War : America in Korea 1950～1953*, New York : Times Books, 1987.

5 이재선, 『현대 한국소설사 1945～1990』, 민음사, 1991, 81쪽.

복합적 시각과 입지점을 첨예하게 반영하고 있는 한국전쟁 시기의 문학이 중국과 일본에서 저술된 한국문학사 안에 어떻게 반영되어 있으며 각국의 한국전쟁문학에 대한 인식과 그로부터 파생되는 특징적 기술양상은 무엇인지를 고찰함으로써, 한·중·일 한국 현대문학사를 가로지르는 중층적이고 상호침투적인 문화횡단의 한 양상을 추출해보고자 한다.

이 글에서 다룰 중국과 일본의 한국 현대문학사 저술은 허쩐후아何鎮華의 『조선현대문학사朝鮮現代文學史』[6]와 사에구사 도시카쓰三枝壽勝의 『한국문학을 맛보다韓國文學を味わう』[7]이다.[8] 현재까지 중국에서 발간된 한국문학사는 25종 정도이며 이 중에서 근현대문학사를 다룬 텍스트는 16종으로, 대체로 조선족 학자가 한국어로 저술한 문학사가 다수를 차지한다.[9] 허쩐후아의 『조선현대문학사』는 북한의 현대문학사만을 다룬 한계는 있으나[10] 한족漢族 학자에 의해서 중국어로 쓰인 한국 근현대문

6 何镇华, 『朝鲜现代文学史』, 中央编译出版社, 2008.

7 三枝寿勝, 『アジア理解講座1996年度第3期「韓国文学を味わう」報告書』, 国際交流基金アジアセンター, 1997.

8 허쩐후아의 『조선현대문학사』를 다룬 선행연구로는 이선이 외, 「중국의 한국문학사 저술 현황과 한국현대문학사 기술양상」(『외국문학연구』 49, 한국외대 외국문학연구소, 2013); 이선이, 「중국에서 저술된 한국근현대문학사의 문화횡단적 실천-남한문학사·북한문학사·자국문학사라는 세 겹의 프리즘」(『비교문화연구』 48, 경희대 비교문화연구소, 2017) 등이 있으며, 사에구사 도시카쓰의 『한국문학을 맛보다』를 다룬 선행연구로는 장사선, 「일본에서의 한국 현대문학 연구-역사적 반성 및 협동 연구 전망」(『한국현대문학연구』 30, 한국현대문학회, 2010); 정현숙, 「북한, 중국, 일본의 한국현대문학사에 대한 인식(1)」(『인문과학연구』 21, 강원대 인문과학연구소, 2009); 윤송아, 「한국문학사를 가로지르는 언어·문화·역사의 계기들-일본 저술 한국문학사의 한국근현대문학 인식과 서술양상을 중심으로」(『비교문화연구』 48, 경희대 비교문화연구소, 2017) 등이 있다.

9 이선이, 앞의 글, 110~114쪽 참조.

10 이 글에서 제시한 '한국현대문학사'라는 명칭은 비단 남한(대한민국)에 국한된 '한국문학사'를 지칭한다기보다는 '한반도' 혹은 남북한을 아우르는 '한민족문학사', '코리안문학사'를 의미한다. '한국 고전문학사', '한국 근대문학사'와 상응하는 포괄적 범주로 사

학사라는 점에서 일정한 의의가 있으며,[11] 한국전쟁에 대한 중국의 입장을 면밀히 살펴볼 수 있는 유의미한 문학사 저술이다. 일본에서 저술된 한국문학사 중 근현대문학을 사적으로 검토한 저술에는 임전혜任展慧의 『일본에서의 조선인문학의 역사—1945년까지日本における朝鮮人の文學の歷史－1945年まで』[12]와 시라카와 유타카白川豊의 「조선근대문학의 발자취朝鮮の近代文學の步み」,[13] 그리고 사에구사 도시카쓰의 『한국문학을 맛보다』가 있다. 이 중 임전혜와 시라카와 유타카는 1945년 해방까지의 시기를 다루고 있으므로 불가피하게 이 글에서는 사에구사 도시카쓰의 저서를 중심으로 한국전쟁문학의 기술양상을 살펴보고자 한다. 사에구사 도시카쓰의 『한국문학을 맛보다』는 한국문학의 다양한 쟁점들을 독자적 시각으로 다룬 일본의 한국문학사로, 동아시아를 아우르는 비교문학적 고찰, 전통과 현대를 잇는 문학적 형식과 주제의 구현, '친일문학'을 바라보는 탈경계적 시선 등을 통해 한국문학의 내적 논리와 외연을 두루 살피면서 흥미로운 문화횡단적 계기들을 제공하고 있는 주목할 만한 문학사[14]이다.

이 글에서는 두 문학사를 남북한 및 자국 문학사와의 상관성 아래 다루되, 한국전쟁의 직접적인 자장 안에 놓여있었던 한국전쟁기 문학을 중심으로 연구범위를 한정하였다. 앞서 언급한 대로 동북아시아를 둘러싼 당시의 긴박한 세계정세가 한국전쟁의 발발 및 전개과정과 맞물려 있으므로 우선적으로 중국과 일본의 한국전쟁 대응양상과 인식태도

용되었다고 할 수 있다.

11 이선이 외, 앞의 글, 311쪽 참조.

12 任展慧, 『日本における朝鮮人の文学の歴史－1945年まで』, 法政大学出版局, 1994

13 白川豊, 「朝鮮の近代文学の歩み」, 『豊かな地球社会への展望』, 九州産業大学出版会, 1997.

14 윤송아, 앞의 글, 54쪽.

를 간략히 고찰한 후 이러한 정치사적 길항관계가 중국과 일본의 한국 문학사 안에 어떻게 직접 혹은 간접적으로 투영되어 있는지를 각 문학사 분석을 통해 검토하고자 한다. 또한 각 문학사의 특징과 변별점을 추출하기 위해 남북한의 주요 문학사를 참조하였다.[15]

2. 중국의 한국전쟁 인식과 허쩐후아, 『조선현대문학사』의 한국전쟁문학 기술양상

1950년 6월 25일, 북한의 남진공격으로 비롯된 한국전쟁은 미국과 유엔군의 참전으로 이어졌고, 그 해 9월 15일, 매카서의 인천상륙작전으로 전세가 역전된 후 미군이 38도선을 넘어 북진하자 중국은 북한에의 군사원조를 결정하고 10월, 압록강을 넘어 중국인민지원군을 파병한다.[16] 중국은 한국전쟁을 '항미원조抗美援朝, 보가위국保家衛國'을 모토로 한 '항미원조전쟁'으로 규정하고 1953년 정전협정이 이루어질 때까지 주도적으로 전쟁에 가담했다. 와다 하루키和田春樹는 중국혁명 및

15 이 글에서 참조한 문학사 저술은 김윤식, 『한국현대문학사』(일지사, 1991); 권영민, 『한국현대문학사』(2)(민음사, 2002); 과학원 언어문학연구소 문학연구실 편, 『조선문학통사』(하)(과학원출판사, 1959(이 글에서는 1988년 서울에서 출간된 인동출판사판을 참조하였다)), 사회과학원 주체문학연구소, 『조선문학사』(11)(사회과학출판사 : 과학백과사전종합출판사, 1994)이다.

16 한국전쟁 발발 및 전개 과정과 관련한 남북한, 중국, 소련, 미국 정부의 추이와 역사적 배경 등에 관해서는 와다 하루키, 서동만 역, 앞의 책과 브루스 커밍스, 조행복 역, 『브루스 커밍스의 한국전쟁』, 현실문화, 2017 참조.

국공國共내전과 북한 사이의 밀접한 상관성에 주목하면서, 1945년 항일전쟁의 승리 이후 동북을 진원지로 해서 중국공산당이 국민당과 내전에 들어갈 때부터 북한은 중국의 후방기지이자 해방구로 작용했으며, 만주의 조선의용군이 국공내전에 적극적으로 참전하는 등 이 시기에 중국의 내전과 조선의 혁명은 하나의 연속체로 의식되고 있었다고 언급한다. 김일성을 위시하여 북한 지도부의 중핵을 이루고 있던 다수의 동북항일연군 · 조선의용군 출신자들이 전前 중국공산당원이었다는 점, 식민지기 항일혁명투쟁이라는 공통의 지향점을 가지고 협력했다는 사실 등이 북한 및 만주 조선족과 중국 간의 오랜 연대의식을 증명하는 근거가 된다.[17] 또한 공산주의 혁명을 기반으로 한 국공내전 시 미국의 군사간섭을 견제해온 마오쩌둥이 미국과의 대결을 일종의 중소와 미국을 중심으로 한 냉전질서 안에서의 필연적인 '힘겨루기'로 파악하고 있었던 만큼, '조선의 동지에 대한 의리와 미국과의 숙명적인 승부가 불가피하다는 인식'[18]은 '항미원조전쟁'에 정당성을 부여한다.

이처럼 중국의 입장에서 볼 때 한국전쟁은 해방된 중국이 자국의 독립과 자유, 그리고 사회주의 사업을 지키기 위한 전쟁[19]이었으며 이로부터 '항미원조문학'이라는 중국문학 내의 주제적 동향이 나타난다. '항미원조문학'이란 한국전쟁 발발 후 미국을 가상의 적으로 상정해서 결정된 '항미원조 · 보가위국'을 형상화한 문학으로, '항미원조'란 주로 1950년 10월 25일 시작된 항미원조전쟁과 그 뒤로부터 항미원조전쟁 시기 동안 대대적으로 전개된 항미원조운동을 통틀어 지칭한다.[20] 순

17 와다 하루키, 서동만 역, 앞의 책, 36~43쪽 참소.

18 위의 책, 52쪽.

19 우림걸 · 왕보하, 「한국전쟁을 주제로 한 중한(中韓) 전쟁문학 비교연구」, 『현대소설연구』 50, 한국현대소설학회, 2012, 302쪽.

망치한론에 기대어 한반도에 대한 인식의 전환을 꾀하고, 반미反美이데올로기의 주입과 중소우호운동 등을 통해 반미 / 친소의 냉전적 논리를 심화시켜 나간 항미원조운동은 '항미원조문학'에 기반한 내면화 과정을 통해 그 이념적 대중화를 구축해나갔다.[21] '항미원조문학'은 중국 당대문학의 중요한 성과로 인정된다.[22] 전쟁 초기부터 중국정부는 전국 군민이 단결하여 전쟁의 승리를 쟁취해나갈 수 있도록 중국 문인들의 협력을 요구했고 중국 문인들도 정치성을 우선적인 자리에 놓고 중국인민지원군과 후방의 인민들이 보여준 애국주의, 국제주의, 혁명적 영웅주의 정신을 형상화하였다.[23] 중국지원군이 한국전쟁에 참전하자 중국 문련(중화전국문학예술계연합회)은 많은 작가들을 조직하여 한반도에 종군작가로 파견하였다. 위외魏巍의 보고문학 『누가 가장 사랑스러운 사람인가』, 양삭楊朔의 장편소설 『삼천리강산』, 파금巴金의 산문집 『영웅들 사이에 살고 있다』와 단편소설집 『영웅의 이야기』, 『이대해』, 로령路翎의 단편소설 「전사의 마음」, 「첫눈」 등 당대의 뛰어난 '항미원조문학'으로 평가받는 작품들이 한국전쟁 시기에 산출되었으며, 이외에도 수많은 중국의 작가들이 전장에 직접 방문하여 전선의 경험과 병사들의 투쟁을 취재하면서 항미원조전쟁의 의의와 투쟁상을 실시간으로 중국에 발신하였다.[24] 통계에 의하면 1950년대 중국 내의 가장 영향력

20 손해룡, 「항미원조문학에 나타난 중국의 한반도 인식－1950년대를 중심으로」, 성균관대 박사논문, 2011, 1쪽.

21 항미원조운동의 전개양상 및 항미원조문학의 형성과 확산, 한반도와 미국 인식 및 문학적 표상에 대한 논의는 위의 글 참조.

22 김호웅, 「"6.25"전쟁과 남북분단에 대한 성찰과 문학적 서사－중국문학과 조선족문학을 중심으로」, 『통일인문학논총』 51, 건국대 인문학연구원, 2011, 30쪽.

23 위의 글, 30쪽.

24 자세한 항미원조문학 작가와 작품에 대한 소개는 위의 글; 우림걸 · 왕보하, 앞의 글; 손해룡, 앞의 글 참조.

과 대표성이 있는 8가지 정당 기관지, 종합신문, 문학 간행물에는 한국전쟁문학작품이 2,614편이나 실렸다[25]고 한다.

1949년 중화인민공화국 수립 이후 사회주의 초창기 소설의 제재로 가장 많이 채택된 것이 '전쟁'이었으며, 이 시기 전쟁소설 중 가장 많은 것이 공산군과 국민군 간의 전쟁인 국내 혁명전쟁에서의 영웅담이고, 다음이 공산군의 항일전쟁, 그리고 그 다음이 한국전쟁에 파견되었던 항미원조 의용군의 영웅담을 내용으로 한 것이다.[26] "혁명전쟁을 찬양하고 이를 묘사함으로써 현대 혁명의 역사와 중공당사를 보급하는 것이 50년대 공개적으로 발표된 당대문학 창작 중 가장 생기 있는 부분"[27]으로, 항일전쟁, 해방전쟁과 더불어 "한국전쟁 발발 후 국통구에서 온 작가를 포함한 많은 작가들이 전선의 '생활 속으로 들어가도록' 안배되었으며 조직적으로 작품을 창작하기 시작"[28]했다고 중국문학사는 서술하고 있다.

이처럼 중국에게 있어서 한국전쟁은 단순히 인접국가의 외부적 사건이 아니라 '중국혁명의 귀결'로서, 신생국가인 중화인민공화국이 '혈맹' 관계인 북한과 전선의 우애를 돈독히 하는 가운데 세계 냉전 질서 안에 일정한 입지점을 갖고 편입하기 위한 내외적 토대 구축의 불가피한 선택지였다고 할 수 있다. 또한 이러한 일련의 과정 속에서 한국전쟁은 중국문학사 안에 '항미원조문학'이라는 새로운 영역을 개척하는 데 일조하였다. 한국전쟁을 위시한 조중 간의 국제적 연대와 친선을 강

25 우림걱 · 왕보하, 앞의 글, 304쪽.

26 김시준, 『중국당대문학사—중화인민공화국 50년의 문학 / 1949~2000』, 소명출판, 2005, 56~57쪽.

27 陳思和, 『中国当代文学史』, 復旦大学出版社, 1999; 천쓰허, 노정은 · 박난영 역, 『중국당대문학사』, 문학동네, 2008, 108쪽.

28 陳思和, 앞의 책, p.109.

조하는 현상은 중국의 한국문학사 저술에도 드러나는데, 대표적인 논저가 허쩐후아의 『조선현대문학사』이다. 허쩐후아의 『조선현대문학사』는 1900년부터 1967년 5월까지의 시기를 문학사 기술 대상으로 하며 기본적으로 북한문학사의 미학원리 및 시기구분, 서술방법을 바탕으로 하고 있다.[29] 이 중 한국전쟁문학을 다루고 있는 부분은 '2부 제5장 1950년 6월~1953년 7월의 문학—조국해방전쟁시기의 문학'이며, 세부목차는 '제1절 역사적 배경과 문학개황 / 제2절 소설 / 제3절 시가 / 제4절 연극과 영화'로 기본적인 시대배경과 장르별 소개로 이루어져 있다. 이 글에서는 먼저 『조선현대문학사』 5장의 기술양상을 간략히 정리, 소개함으로써 한국전쟁 및 북한문학을 바라보는 허쩐후아의 문학사적 인식과 기술의 특징을 살펴본 후, 본 문학사가 기존의 북한문학사와 변별되는 지점을 분석함으로써 중국 저술 한국문학사에 내포된 교섭과 충돌, 변용과 확장의 지점들을 추출해보고자 한다.

먼저 『조선현대문학사』 5장의 목차별 기술양상을 살펴보면 다음과 같다. '제1절 역사적 배경과 문학개황'에서는 '조국해방전쟁'의 발발과 전개과정을 소개하면서 중국의 '항미원조, 보가위국'의 기치를 전면에 내세운다.

> 중국 각 사회단체들은 공동선언을 발표하고, "항미원조, 보가위국"의 깃발을 높이 들어올렸다. 중국 인민의 우수한 자녀들을 중국인민지원군으로 구성하여 참전하였다. (…중략…) 마침내 전쟁은 1953년 7월 27일에 중조 인민의 위대한 승리로 끝났다. 이로 인해 중조 양국 인민 사이에는 피로 응결

29 허쩐후아, 『조선현대문학사』의 전체 목차 및 서술양상은 이선이, 앞의 글 참조.

된 전투 우정이 진일보 발전하게 되었고 중조인민의 항미투쟁 과정 속에 두 나라 인민들의 집단영웅주의와 국제주의(세계주의) 정신을 드러냈다.[30]

이는 '조국해방전쟁'에 나타난 '항미원조'의 측면과 중국인민지원군의 역할을 강조하고 '중조인민'의 연대감과 친밀성을 표면화함으로써 중국독자들에게 북한문학사에 대한 관심과 접근성을 증폭시키려는 저자의 의도가 드러나는 대목이다. 이러한 중국과의 국제친선을 강조한 후 저자는 당시 문예운동의 방향성에 기대어 임화, 이태준, 김남천을 대상으로 한 반종파투쟁 및 부르주아 반동문학에 대한 숙청과정을 상세히 기술함으로써 전시문학예술의 전투성과 혁명성을 강조한다.

각 장르별로 주요 작품을 선별적으로 제시하고 있는 제2, 3, 4절에서는 세부 주제별로 작품을 분류하여 간략히 분석하고 있다. '제2절 소설'에서는 ① 조선인민군관병들의 용감한 투쟁과 숭고한 혁명정신을 주제로 한 소설(황건 「불타는 섬」, 「행복」, 천세봉 「고향의 아들」, 이운봉 「충성」 등) ② 후방기지와 적의 점령구에서의 조선인민의 영웅적인 투쟁을 주제로 한 소설(류근순 「회신 속에서」, 리종민 「궤도 위에서」, 변희근 「첫눈」, 천세봉 「싸우는 마을 사람들」 등)을 분석하고 있다. '제3절 시가'에서는 ① 조선인민군 전사들의 불굴의 투쟁을 노래한 시편(안룡만 「나의 따발총」, 김조규 「이 사람들 속에서」, 김북원 「낙동강」, 김학연 「독로강 기슭」, 조기천 「나의 고지」, 박세영 「나팔수」 등) ② 후방과 적의 점령구에서의 인민의 영웅 투쟁을 노래한 시편(김북원 「디수확농민」, 조기천 「불타는 거리에서」, 「조선은 싸운다」, 김순석 「어랑천」, 정문향 「다시 한번 그는 바라보았나」 등) ③ 미제의 야만적인 폭행과 죄행을 폭로하고

30 何镇华, 『朝鲜现代文学史』, p.170. 원서의 중국어 번역은 경희대 고유림 선생의 도움을 받았으며 필자가 부분적으로 윤문, 가필하였다.

규탄하는 시편(조기천 「불타는 거리에서」, 백인준 「얼굴을 붉히라! 아메리카여!」, 「소박한 사람들의 목소리」 등)을 분석하고 있다. '제4절 연극과 영화'에서는 ① 조선인민군의 혁명영웅주의 정신을 반영한 연극(한태천 「명령은 하나밖에 받지 않았다」, 박영호 「푸른 신호」, 리지용 「고지의 별들」, 한성 「바다가 보인다」, 한상운 「또다시 전선으로」, 「정찰병」(영화대본) 등) ② 후방과 적의 점령구 조선인민의 용맹스러운 투쟁을 반영한 연극(한봉식 「탄광사람들」 등) ③ 미제 침략과 야만적 범죄행위를 비난한 연극(송영 「강화도」, 허춘 「수원회담」, 남궁만 「싸우는 노동자들」 등)을 분석하고 있다.

『조선현대문학사』 5장에서 특기할 것은 '제4절 연극과 영화' 뒷부분에 중국의 '항미원조'와 국제친선 및 중국인민지원군의 문학적 형상화를 다룬 작품들을 비중 있게 소개하고 있다는 점이다. 따로 목차의 항목을 제시하고 있지는 않지만 시, 소설, 연극·영화를 다룬 각 절만큼의 분량을 할애하여 상세하게 그 내용과 의의를 분석하고 있다. 먼저 저자는 중국혁명을 위해 많은 피를 흘리고 아낌없는 원조와 투쟁을 통해 국제주의적 의무를 적극적으로 수행한 '조선동지', '조선혁명지사'의 공훈을 치하하는 마오쩌둥毛澤東, 주더朱德의 발언을 소개한 후, 뒤이어 "중국인민지원군이 조선전쟁에서 세운 위대한 공적은 조선의 산하와 영원히 공존하며 전 세계 인민의 해방투쟁사에 영원히 빛날 것이다"[31]라는 김일성의 연설내용을 덧붙임으로써, 중국혁명과 북한의 '조국해방전쟁'은 연속된 혁명적 과업이라는 인식, 조중 간의 전투적 우의와 '혈맹' 관계를 바탕으로 한 국제친선의 중요성, '항미원조전쟁'의 정당성과 의의에 대해서 강조하고 있다.

---

31 위의 책, p.194.

그리고 1951년 6월 "우리의 문학예술은 우리들의 신성한 전쟁 중에 우리들과 함께 어깨를 나란히 하여 교전했던 중국인민지원군의 형상을 아직 잘 표현하지 못한다"[32]는 김일성의 발언을 제시하면서 이후 한국전쟁기 북한문학 안에서 활성화된 중국인민지원군의 혁명적 형상을 다룬 작품들을 자세히 소개한다. 조선인민들의 행복한 삶을 함께 지켜나가기 위해 투쟁하는 중국인민지원군의 풍모를 다룬 민병균의 「과수원에서」, 전선에서의 숭고한 자기희생정신을 보여준 혁명영웅 '구소운'을 형상화한 박산운의 「불멸」[33]과 이찬의 「영원한 청춘」, 이봉재의 「붉은 꽃」, 중국인민지원군과 조선인민군의 연합작전을 주제로 한 조령출의 단막극 「전우」, 이정하의 「승리의 기쁨」, '중조양국의 유구한 우의전통'을 반영한 윤시철의 「나의 옛 친우」, 이영구의 「왕할머니」, 조선인민의 석별의 정을 표현한 조벽암의 「석별의 정」, 신상호의 「형제」 등의 다양한 작품을 발굴, 소개하며 '항미원조전쟁'에서의 중국인민지원군의 위상과 조중의 국제주의적 우의를 강조한다.

이상의 『조선현대문학사』 5장에 나타난 허쩐후아의 한국전쟁 및 한국전쟁문학 인식과 기술양상을 기존 북한문학사와 비교해보면 그 특징적인 면모가 몇 가지 드러난다. 첫째, 각 장르 내 세부적인 주제 분류에 있어서 『조선현대문학사』와 북한문학사가 유사한 형태를 보인다. 즉 『조선현대문학사』에서 각 장르의 작품들은 '① 조선인민군 전사의 불굴의 투쟁 ② 후방인민들의 영웅적 투쟁 ③ 미제의 야만적 침략과 범죄

32 위의 책, p.194.

33 중국의 '항미원조문학' 중 파금의 『황문원 동지』는 중국인민지원군인 구소운의 영웅적 행보를 그리고 있는바(이영구, 「파금(巴金)과 한국전쟁문학」, 『외국문학연구』 25, 한국외대 외국문학연구소, 2007, 187~189쪽) 이후 국제주의적 친선을 다룬 북한의 전쟁문학과 중국의 항미원조문학을 상세히 비교연구하는 작업도 필요할 것이다.

의 폭로'라는 세 주제의식 아래 배열, 분석되는데, 이는 『조선문학통사』(하)와 『조선문학사』(11)에도 공통적으로 보이는 주제 분류이다. 전 국토가 전장이 된 상황에서 군민이 협력하여 '조국해방전쟁'을 승리로 이끈다는 애국주의와 혁명적 영웅주의, 그리고 반미 / 항미의식을 중심으로 적국에 대한 적개심과 투쟁심을 고취시킴으로써 '조국해방전쟁'의 정당성을 역설하는 문학사적 인식이 반영되어 있는 것이다. 이러한 영웅주의 서사, 미국에 대한 이데올로기적 인식은 '항미원조문학'에도 일정한 패턴으로 재생산되고 있으며,[34] 따라서 『조선현대문학사』의 한국전쟁문학 기술은 북한과 중국의 전쟁문학서사의 기본 인식틀 안에서 운용되고 있다고 볼 수 있다.

둘째, '조중우의'를 중심으로 한 국제친선 주제의 경중이다. 앞서 살펴본 바와 같이 『조선현대문학사』에서는 중국과 북한의 혈맹관계를 강조하면서 북한문학 안에서 창작된 중국인민지원군의 형상을 발굴, 분석하는 등 한국전쟁 시기 중국의 역할과 '항미원조' 양상을 적극적으로 문학사 안에 편입시키고 있다. 이러한 국제친선 주제는 북한문학사 안에서는 편차를 보이며 상이하게 나타난다. 먼저 『조선문학통사』(하)에서는 이러한 국제친선 주제의 작품을 각 장르별로 일정하게 제시하고 있다. 소설에서는 '국제주의에 바친 쩨마의 작품들'에서 윤시철의 「나의 옛 친우」를 분석하며 조중인민의 혈연적인 관계와 중국인민지원군의 영웅적 투쟁이 국제주의의 모범이 됨을 역설한다. 시문학에서도 '국제친선의 쩨마', '조중친선의 쩨마'를 강조하며 조벽암의 「영원한 형제」, 민병균의 「과수원에서」, 종합시집 『전우의 노래』를 제시한다. 더

34 우림걸・왕보하, 앞의 글 참조.

불어 시문학에서는 "이와 함께 위대한 쏘련을 비롯하여 기타 각 인민민주주의국가 인민과의 국제주의적 친선 단결에 바친 많은 시들이 창조되였다. 종합시집 『한 태양 아래서』는 이와 같은 시들을 묶은 것이다"[35]라고 언급하면서 국제친선 주제가 여타의 동맹국가들과도 관련되어 있음을 보여주고 있다. 극문학에서의 '국제주의 쩨마' 역시 조중친선을 중심으로 조령출의 「전우」, 남궁만의 「은시계」를 소개하고 있다. 한국전쟁의 여파가 여전히 남아있고 주체사상을 기반으로 한 유일사상체제가 완전히 확립되지 않은 1959년에 저술된 『조선문학통사』(하)에서는 중국의 '항미원조'의 역할과 국제주의적 친선 주제가 문학사의 중요한 요건으로서 제시되고 있음을 알 수 있다. 반면 『조선문학사』(11)에서는 제3장 산문문학 제1절의 인민군용사들의 생활과 투쟁을 반영한 소설의 한 예로서 중국인민과의 국제주의적 전우애를 주제로 한 윤시철의 「나의 옛 친우」, 리윤영의 「전우」, 박태민의 「돌아온 전우」를 제시하는데, 내용 분석이 이루어진 리윤영의 「전우」의 경우, 부상을 입은 중국인민지원군 전사를 구하고 전사하는 인민군전사의 숭고한 전우애에 초점을 맞춤으로써 북한인민군의 영웅적 풍모를 부각하는 하나의 예시로서 국제친선이 간략하게 언급되고 있다. 이미 김일성유일사상체제가 확립, 심화된 시기에 집필된 『조선문학사』(11)의 경우, 중국인민지원군의 위상과 국제주의적 면모는 문학사 안에서 거의 배제되어 있다고 할 수 있다.

마지막으로 현재 북한의 통치이념인 주체사상과 김일성 우상화에 대한 서사의 거리감각을 살펴볼 수 있다. 1967년 김일성 유일체제가 확

35 과학원 언어문학연구소 문학연구실 편, 앞의 책, 285쪽.

립되고 주체사상이 통치담론으로 구체화되면서 북한문학사는 각 시기마다 김일성의 문예지침을 제시하고 수령 찬양의 송가와 김일성 일가의 작품들을 앞세우는 형태로 재편된다. 일례로 『조선문학사』(11)의 '제2장 시문학'에서는 김정일의 가사인 「조국의 품」, 「축복의 노래」와 김일성에 대한 송가, 조기천, 김람인의 시편이 제시된 후 5절에서야 조선인민군과 후방인민들의 영웅적 투쟁이 소개된다.[36] 『조선문학통사』(하)에서도 김일성 원수의 지침을 제시하긴 하지만 기본적으로 맑스-레닌주의 미학과 당적 지도의 원칙에 기반한 사회주의적 사실주의와 프롤레타리아국제주의를 모토로 하고 있다는 점에서 유일체제 성립 이후의 문학사 기술방식 및 관점과는 상이하다. 김일성에 대한 테마나 송가가 부분적으로 제시되기도 하지만 이는 각 장르의 소주제의 하나로 간략히 언급되는 정도이다. 이처럼 북한사회의 김일성 우상화와 맞물린 문학사 서술의 변화양상에 비추어볼 때 『조선현대문학사』의 문학사 기술의 방향은 명확하다. 이는 저자가 북한 현대문학사의 서술시기를 1900년에서 1967년까지로 설정함으로써, 김일성과 그의 가계를 둘러싼 항일혁명서사를 구심점으로 주체문학으로 재편되어 가는 북한의 공식적 입장과 분명한 거리를 유지하면서 북한문학사의 흐름을 비교적 객관적으로 포착하고자 하는 의도[37]와도 상통하는 것으로, '조국해방

36 제2장 시문학의 세부목차는 다음과 같다. "제1절 불후의 고전적명작 『조국의 품』과 『축복의 노래』 / 제2절 백전백승의 강철의 령장이신 위대한 수령 김일성동지에 대한 충성의 송가 / 제3절 시인 조기천의 창작과 그 특성 / 제4절 '종군작가의 전형'인 시인 김람인의 창작과 서사시 『강철청년부대』 / 제5절 전선과 후방에서 높이 발휘된 대중적 영웅주의에 대한 시적형상 / 제6절 인민군전투원들의 심장의 노래 / 제7절 미제의 침략적 본성에 대한 준렬한 단죄와 규탄의 시형상 / 제8절 전투적이며 랑만적인 노래-전시가요"

37 이선이, 앞의 글, 122쪽.

전쟁시기의 문학'의 기술양상에 있어서 김일성의 존재는 거의 소거되어 있다. 김일성이 실명으로 제시되는 부분은 제3절 시가에서 다채로운 시적 주제의 하나로 '김일성동지를 찬송하는 송가'가 있다는 언급 정도이며 이에 대한 구체적인 예시는 없다. 그밖에는 앞서 언급한 중국인민지원군의 형상화에 대한 담화 정도를 제시할 수 있다.

이와 같이 허쩐후아의 『조선현대문학사』는 기본적으로 북한문학사의 시기구분과 주제 분류에 바탕을 두고 있지만, 주체사상에 기반한 유일사상체제와는 일정한 거리를 두면서 '중조우의'를 내세운 국제주의적 친선과 '항미원조전쟁'으로서의 한국전쟁의 위상, 인민대중의 혁명적 영웅주의와 애국주의를 강조하는 입장을 취하면서 한국전쟁문학의 사적 기술을 행하고 있다. 한국전쟁에 접근하는 북한문학사의 기본인식을 수렴하면서도 중국과 북한의 정치적 결속 및 역사적 상관성, 한국전쟁에서의 중국의 역할을 의식적으로 강조함으로써, 북한문학사를 중국인민의 입장에서 조망하고 그 근접성과 교차점을 모색하려는 노력이 뚜렷이 표출된 문학사로, 한국전쟁에 대한 중국의 기본인식을 충실히 반영한 한국문학사라 할 수 있다.

3. 일본의 한국전쟁 인식과 사에구사 도시카쓰, 『한국문학을 맛보다』의 한국전쟁문학 기술양상

중국에게 한국전쟁이 '항미원조, 보가위국'의 기치를 높이 든 중국혁명의 귀결점이었다면, 일본에게 한국전쟁은 무의식적으로 소거된 국가회생 프로젝트였다. '조선특수朝鮮特需, 후방기지後方基地'로 요약되는 한국전쟁 시기 일본의 위상은 한반도와 동북아시아를 둘러싼 냉전질서의 분할과 확정이라는 세계사적 조류의 비가시적 협력자로서 규정된다. 1945년 패전 이후 1952년 샌프란시스코강화조약이 발효되기까지 GHQ(연합군총사령부)의 점령 아래 놓여 있었던 일본은 1948년부터 1950년까지 흔히 '역코스'로 불리는 미국의 대일점령정책 전환기[38]에 이르러 '평화헌법'과 '재군비'가 암묵적으로 공존하는 모순의 시대를 살게 되며, 이는 '한국전쟁'으로 촉발된 전후 경제회복과 미일안보조약을 통한 군사적 협력체제로 이어진다.

한국전쟁기 동북아시아에서 일본의 지정학적 위치는 미국의 '기지국가'였다. 남기정에 의하면, '기지국가'란 국방의 병력으로서 군대를 보유하지 않고 동맹국의 안보 요충에서 기지의 역할을 다함으로써 집단안전보장의 의무를 이행하고 이로써 안정보장의 문제를 해결하는 국가를 말한다. 여기서 '국방의 병력' 즉 국방군을 보유하지 않는 것은 일본의 전후 국가가 평화헌법이 규정한 제약하에 놓여 있다는 것을 의미하며, '동맹국의 안전요충에서 기지의 역할을 다 한다'는 것은 미일안보조약

38 서동주, 「'새로운 전쟁'과 일본 전후문학의 사상공간」, 『동방학지』 157, 연세대 국학연구원, 2012, 5쪽.

의 의무에 충실하다는 것을 의미한다.[39] 주일미군 기지에는 한국전쟁의 전 기간을 통해 첫째, 출격기점으로서의 전진기지, 둘째, 물자 및 병사 수송을 위한 중계기지, 셋째, 수리 및 조달을 위한 보급기지, 넷째, 훈련과 휴양을 위한 후방기지로서의 역할이 주어졌으며, 총체적으로 전 국토가 그대로 '전투기지'가 되었다.[40] 이처럼 전선에서의 직접적인 참전행위는 없었으나 미국의 후방기지 역할을 수임함으로써 이미 전쟁에 '보이지 않는 당사자'로서 '개입'[41]하고 있었던 일본은 '생산기지'로서의 역할을 병행함으로써 '조선특수'를 통한 전후 경제부흥의 일대 전환기를 맞게 된다. 한국전쟁의 발발은 불황에 허덕이던 일본의 산업계에 '특별수요'라는 새로운 시장과 세계적인 비축물자 매입에 힘입은 수출시장 확대를 가져다주었으며, 무기산업의 부활과 이를 매개로 한 미일간의 경제협력 관계 강화[42]를 통한 국가 재건의 기회를 제공했다.

그러나 이렇듯 명약관화한 일본의 한국전쟁 관여와 영향관계는 전후 평화주의라는 이념적 노선에 의해 일본국민의 의식 차원에서 은폐, 소거된다. 일본의 패전 이후 이루어진 평화헌법의 제정과 평화국가 건설의 모토는 한반도의 '전쟁'을 일본의 '평화'와 대치시키는 대립구도를 형성하면서, 진행 중인 전쟁의 현실을 담론 차원에서 삭제하여 그 결과 한반도와 한반도에 대한 인식이 소거되어 공백으로 처리[43]되는 현상을 주조했다. 즉 '미국의 기지가 되어 버린 국가'라는 '불쾌한 현실'을 덮어씌우기 위한 하나의 방편으로서 전경화된 '평화국가'의 이미지는 민

39 남기정, 『기지국가의 탄생 — 일본이 치른 한국전쟁』, 서울대 출판문화원, 2016, 12~13쪽.
40 위의 책, 427~428쪽.
41 서동주, 앞의 글, 29쪽.
42 남기정, 앞의 책, 430쪽.
43 장세진, 「트랜스내셔널리즘, (불)가능 그리고 재일조선인이라는 예외상태—재일조선인의 한국전쟁 관련 텍스트를 중심으로」, 『동방학지』 157, 연세대 국학연구원, 2012, 40쪽.

주적 국가건설의 통치이념이 아닌, 내셔널 아이덴티티를 표현하는 체제 이데올로기로 바뀌어 '현실을 덮어씌워 감추는 이념'으로 기능하고 만 것이다.[44] 이러한 망각과 분리로서의 한국전쟁에 대한 일본사회의 인식은 전후의 정치지형도와 지식인의 담론 속에서 정교하게 다듬어져 왔으며,[45] '한국전쟁'이 일본국민의 무의식의 차원으로 배제되는 결과를 낳았다. 주지하듯이 한국전쟁의 기원이 한반도를 둘러싼 미소의 대립과 분할통치로 격화된 한반도 내부의 정치경제적 갈등구조, 즉 일제 식민통치기간 동안 한국에 부과된 외부세력과 그것이 전후의 한국에 남긴 독특한 자취[46]로부터 비롯되었다고 할 때 일본의 이러한 방관자적 자세와 왜곡된 전쟁-평화 인식은 한국전쟁을 사유하는 데 있어 깊이 있게 재검토되어야 할 사안이라 할 것이다.

한국전쟁을 둘러싼 이와 같은 일련의 인식 형성 과정은 문학장 안에서도 예외는 아니었다. 남상욱은 '한국전쟁'을 쓴다는 행위는 전후 일본 사회 속에서 내셔널 아이덴티티의 한 축을 이룸과 동시에 '이웃'으로서의 한국을 소거시키는 과정[47]이었다고 언급하면서, 홋타 요시에의 「광장의 고독」 등에 나타난 '이웃-한국인'에 대한 감정이입의 결여와 전이된 피해의식, 그리고 소극적 평화주의를 비판적으로 검토하고 있다. 이들의 문학행위는 '이웃의 괴로움을 통하여 이익을 얻은 것'[48]에 대한 자기반성적 부채의식(와다 하루키)과 대비되는 일본문학자 및 지식인의 윤리적 한계라는 것이다. 이와 같이 일본에게 있어서 한국전쟁은

44 남기정, 앞의 책, 5~8쪽 참조.

45 관련 논의는 위의 책; 서동주, 앞의 글 등 참조.

46 브루스 커밍스, 김자동 역, 『한국전쟁의 기원』, 일월서각, 1986, 13쪽.

47 남상욱, 「전후 일본문학 속의 '한국전쟁'-한국전쟁과 전후 일본의 내셔널 아이덴티티」, 『비교한국학』 23-1, 국제비교한국학회, 2015, 12쪽.

48 와다 하루키, 서동만 역, 앞의 책, 17쪽.

패전 이후 단기간의 경제부흥과 평화국가의 이미지를 동시에 살려내는 데 디딤돌 역할을 했던 동시대의 역사적 사건이면서도 그 의미망은 애써 외면해온 이중 체험의 현장이었다.

한국전쟁에 대한 이러한 일본사회의 양가적 태도에 주목하면서 사에구사 도시카쓰의 『한국문학을 맛보다』에 나타난 한국전쟁문학 기술양상을 살펴보고자 한다. 『한국문학을 맛보다』[49]에서 한국전쟁문학을 다루고 있는 부분은 '제9장 1950년대부터 1970년대의 문학' 중 '시대 개관'과 '전쟁문학', '1950년대 문학'이며, 세부목차는 '① 심화된 한국(조선)전쟁의 상흔과 금기(터부)의 성립 ② 전쟁문학–묘사방법에서 부상되는 남북의 차이 : 박봉우와 임화의 시 / 염상섭과 한설야의 '전쟁소설' ③ 1950년대의 문학–실의와 폐색감閉塞感을 반영한 소설군 : 손창섭 / 이범선 / 김성한'이다. 한 장 안에 1950년대에서 70년대까지를 다루고 있는 만큼 전쟁문학과 1950년대 전후문학을 다룬 부분은 상당히 소략하다. '전쟁문학'의 경우 남한과 북한의 시인, 작가들을 한 명씩 대비하여 분석한 점이 흥미로우며, '1950년대 문학'에서는 대표적인 전후작가의 몇몇 작품을 중심으로 논의를 전개하고 있다. 『한국문학을 맛보다』의 '전쟁문학'과 '1950년대 문학'의 기술양상을 살펴보면 다음과 같다.

먼저 '전쟁문학–묘사방법에서 부상되는 남북의 차이'에서는 박봉우와 임화의 시, 염상섭과 한설야의 소설을 비교·대조하고 있다. 이때의 '묘사방법'이라는 것은 작가의 미학적 창작방법론을 지칭한다기보다는 한국전쟁을 대하는 윤리적 태도와 표출양상을 언급하는 것으로 보인다. 먼저 저자는 박봉우[50]의 「휴전선」(1956)과 「철조망」[51](1955)을 소개

49 사에구사 도시카쓰의 『한국문학을 맛보다』의 전체 목차 및 서술양상은 윤송아, 앞의 글 참조.

하면서 "이 「휴전선」은 매우 추상적이고 기교적인 시입니다. (…중략…) 이전에 소개한 모더니즘 시인, 이상의 스타일과 유사한 점이 있습니다. 즉 박봉우는 전후 모더니즘 시인입니다. 모더니즘 시인이 모더니즘 시를 쓴다는 것은 그것으로 상관없지만 한국전쟁의 현실, 또는 전쟁의 분위기라는 것을 잘 나타내고 있는가 어떤가 하면, 그러기에는 뭔가 거리가 있다는 느낌이 듭니다"[52]라고 언급하고 있다. 권영민[53]은 전후시의 몇 가지 경향을 제시하면서 서정주, 유치환, 박두진, 박목월, 박재삼 등 서정성의 전통을 이어간 시인군과 '후반기' 동인, 김현승, 구상, 김춘수 등 새로운 언어와 시적 인식의 확대를 추구한 시인군으로 대별하여 전후의 시적 현실을 고찰하고 있다. 여기에서 박봉우는 전후에 새롭게 등장한 신인세대로서 "전쟁과 휴전이라는 어두운 현실의 상황을 격렬한 언어와 역동적인 리듬을 통하여 기술하고 있으며, 전후 시단에서 자신의 현실적인 위치와 상황적 의미에 집중적인 관심을 보인 대표적 시인"[54]으로 평가되고 있다. 사에구사가 언급한 30년대의 모더니즘을 계승한 시인은 '후반기' 동인들로 박봉우의 시세계와는 다소 거리가 있으며, '후반기' 동인의 모더니즘 운동 또한 전후의 파편화된 현실을 실험적 언어로 형상화한다는 의의를 내포하고 있다. 따라서 왜 전쟁문학의 범주에 박봉우를 포함시키면서 모더니즘적인 측면을 비판하

50 사에구사는 박봉우를 언급하며 "한국 전쟁 시에는 박봉우뿐만 아니라 대부분의 시인이 종군기자로서 전장에 보내졌습니다"(『한국문학을 맛보다』, 119쪽)라고 언급하고 있는데, 박봉우는 1934년생으로 1956년 「휴전선」으로 등단했다. 따라서 박봉우가 종군작가로 참전했다는 문장은 이치에 맞지 않는다.

51 「나비와 철조망」의 오류로 보인다.

52 三枝寿勝, 앞의 책, p.119. 이하 인용문 필자 번역.

53 권영민, 『한국현대문학사』(2), 민음사, 2002.

54 위의 책, 182쪽.

는가 하는 점은 추측건대, 박봉우를 종군작가로 잘못 인식하면서, 전쟁에 직접 참가한 시인이 전장의 참상이나 휴머니즘적인 고뇌를 직접적으로 표출하지 않고 모더니즘적인 기법으로 에둘러 표상하고 있는가 하는 데 대한 암묵적인 아쉬움과 비판을 제기하고 있는 것으로 보인다. 이는 북한의 시인으로 임화를 소개하면서 남북을 둘러싼 정치적 파고와 이데올로기적 갈등 아래 인간적인 고뇌와 아이러니한 현실에 직면했던 임화를 대조적으로 부각시킨 기술양상과 은연중 연결된다.

사에구사는 한국전쟁기에 씌어진 임화의 「너는 어디에 있느냐」라는 시를 소개한다. 이 시는 임화가 1950년 9월 미군의 반격으로 북한군과 함께 평양으로 퇴각할 때 남쪽에 두고 온 딸을 생각하며 쓴 시이다. 임화는 이 시로 인해 부르주아 반동작가라는 비판을 받고 1953년 반종파투쟁 시 숙청된다. 사에구사는 임화가 「너는 어디에 있느냐」라는 서정적인 기법의 시를 쓸 만큼 휴머니즘적인 정서와 전쟁의 비극적 참상에 대한 고뇌가 있었음에도 불구하고 이러한 '나약한 감상'이 '조국해방전쟁'이라는 사회주의혁명 과업에 적합하지 않음을 인정하고 자신에게 주어진 단죄를 스스로의 책임으로 받아들이고 있음을 언급하면서,[55] 개인의 내면적 정서와 이념적 당위의 복잡한 길항관계, 정치에 종속된 문학의 위치, 개인의 신념과 집단의 평가 등 임화를 둘러싼 제반 시대적 맥락에 대한 고민을 토로한다.

앞서의 남한의 박봉우 시의 작법에 비하면 임화의 시는 확실히 다릅니다. 임화 쪽은 자신의 사명에 몰두했다는 것을 알 수 있을 것 같은 생각이

55 三枝寿勝, 앞의 책, p.120 참조.

듭니다. 역시 임화는 자기편 쪽을, 그리고 그 자신의 견해를 그 자신 역시 진심으로 믿고 있었던 것은 아닐까 하는 느낌도 듭니다. 이 시 가운데 "우리의 수령"이나 "원수들"이라는 표현은 매우 들떠 있는데, 전쟁 속에서 자신의 딸을 생각하며 아버지로서 여기에서 노래할 수 있었던 것은 그가 자신이 싸우고 있는 것을 믿고 있었다는 것의 표현이 아닌가 싶습니다. 그래서 그가 믿었던 것이 헛된 것이었다는 것을 생각하면 매우 복잡한 기분이 드는 것이라고 생각됩니다.[56]

위의 예문에는 사에구사의 '친일문학' 연구에서도 익히 보아왔던 그의 문학사적 인식태도가 드러난다. 즉 "사에구사 도시카쓰는 문학 행위와 모랄의 관계에 중점을 두고 작가의식의 내면 속으로 깊이 파고 들어가는 연구 스타일을 갖고 있다. 해석의 정밀성과 상상력의 깊이, 인간 심리와 행동의 아이러닉한 면모에 대한 심리적 통찰 등이 그의 연구가 갖고 있는 강점"[57]이라는 평가에서도 알 수 있듯이 사에구사는 한 개인이 당대의 정치, 국가, 민족, 이데올로기 등 사회적 환경과 맞닥뜨리며 겪게 되는 내면의 윤리적 고뇌, 이론과 실천, 행위와 심리 간의 낙차와 굴절, 결락의 지점들을 예리하게 포착하고 있으며, 이를 박봉우와 임화의 내면의식에 대입하여 평가하고 있는 것이다. 즉 개인에 대한 공식적 평가와는 별개로, 개인을 둘러싼 모순된 세계와 얼마나 진지하고 철저하게 대면하고 이를 문학적으로 형상화하는가 하는 문학자의 윤리적 태도가, 사에구사가 문학을 연구, 평가하는 하나의 기준이 되고 있다고 할 수 있다.[58]

---

56 위의 책, p.120.

57 설성경 외, 『세계 속의 한국문학—통일 한국문학의 진로와 세계화 방안』, 새미, 2002, 346쪽.

58 그러나 앞서 지적한 대로 본 문학사에서는 박봉우 등 각 문학자에 대한 면밀한 조사와

이는 남북의 전쟁소설을 비교하는 대목에서도 드러난다. 사에구사는 한국전쟁 시기에 쓰인 염상섭의 『취우』와 한설야의 『대동강』을 비교하면서, 『취우』를 비판적으로 평가한다. 즉 "앞서의 박봉우 시와 같이 전쟁에 대해서는 거리감이 느껴집니다. 염상섭은 정치 등을 묘사하지 않고 한국전쟁 중에도 여전히 연애를 하거나, 주색잡기를 하거나 부정부패가 있거나 하는 느낌을 묘사하고 있습니다. 이 점에서는 대단한 것일지도 모르지만 전쟁 자체와는 매우 동떨어져 있습니다"[59]라고 평가하면서 이와 대조적인 작품으로, 평양이 3개월간 한국과 미국 군대에 점령되었을 때 평양의 인쇄공장을 중심으로 벌어진 후방인민들의 투쟁을 그린 『대동강』을 제시하고 있다. 염상섭의 『취우』와 한설야의 『대동강』은 남북을 대표하는 두 작가의 전쟁기 작품이면서 그 배경의 유사성(북한의 서울 점령 시기와 남한, 미군의 평양 점령 시기) 등으로 인해 남한에서도 비교 연구한 성과들[60]이 있는바, 비교연구의 타당성은 있으나 그 해석에 있어서는 상이성을 보인다. 이와 같이 남북의 전쟁문학을 비교하면서 사에구사는 한국전쟁을 대하는 두 개의 태도 — 묘사방법으로서 남한의 방관자적 태도와 북한의 신념적 태도를 비교하고 있는데, 이에 대해 저자는 다음과 같이 정리하고 있다.

> 이렇게 보면 앞의 시의 경우도 동일하지만 남한의 문학자들에게 있어서는 전쟁이라는 것이 남의 일같이 보이는지 어떤지 하는 것에 신경이 쓰

연구가 본격적으로 행해지고 있지는 않으므로 저자의 평가에 대한 판단은 잠시 유보하기로 한다.

59 三枝寿勝, 앞의 책, p.121.

60 김윤식, 「우리근대문학사의 연속성에 대하여 — 『취우』와 『대동강』을 중심으로」, 『한국현대문학연구』 1, 한국현대문학회, 1999; 신새용, 「염상섭과 한설야 — 식민지와 분단을 거부한 남북의 문학적 상상력」, 『역사비평』 82, 역사문제연구소, 2008 참조.

> 입니다. 북한 사람에게 있어서는 절실한 것으로서 묘사하지 않으면 안 되었던 것인지, 이 반응을 잘 이해할 수 없습니다. 적어도 임화의 앞의 시에서는 자신의 것으로서 믿고 있었던 것 같은 느낌이 들었습니다. 남한과 북한에서의 전쟁에 대한 느낌이 달랐다는 것은 있음직한 일입니다. 즉 남한 안에서 이승만 정권의 평판이 나빴기 때문에 비록 북한이 적이라 하더라도, 어쩌면 순조롭게 싸울 의욕이 끓어오르지 않았을 가능성이 있습니다. 이것은 현대에 와서 내가 이처럼 제멋대로 말해서는 안 될지도 모르지만 적어도 이 남북의 장편과 앞의 시의 이야기와는 잘 대응하고 있습니다.[61]

이광수, 김동인, 이태준, 이상, 정지용 등을 천착한 한국 근대문학 연구자로서 해방 이후의 문학사에 대한 통찰이 상대적으로 미약할 수는 있겠으나 위에서 보이는 사에구사의 한국전쟁에 대한 역사적 인식, 문학사적 접근에는 다소 소극적인 측면이 있다. 당시 한국전쟁에서 강제된 이념적 대립과 남북한 민중에 대한 무차별적인 학살, 폐허가 된 국토와 수많은 이산 난민의 양산은 전쟁에 대한 인식적 측면을 넘어서는 참혹한 비극의 현장이었다. 따라서 한국전쟁에 대한 심도 있는 성찰이 누락된 채 전쟁에 대한 각 문학자의 대응방식을 개인의 내면문제 혹은 문학적 표출양상으로만 환원하여 바라보려는 관점은 일견 한국전쟁이라는 '이웃'의 비극에서 한발 물러나 그 문학적 현상만을 피상적으로 관망하고 있다는 인상을 준다. 이는 사건에 대한 객관적 거리 감각이라기보다는 무의식적으로 한국전쟁이라는 주제를 정면대응하고 있지 않다는 혐의를 갖게 한다.

---

61 三枝寿勝, 앞의 책, p.121.

이러한 저자의 소극적 태도는 1950년대 전후 문학을 언급하는 대목에서도 드러난다. 사에구사는 손창섭, 이범선, 김성한 세 작가를 언급한다. 손창섭에 대해서는 전쟁의 흔적이 남은 황폐한 공간에서 암울하고 출구 없는 생활을 하는 인물들을 그린 「비오는 날」, 「혈서」, 「미해결의 장」 등을 간략히 제시하면서 「잉여인간」의 구성과 분위기가 이태준의 「복덕방」과 동일하므로 손창섭은 해방 이전의 문학을 접한 정통파 소설가라고 평가한다. 이범선의 경우는 「오발탄」을 소개하며 고향인 북으로 돌아가자는 어머니의 육성을 통해 절망적인 피난민 일가의 모습을 보여주고 있다고 언급하며, 김성한의 경우에는 「개구리」에 나타난 우화적인 작법의 참신성에 대해 언급하고 있다.

전쟁시기와 1950년대 문학에 대한 리뷰 형식의 간단한 문학사 기술이라는 한계도 있겠지만 그 접근방식이 한국전쟁을 겪은 내부자의 경험과 인식, 역사적 맥락을 괄호 친 채 그 문학적 현상만을 외부자적 시선으로 일별하고 있다는 점에서 '한국전쟁'과 연루된 저자 내부의 무의식적 근원을 천착해볼 수 있다. '친일문학자'라는 레테르에 갇혀 있던 여타 문학자들의 내면적 부침과 시대적 응전방식을 치밀하게 궁구했던 기존의 연구 작업들과 비교해 볼 때, 동족간의 참상이라는 비극적 사건 속에서 역사와 이데올로기의 파고에 휩쓸려온 한국전쟁기 작가들에 대해서는 기본적인 한국문학사 논의조차 참조하지 않은 혐의를 어떻게 판단해야 할 것인가라는 문제의식이 제기된다. 이러한 아마추어적 접근태도가 앞서 살펴본 일본사회 전반의 망각과 무관심의 시선에 맞닿아 있는지는 충분히 고려해볼 지점이며 결국 '외국문학으로서 한국문학을 연구한다'는 사에구사의 윤리적 연구태도에 한국문학사 각 쟁점에 대한 편차적 접근양상은 없는지도 성실하게 유추해볼 사

안이라 하겠다. 해방직후부터 한일회담이 진행되기까지 공식적인 한일 간의 동시대적 교류가 부재한 점을 감안한다 하더라도 김달수, 김석범 등의 재일조선인 작가에 의해서 해방공간이나 한국전쟁에 관한 당대의 천착들이 지속적으로 이어져왔다는 점을 상기할 때, 사에구사의 『한국문학을 맛보다』에 나타난 한국전쟁문학에 대한 기술이 앞서 언급한 일본의 여타의 문학행위와 연동하는 것은 아닌지 진지하게 숙고해봐야 할 것이다.

4. 화합과 평화의 이정표, 한국전쟁문학의 미래

남북한의 내전으로 촉발된 한국전쟁은 미국을 위시한 유엔연합군과 중국, 일본 등이 전면적으로 개입하는 가운데 국제전으로 비화되었으며, 동아시아 냉전질서의 공고한 대척점을 주조했다. 한국전쟁의 비극은 비단 1950년 당시 한반도의 국지적 정치 지형도를 반영하는 것이 아니라 일제강점기로부터 비롯된 한반도와 중국 등지의 항일혁명투쟁, 피식민 국가의 해방과 국가건설 과정, 미소의 이데올로기전, 일본의 패전과 부흥의 시나리오를 포함한 동아시아 및 세계정세를 아우르는 숨가쁜 변혁의 산물이었다. 남한과 북한은 분단된 국토와 전쟁의 폐허 속에서 70년 가까이 적대적 대치국면을 이어왔으며, 서로 이질적인 문화와 정치, 경제체제를 발전시키면서 한 민족, 두 국가 체제로 고착화되었다. 이처럼 한국전쟁은 한반도를 둘러싼 제 국가들의 다각적이고 중층적인 입장과 경험치들을 복합적으로 반영하면서 하나의 역동적 개념이자 맥락으로 작용해왔다. 이는 각국의 한국문학사 저술에도 일정한 영향을 미침으로써 한국전쟁의 역사적, 정치적 의미가 문학의 의미망을 증폭, 변용시키는 결과를 낳았다.

이 글에서는 중국에서 쓰인 한국문학사인 허쩐후아의 『조선현대문학사』와 일본에서 저술된 한국문학사인 사에구사 도시카쓰의 『한국문학을 맛보다』를 선별적으로 고찰함으로써 각국의 한국문학사에 나타난 한국전쟁문학의 기술양상과 인식태도를 검증하고자 하였다.

허쩐후아의 『조선현대문학사』에는 한국전쟁을 '항미원조전쟁'으로 명명하면서 중국의 사회주의혁명과 국가건설 과업의 연장선상에 위치시켰던 중국의 입장이 충실히 반영되어 있으며, 이는 기존의 한국(북한) 문학사를 재편, 확장하는 과정으로 표출된다. 즉 기존의 '민족해방전쟁'의 주제적 분류와 인식을 수용하되 국제주의적 친선과 '숭조우의'를 강조하고 새로운 '항미원조문학' 계열의 작품들을 발굴, 제시함으로써 중국인들에게 더욱 친밀하고 의미 있는 한국문학사 소개를 염두에 두었다고 할 수 있다. 또한 주체사상에 기반한 북한의 현 정치체제, 문학사 기술과 일정한 거리를 두면서 사회주의적 사실주의, 혁명적 애국주의를 강조함으로써 중국의 독자적이고 객관적인 시각을 담보하려는 입장도 살펴볼 수 있다.

사에구사의 『한국문학을 맛보다』에서는 타 목차의 창발적 주제 제시 및 작품분석에 비해 한국전쟁문학을 다룬 부분이 상당히 소략하고 모호하게 처리되어 있는 것을 볼 수 있다. 몇몇 분석 내용만을 토대로 문학사 저술에 나타난 저자의 의도나 내면의식의 면모, 문학사적 평가의 타당성을 파악하기는 어렵지만, 이 글에서는 한국전쟁을 바라보는 일본의 보편적 담론구조, 즉 '기지국가'라는 명백한 참전행위를 은폐하고 평화국가의 이미지로 한국전쟁 시기 일본의 위치성을 지워버리려는 암묵적 외면, 망각, 왜곡의 구조에 기대어 그 무의식적 층위들을 규명해 보고자 하였다. 사실상 일본에서의 한국문학 연구는 극소수의 특정 연구자들에 의해 명맥을 유지해 왔으며, 이 또한 근대문학에 국한, 집중된 경향이 있다. 따라서 비교적 최근의 1980년대 문학까지 사적으로 검토하고 있는 사에구사의 『한국문학을 맛보다』는 연구대상으로서의 타당성 검증 이전에 한국문학사 형태의 희귀한 저술이라는 기준이 강하게 작용했다. 한국에서의 일본문학 연구현황을 살펴볼 때 일본의 '이웃나라'에 대한 이런 무관심은 상당히 이례적인 것이며, 이 또한 한국전쟁에 내포된 망각과 무의식의 차원이 반영된 표징일 것이다.

2018년에 들어서 3차례에 걸쳐 이루어진 남북정상회담과 6월 북미정상회담은 한반도의 분단 극복과 세계평화 구축에 대한 새로운 상상력을 촉발하는 전면적인 입지점을 마련했다. 완전한 비핵화를 바탕으로 한 평화체제의 구축과 종전선언 등은 한반도의 비극이자 동서냉전의 교두보이며 동아시아의 해결되지 않은 식민 잔재들이 여전히 응축되어 있는 '한국전쟁'의 정치·역사적 의미망을 새롭게 재구성하는 데 일조할 것이다. 분단과 전쟁의 참혹함을 넘어 화합과 평화의 새 역사를 마련해가는 데 한국전쟁문학의 미래가 놓여있다. 그리고 그 미래는 지나온 과거의 역사적 과오와 반목을 진정성 있게 바로잡아나가는 지난한 과정을 동반해야 할 것이다. '분단문학'의 자장에 갇혀 자유롭지 못했던 남북한의 문학사 안에서, 한국전쟁에 깊이 개입해온 정황을 부각하거나 은폐해온 중국과 일본 또는 제 주변국가의 한국문학사 안에서 '한국전쟁'에 대한 인식태도, 그리고 한국전쟁문학의 기술양상과 접근

방식은 새롭게 변화해나갈 것이다. 그러한 역동적인 교섭과 변용, 문화 횡단적 실천의 과정들은 이후 한국문학사의 의미망을 한층 더 확장시켜나가는 데 중요한 좌표로 기능할 것이다.

제3부

중 · 일 동포문학사의 인식과 서술양상

중화민족 정체성의 재구성과 중국조선족문학사

윤해연

1. 중화민족 정체성의 재구성과 '조선족'의 탄생

'중국조선족문학사'는 일찍이 1950년대에 정치이데올로기의 영향하에 중국소수민족문학사의 한 부분으로 기획되었고 자료수집과 문학사 서술 등의 작업이 시작되었다. 당시 관련 작업을 주도했던 이는 연변대학교의 권철 교수이며 1990년에 『중국조선족문학사』 단행본을 간행하기에 이른다. 지금까지 최응구, 오상순, 장춘식, 전성호, 김호웅, 이광일 등 중국의 조선족 학자들은 약 10종의 문학사를 간행하였는데 거의 모두 광복 전에 중국에 이주한 한국 작가들의 작품들도 포함시키고 있다. 물론 윤윤진 교수 같은 경우는 조선족문학과 구분하여 "광복 전 문학을 조선인문학이라고 하는 것"[1]이 적절하다는 견해를 피력한 바 있지만 별로 호응을 얻지는 못하였다. 나아가서 한족 출신인 마쉐량馬學良 같은 『중국소수민족문학사中國少數民族文學史』의 저자들도 『중국조선족문학사』의 서술을 그대로 답습하고 있는바, 윤동주는 물론 『춘향전』 같은 한반도의 고전마저도 중국조선족문학사에 포함시키고 있다.

중국소수민족문학으로서의 조선족문학이 중국의 입장에서 근대 '네이션nation'적인 측면에 방점을 두고 이해되어 왔다면, 1992년 한·중 수교를 전후하여 지금에 이르기까지는 한국 학자들에 의해 새로운 의미를 부여받게 되었다. 즉 조선족문학은 '재만조선인문학', '재중조선인문학', '해외동포문학', '통일문학', '디아스포라문학' 등 많은 담론에 포괄되어 함께 논의되어 왔다. 이상의 담론들은 모두 한반도의 시각에서 '에스닉ethnic'한 면에 더욱 주목하고 있는 것이다. 이러한 연구들은 중국조선족문학을 인식하는 방법과 시각에 대한 다양한 논의를 심화시켜왔지만, 중국 내에서 후천적으로 형성된 '조선족문학'의 개념, 내포, 기원 등에 대한 검토와 고려가 덜 이루어진 것이 사실이다. 무엇보다 중화민족의 구성원으로서 재구성된 '조선족'의 정체성에 대한 냉철한 인식이 결여되어 있으며, 아울러 소수민족문학으로서의 '중국조선족문학사'에 대한 전반적인 맥락 검토와 거시적인 시각 또한 부족해 보인다. 따라서 여기에서는 '중국조선족문학사'의 정체성에 대한 종합적인 고려와 정명正名이 필요하다는 문제의식에서 출발하여 거시적이고도 역사적인 맥락을 짚어보고자 한다.

주지하다시피 '중화민족中華民族'은 고대로부터 전해진 고유어가 아니라 근대에 이르러 만들어진 것이다. 중국의 대표적인 여러 사전들을 검

1 윤윤진, 「중국조선인문학연구에서 제기되는 몇 가지 문제」, 『재중조선인문학연구』, 신성출판사, 2006, 9쪽.

색해 보면 이 점은 아주 자명한 것으로 드러나 있다. 중국 최초의 자전은 청나라 강희 49년(1710)부터 강희 55년(1716)에 걸쳐 편찬된 『강희자전康熙字典』이다. 이 자전에는 단순히 '중中'자에 대한 해설과 용례만 나와 있을 뿐, '중화'조차도 보이지 않는다.[2] 중국 근대 최초의 어문사전으로 알려진 『사원辭源』은 광서 34년(1908)에 편찬을 시작하여 1915년에 상무인서관(1897년 상하이에서 설립되어 가장 오랜 역사를 가진 중국 근대출판기관)에서 초판본이 간행되었다. 그 후 여러 세대에 보완과 수정을 거듭하였으며 1983년에 수정본이 간행되었다. 『사원』에는 '중화'라는 어휘만 수록되어 있으며 해석은 다음과 같다. "우리나라 고대 화하족華夏族은 황하 유역에서 흥기하였는데 사방의 가운데에 위치하였으며 문화가 발달하고 역사가 유구하므로 이 지역을 '중화'라고 하였다. 또한 '중원中原', '중국中國'이라 부르기도 하였다."[3] 『사원』은 이 해석의 근거로 『삼국지三國志』의 역사기록을 들고 있다.

한편 상무인서관과 경쟁 관계에 있던 중화서국(1912년 상하이에서 설립)은 기존의 핵심 업무였던 새로운 『중화교과서中華敎科書』 시리즈 출판을 초월할 필요가 있었다. 이에 중화서국의 설립자 루페이쿠이陸費逵는 1915년부터 자전과 어문사전 및 백과사전의 기능을 함께 아우르는 중국 최대의 종합사전 『사해辭海』의 편찬을 시작하였다. 그리하여 1936년에 드디어 초판본을 간행하여 출판업계에 이름을 날렸다. 건국 이후에도 『사해』는 여러 차례 증보와 수정을 거듭하다가 1999년에 대량증보판이 간행되었다. 여기에 수록된 '중화'의 해석은 두 가지로 나온다. "① 고대

2 漢語大詞典編纂處整理, 『康熙字典－標點整理本』(上), 上海：漢語大詞典出版社, 2002, pp.4~5.

3 廣東·廣西·湖南·河南辭源修訂組, 『辭源』(修訂本), 北京：商務印書館, 1988, p.88.

화하족, 한족은 대부분 황하의 남이나 북에 도읍을 정하였는데 사이四夷의 가운데에 위치하고 있다고 하여 후세에 이 지역을 중화라고 하였다. (…중략…) 처음에는 황하 중하류 지역을 가리켰는데 후에는 각 왕조의 영토가 점점 넓어지면서 관할 통치 지역은 모두 중화라고 불렀으며 또 중국이라고도 하였다. ② 고대에 화하족, 한족을 부르던 호칭이다."[4] 즉 여기에 수록된 어휘 '중화'에는 지역으로서의 의미와 민족으로서의 의미가 혼재하고 있다. 또한 『사해』는 '중화민족'도 역시 수록하고 있으며 다음과 같이 해석하고 있다. "'중화민족'은 중국 각 민족의 총칭總稱이다. 중화의 본래 뜻은 중국과 상통하며 또한 화하와도 관련이 있다. 1899년 량치차오梁啓超가 『동적월단東籍月旦』이라는 글에서 처음으로 '민족'을 사용하기 시작한 이래, '중화'는 점차 '민족'과 연결되어 사용되었다. 나아가서 중국 경내의 각 민족을 아우르는 호칭으로 삼게 되었다. 아시아의 동부에 분포하고 있으며 (…중략…) 한족과 55개의 소수민족을 포함한다. 아주 오랜 고대로부터 그 선조들은 아름답고 풍요로우며 광활한 조국의 대지에서 노동하고 생활하였으며 번성하였다. 문자로 고증할 수 있는 역사는 4천 년 이상이며, 근면하고 소박하며, 자유를 사랑하며, 영광스러운 혁명전통과 우수한 역사유산을 가진 민족이다."[5] 여기에 보면 지역보다는 '민족'으로서의 의미가 더욱 부각되어 있으며 '혁명전통'을 결부시키고 있음을 확인할 수 있다.

『사원』이나 『사해』는 모두 중화인민공화국이 건국되기 전부터 편찬하기 시작하여 수많은 수정과 보완을 거쳐 오늘까지 꾸준히 출판되고 있는 전통 사전들이다. 그러나 『현대한어사전現代漢語詞典』의 경우는 좀

4 辭海編輯委員會, 『辭海』(1999年版縮印版), 上海 : 上海辭書出版社, 2000, p.3987.
5 위의 책, p.4000.

다른 상황이다. 새 중국이 건립된 후 중국 정부는 언어문자개혁운동을 대대적으로 펼쳤다. 1949년 10월 10일에 중국문자개혁협회가 설립되었고, 1954년 10월에는 저우언라이周恩來 총리의 발의로 중국문자개혁위원회가 국무원 직속기구로 설치되었다. 그리하여 중앙정부의 시책으로 「한자간화簡化방안」, 「한자병음拼音방안」, 「표준음普通話 교학 연구 및 보급」 등을 국가정책으로 적극 추진하였던 것이다. 이러한 상황에서 『현대한어사전』은 1956년에 국가 프로젝트로서 입안되었으며 1958년부터 편찬을 시작하였고 초판본은 1978년에 공식 간행되었다. 모든 내용을 간체자로 서술하고 아울러 백화문 구어체의 특성을 살린 『현대한어사전』(제6판)에서 '중화'의 정의는 다음과 같다. "고대 황하 유역 일대를 중화라고 하였는데 한족이 최초로 흥기한 지방으로 후에 중국을 가리켰다." '중화민족'에 대해서는 "우리나라 각 민족의 총칭으로 56개 민족을 포함하고 있으며 유구한 역사, 찬란한 문화유산과 영광스러운 혁명전통을 가지고 있다".[6]

『한어대사전漢語大詞典』도 마찬가지로 국가중점연구프로젝트로서 1975년부터 편찬을 시작하여 1986년에 상하이사서출판사에서 첫 권을 간행한 이후에 한어대사전출판사에서 연이어 출판되었다. 이 사전은 지금까지 가장 방대한 분량을 자랑하며 또 "고금겸수古今兼收, 원류병중源流幷重"의 편찬 원칙을 고수하였기에 가장 전면적이면서도 종합적이라고 할 수 있다. 이 사전에서 '중화'의 의미 해석은 기존 사전들과 별반 다름 바 없어서 지역적인 의미뿐만 아니라 화하족과 한족의 옛 호칭이라고 하였다. '중화민족'에 대해서도 "우리나라 각 민족의 총칭으로

6 中国社会科学院语言研究所词典编辑室编, 『现代汉语词典』(第6版), 北京 : 商务印书馆, 2013, p.1684.

50여 개 민족을 포함하며 유구한 역사, 찬란한 문화유산과 영광스러운 혁명전통을 가지고 있다"고 하였다. 그런데 특기할 점은 마오쩌둥毛澤東의 글을 다음과 같이 인용하고 있는 것이다. "마오쩌둥의 『중국혁명과 중국공산당』 제1장 제1절 : 중화민족은 비단 근면하고 소박하기로 세상에 널리 알려졌을 뿐만 아니라 또한 자유를 지극히 사랑하고 혁명전통이 풍부한 민족이다."[7] 이러한 사전적인 해석들만 보더라도 '중화민족' 정체성의 재구성에는 정치이데올로기적인 색채가 농후함을 알 수 있다. 특히 나중에는 '중화민족'에 대한 마오쩌둥의 언급이 사전적인 의미로까지 자리잡게 되는 것에 주목해야 할 것이다.

그런데 중화인민공화국 건국 전에도 '중화민족' 정체성의 재구성이 계속 시도되어 왔고, 국민당과 공산당의 인식 차이도 역시 분명하게 존재하고 있었다. 일찍이 1905년 8월 20일 쑨중산孫中山이 도쿄에서 중국동맹회를 설립할 때 내세운 16자의 정치 강령은 "오랑캐를 몰아내고驅逐韃虜 중화를 회복하자恢復中華, 민국을 세우고創立民國, 지권을 평균화하자平均地權"는 것이었다. 여기에서 오랑캐는 물론 명나라 때 만리장성 밖의 동쪽에 살면서 변방을 어지럽히다가 우리중국我中國을 멸망시킨 청대 만주족을 가리킨다. 쑨중산 등이 회복하려는 '중화'는 바로 "중국인의 중국"으로서 오랑캐를 몰아낸 후 우리민족의 국가我民族的國家를 광복하려는 것이다. 이처럼 중국동맹회의 출발은 한족과 만주족의 대결의식이 매우 강했다. 즉 이 무렵의 쑨중산은 비록 근대 민족국가의 건설을 표방하기는 하였지만 여전히 전통적인 화이관華夷觀에서 벗어나지 못했다. 그러나 캉유웨이康有爲나 량치차오梁啓超 등 청나라 말기에 입헌

7 汉语大词典编辑委员会, 『汉语大词典』, 上海 : 上海辞书出版社, 1986, p.1001.

운동을 하다가 일본으로 망명한 전통 지식인들은 본래 '만한일가滿漢一家', '오족대동五族大同' 사상을 가지고 있었다. 뿐만 아니라 혁명파에 속하는 장타이옌章太炎 등도 점차 만주족에 대한 적대시로부터 벗어나서 근대적인 민족 개념을 받아들였고 민족평등 사상을 국내 민족관계에 적용하고자 한다. 그 결과 1912년 1월 1일에 반포한 「중화민국 임시대통령 선언서」에는 다음과 같은 내용이 명시된다. "國家之本在於人民, 合漢、滿、蒙、回、藏諸地為一國, 即合漢、滿、蒙、回、藏諸族為一人, 是曰民族之統一(국가의 근본은 인민에 있으며 한, 만, 몽, 회, 티베트 지역이 합쳐 하나의 국가를 이루었고, 한족, 만주족, 몽고족, 회족, 티베트족 등 여러 민족이 합쳐서 하나의 인민이 되었으니 이를 민족의 통일이라고 한다)." 그리고 '오족공화五族共和'를 표방하는 오색기를 중화민국의 첫 국기로 삼았는데 빨간색은 한족, 노란색은 만주족, 파란색은 몽고족, 하얀색은 회족, 검은색은 티베트족을 차례로 상징하였다. "'오족공화' 사상은 '중화민족'과 중국 국가에 대한 아이덴티티를 강화하였다. (…중략…) 그리고 '중화민국'이 중화민족과 중국 국가의 통일체가 되도록 하였다."[8] 그러나 "표면적으로 '오족공화'의 민족국가를 건립하였다고 해서 뿌리 깊은 전통을 가진 화이관에 결코 근본적인 변화가 발생한 것은 아니었다".[9] 1924년 6월 30일, 중국 국민당 중앙집행위원회는 쑨중산의 뜻에 따라 '청천백일만지홍기'를 중화민국 국기로 다시 정하였다.

그런데 누춘잉盧春櫻의 연구에 의하면 쑨중산의 '오족공화' 사상은 1921년에 창립된 중국공산당에도 지대한 영향을 미쳤는바 홍군의 공

8 封安波, 「论20世纪初华夷观向近代民族观的转变」, 『求索』, 长沙 : 湖南省社会科学院, 2011年 第7期, p.246.

9 李晓峰, 『被表述的文学 - 20世纪中国文学史书写中的民族文学』, 北京 : 中国社会科学出版社, 2013, p.88.

식 문서에도 등장한다. "1929년 마오쩌둥毛澤東과 주더朱德의 포고령에 '만주족, 몽고족, 회족, 티베트족은 정관을 자체로 정하도록 한다滿蒙回藏, 章程自定'"고 하였고 나중에 "중국공산당이 민족평등을 주장하고 민족구역자치제도를 실시하는 데 있어서도 중요한 역할"[10]을 하였다고 한다. 그러나 사실 『공산당선언』의 마지막 구절 "프롤레타리아가 잃을 것은 쇠사슬밖에 없으며 얻을 것은 온 세상이다. 전 세계 노동자들이여, 단결하라!"를 상기하면 중국공산당의 민족정책의 향방을 충분히 가늠할 수 있을 것이다. 결과적으로 국가나 민족에 비해 계급을 우선시하였던 중국공산당은 항일전쟁 시기부터 혁명근거지에 일부 민족구역자치정부를 설립하기 시작하였다. 1949년 9월 29일, 중국인민정치협상회의 제1기 전체회의에서 임시헌법의 성격을 지닌 「중국인민정치협상회의 공동강령」이 통과되었다. 제6장이 바로 '민족정책' 관련 내용으로 민족평등, 민족단결, 민족구역자치, 언어문학과 풍속습관 및 종교 신앙의 자유 등을 분명하게 적시하고 있다.

그렇다면 중국 동북지역에 가장 많이 살고 있는 조선족들의 경우는 어떠하였는지 알아볼 필요가 있다. '조선족'의 기원이라고 할 수 있는 한반도 이주민들은 근대 초기부터 중국으로 이주하기 시작하여 한일합방을 전후하여 정치적 망명자들이 많이 늘어났고, 1932년 만주국의 설립을 계기로 집단 이주가 대량으로 이루어졌다. 당시 일본이 내세운 슬로건은 '왕도낙토王道樂土'와 '오족협화五族協和'였고, 역시 오색기를 만주국의 국기로 삼았다. 그러나 만주국의 오색기에서 빨간색은 일본인을, 노란색은 만주인을, 파란색은 한족인을, 하얀색은 몽고인을, 검은색은

10 卢春樱, 「从"五族共和"学说到民族区域自治制度」, 『贵州民族研究』, 贵阳 : 贵州省民族研究院, 2011年 第5期, p.34.

조선인을 상징하였다.

여러 가지 경로를 통해 중국에 정착한 한반도 이주민들은 고려인, 조선인, 한국인, 조선농민, 조선거민居民, 조선동지, 한국동지, 조족朝族, 선족鮮族 등 여러 가지 호칭을 거쳐 왔다. 집단으로 이주한 한반도 이주민들은 대부분 동북 지역에서 에스닉한 공동체 생활을 많이 해왔다. 즉 벼농사를 기반으로 생활 터전을 마련하고 언어, 풍속, 문화 등 면에서 정체성을 그대로 유지해 왔다고 할 수 있다.

농민계급을 가장 중요한 혁명기반으로 삼아온 중국공산당의 경우는 일찍부터 동북에 이주한 조선농민들을 인정하였고 반제반봉건의 투쟁에 합류하도록 이끌었다. 1928년 7월, 중국공산당 제6차 전국대표대회에서 동북의 조선인 문제가 공식적으로 중국 경내 소수민족 범주에 편입되었다.[11] 당시에는 만주의 '고려인', '한국동지', '조선농민', '조선거민' 등으로 호칭되었다. 항일전쟁이 전면적으로 발발한 후에 동북지역의 수많은 조선인들이 항일투쟁에 적극적으로 참가한 것이 조선인들의 사회지위를 더욱 제고해 주었다. 그런데 일본이 패망하고 나자 동북지역의 조선인들은 향후 진로를 두고 갈등을 빚기도 하였다.

1945년 9월 말, 중공중앙동북국은 이미 동북의 조선민족 문제에 대해 관심을 돌리기 시작하여 저우바오중周保中은 다음과 같은 언급을 하고 있다. "동북과 연변의 조선 주민들은 다른 소수민족에 비해 높은 수준의 농업 노동 능력과 재능을 지녔고, 비교적 높은 문화수준을 널리 지녔으며, 조직성이 있고 정치사상도 비교적 진보적입니다. 특히 조선민속이 해방된 천재일우의 유리한 정치적 환경은 동북과 연변의 조선

11 孙春日, 『中国朝鲜族史稿』, 香港 : 亞洲出版社, 2011, p.327.

인민들에게 영향을 주었고 그들의 민족자존심을 강화시키고 있는바 대大한족주의에 절대 동화될 수 없는 것입니다."[12] 그러나 1948년 8월 중국공산당 연변지구위원회는 또 다음과 같이 지적하고 있다. "조선민족 인민 중의 일부는 '국민'과 '교민僑民'을 구분하지 못하여 일신一身이 양국兩國을 가지고 있다고 생각하고 수시로 북조선北朝鮮에 돌아갈 수 있다고 여긴다. 그리하여 정부의 제한에 부당함을 느끼거나 불만을 품으며 심지어 일부 사소한 문제를 빌미로 당의 정책에 회의를 품는데 예를 들면 왜 조선인대학을 설립하지 않느냐, 하얀 종이로 중문 책이나 신문을 인쇄하는데 왜 조문보는 덜 하얀 종이로 인쇄하느냐는 등이다."[13]

조선인들에 대해 최초로 소수민족 개념과 국적 문제를 함께 거론한 것은 1946년 1월 1일 연변전원공서延邊專員公署 부전원副專員 둥쿤董昆의 「신년헌시獻辭」이다. "현재 우리 연변지역의 민주정권은 이미 건립되었고 의심할 바 없이 연변지역에 거주하는 한인韓人들은 반드시 정부의 법령을 준수하여야 하며 정부의 법률 보호를 받아야 한다. 중국 국적에 가입을 원하는 한국인韓國人은 입적하여 중화민국의 국민이 될 수 있는바 그리하면 조족朝族은 중화민족의 한 소수민족이 될 수 있다. 우리 정부는 민족평등의 원칙에 근거하여 조선족朝鮮族이 정치, 경제, 문화적으로 해방과 발전의 권리를 가지도록 하며 민족언어문자, 풍속습관, 종교신앙 등도 일률적으로 존중받도록 할 것이다."[14] 이처럼 짧은 한 단락의 내용에 '한국인', '조족', '조선족' 등 용어가 마구 뒤섞여서 사용된다. 그만큼 동북지역의 조선인 문제는 여러 가지 사정이 얽혀서 복잡했

---

12 周保中, 「延边朝鲜民族问题」, 延边朝鲜族自治州档案馆编, 『中共延边吉敦地委延边专署重要文件汇编(1945年11月~1949年1月)』 1, 1985, p.327.

13 孙春日, 앞의 책, p.331.

14 위의 책, pp.334~335.

던 까닭이다. 여기에서는 자발적 의사에 따른 조선인들의 국적 가입 문제를 거론하였지만 곧 이어서 중국 공민公民과 조선 교민의 개념을 분명하게 구분하게 된다. 1948년 9월 9일, 조선민주주의인민공화국이 수립되자 그 구분은 더욱 명확해졌다. 1948년 12월에 연변지위 류쥔슈劉俊秀 서기는 다음과 같이 강조한다. "무릇 과거에 연변지역에 거주하면서 토지개혁 중 현지 민주정부에 정식으로 호적 가입을 신청한 자는 중국 공민(도시와 진鎭 포함)이다. 정식으로 호적에 가입하지 않았거나 조선에서 새로 와서 거주하는 자는 조선 교민이다. 공민과 교민은 권리와 의무 면에서 명확한 구별이 있어야 한다. 이 구별에 근거하여 중국 경내에서 입적한 조선인민과 조선민주주의인민공화국의 관계는 동일한 민족이 두 나라에 거주하고 있음—중국과 조선의 이웃 관계를 분명히 확정할 수 있다. 따라서 중국 경내에서 입적한 조선인민은 모두 중국 공민으로 대우하여야 하며 조선 교민으로 간주하여서는 안 된다."[15] 여기에서도 언급하다시피 당시 동북지역의 많은 조선인들은 이미 중국 호적에 가입하여 토지를 분배받았다. 그리고 1949년 9월에 개최된 중국인민정치협상회의를 통해 동북의 조선인들은 진정한 의미에서 중화인민공화국의 공민으로 거듭나게 되었다. 1952년 9월 3일에는 연변조선민족자치구 성립대회가 개최되었다. 1955년 4월에 이르러 중국공산당 길림성 당위원회와 인민정부는 1954년 중화인민공화국 헌법의 규정에 따라 국무원의 비준을 얻어 연변조선민족자치구를 연변조선족자치주로 변경하였다.[16]

---

15 延边地委, 「延边地委关于延边民族问题」, 延边朝鲜族自治州档案馆编, 앞의 책, p.387.

16 孙春日, 앞의 책, p.339.

이상에서 알 수 있듯이 '중화민족'은 중국에서 근대국가로 이행하는 과정에 탄생한 거대한 '상상의 공동체'라고 할 수 있다. 중국처럼 방대한 지역과 수많은 민족으로 구성된 국가로서는 역사적으로나 현실적으로나 "중화민족의 다원적이면서도 일체화된 국면中華民族多元一體格局"(페이샤오퉁費孝通)을 강조할 수밖에 없다. 무엇보다 수천 년간 지속되어 온 중앙집권제도의 특성상 과거나 현재뿐만 아니라 미래에도 다민족통일국가의 계보를 이어나갈 것으로 보인다. 대부분 20세기 초에 중국으로 이주한 조선인들은 아마도 이 거대한 민족통합시스템 즉 '중화민족'의 행렬에 가장 늦게 편입한 경우에 속할 것이다. 지금까지 중국조선족통사나 중국조선족문학사 등은 늘 '조선인'과 '조선족'을 혼동하여 사용하는데, 물론 여기에는 여러 가지 이유가 존재한다. 하지만 1945년 광복이 되자 망명지 혹은 개척지에서 귀국한 수많은 조선인들과 광복이 되어도 여전히 중국 땅에 남아 자발적으로 귀화한 '조선족'은 엄밀한 의미에서 구분되어야 마땅하리라고 생각된다. 물론 양자의 전통적, 문화적 관계는 존중되어야 하지만 전자의 그늘에 후자를 두거나 혹은 후자로 전자를 대체하는 것은 모두 바람직하지 않다. 작금의 현실상황이 고착화된 계보학적 인식을 바탕으로 현실을 냉철하게 직시하는 객관적인 시각과 이성적인 자세가 더욱 필요하다고 판단된다.

2. 국가 대형프로젝트로서의 중국소수민족문학사 편찬사업

중국조선족문학은 1992년 한・중 수교를 전후하여 지금에 이르기까지 새로운 의미를 많이 부여받게 된다. 즉 '재만조선인문학', '재중조선인문학', '해외동포문학', '통일문학', '디아스포라문학' 등 많은 담론에 포괄되어 함께 논의되어 왔다. 그러나 이러한 접근방식은 문학작품에 대한 내재적인 접근이라기보다는 문학 외적인 상황에 근거한 문화공동체나 운명공동체 등 민족담론의 투영이라고 할 수 있다. 그리고 무엇보다 중국 내에서 조선족문학이 어떻게 형성되고 기획되었으며 아울러 이떤 위치를 차지하고 있는가 하는 부분에 대해 거시적이고도 역사적인 통찰이 부족한 것 같다. 중국에서 조선족문학의 외연으로 되어 있는 중국소수민족문학이 '중화민족' 정체성의 확립 및 강화와 관련하여 어떻게 기획되고 추진되어 왔는지를 아래에서 먼저 살펴보고자 한다.

중화인민공화국은 1949년 10월 1일에 성립되었다. 그러나 건국 전인 1949년 7월 2일부터 19일에 베이핑(지금의 베이징)에서는 이미 중화전국문학예술공작자대회가 개최되었는데 해방구, 국민당통치구역 및 군부대에서 온 대표 824명이 참가하였다. 당시 개막식에서는 주더朱德가 중국공산당 중앙을 대표하여 축사를 하였고, 저우언라이도 장편 정치보고를 하였으며 중공중앙 선전부장 루딩이陸定一도 참석하여 강연을 하였다. 심지어 미오쩌둥도 직접 대회장에 나타나서 참가자들에게 환영의 뜻을 표할 정도였다. 이 대회에서 중화전국문학예술공작자연합회 전국위원회가 탄생하고 궈머뤄郭沫若가 주석, 마오뚠茅盾과 저우양周揚이 부주석으로 선정되었다. 궈머뤄가 대회에서 연설한 제목은 「새 중국의 인민문예를 건설하기 위해 분투하자」였다. 더욱 중요한 점은 이 대회에서 마오쩌둥의 「연안문예좌담회에서의 강화」(1942)를 향후 문예운동의 총 방침으로 삼은 것이다. 즉 "새로운 주제, 새로운 인물, 새로운 언어 형식으로 노동자, 농민, 군대를 위한 문예창작"[17] 즉 문학의 계급성을 제도적으로 확립한 것이다. 이와 마찬가지로 "소수민족문학은 정부 의지가 주도한 산물"[18]로 부각되었다.

중국에서 '소수민족'이란 용어가 가장 먼저 나타난 것은 1924년 쑨중산의 주도로 제정된 국민당 제1차대표대회 「선언」이라고 한다. 중국공산당이 가장 먼저 '소수민족'이란 용어를 사용한 것은 1926년 「서북 공작방침」인데 최초로 소수민족의 권리문제를 제시하고 있다. 1928년 중국공산당 제6차 대표대회에서 통과된 「민족문제에 대한 결의안」은 다음과 같이 규정하고 있다. "중국 경내의 소수민족 문제(북부의 몽고족, 회족, 만족, 고려인, 푸젠의 타이완인 및 남부의 묘족, 이黎족 등 원시민족, 위구르와 티베트)는 혁명에 매우 중대한 의미를 갖고 있다."[19] 1949년 9월, 「중국인민정치협상회의 공동강령」에서 '각 소수민족'이라는 용어를 공식적으로 사용하였다. 그 후 헌법에서도 줄곧 '소수민족' 개념을 사용하고 권리에 대해서도 규정하였는바 중국 특유의 법학 개념으로 굳어졌다.

중국에서 소수민족 문제를 관장하는 기관은 국가민족사무위원회이

---

17 毛泽东, 「在延安文艺座谈会上的讲话」, 『毛泽东选集』 第三卷, 北京 : 人民出版社, 1969, pp.804~835.

18 刘大先, 『文学的共和』, 北京 : 北京大学出版社, 2014, p.27.

19 中共中央统一战线工作部 · 中共中央文献研究室, 『新时期统一战线文献选编(续编)』, 北京 : 中共中央党校出版社, 1997, p.20.

다. 새 중국이 설립되자 중앙인민정부는 1949년 10월 22일에 민족사무위원회를 설립하고 중앙민위로 약칭하였다. 1954년에 개최된 전국인민대표대회에서는 해당 위원회를 중화인민공화국 민족사무위원회로 변경하였다. 그러나 문화대혁명 기간인 1970년 6월 22일에 해당 부서는 취소되었다. 1978년 전국인민대표대회 제5기 1차회의에서 다시 국가민족사무위원회를 회복하기로 결정하였고 오늘날까지 국무원의 한 부서로 남아있다. 또한 그 산하에 직속기관으로 중앙민족대학,[20] 중남민족대학,[21] 서남민족대학,[22] 서북민족대학,[23] 북방민족대학,[24] 대련민족대학,[25] 중앙민족간부학원,[26] 중앙민족가무단(1952), 민족출판사(1953), 중국민족어문번역국(1955), 민족문화궁(1959), 민족단결잡지사,[27] 민족화보사,[28] 중국민족박물관(1995), 중국민족신문(2001) 등을 거느리고 있다.

---

20 중앙민족대학의 전신은 중국공산당이 1941년 10월에 설립한 연안민족학원이다. 1951년 6월, 중앙민족학원이 베이징에서 정식으로 설립되었다. 1978년에 국가중점대학으로 되었고 1993년 11월에 중앙민족대학으로 변경되었다.

21 중남민족대학의 전신은 1951년에 설립된 중남민족학원으로 후베이성 우한시에 위치하고 있다. 2002년 3월에 중남민족대학으로 변경되었다.

22 서남민족대학의 전신은 1950년 7월에 창건한 서남민족학원으로 1951년 6월 1일에 공식 설립되었다. 쓰촨성 청두시에 위치하고 있으며 2003년 4월에 서남민족대학으로 변경되었다.

23 서북민족대학은 1950년 8월에 설립되었다. 그 전신은 서북인민혁명대학 란저우분교 제3부로서 티베트문제연구와 티베트족을 위한 학교였다. 2003년 4월에 서북민족대학으로 변경되었다.

24 북방민족대학의 기원은 1984년부터 시작되었고, 2006년 2월 북방민족대학으로 되었다. 닝샤회족자치구의 성소재지인 인촨시에 위치하고 있다.

25 대련민족대학은 1984년부터 설립 준비를 시작하였고 1993년에 중앙민족대학의 명의로 학생을 모집하였다. 1997년에 공식 개교하였다.

26 중앙민족간부학원은 중·고급 민족간부를 양성하기 위한 고등교육기관으로 1983년에 설립되었다.

27 민족단결잡지사의 기원은 1957년에 창간된 『민족단결』 잡지이며, 2001년에 『중국민족』으로 변경되었다. 한어, 몽고어, 위구르어, 카자흐어, 조선어, 영어 등 6가지 언어로 국내외에서 출판 발행되고 있으며 중국에서 유일한 중국 소수민족 관련 국가급 종합간행물이다.

1986년 국가민족사무위원회는 중앙의 비준을 거쳐 중국에서 사용되는 '소수민족' 용어의 함의에 대하여 다음과 같이 공식적으로 해석하였다. "1. 이 호칭은 인구의 많고 적음에 있어 한족에 상응하는 수량 개념으로서 우리나라에서는 결코 소수민족을 차별歧視하거나 민족불평등의 뜻을 지니지 않는다. 2. 이 호칭은 한족을 제외한 기타 여러 민족의 통칭統稱으로 우리당은 1926년부터 사용하기 시작하여 오늘날까지 이미 60년의 역사를 가지고 있다. 그리하여 오래전부터 관습으로 전해져 왔는바 전국 각 민족의 간부나 군중들에게도 모두 받아들여졌다. 그러나 '소수민족' 호칭은 구미 자본주의국가에서는 권리의 불평등, 차별, 피지배 등의 의미를 내포하고 있다. 때문에 국제교류에서 해당 용어를 사용할 경우에는 오해를 불러일으키기 쉽기에 추가 해석이 필요하다."[29] 사실 2015년도 중국의 인구분포를 보면 13억 8,271만 명 중에 한족 인구가 12억 이상으로 91.51%(과거의 약 94%에 비해 한족 비율은 하락)를 차지하며 기타 55개 소수민족 인구는 모두 합쳐서 8.49%(과거의 6% 비례보다 상승)를 차지하는 걸로 나와 있다. 또한 중국에서는 오랜 기간 '소수민족'이라는 용어와 함께 '형제민족'이라고도 공식적으로 많이 사용해 왔다.

그렇다면 중국에서 '소수민족문학'의 의미는 무엇일까? "개괄적으로 말하면 중국소수민족문학 학과의 건립은 처음부터 민족단결, 민족융합, 민족응집凝聚, 다민족 문화문학의 공동번영을 담론 요구로 삼으며, 명확한 사회주의 국가이데올로기 형태 특징을 지니고 있으며, 서면書面문학과 여전히 활발한 구전문학 등 다중적인 내용을 포함하고 있다."[30] 따라

28 민족화보사는 한어, 몽고어, 티베트어, 위구르어, 카자흐어, 조선어 등 6가지 언어문자로 월간 『민족화보』를 출판하고 있는데 1955년에 창간되었다.

29 中共中央统一战线工作部・中共中央文献研究室, 앞의 책, p.21.

30 刘大先, 『现代中国与少数民族文学』, 北京 : 中国社会科学出版社, 2013, pp.16~18.

서 중국 정부는 일찍이 1950년대부터 이미 '소수민족문학'의 정리편찬 사업에 높은 관심을 가졌고 구체적인 업무 추진을 해왔다. 중국사회과학원 소수민족문학연구소 소장을 지낸 류쿼이리劉魁立 교수의 회고 정리에 의하면 관련 사업의 추진 경과는 다음과 같다. "1958년 7월, 중공중앙 선전부가 관련 성구省區와 베이징 관련 단위單位의 동지들을 소집하여 우리나라 소수민족문학사 문학개황을 집필할 데 관한 좌담회를 개최하였다. 그리고 제1회 집필 서목書目과 업무 분담을 확정하고 중국과학원 문학연구소가 집필 전반을 총괄하도록 하였다. 1960년 8월, 문학연구소는 제2차 소수민족문학사 집필업무좌담회를 개최하고 각 지역의 진행현황, 경험과 문제 등을 교류하였다. 1961년 3월, 문학사토론회를 개최하고 이미 완성한 10종의 문학사, 14종의 문학개황의 일부 원고 및 편사編史 업무의 공통 문제들을 토론하였다. 1979년 2월, 문학연구소는 제3차 소수민족문학사 편찬 업무좌담회를 개최하고 그동안 중단되었던 업무를 회복하고 업무계획을 진일보 수정하고 구체화하였다.(…중략…) 1984년 11월, 소수민족문학연구소는 제4차 소수민족문학사 편찬업무좌담회를 개최하고 전국 각 성구省區의 학문 역량을 조직하여 『중국소수민족문학사 문학개황 총서』를 편찬출판하기로 확정하였다. 얼마 후 중공중앙선전부, 국가민족사무위원회, 문화부와 중국사회과학원은 1985년에 연합으로 공식문서를 하달하여 소수민족문학사, 문학개황의 편찬사업을 진지하게 잘 완성할 것을 지시하였으며 이번 좌담회의 기록요지도 함께 전달하였다. 1986년 10월, 전국철학사회과학계획회의는 『중국소수민족문학사 문학개황 총서』를 제7차 5개년 계획기간의 국가중점프로젝트로 선정하였다. 이어서 소수민족문학연구소는 1986년 11월에 전국소수민족문학사 학술토론회를 개최하였다."[31]

이상에서 알 수 있듯이, 중국 소수민족문학사 편찬사업은 정치이데올로기의 지배하에 1950년대부터 철저히 준비되고 기획된 국가프로젝트였다. 비록 문화대혁명 기간에 중단되긴 하였지만 1978년에 다시 재개되었으며 『중국소수민족문학작품선中國小數民族文學作品選』 교재 편찬 및 학술토론회가 개최되었다. 곧 이어서 작품선집부터 출판되기 시작하였다. 1979년 6월에 중국소수민족문학학회가 설립되었고, 1980년에는 중국사회과학원 소수민족문학연구소가 설립되어 계간학술지 『민족문학연구民族文學硏究』를 간행하기 시작하였다. 1980년대는 또 소수민족문학사 저술 관련 성과물들도 연달아 출판되기 시작하였다. 최초로 55개 소수민족문학개황을 서술한 단행본 성과물은 『중국소수민족문학中國小數民族文學』(전3권)으로 마오싱毛星이 주요 편찬자를 담당하고 후난인민출판사에서 1983년에 출판하였다. 그러나 이 책은 중국 각 민족의 지리적 분포에 따라 문학을 간략하게 소개한 데 그치고 있다. 1984년에는 우충양吳重陽의 『중국당대소수민족문학간사』(중앙민족학원 과학연구처 내부 발행), 1985년에는 양량차이楊亮才 · 타오리판陶立璠 · 덩민원鄧敏文 등의 공저로 『중국소수민족문학』(인민출판사), 1986년에는 리훙란李鴻然 등의 『중국당대소수민족문학사고史稿』(장강문예출판사), 1991년에는 런지위任繼愈 등의 『중국소수민족문학』(상무인서관), 1992년에는 마쉐량馬學良 · 량팅왕梁庭望 · 장궁진張公謹 등의 『중국소수민족문학사』(상하, 중앙민족학원출판사) 등이 연달아 출판되었다. 그리고 개별 민족별로 간행된 문학사도 수십 종에 달하여 일일이 거론하기 어렵다.

주목할 점은 소수민족문학사 관련 저술은 나중에 단순히 소수민족문

31 邓敏文, 『中国多民族文学史论』, 北京 : 社会科学文献出版社, 1995, pp.11~12.

학에만 그치지 않고 중화민족 전체의 문학사로 확대되고 있다는 것이다. 즉 거대한 공정으로서 중국문학사의 건설을 지향하면서 다음과 같은 5개 발전단계로 구분되고 있다. "① 문학과 사학이 혼재한 준비 단계. ② 한어문학사 편사編寫 단계. ③ 각 민족문학사 편사 단계. ④ 각 민족문학 관계사 연구 단계. ⑤『중화민족문학통사』 편사 단계."[32] 여기에서 보면 국가 기획프로젝트로서의 중국소수민족문학사 저술의 궁극적인 목표와 지향점이 잘 드러나 있다. 그것은 바로 처음부터 마지막까지 '중화민족' 정체성의 재구성과 확립을 위해 기여하는 것이다. 이는 소수민족 문학사 저술이 무엇보다 다민족 통합국가를 안정적으로 유지해 나가기 위해 매우 필수적인 조치로 인식되고 있음을 보여주는 대목이다.

3. 중국조선족문학사의 기원으로서의 한국문학사

이제 국가적인 대형 프로젝트로 기획된 중국소수민족문학사에서 중국조선족문학 관련 저술은 어떠한 위상을 가지고 어떤 방식으로 기획되었으며 어떻게 발전되어 왔는가를 검토하는 일이 필요하다. 주지하다시피 중국 최초의 소수민족대학인 연변대학은 1949년 3월 20일에 첫 개학식을 가졌고 공식적인 개교기념일은 4월 1일이다. 1948년 3월부터

32 邓敏文, 앞의 책, 1995, p.1.

논의를 거쳐서 중공 연변지위 부서기 임춘추林春秋 등의 적극적인 노력으로 조선족 간부를 양성하기 위한 '동북조선인민대학' 설립 관련 보고서를 12월에 중공 길림성위원회에 올렸다. 1949년 3월 종합대학은 소재 도시의 이름으로 명명하는 관례에 따라 '연길대학'으로 변경하였다. 그러나 의대와 농대를 연길이 아닌 용정시에 둘 예정이었기에 최종적으로 '연변대학'이라고 확정하였다. 중화인민공화국이 건국을 선포하기도 전에 설립된 연변대학은 중국에서 조선-한국의 언어, 문학, 역사, 철학 등 제 분야에 걸쳐 가장 폭넓은 교육을 제공하였으며 연구에서도 많은 업적을 이루어냈다.

연변대 조선어문과는 학과 설립 초창기부터 어학, 문학, 역사, 철학 등을 모두 반영한 교수계획을 작성하여 실시해 왔다. 학생 모집은 동북 3성의 조선족들을 대상으로 하였으며, 모든 강의는 조선어로 진행하였다. 그러나 대학 설립 초창기에는 교수 부족과 도서 자료의 결핍으로 어려움을 많이 겪었다. 특히 문학부에 소속된 조선어문과는 일제시대 민족말살정책으로 인하여 조선어가 없어져버린 탓에 한글로 된 대학교재를 구하기가 힘들었다. 1949년 7월에 임민호林民鎬 부총장 등이 조선에 나가서 김일성종합대학, 평양사범대학 등을 참관할 적에 조선어문 참고서들을 얼마간 얻어온 것이 밑천[33]이 되었다.

연변대학의 1950년 교과과정을 보면 조선문학, 조선문학강독 과목이 중국문학, 세계문학과 함께 개설되어 있다. 그러나 1957년 이후 반우파투쟁이 전개됨에 따라 "단독과목으로 설정했던 조선문학 과목을 동방문학 속에 귀속시켰으며 중국조선족문학 과목을 새롭게 설정하였

33 현룡순, 『겨레의 넋을 지켜』, 연길 : 연변대 출판사, 1997, 3쪽.

다. 1960년도에는 『중국조선족문학개황』(초고) 교과서가 편찬"[34]되었다. 당시 조문학부 1956학번 학생들은 졸업학년이 되자 『중국조선족문학사』의 편찬사업에 적극 참가하였다. 학생들은 "권철, 박상봉, 허호일, 림휘, 김현근 등 선생들의 지도 밑에 연변의 숭성, 청산리, 흑룡강성의 목단강, 밀산 등 동북각지로 돌아다니며 (…중략…) 중국조선족문학 특히 해방 전 중국조선족문학에 대해 한차례 전면적인 조사사업과 수집활동을 벌였다".[35]

이 사업에서 처음부터 가장 중요한 역할을 한 이는 바로 권철 교수이다. 「중국 조선족문학 연구현황」에는 중국소수민족문학사 프로젝트와 밀접히 관련하여 추진된 경과가 자세하게 소개되어 있다. "1958년 7월 17일 중앙에서 소집한 '소수민족문학사(개황) 편찬사업좌담회'에서 소수민족문학사 편찬 관련 결의를 채택하고 '중국조선족문학사(개황)'는 길림성에 그 편찬을 위임하였다. 길림성에서는 연변에 그 임무를 하달하였는데 그 과제를 수행할 중임은 자연 연변대학을 중심으로 일부 학자들의 어깨에 놓여졌다. 그 후 연변대학에서는 '조선족문학개황편찬소조'를 구성하고 일련의 준비사업을 벌였다. (…중략…) 개혁개방의 새로운 시기에 진입하게 되자 '중국조선족문학사(개황)' 편찬을 다시 중앙으로부터 지시받게 되었다. 1979년 2월 중순에는(22일 결속) 원난에서 '전국소수민족문학사 편찬사업좌담회'를 열고 문학사편찬의 필요성과 중요성을 다시 인식한 기초 위에서 기획을 다시 제정하고 편찬 임무를 시달하였다. 이 기획을 그 후 전국 제5차 5개년계획(사회과학 부분) 중의 한 개 과제로 삼았다."[36] 위에서 보다시피 중국조선족문학사도 다른 민

34 위의 책, 130쪽.
35 위의 책, 137쪽.

〈표 1〉

	저자	제목	출판사	출판연도
1	연변문학예술연구소 편	조선족문학예술 개관(槪觀) *중문과 한글로 동시 발행.	내부 발행	1982
2	조성일 · 권철 · 최삼룡 · 김동훈	중국조선족문학사	연변인민출판사	1990
3	오상순	중국조선족소설사	요녕민족출판사	2000
4	장춘식	일제강점기 조선족 이민문학	민족출판사	2005
5	베이징대 조선문화연구소	중국조선민족문화사대계 2-문학사	민족출판사	2006
6	전성호 등	중국조선족문학비평사	민족출판사	2007
7	김동훈 · 최삼룡 · 오상순 · 장춘식	중국조선족문학사	민족출판사	2007
8	김호웅 등	중국조선족문학통사(상 · 중 · 하)	연변인민출판사	2011
9	이광일 · 김호웅	조선족문학사	연변대 출판사	2016

족문학사의 경우와 마찬가지로 중앙의 지시에 따라 1950년대부터 준비되고 기획되어 왔다. 지금까지 출판된 조선족문학사 관련 단행본은 대략 〈표 1〉과 같다.

이상의 문학사 저술에서 가장 논란이 되고 있는 점은 바로 조선족문학의 개념과 시대적 내포라고 할 수 있다. 장춘식은 『일제 강점기 조선족 이민문학』에서 '조선족문학의 개념'에 대하여 거론하면서 다음과 같은 윤윤진의 견해에 대하여 부정적인 입장을 보인다. "광복 전 문학을 조선족문학이라고 호칭하기보다 조선인문학이라고 하는 것이 더 적절할 뿐만 아니라 사실에 접근된다고 생각한다. 더욱이 조선족이란 호칭이 한반도에 거주하지 않은 중국 국적을 가진 조선인을 호칭하는 대명사로서 그 전 시기와는 좀 다른 성격을 갖고 있다는 여건을 파악할 경우 사정은 더 자명해지는 것이다."[37] 장춘식은 "윤윤진의 견해는 중

36 권철, 「중국 조선족문학 연구현황」, 『아시아문화』 13, 한림대 아시아문화연구소, 1997, 287~288쪽.

37 윤윤진, 앞의 책, 9쪽.

국적 입장에서 역사를 파악한다는 측면에서 어느 정도 합리성을 가진다"고 언급한다. 그러나 "'조선족'이라는 명칭을 법적인 개념이 아닌, 중국에 거주하는 '단군의 후예'를 통칭하는 개념으로 사용해도 무방하다"고 하면서 "이를 건국 전이나 건국 후를 아울러서 사용했을 경우, 하나의 관통된 전통을 가진 민족공동체로 인식할 수 있다는 이점이 있다"[38]고 보았다.

그러나 사실 문학사 저술뿐만 아니라 문학작품 자료집에서도 비슷한 문제들이 대두되었다. 『중국조선민족문학선집』(전 10권)의 「머리말을 대신하여」(최웅구)에는 다음과 같이 적혀 있다. "우리는 우리 민족문화의 화원을 더욱 아름답게 가꾸기 위한 심정으로 중국에서 살았댔거나 중국에서 살고 있는 우리 겨레의 작가들이 중국을 무대로 하여 쓴 훌륭한 작품들을 골라 『중국조선민족문학선집』으로 묶는다. 그것은 우리의 핏줄은 하나이기 때문이다."[39]

베이징대학 조선문화연구소는 위의 자료집 외에도 『문학사』(중국조선민족문화사대계 2)를 출판하였는데 「간행사」에서 다음과 같이 적고 있다. "조선민족은 유구한 역사와 문화를 가지고 있는 위대한 민족이다. (…중략…) 중국에 이주한 이후, 그들은 반만 년의 풍부한 민족문화유산을 토대로 하고 그 전통을 계승, 발양하면서 중국문화의 테두리 속에서 화하華夏문화의 자양분을 부단히 섭취하여 점차 자기의 주체를 확립하였다. 그러므로 중국 조선민족문화는 중국 다민족문화의 구성부분인 동시에 세계적 범위에서의 조선민족 전체整體문화의 일부분이다. 이처럼

38 상춘식, 『일제강점기 조선족 이민문학』, 베이징 : 민족출판사, 2005, 8~9쪽.
39 베이징대 조선문화연구소 편, 『중국조선민족문학선집』(전 10권), 베이징 : 민족출판사, 1995, 1쪽.

이중성격을 지닌 중국 조선민족문화는 조선민족의 전통문화에 깊이 뿌리박고 중국 및 주변 국가 여러 민족 문화들과의 상호 교류와 영향 속에서 자기의 좌표를 한결 뚜렷이 하였으며 광활한 중국의 동북대지를 활무대로 독자적인 발전의 길을 걸어오면서 고유한 민족적 정기와 향기를 무르익혀 왔다."[40] 여기에서 보더라도 조선족과 조선민족을 구분하지 않고 있다.

오상순 등의 『중국조선족문학사』는 이민시기의 문학(이주~1945), 정치공명시기의 문학(1945~1978), 다원화시기의 문학(1979~1999)으로 구분하여 서술하고 있다. 이광일의 『해방 후 조선족 소설문학연구』[41]는 중국문학사의 시대구분을 답습한 조선족문학사의 시대구분에 이의를 제기하면서 조선족문학의 재건시기(1945~1957), 정치공명시기(1957~1978), 다원화시기(1978~1989)로 구분하고 있다. 일제가 패망한 1945년을 매우 중요한 분수령으로 삼고 있는 점에서는 오상순 등의 문학사와 동일하다.

여러 문학사들의 세부적인 내용을 일일이 검토할 수는 없지만 이 글에서는 가장 대표적인 윤동주의 경우를 예로 들어 조선족문학사의 정명正名 문제를 나름대로 시도해 보고자 한다. 지금까지 조선족문학사에서 윤동주는 가장 대표적인 시인으로 거론되고 있다. 그러다보니 조선족문학에 대해서 잘 모르는 중국인 학자의 소수민족문학사에도 윤동주가 등장한다. 마쉐량 등의 『중국소수민족문학사』는 제5편 제목이 「신민주주의와 사회주의시기 민족문학」이다. 제6장 내용은 「시가」로서 제1절 「북방지역 시가」에 만족, 몽고족, 조선족 시인 및 작품이 포함되어

---

40 베이징대 조선문화연구소 편, 『문학사』(중국조선민족문화사대계 2), 베이징 : 민족출판사, 2006, 1쪽.

41 이광일, 민족문제연구소 편, 『해방 후 조선족 소설문학연구』, 경인문화사, 2013.

있다. 「조선족시인 및 작품」에서는 윤동주와 이욱을 구체적으로 다루고 있다. 윤동주 관련 내용을 한글로 번역하여 옮기면 다음과 같다.

> 윤동주(1917~1945), 본래 지린성 허룽현 출신. 중국 현지에서 나서 자란 최초의 중국 조선족 시인. 중학시절부터 시작을 발표하기 시작함. 1938년과 1942년에 조선 서울과 일본 도쿄, 교토에서 유학함. 독립운동에 참가한 혐의로 일본 경찰에 체포되어 1945년 2월에 옥사함. 시집 『하늘과 바람과 별과 시』가 1948년 1월에 출판됨.
>
> (…중략…)
>
> 윤동주 시는 내용상의 함축성과 심각성으로 말미암아 시가 예술 면에서 독특한 추구를 하고 있다. 그의 창작은 서방 상징주의, 이미지즘의 영향을 많이 받아서 이미지를 창조하는 데 마음을 기울였으며 상징수법을 적극적으로 수용하여 유완(幽婉)한 정을 드러내고 있다. 그러나 그의 상징은 늘 분명히 알 수 있는바 애매하거나 난삽한 폐단이 없었다. 시인은 자신의 알심 들인 창작으로 현대 조선족 자유시 선행자(先行者)의 지위를 확정지었다.[42]
>
> 이밖에 '5・4운동' 전후에 조선족 시인 김택영, 신정은 한어 고체시를 창작하여 시단에 이름을 날렸다.[43]

여기에서 보면 조선족문학사에서 '조선민족'으로 서술되던 내용도

---

42 马学良・梁庭望・张公瑾 主编,『中国少数民族文学史』(修订本), 北京 . 中央民族大学出版社, 2001, pp.1044~1045.

43 위의 책, p.1047.

일괄적인 '조선족'으로 포섭되고 있다. 사실 중국학자들은 한반도의 역사문화나 동북지역의 이민사회사 등에 대해서 거의 모르는 상황에 처해 있다. 따라서 조선족문학사의 내용을 여과 없이 기계적으로 '중국소수민족문학'으로 받아들이고 있는 것이다. 이런 시각은 작가의 생애, 작품의 실제 및 생존 당시에 작가가 느꼈던 정체성 등에 대한 고려가 부족한 것으로 사료된다. 물론 윤동주는 1917년 용정에서 태어나서 성장기의 대부분을 보냈지만 윤동주가 중국에서 생활하던 무렵에 동북지역에는 '조선족'이라는 개념조차 생겨나지 않았었다. 윤동주의 「또 다른 고향」(1941) 같은 작품을 보면 당시 간도지역에 대한 시인의 인식이 잘 드러나 있다. "고향에 돌아온 날 밤에 / 내 백골이 따라와 한 방에 누웠다 (…중략…) 가자 가자 / 쫓기우는 사람처럼 가자 / 백골 몰래 / 아름다운 또 다른 고향에 가자." 시인이 돌아온 고향은 바로 물리적 고향 즉 그가 태어난 용정의 명동촌이라고 할 수 있다. 비록 육신은 고향에 돌아왔으나 그의 마음은 '또 다른 고향'을 정신적으로 추구하고 있다. 다시 말해서 현실에서 그의 고향인 용정 명동은 결코 영혼의 안식처나 노스탤지어의 대상과는 거리가 있었다.

다음으로는 여러 중국조선족문학사에서 가장 뛰어난 여성작가로 서술된 강경애를 중심으로 관련 문제점들을 집중 검토해 보고자 한다. 강경애(1906~1944)는 황해도 송화에서 출생하였으나 두 번에 걸쳐 중국에서 오랫동안 거주한 경험을 가지고 있다. 최학송에 의하면 강경애는 양주동과 헤어진 후 1926년 경에 북만 하이린海林・닝안寧安 일대로 가게 된다. 북만에서 2년여의 시간을 보낸 강경애는 1928년 겨울 황해도 장연으로 돌아온다. 그리고 근우회 장연지회에 가입하여 서무부장을 맡기도 한다.[44] 그러다가 1929년 말을 전후하여 장하일을 만났고 나중에 결혼까지 하였다. 그러나 장하일의 조혼한 아내가 나타나면서 장연에서 살기가 곤란해졌다. 그리하여 1931년 6월에 두 사람은 간도 용정으로 이주하였고 장하일은 동흥중학교 교사직을 얻게 되었다. 1939년 안수길의 아내가 길에서 강경애를 만났을 때는 '병으로 몸이 비대해지고 머리가 아파서 아무 일도 못하고 고통 중에 있다'고 했다. 1940년 안수길이 용정으로 왔을 때 강경애는 이미 고향으로 떠난 후였다.[45] 이와 같은 전기적 사실로 볼 때 강경애는 무려 십여 년의 긴 세월을 중국 현지에서 생활하면서 대부분의 작품을 간도에서 창작하였다. 당시 여성 작가로서 강경애처럼 풍부한 간도체험을 가진 소설가는 전무후무하다고 해도 과언이 아니다. 따라서 간도체험과 직접적으로 관련이 있는 강경애의 작품들을 꼼꼼히 검토하면서 당시의 현지 상황과 더불어 작가 자신의 정체성 인식 등을 짚어볼 필요가 있다.

강경애 작품 중에서는 거의 반수를 차지하는 23편이 간도를 배경으로 하거나 혹은 이런저런 관련을 맺고 있다. 특히 당시 간도의 정치, 사회, 역사적인 배경과 밀착되어 있는 작품들이 많고 또 아주 돋보인다. 위의 작품을 꼼꼼히 읽어보면 당시 간도 체험은 작가로서의 강경애에게 아래와 같은 의미를 가지고 있음을 알 수 있다.

첫째, 강경애는 전형적인 시대환경에 대한 총체적인 파악이 아주 뛰어나다고 할 수 있다. 강경애의 수필 「간도를 등지면서, 간도야 잘 있거라」에는 세 가지 깃발이 등장한다. 첫 번째는 1931년 6월경에 나부끼던 '청천백일기'로서 만주사변 전의 간도는 아직 국민당의 천하이다. 하지만 1년이 지난 요즘은 '청홍흑백황의 오색기'로 바뀌었다. 여기에

44 최학송, 『재중조선인 문학연구』, 소명출판, 2013, 25~28쪽.
45 강경애, 이상경 편, 『강경애 전집』(수정증보), 소명출판, 2002, 871~872쪽.

서 '청'은 한족, '홍'은 야마토민족, '흑'은 조선족, '백'은 몽고족, '황'은 '만주족'을 대표한다. 그리고 강 건너 회령에 도착하자 화물차에 타고 있던 "훈춘 지방에 출정하였던 군대"가 쏟아져 나온다. 당연히 환영 인파들이 역에 몰려 '일장기'를 흔들고 있다. 이처럼 짧은 수필을 통해서도 당시 간도 상황의 복잡한 시대 상황을 충분히 알 수 있도록 한다.

둘째, 간도에서 강경애는 남편과 그의 친구들을 통해 사회주의사상을 본격적으로 접하고 각성된 의식을 갖게 된다. 따라서 그는 확실한 사상적 방법론을 갖고 작품을 창작하는 경우가 많았다. 예를 들면 「해고」에서 순종적인 노예생활을 하던 하층 민중 김서방이 자신의 비참한 처지와 지배계급의 비인간성에 대해 분명한 인식을 갖게 되는 점, 「부자」에서 개인적이고도 우발적인 반항을 저지른 아버지 장수에 비해 아들 바위가 ××회의 지도를 받아 조직적이고도 이성적인 반항의 길을 택해 나가는 과정 등은 모두 상당히 관념적이면서도 도식적으로 보인다. 그러나 『소금』 같은 작품이 성공할 수 있었던 까닭은 공산당에 대한 오해가 있던 봉염 어머니의 각성 과정을 철저한 리얼리티 속에 녹아들게 하였기 때문이라 생각된다.

셋째, 강경애가 공산당에 우호적이며 국가나 민족의 구분보다 계급을 우선시하고 있는 점을 볼 수 있다. 자서전 소설로 알려진 「그 여자」에서 마리아는 "아마 평생 이를 닦지 않는 모양"인 중국인에 대해 "저것들도 인간이라고 할까?"라는 의문까지 가지면서 멸시한다. 그리고 예수교내 강당에 모여드는 동포 농민들에 대해서는 "모두가 흑인종같이 보였다". 하지만 입으로는 '죽어도 내 땅에서 죽고요, 살아도 내 땅! 내 땅에서 살아야 한단 말이어요"라고 하면서 "아무래도 내 동포밖에 없지요"라고 부르짖는다. 그러나 간도 농민들은 오히려 마리아에게서

계급적 적대감을 느끼면서 "민족이 뭐냐! 내 땅이 뭐냐!" 하고 일어나 반항한다.

넷째, 강경애가 궁극적으로 추구한 것은 역시 국경, 민족, 나이, 성별 등을 모두 초월한 하층 민중의 연대라고 할 수 있다. 그는 조선, 만주, 러시아의 국경인 두만강을 예찬하면서도 국경이 정해진 후 여진족의 상황을 동정하고 있다.

> 세종왕은 신하인 김종서를 이 지방에 보내어 여진족을 토벌한 후에 두만강을 국경으로 정하였다. 그 전에는 회령에서 청진까지 일직선을 그어 이남이 조선이었다. 그러던 것이 이때에 와서야 비로소 두만강이 국경이 되었다. 당시에 여진족은 눈으로 차마 보지 못할 압박을 받으며 죽지 못하여 살았다. 지금도 그러하거니와 권력자 앞에 그들의 생명은 풍전등화였다. 불교를 강제로 믿게 하는데 너희들은 가족을 데리고 집에서 믿어라 하였다. 그래서 그들은 산에서 믿는 불교를 집에서 믿게 되었다. 이른바 재가승(在家僧)이란 말이 여기서 나온 것이다.
>
> 그들의 항복의 기념으로 지은 종성(鍾城)에 있는 수항루(受降樓)를 그들은 얼마나 원망하였을까. 그리고 수항루를 끼고 굽비굽비 감돌아 내리는 두만강을 얼마나 넘고 싶었을까. 그러나 국경의 수비가 엄하니 어찌 감히 넘으랴. 달 밝은 밤 그들은 고달픔에 못 이겨 아마도 두만강에 몸을 맡겼을 것이다. 연대는 분명하지 않으나 필경 이때로부터 두만강을 넘는 페이지가 시작되었을 것이다.[46]

46 강경애, 앞의 책, 754쪽.

이처럼 강경애는 두만강 월경越境 역사의 기원을 여진족에게로 소급시키기도 한다. 이어서 조선반도의 재해로 월경하는 사람들이 많아졌음을 밝힌다. 그리고 전란을 피해 간도 중국인들이 조선을 거쳐 중국 본토로 가는 길에 오르기도 한다. 즉 두만강 국경지역은 매우 복잡하고 착종하는 상황이다.

한편 소설 「채전」은 중국인 왕서방네 머슴들인 맹서방네가 수방이의 귀띔을 받고 단체행동에 나서서 승리하는 이야기이다. 그리고 1936년 6월 6일부터 10일까지 『오사카매일신문大阪每日新聞』에 일본어로 발표한 소설 「장산곶」은 한국인 형삼과 일본인 시무라의 형제 같은 정을 보여준다. 시무라는 군에 소집되어 만주벌판으로 떠나면서 어머니한테 형삼을 아들로 생각하라고 한다. 그러나 시무라의 어머니는 어업조합의 요시오네로부터 수군거림을 받자 형삼을 멀리한다. 신사참배를 다녀오다가 억수비를 만난 시무라의 어머니를 형삼은 업어서 모셔온다. 노파는 마침내 "미안하구먼!"이라고 사과한다.

여기에서 보다시피 강경애에게는 국가나 민족이 중요하거나 혹은 거기에 동질감을 느끼기보다는 계급적 출신과 유대감이 더욱 중요하게 작용한다. 이는 그가 간도에서 사회주의자인 김봉환, 김경재, 장하일 등으로부터 많은 사상적 영향을 받은 것과 깊은 관련이 있다. 이처럼 1930년대 당시에 이미 '네이션'을 초월한 모습을 보이는 강경애의 문학세계가 과연 1950년대 이후 '네이션'에 포섭된 「중국조선족문학사」에 '조선족문학'으로 서술되는 것이 어울리는지에 대해서도 재검토해볼 필요가 있을 것이다.

4. '조선족문학'의 자리매김을 위하여

조선족문학사의 기원을 사유하는 일은 한반도 이주민들의 중국 진출 사회사와 밀접한 관련을 지닌 망명문학, 이민문학, 항일문학, 향토문학 등을 떠나서 생각할 수 없다. 1945년 광복을 하나의 분수령으로 볼 수는 있지만, 사실 광복과 함께 중국 내 조선민족의 이합집산이 격심하게 일어났고 약 200만 명으로 추정되던 이주민 중에서 최소 80만 명이 중국을 떠나 한반도로 돌아간 것으로 집계되었다고 한다. 이 무렵에 한반도로 돌아가지 않고 계속 중국에 남은 조선민족은 나중에 중국의 '조선족'으로 거듭났는데 이는 토지분배 등의 면에서 상당 부분 자발적 선택이었다는 점을 주목할 필요가 있다.

제1장에서 기술했듯이 중국 정치역사에서 '소수민족으로서의 조선족'이 최초로 거론된 것은 1946년 1월이다. 따라서 가장 빨라도 1946년부터 비로소 공식적인 '조선족' 호칭을 사용할 수 있다고 생각한다. 또한 중국조선족문학사는 중국소수민족문학사 거대 프로젝트의 일부분으로서 기획되고 저술되었기에 공식적으로 그 출발은 1946년부터 시작되었다 보아야 마땅할 것이다. 그러나 속지屬地, 속민족屬民族, 속공동체屬共同體 등의 요소를 두루 고려하여 중국조선족문학의 기원으로서 1946년 이전의 망명문학, 이민문학, 항일문학, 향토문학 등을 문학사에 포함시키는 것이 바람직한 기술 태도라고 할 수 있다. 즉 중국조선족문학의 정체성을 확립하기 위해서는, 한국문학사와 불가피하게 공유해야 하는 부분들은 거시적으로나 미시적으로나 반드시 '조선족문학'과는 구분하여야 할 것이다.

중국조선족문학사의 저술 현황과 서술양상

고유림

1. 들어가며

중국조선족문학사는 중국과 남북한 사이의 경계적 공간에서 서술된 혼종적인 문학사이다. 이는 중국이라는 다민족국가 내부에서 소수민족으로서의 문학사를 구축하기 위한 노력의 결과물이라 할 수 있다. 여기에는 국가·민족·언어·문화적 차원에서 경계인으로서의 고민이 짙게 배어 있다. 예컨대 중국조선족 학자인 김관웅은 "개혁개방 후기 중국조선족문단에서의 문학창작과 문학논쟁의 가장 중요한 테마는 조선족의 정체성"[1]임을 지적하고, 개혁개방 후기 중국조선족문학작품을 중심으로 정체성을 둘러싼 방황, 갈등, 충돌의 혼란한 양상들을 정치사회적 측

1 김관웅, 「다문화시대 중국조선족문학에서의 정체성에 대한 탐구—개혁개방 후기 중국조선족문학을 중심으로」, 『국제한국언어문화학회 제10회 국제학술대회자료집』, 2010.

면 등과 연관시켜 논의한 바 있다. 이러한 논의는 중국조선족문학을 읽어내는 작업에 있어서 국가와 민족의 틀을 넘어서는 제3의 인식이 요구된다는 점을 일깨워주고 있다. 이처럼 중국조선족문학사는 국가와 민족의 틀을 넘어서려는 노력과 경계인으로서의 고민을 담은 문학사라는 점에서 탈경계시대를 살아가는 오늘의 우리가 주목해 볼 만한 텍스트이다.

중국조선족이라는 명칭 안에는 다양한 민족을 중화민족으로 포섭시켜 근대국민국가를 만들기 위한 중국의 전략적인 선택이 투영되어 있다. 그러나 다른 한편으로는 이러한 인식에 길항하면서 조선족 나름의 정체성을 찾기 위한 노력이 고스란히 담겨 있기도 하다. 이러한 포섭과 길항의 변주 속에서 중국조선족은 자신들의 문학사를 서술하여 소수민족으로서 자기정체성을 확보해 나가고자 한 것으로 볼 수 있다. 뿐만 아니라 중요한 역사적 계기들을 통과하는 가운데 중국조선족은 그들만의 정체성과 독자성을 가지고 남북한문학사 및 중국문학사와 대화적 관계를 유지하며 나름의 방식으로 문학사를 편찬해 왔다.

이처럼 국가와 민족에 일정한 거리두기를 하면서 자신들만의 문학사를 기술하려는 노력의 결실로 1990년에 조성일 등이 저술한 『중국조선족문학사』가 출간되었으며, 이를 필두로 현재까지 총 4종의 중국조선족문학사가 출간되었다. 이와 관련하여 국내에서도 조선족문학사의 서술이 필요하다는 인식이 있었고 그 방향성을 제시하는 연구가 진행된 바 있다. 이들 연구를 대별해 보면, 한민족문학사의 입장에서 조선족문학사의 방향성을 모색하고자 한 연구[2]와 재외한인문학에 대한 정리 작업의 일환으로 조선족소설사의 서술에 대한 필요성과 기술 원

2 차성연, 「중국조선족문학 연구의 의의 및 문학사 기술의 방향성 모색」, 『국제한인문학연구』 14, 국제한인문학회, 2014.

칙들을 논의한 연구[3]로 구분된다. 이러한 연구들은 외부자적 시각으로 중국조선족문학의 사적인 연구의 필요성을 언급한 글들이다. 이와 더불어 중국조선족 연구자에 의해 진행된 연구[4]도 다수 존재하는데 대부분 중국조선족문학의 전개과정 및 작품 목록들을 정리하는 토대연구와 개별 작품을 분석하는 연구에 한정되어 있다. 하지만 지금까지 국내를 포함하여 중국에서 발간된 중국조선족문학사를 전체적으로 조망한 연구는 부재하다. 따라서 실제 조선족들이 스스로의 역사적 문맥과 문학의 흐름을 내밀하게 연관 지으며 자신들의 문학사를 어떻게 서술하고 있는지에 대한 종합적인 검토가 우선적으로 요청되는 바이다. 이 글에서는 이러한 문제의식을 바탕으로 중국조선족들에 의해 저술된 중국조선족문학사의 저술 현황과 서술양상을 고찰하고자 한다. 이를 위해 지금까지 저술된 총 4종의 중국조선족문학사의 저술 현황을 파악하고, 개별 문학사의 체제 및 시기구분과 서술상의 특징을 중심으로 중국조선족문학사의 전반적인 기술양상을 파악해 보고자 한다.

---

3 최병우, 「조선족 소설사 시론」, 『한중인문학회 제40회 국제학술대회자료집』, 2017.

4 권철, 「중국 조선족문학 연구현황」, 『아시아문화』 13, 한림대 아시아문화연구소, 1997; 「중국 조선민족 문학연구 개황과 과제」, 『한민족어문학』 35, 한민족어문학회, 1999; 조성일, 「21세기를 향한 조선족문학」, 『批評文學』 10, 韓國批評文學會, 1996; 오상순, 「개혁개방과 중국조선족 여성문학」, 『여성문학연구』 7, 한국여성문학학회, 2002; 「이중정체성의 갈등과 문학적 형상화－조선족 문학의 어제와 오늘과 내일」, 『한국문학의 연구』 29, 한국문학연구학회, 2006; 김관웅, 「"디아스포라 작가" 김학철의 문화신분 연구」, 『한중인문학연구』 27, 한중인문학회, 2009; 「다문화시대 중국조선족문학에서의 정체성에 대한 탐구－개혁개방 후기 중국조선족문학을 중심으로」, 『국제한국언어문화학회 제10회 국제학술대회』, 2010; 「중국조선족문학에서의 정체성문제에 대한 연구－개혁개방 후기 중국조선족문학을 중심으로」, 『人文科學』 93, 연세대 인문학연구원, 2011; 「중국조선족 문학에서의 정체성 문제에 대한 통시적 고찰」, 『전남대 세계한상문화연구단 국제학술회의』, 전남대 세계한상문화연구단, 2011; 김호웅, 「중국조선족과 디아스포라」, 『한중인문학연구』 29, 한중인문학회, 2010; 金虎雄・紫荆译, 『编写中国朝鲜族文学史几个问题』, 延边大学学报(社会科学版), 第3期, 1992; 이광일, 『해방 후 조선족 소설문학연구』, 경인문화사, 2004.

2. 중국조선족문학사의 저술 현황

지금까지 저술된 중국조선족문학사는 다음과 같다.[5]

조성일 · 권철 · 최삼룡 · 김동훈, 『중국조선족문학사』, 연변인민출판사, 1990.

오상순 · 김동훈 · 최삼룡 · 장춘식, 『중국조선족문학사』, 북경 : 민족출판사, 2007.

김호웅 · 조성일 · 김관웅, 『중국조선족문학통사』(상 · 중 · 하), 연변인민출판사, 2011~2012.

리광일 · 권철 · 김호웅, 『조선족문학사』, 연변대 출판사, 2013.

조성일 외의 『중국조선족문학사』는 중국조선족문학을 통시적으로 고찰한 최초의 문학사이다. 이 저술의 후기에 따르면, 1950년대 말부터 연변대학 조선언어문학학부 학생들이 조선족 집거구를 다니면서 해방 전 조선족문학에 대한 전반적인 내용을 채록, 채집하였고, 이를 토대로 연변대학 조선어문학부 교수들이 필진이 되어 문학사 편찬의 기

5 이 글에서는 지금까지 발간된 총 5종의 저술 중 4종의 중국조선족문학사를 대상으로 삼아 저술 현황에 대해 살피고자 한다. 1997년 이회문화사에서 출판한 조성일 · 권철 외의 『중국조선족문학통사』는 조성일 외의 『중국조선족문학사』와 출판사만 다를 뿐 내용이 동일하기 때문에 분석 대상에서 제외했다. 또한 2006년 민족출판사에서 총 11권으로 발간한 북경내 조선문화연구소의 『중국조선민족문화사대계2(中国朝鲜族文化史大系 2)』 안에 『문학사』가 포함되어 있으나 여기에서는 각 장르별(시문학사, 소설사, 산문사, 아동문학사, 구비문학사, 문학평론사)로 간략하게 그 내용을 살펴보고 있어 총체적인 문학사로 보기 어려우므로 이 글의 분석 대상에서 제외했다.

초 작업을 해 나갔다. 이 시기에 모인 자료는 1961년에 등사본으로 편찬된 『연변문학사』(초고)에 반영되었다. 이는 공식적 출판물이라기보다는 일종의 학과 교재로 편찬한 저술형태로 볼 수 있다. 뒤이은 문화대혁명이라는 역사적 사건으로 인하여 오랜 시간 동안 본격적인 문학사 저술 및 출판은 진행되지 못하였다. 이후 개혁개방의 시기를 맞이하면서 연변대학 민족연구소를 중심으로 본격적인 문학사 집필이 시도되기에 이르렀다. 권철[6]은 이 준비 작업의 중심에 있었고, 그를 중심으로 조선족 학자들이 적극적으로 참여하여 100여 년간의 조선족문학에 대한 조사, 채집, 연구 등 총체적 조사가 다시 이루어졌다. 그 결과 1990년대에 이르러서야 『중국조선족문학사』라는 제목으로 최초의 중국조선족문학사가 발간된다.[7] 이 책은 조선족의 정체성을 담아내려는 40여 년간의 노력의 결실인데, 실제 집필에는 총 네 명의 학자가 참여하였다.[8] 이 책의 후기에서 책임 편집자인 조성일은 "중국조선족문학발전의 역사적 흐름과 맥락에 따라 그 합법칙성을 모색하고 작가와 작품을 분석 평가해서 집필했"[9]다는 저술의 기본 입장을 밝히고 있다. 여기저

6 "권형이 조선족문학 연구를 다시 시작한 것은 아마도 1979년부터인 것 같다. 1979년 2월 권형은 곤명에서 열린 전국 제2차 소수민족문학사 편찬회의에 참가했는데 그 회의에서 근 20년 간 중지되었던 소수민족문학사 편찬사업이 전국 범위에서 가동된 것이다. 저주로운 '4인방'이 타도되고 3중전회가 열리면서 이제부터는 '계급투쟁'을 그만두고 경제건설을 한다고 하니 우리는 날 것처럼 기뻤다. 나도 이때 10여 년간 정지되었던 외국문학사 편찬을 다시 시작하여 1980년에 제1책을 출판하였다. 권형도 이때 조성일과 함께 『중국조선족문학발전개황』을 집필하였으며 1986년에는 『중국조선족문학사』 편찬사업에 정식 착수하였다." 인하대 한국학연구소·연변대 민족연구원 편, 『연변학의 선구자들』 2, 소명출판, 2017, 143쪽.

7 조성일 외, 『중국조선족문학사』, 연변인민출판사, 659~661쪽 참조.

8 조성일은 서론, 후기, 제3편 제1장부터 제4장까지를, 권철은 제1편의 제1장부터 제2장, 제2편의 제1장부터 제6장까지를, 최삼룡은 제3편의 제5장부터 제9장까지, 김동훈은 제1편의 제3장과 제4장을 나누어 집필했음을 공시하고 있다.

9 조성일 외, 앞의 책, 661쪽.

기 흩어져 있던 중국조선족문학 관련 작품 및 자료를 발굴 및 채집하여 문학사 편찬의 기초 작업을 해온 그간의 노력이, 이 저술을 계기로 조선족문학의 사적 흐름으로 집대성되면서 문학사 발간이라는 성과로 이어졌다고 하겠다.

오상순 외의『중국조선족문학사』는 조선족 이민시기부터 1999년까지를 다룬 문학사로, 앞서 출판된 조성일 외의『중국조선족문학사』에서 다루어지지 않은 자료가 상당한 수준에서 보완되어 저술되었다. 이 책은 자료의 확충과 시기 조정 및 시기의 확대, 작품 선택의 기준이라는 점에서 이전 문학사와 변별되는 서술태도와 특징을 보인다. 특히 이 책에서 가장 두드러지는 면은 자료의 보완인데, 오상순 외의 문학사는 조성일 외의『중국조선족문학사』가 출판된 후에 발굴된 해방 전 작품들과 1987년 이후의 문학작품들을 상당 부분 발굴하여 수용하고 있다. 또한 각 장을 네 명의 집필진이 나누어 집필[10]하였으며, 오상순이 이를 다시 전체적으로 통일하여 수정했음을 밝히는 것으로 보아 오상순이 문학사 전체의 시각과 체제를 조율하면서 집필을 이끌었으리라고 추측해볼 수 있다.[11]

김호웅 외의『중국조선족문학통사』는 1860년대 중반부터 2010년에

---

10 김동훈은 제1편의 제1장부터 제3장, 장춘식은 제1편의 제4장에서 제8장, 최삼룡은 제2편의 제1장, 제2장, 제5장, 제3편의 제2장, 제3장, 제5장, 제7장, 제9장, 제10장, 오상순은 머리글, 제2편의 제3장, 제4장, 제3편의 제1장, 제3장, 제6장, 제8장을 맡아서 집필했다.

11 오상순은 이 문학사의 저술 과정을 머리글에서 다음과 같이 밝히고 있다. "중앙민족대학교 조문학부에서는 다년간 조성일 · 권철 주필의『중국조선족문학사』(1990년)를 교재로 써오다가 절판이 되어 고민하던 중 2002년에 북경시 정품교재로 신청한 것이 인가되어 편찬을 시작하게 되었다. 다행스럽게도 그 후 한국학술진흥재단과 한국재외동포재단으로부터 연구비를 후원받아『중국조선족문학사』집필을 원만히 마칠 수 있었고 중앙민족대학교 "211공정"에 들어가 출판비를 후원받게 되었다."(오상순,「머리글」, 오상순 외,『중국조선족문학사』, 북경 : 민족출판사, 1쪽)

이르기까지 150년 동안의 중국조선족문학사를 집대성한 저술이다.[12] 이 책은 기존 문학사에서 다루지 않은 문학비평, 문학 연구, 영화가 문학사 서술 대상이 되었다는 점에서 차별화된다.[13] 이 문학사는 연변대학교 '211공정' 제3기 프로젝트로 편찬되었고, 세 명의 집필진이 각 장을 나누어 집필[14]한 후에 김관웅이 용어를 통일하여 수정하는 등 보충을 하였으며, 부분적으로 다른 필자의 글을 번역삽입하기도 하였다.[15] 자료보완의 측면에서 이 문학사는, 1999년 이후의 중국조선족문학 발전사를 비중 있게 다루고 있다. 실제로 개혁개방 전기와 후기에 걸친 30년간의 문학이 『중국조선족문학통사』 하권에 집중적으로(총 708쪽) 서술되고 있다. 일반적으로 중국조선족문학사에서 개혁개방 전기는 '중국조선족문학의 르네상스'라 불리는데, 이는 1980년대 초반의 조선족 문단의 분위기를[16] 반영한 결과라고 볼 수 있다.

---

12 김호웅 외, 『중국조선족문학통사』는 상·중·하 총 3권으로 구성되어 있으나, 가장 마지막에 출판된 『중국조선족문학통사(중)』(2012.12)권은 이주초기부터 2010년까지 중국 국내에서 발표된 중국조선족문학작품들을 '총목록'이라는 형식으로 집대성한 자료집이기 때문에 분석대상에서는 제외하였다.

13 개혁개방 이후의 문단 상황을 천쓰허의 문학사를 통해 살펴보면 다음과 같다. "매스미디어의 발전은 사회 체제의 변화와 동시적으로 일어나고 있다. 1980년대 중반 이후부터 중국사회는 경제 체제의 전면적인 변화를 겪었고, 1990년대 초 시장경제가 사회생활의 각 영역에 영향을 미치기 시작하면서 문화와 문학의 생산, 전파와 수용의 모든 과정에 개입하고 있다. 이와 동시에 작가의 생존 방식 및 작품의 생산과 유통 방식 또한 문학 체제의 개혁과 함께 큰 변화"를 겪었음을 상술하고 있다.(천쓰허(陳思和), 박난영·노정은 역, 『중국당대문학사』, 문학동네, 2008, 576쪽 참조) 이러한 문단 상황의 변화는 중국조선족문학사 편찬 과정에서 자본화된 문화시장의 원칙을 수용하는 계기가 되었다. 이에 따라 문학사 서술 대상 또한 문학비평, 문학 연구, 영화로 확대된다.

14 김호웅은 제1편 이민시기의 문학, 조성일은 제2편 정치공명시기의 문학, 김관웅은 총론, 제1편 제6장, 제2편 제7장, 제8장, 제3편 개혁개방 전기 문학, 제4편 개혁개방 후기 문학, 후기를 맡아서 집필했다.

15 이 책의 제4편 제4장 제8절 '김인순의 한문소설 창작' 부분은 서진청이 한어로 집필한 글을 김관웅이 조선어로 번역한 후, 체계를 수정하여 수록하였다. 김호웅 외, 앞의 책, 706쪽 참조.

16 "그 단적인 증거로 당시 중국조선족문학의 가장 중요한 창작원지였던 『연변문예』의 발

마지막으로 리광일 외의 『조선족문학사』는 이주 초기부터 2000년대까지를 다룬 문학사로 연변대학에서 2013년에 교재 발간을 목적으로 펴낸 문학사이다. 이 문학사는 연변대학교 '211공정' 제3기 중점학과 건설프로젝트로 편찬된 문학사로, 각 장을 세 명의 집필진들이 나누어 집필했다.[17] 후기에 따르면, 이 책은 그동안 교재로 사용했던 조성일 외의 『중국조선족문학사』와 『조선족문학』(상, 권철)이 절판되었고, 새로운 교재의 필요성이 제기됨에 따라 집필되었음을[18] 알 수 있다. 리광일 외의 『조선족문학사』가 갖는 특징은 기존 저술들과는 달리 시와 소설을 중심으로 문학사가 기술되었다는 점이다. 이는 집필 목적에서도 밝히고 있듯이, 이 책이 대학 교재용으로 집필된 것이어서 개론 수준에서 문학사를 매우 소략하게 기술한 결과로 보인다. 이처럼 이 문학사는 교재용 문학사 발간을 위해 기존 문학사를 바탕으로 요약적으로 집필되었기 때문에 그 한계도 분명하다.

행량을 들 수 있다. 1981년도 『연변문예』지가 8만 6천 부 발행된 적이 있었는데 이는 전무후무한 엄청난 발행량이었다. 그 당시 조선족인구가 180만 명이었으니 19명당 1권씩 『연변문예』지가 돌아간 셈이 된다. (…중략…) 개혁개방 전기에 속하는 1980년대는 중국조선족문학의 전성기였다 해도 과언이 아니다." 김호웅 외, 『중국조선족문학통사(하)』, 연변인민출판사, 2012, 15쪽.

17 권철이 제1장(이주~1931년의 문학), 김호웅이 제2장(1931년~1945년의 문학), 리광일이 제3장(1945년~1957년의 문학), 제4장(1957년~1979년의 문학), 제5장(1979년~1989년의 문학), 제6장(1989년~2000년의 문학)을 집필했다.

18 이 책의 후기에는 해방 후 부분을 보완하는 데 시일이 걸리던 차에 집필이 완성되기도 선에 주요 집필자였던 권철이 디계히였다는 사실이 밝혀져 있다. 리광일 외, 『조선족문학사』, 연변대 출판사, 2013, 349쪽 참조.

3. 체제 및 시기구분

지금까지 발간된 총 4종의 중국조선족문학사 저술과 시기구분을 표로 정리하면 〈표 1〉과 같다. 시기구분은 상위시기와 하위시기로 나누어 정리하였다.

시기구분과 관련한 용어 선정에서 특징적인 것은 조성일 외의 『중국조선족문학사』를 제외한 나머지 세 권의 문학사에서 모두 천쓰허陳思和의 '공명共名'과 '무명無名' 개념을 차용하여 해당 시기를 설명하고 있다는 점이다. 천쓰허는 이 두 개념을 다음과 같이 설명하고 있다.

> 이 용어는 문화 형태를 설명하는 데 있어 상대적으로 대립되는 개념이다. 20세기 중국은 역사의 각 시기마다 그 시대의 주제를 포괄하는 개념들이 있었다. 예를 들어 5·4시기의 '민주와 과학' '반제 반봉건', 항전 시기의 '민족 구국' '애국주의', 5, 60년대의 '사회주의 혁명과 건설' '계급투쟁 강령' '두 노선의 투쟁', 80년대의 '어지러운 세상을 바로잡아 정상을 회복하자(撥亂反正)' '개혁 개방' 등이 그것이다. 이러한 통일된 거대한 시대적 주제들은 그 시대정신의 향방을 무게 있게 담아내긴 했으나 동시에 지식인들이 다양한 문제의식으로 사고하는 데 제약이 되기도 했다. 이 책에서는 이러한 문화 상태를 '공명'이라는 용어로 개괄하였다. 한편 비교적 안정되고 개방적인 사회적 조건에서 사람들의 정신생활이 갈수록 다원화되면서 이러한 거대하고 일원화된 시대적 주제는 더 이상 민족의 정신적 향방을 담보해내지 못했고, 사회에는 다양한 가치와 공생공존의 분위기가 형성되었다. 이에 문화적 사조나 관념은 시대 주제의 일부만을 반영할 뿐

〈표 1〉 중국조선족문학사 저술과 시기구분

저자명	서명	체제	상위 시기구분	하위 시기구분
조성일(외)	『중국조선족문학사』	제1편	근대	① 이주~1920
		제2편	현대	① 1920~1931 ② 1931~1945 ③ 1945~1949
		제3편	당대	① 1949~1966 ② 1966~1976 ③ 1976~1986
오상순(외)	『중국조선족문학사』	제1편	이민시기	① 이주~1931 ② 1932~1945
		제2편	정치공명시기	① 1945~1957 ② 1957~1978
		제3편	다원화시기	① 1979~1989 ② 1990~1999
김호웅(외)	『중국조선족문학통사(상)』	제1편	이민시기	이민 초기 (19세기 말~1919)
				이민 중기 (1920~1931)
				이민 후기 (1931~1945)
		제2편	정치공명시기	정치공명시기 (1946~1976)
	『중국조선족문학통사(하)』	제3편	개혁개방 전기	
		제4편	개혁개방 후기	
리광일(외)	『조선족문학사』	제1장	이주~1931년의 문학	이주~1920년의 문학
				1920~1931년의 문학
		제2장	1931년~1945년의 문학	
		제3장	1945년~1957년의 문학	
		제4장	1957년~1979년의 문학	
		제5장	1979년~1989년의 문학	
		제6장	1989년~2000년의 문학	

통일된 공명 상태를 만들기는 더욱 어려웠는데, 이러한 문화 상태를 '무명'이라는 용어로 정리하였다.[19]

천쓰허의 '공명共名'과 '무명无名'이라는 개념은 상이한 문화형태를 지

19 천쓰허, 노정은 · 박난영 역, 앞의 책, 25~26쪽.

칭하는 대립적인 용어이다. '공명'은 각 시기에 핵심적으로 드러나는 시대정신의 향방이 존재하고 이를 통일된 시각에서 파악하는 문화형태를 말하며, 주로 정치사적 변화가 문학적 변화를 견인하는 문화형태를 일컫는다. 이에 반해 '무명'은 통일된 시각과 가치가 부재하며 다양한 가치가 공생하는 사회분위기 속에서 만들어지는 다원화된 문화형태를 일컫는다. 이와 같은 '공명'과 '무명'이라는 천쓰허의 개념을 가감 없이 수용한 점은, 중국조선족문학을 대면하고 있는 중국조선족 학자의 복잡한 내면이 엿보이는 지점이다. 이러한 용어선택은, 한편으로는 자신들의 문학사를 서술함으로써 그 안에 자신들만의 고유한 정체성을 담으려는 노력을 기울이면서도, 다른 한편으로는 경계에 서 있는 자신들의 혼종적 정체성에 대한 무의식이 반영된 결과로 볼 수 있다.

1) 조성일 외, 『중국조선족문학사』

이 책은 시대별 문단의 특징과 문학 환경의 변화를 구체적으로 밝히면서 대표적인 문학 장르와 그에 해당하는 대표작가의 생애와 문학활동, 작품 소개 순으로 문학사를 서술하고 있다. 〈표 1〉에서처럼 시기를 크게 근대문학, 현대문학, 당대문학으로 나눈 뒤에 근대문학은 다시 이주~1920년, 현대문학은 1920~1949년, 당대문학은 1949~1986년까지로 구분하여 기술하였다. 좀 더 세분하여 살펴보면 이주 초기부터 현재의 문학까지를 일곱 개의 시기로 나누어 기술하고 있다. 이러한 시기구분에 있어서, 조선족이 중국으로 이주한 기점과 1931년에 발발한 9·18사변, 8·15해방과 중국의 건국 등이 중요한 분기점이 되고 있다. 1949년을 당대문학의 기준으로 삼은 것은 정치사적 근거에 기인한 것으로서, 이후 집필된 문학사의 시기구분법과 다른 점이다. 여타의 문학사가 1945년을 중요한 기점으로 삼고 있는 것과 달리 이 문학사에서는 중화인민공화국 건설을 당대문학의 기점으로 삼고 있다. 또한 이 문학사에서는 문화대혁명시기(1966~1976)를 중국조선족문학의 암흑기로 규정하고, 수난의 시기로 평가하고 있다.[20] 또한, 문화대혁명이 끝난 1976년을 조선족문학의 새로운 발전기로 보았으며, 마지막으로 1976년부터 1986년까지의 문학사를 문예계의 사상해방운동과 문단의 부흥시기로 명명하여 서술하고 있다.

조성일은 서론에서 중국의 정치경제의 발전 상황과 민족문학 발전의 특수성에 따라 당대문학 시기를 구분하였다고 밝히고 있다. 또한 그는 "중화인민공화국창건으로부터 '문화대혁명' 전까지 17년 동안의 조선족의 당대문학은 비록 간단없는 정치적세파에 부대끼면서 평탄치 않은 길을 걸어나왔으나 건국후 중국의 새로운 사회력사적현실과 인민들의 장성하는 사상미학적요구에 토대하여 시문학, 소설문학, 극문학, 평론문학 및 구전문학 등 각종 문학형태에 걸쳐 커다란 발전을 보았으며 뚜렷한 성과를 달성하였"[21]다고 평가하고 있다. 이러한 평가의 이면에는 "조선족문학발전을 단순히 중국이 사회적력사발전단계에 따라 획분하여 서술하게 되면 조선족력사발전과 조선족문학발전의 합법칙성을 천명함에 무리가 조성되고 가령 조선족력사발전과 문학발전의 특수성만 념두에 두고 시대를 획분하고 서술한다면 조선족문학과 중국의 사회정치적관계를 밝힘에 있어 많은 어려움에 부딪치기 마련"[22]이라는 고민

20 조성일 외, 앞의 책, 448쪽 참조.
21 위의 책, 278쪽.

이 놓여있다. 이는 중국조선족으로서 자신들의 문학사를 기술하려는 욕망과 함께 중국 국민으로서의 정체성을 망각하지 않으려는 의도가 집필 방향에 전제되어 있음을 보여주는 대목이다. 이처럼 이 문학사는 중국문학사 일반이 따르고 있는 시대구분의 틀에 기대고[23] 있으며, 이는 또한 중국사의 보편적 시대구분과도 합치된다. 이처럼 큰 틀에서 이 책은 중국문학사 및 중국사와 유사성을 보이지만, 부분적으로는 조선족이 경험한 역사적 특수성과 이에 따라 조선족문학 발전의 구체적 상황을 고려하려는 집필자의 의도도 엿볼 수 있다.

2) 오상순 외, 『중국조선족문학사』

이 책은 제1편에서부터 각 시기의 시대상황과 문학을 개관하고 시기에 따라 시, 소설, 극, 산문문학으로 장르를 구분하여 문학사를 서술하고 있다. 또한 장르 안에 세부적으로 그 시기의 대표적인 작가와 작품 분석 순으로 문학사를 서술하고 있다. 또한 여기서는 조성일 외의 『중국조선족문학사』가 다루지 못했던 1986년 이후부터 1999년에 이르는 13년간의 문학사를 보충해서 서술하고 있으며, 제3편 제8장에서 여성소설을 처음으로 다루고 있다는 점이 특징적이다.[24]

---

22 위의 책, 6쪽.

23 중국 현대문학 연구의 창시자 중 한 사람인 왕요(王瑶)는 현대문학사의 시기구분을 1919~1949년, 1949~1976년, 1976년 이후로 3분하였다. 그는 '10년 재난'이 끝난 1976년 이후부터는 문학사의 체계적 기술이 불가능한 것으로 보고 '신시기문학(新时期文学)'으로 묶어서 인식하고자 하였다. 유세종, 「중국현대문학사 시기구분론」, 『중국학연구』 6, 중국학연구회, 1991, 295쪽 참조.

24 이 책에서는 1980년대 후반에 허련순을 포함한 30여 명의 여성작가들이 문단에 등단했

중국 당대문학사의 시기구분법을 따르고 있는 조성일 외의 『중국조선족문학사』의 시기구분법이 조선족문학의 독자적 발전에 주목하지 않았고 그 특수성을 간과했다는 지적과 함께, 이 저술에서는 조선족문학 독자적 발전의 특수성에 비추어 시기구분을 크게 세 단계로 하고 있다. 제1편 이민시기의 문학(이주~1945년), 제2편 정치공명시기의 문학(1945~1978), 제3편 다원화시기의 문학(1979~1999)이 그것이다. 상위시기 중 제1편은 다시 이주 전기의 문학(이주~1931)과 이주 후기의 문학(1931~1945)으로, 제2편은 1945~1957년의 문학과 1957~1978년의 문학으로 구분하였다. 또한, 제3편은 1979~1989년의 문학과 1990~1999년의 문학으로 구분하였다. 이 가운데 1945~1978년을 정치공명시기의 문학으로 규정하고 있는데, 여기에서 '정치공명시기'는 천쓰허의 '공명' 개념을 차용한 것이다. 무엇보다 이 책에서는 이전 시기의 문학사와는 달리 1957년을 매우 중요한 분기점으로 인식하고 이 시기에 상당히 주목하고 있다. 이 시기는 중국에서 문학의 정치화가 본격화된 시기로, 중요한 문예사상투쟁으로서 반우파투쟁이 전개되면서 대다수 작가들이 창작권을 박탈당한 고난기였다. 조선족문학계에서도 이러한 정치적 외풍은 문학의 위축을 가져왔고, 문학이 점차 정치의 영향권하에 놓이게 되는 시기라 할 수 있다. 이 책에서는 이러한 정치적 현실과 문학적 변화를 반영하여 1957년을 문학사의 한 분기점으로 설정한 것으로 보인다.

또한, 이 문학사는 다원화시기의 문학적 기점을 1979년으로 잡고 있

다는 점을 강조하여 기술하고 있다. 또한 1990년대 말 주요 여성작가들의 소설집과 장편소설을 소개하며 중국조선족 소설문단에서 괄목할 만한 성장을 보인 여성작가들을 높이 평가하였다.

다. 이는 이전의 문학사에서 문화대혁명이 끝난 1976년을 기점으로 잡는 것과 변별되는 점이다. 여기서는 1979년이라는 기점 설정의 근거를 정치적인 변화에서 찾고 있는데, 1978년 12월에 열린 당중앙위원회 제3차 전원회의를 중국공산당 역사상 중요한 의의가 있는 전환기로 본 결과이다. 이 회의는 중국의 개혁개방을 결정한 역사적 사건으로서 대외개방, 대내경제 활성화, 사상해방이라는 중대한 결정이 이 회의에서 결정되었고, 이러한 결정이 이후의 사회역사적 변화에 중요한 기폭제가 되었기 때문에 시기구분의 준거로 삼고 있는 것으로 판단된다. 개혁개방에 대한 의미를 중요하게 평가하고 있지만 다른 한편으로 이 책에서는 문화대혁명 시기의 문학이 주제의식이나 사상경향이 그릇된 것이라고 하더라도 모든 작품을 부정하지 않고 새시기 문학으로 이행하는 과도기의 문학이라는 관점에서 평가하고 있다. 이러한 시각의 이면에는 그동안의 문학사가 정치사에 기반을 두고 서술된 것을 비판적으로 인식하고 문학의 내적 발전을 중심으로 문학사를 기술하고자 한 의도가 투영되어 있는 것으로 볼 수 있다.

3) 김호웅 외, 『중국조선족문학통사』(상 · 하)

이 문학사의 체제를 살펴보면 각 시기별 문단과 시대상황을 개관한 후에 각 시대의 대표적인 문학을 시, 소설, 극문학, 민간문학과 산문, 문학비평 영역으로 구분하여 각 장르별로 대표적인 작가와 작품을 서술하고 있다. 특히 문학비평을 매우 비중 있게 다루고 있는 것은 눈여겨 볼 점이다.[25] 개혁개방 후기에 연극, TV드라마, 영화문학 등의 다양한 장르를 문학사 서술에 포함시키고 있다는 점 또한 다른 문학사와는 다른 특징적인 점이다. 이처럼 기존의 중국조선족문학사에서는 다루지 않았던 민간문학, 문학비평과 문학 연구, 영화를 처음으로 문학사 서술 대상에 포함시켜 문학사의 영역을 확장시켰다는 데 의의가 있다.

이 저술에서는 1860년대 중반부터 2010년에 이르는 150년간의 중국조선족문학사를 기술하고 있다. 여기서는 중국조선족문학과 타 문학 간 관계양상을 중점적으로 다루면서 이민시기, 정치공명시기, 개혁개방 전기, 개혁개방 후기로 나누어 시기별로 서술하고 있다. 이민시기문학을 19세기 중엽 이후부터 1945년 8·15광복까지로, 정치공명시기문학을 1945년 8·15해방부터 1976년 10월까지로 구분하여 상편에서 기술하고, 개혁개방 전기문학을 1976년 10월부터 1989년 6월까지로, 개혁개방 후기문학을 1990년부터 2010년까지로 나누어 하편에서 기술하고 있다. 상위시기 중 이민시기는 다시 이민 초기(19세기 말~1919)와 이민 중기(1920~1931), 이민 후기(1931~1945)로, 정치공명시기는 1946년부터 1976년의 문학으로 구분하였으나 개혁개방 전기, 후기문학은 하위시기를 따로 구분하고 있지 않다. 여기에서 특징적인 점은 개혁개방 전기와 후기를 하나의 시대로 통합시키지 않고 따로 구분하여 상·하권에 담았다는 점이다. 김관웅이 총론에서도 밝히고 있듯이 "개혁개방 후기는 중국조선족사회에서 가장 많은 사회문제들이 속출했고 조선족문화도 많은 위기상황을 보여주었지만 사회의 발전, 변화의 상황과

26 각 시기마다 문학비평의 장(章)을 마련하고 있다. 상권 제1편 이민시기의 문학 제6장 이민시기의 문학비평(283~305쪽) / 제2편 정치공명시기의 문학 제7장 정치공명시기의 비평문학(509~517쪽) / 하권 제3편 개혁개방 전기문학 제6장 개혁개방 전기의 문학비평(247~258쪽) / 제4편 개혁개방 후기문학 제7장 개혁개방 후기의 문학비평과 문학 연구(636~679쪽).

문학발전의 불균형률이 이 시기에 가장 여실하게 나타나서 중국조선족 문학은 오히려 민족문화의 위기상황 속에서 문학의 찬란한 르네상스시대를 맞이"[26]한 시기였다. 이런 변화를 적절하게 반영한 이 문학사는 중국조선족문학의 전성기를 담아내기 위해 해외문학사와의 영향관계 안에서 연구동향을 살피면서 출판시장의 변화 등을 민감하게 담아내고자 한 노력의 결과물이라 평가할 수 있다.

4) 리광일 외, 『조선족문학사』

이 문학사는 각 시기별로 전반적인 시대상황을 개관하고 주로 시와 소설을 중심으로 시기별 대표 작가와 작품을 서술하고 있으나 부분적으로는 극 장르도 언급하고 있다.[27] 이 책은 대학교재용 문학사이기 때문에 내용을 단순화시킨 집필자의 의도도 있겠지만, 문학을 세 장르로 나누어 서술한 것은 중국문학사에서도 흔히 채택하고 있는 서정 · 서사 · 극이라는 삼분법의 영향이라고 할 수 있다.

이 책에서는 중국조선족문학사를 크게 여섯 시기로 나누어 기술하고 있는데, 이주~1931년의 문학, 1931~1945년의 문학, 1945~1957년의 문학, 1957~1979년의 문학, 1979~1989년의 문학, 1989~2000년의 문학으로 나눈 후, 이 가운데 이민시기의 문학은 다시 세분하여

26 김호웅 외, 앞의 책, 10쪽.

27 예를 들어 '제3장 1945년~1957년의 문학 / 제1절 8.15해방과 문학의 재건 / 제2절 시문학 1. 리욱의 시 2. 기타 시인의 시 / 제3절 소설문학 1. 김학철의 소설 2. 기타 소설가의 소설'과 같이 시와 소설을 중심으로 구성된다. 제2장 제4절에서는 항일가요와 극 장르도 목차 구성에 포함시키는데, 이는 조선과 중국의 국경지대를 중심으로 항일투쟁을 벌이던 동북항일유격구의 항일가요와 희곡 등이 그 시기의 대표적인 작품이기 때문이다.

이주부터 1920년까지의 문학과 1920년부터 1931년까지의 문학으로 나누어 기술하고 있다. 또한 각 절은 시대상황과 문학적 특징을 설명하면서 시대를 개관하고 있다. 즉, 이주부터 1920년까지의 문학은 이주 초기 수난의 현실과 민족문화계몽운동의 전개를, 1920년부터 1931년까지의 문학은 새로운 사조의 유입과 문화활동의 전개를, 1931년부터 1945년까지의 문학은 항일투쟁 및 항일문화활동을 전개한 조선족문단에 대해 기술하고 있으며, 1945년부터 1957년까지의 문학은 8·15해방과 문학의 재건을, 1957년부터 1979년의 문학은 정치공명시기와 문학의 위축을, 1979년부터 1989년까지의 문학은 다원화시기와 문학의 번영을, 1989년부터 2000년의 문학은 무명시기와 문학의 성숙을 기술하고 있다.

이 책에서는 조선족문학의 본격적인 시작을 1945년부터 1957년까지(제3장)에 해당하는 시기로 보고 있는데, 이 시기를 이전 시기부터 지속되어 오던 중국조선족문학이 새롭게 재건된 시기[28]로 보고 있다. 이러한 시기구분의 근거에 대해서는 다음과 같이 밝히고 있다.

> 조선족문학연구에 있어서 1945년부터 1949년까지의 문학은 현대문학에 포함시키고 당대문학의 시작을 1949년으로 인정하는 것이 많은 연구자들의 견해이다. 하지만 이는 조선족문학의 발전을 중국당대문학의 발전단계획분기준에 맞춘것이라는 지적을 피하기 어렵다. 일제의 통치에서 벗어났다는 의미도 있지만 해방직후 조선족문학의 중심이였던 연변과 흑룡

28 "1945년부터 1957년까지는 작가대오의 건설, 문학사상의 확립, 문예발표지의 출간 등 여러 면에서 재건되던 시기이다." 이광일, 『해방 후 조선족 소설문학연구』, 경인문화사, 2004, 10쪽.

> 강의 할빈, 목단강지역은 직접 중국공산당의 영향하에 들어갔다. 이 시기 중국문학은 연안문학의 정신을 가일층 강화하면서 경전적 사회주의문학을 구축하던 시기였다. 그리고 조선족은 중국의 정세에 발을 맞추면서도 조선에서 눈길을 떼지 못하였고 더욱이는 새 나라의 주인이 되었다는 해방의 기쁨이 팽배하였던 시기였으며 문학적으로는 공백이나 다름없는 상황에서 중국문학, 조선문학, 쏘련문학을 나름대로 접촉하고 공부하면서 문학을 새롭게 구축하였다.[29]

인용문에서는 1949년이라는 중국당대문학의 기점을 중국조선족문학에 그대로 적용하는 것은 중국조선족문학의 특성을 드러내기 어렵다는 지적과 함께, 1945년을 기점으로 삼는 이유에 대해 설명하고 있다. 이러한 차별화된 분기 설정에는 국가와 민족 사이에서 길항하는 중국조선족문학의 혼종적인 양상 속에서도 조선족문학의 자체발전 특징을 문학사 기술에서 고려하고자 하는 의지가 반영된 것으로 볼 수 있다. 또한, 여기서는 1957년 이후에 접어들면서 중국조선족문학은 여타의 중국문학과 마찬가지로 정치적 현실에 휘둘리게 된다는 점을 지적하면서, 1957년부터 1979년(제4장)을 정치공명시기로 보고 이 시기에 조선족문학은 자체 특성을 잃어버렸다[30]는 점에 주목하고 있다. 이러한 시기구

29 리광일 외, 앞의 책, 218쪽.

30 "조선족문인들은 자기의 사유를 버리고 단지 중앙의 지시에 무조건 집행해야 하며 한족의 눈치를 봐가며 생각하고 행동해야 생존할수 있다는 심리가 생성했다. 사상, 가치판단의 기준, 행동방침, 사유가 하나로 귀결되었던 시기에 조선족문인들도 어찌할수 없었던 객관적인 생존환경이였던 점은 감안되지만 문학에 끼친 영향은 컸다. 그리고 가장 주목되는 점은 조선족문학의 중국화가 이때로부터 본격적으로 시작되였다. 이리하여 문학은 정상적인 궤도에서 발전할 수 없었고 오히려 위축되고 퇴보의 길을 걷게 되었다." 위의 책, 241~242쪽.

분상의 특징은, 조선족문학의 독자성을 중심으로 해방 후 중국조선족 소설의 발전단계를 구분한 리광일의 연구[31]와도 그 맥을 같이 한다.

4. 서술상의 특징

1) 조성일 외, 『중국조선족문학사』

최초로 발간된 중국조선족문학사인 이 저술은 민족문학이라는 관점에서 쓰인 문학사라 할 수 있다. 조성일이 서론에 밝힌 바에 따르면, 이 문학사는 기본적으로 반제반봉건을 중심원리로 삼아 서술되었다. 이러한 서술원리는 이 시기에 대한 일반적인 한민족사의 인식방법과 동일한 방식이라 할 수 있는데, 전근대사회에 대한 비판과 새로운 역사를 모색하려는 노력이 문학사 서술의 근본원리로 작용하고 있음을 알 수 있다.

> 조선족인민들은 형제민족인민들과 더불어 반제반봉건 특히 반제의 기치를 높이 추켜들고 민족의 자주권과 해방, 민족의 근대적발전을 위한 장

31 "당대 조선족 소설문학을 독자적인 유형기제로 파악하지 못하였고 동시에 한족문학을 주요한 참조계로 삼으면서 조선족 소설문학 발전의 특색을 무시하고 한족문학 발전의 특색에 너무 편승한 폐단을 지니고 있다. 우선, 조선족 소설문학의 자체 특징을 외면하고 해방 후 조선족 소설문학의 시작점을 1949년으로 규정지음으로써 한족문학과의 일치성을 보였다." 위의 책, 8~10쪽.

> 구하고도 간고한 투쟁을 벌렸다. 이런 투쟁로정과 그 과정의 체험은 조선족인민들로 하여금 남달리 일찍부터 민족의 주체의식, 반일의식, 단결의식, 향토의식을 가지게 하였으며 민족의 해방과 문명개화의 추구에 박차를 가하게 하였다. 바로 이런 사회력사적상황과 민족의 운명으로 말미암아 중국 조선족문학에 수난, 반일, 사향, 민족단결, 문명개화의 소재와 주제가 관통되고 있는 것이 특징적이다.[32]

인용에 따르면, 반제반봉건의 역사적 정황하에서 중국조선족문학의 주요 소재와 주제가 '수난, 반일, 사향, 민족단결, 문명개화'라는 특징으로 요약된다는 점을 분명히 밝히고 있다. 따라서 이 문학사의 서술원리는 전근대를 극복함과 동시에 제국주의를 극복해야 하는 근대의 두 과제 앞에 놓인 우리의 근대민족문학사가 지향한 서술관점과 크게 다르지 않다고 하겠다. 또한 이 문학사는 민중적 장르를 높이 평가하면서 중국조선족문학 형성에 있어서 구전문학의 계승과 창조가 매우 중요한 문학사적 의미를 갖는다고 보고 있다.

> 조선족인민들은 근대, 현대에 진입하여 자기의 서사문학을 창조했을 뿐만 아니라 선행시대의 구전문학전통을 계승하면서 새로운 구전문학의 창조에서도 자기의 지혜와 창조적 기량을 구김 없이 보여주었다. 따라서 조선족문학을 서술할 때 이분야의 성과도 홀시할수 없는것이다.[33]

이러한 서술태도는 장구한 민족사의 연속선상에서 중국조선족문학

32 조성일 외, 앞의 책, 8~9쪽.
33 위의 책, 5쪽.

사를 파악하려는 입장을 보인 것으로 볼 수 있다. 하지만 현실적인 면에서 보면 이러한 관점을 취한 것은 당시 중국조선족 내에는 전문적인 창작자가 많지 않았다는 점과도 일정 부분 연관된다고 할 수도 있을 것이다. 저간의 사정이 어떠하든, 이 문학사는 구전문학을 강조하면서 민중 중심의 문학사 기술을 지향하고 있음을 알 수 있다. 또한 동시에 이 문학사는 중국조선족의 삶을 반영하고 민족적 색채를 띤 작가와 작품을 중시하는 내용 우위의 서술태도를 견지하고 있다. 이는 언어선택의 문제에서 확인해 볼 수 있는데, 이 저술에서는 한글과 한자라는 표기수단 선택에 대해서 매우 유연한 태도를 보이고 있다. 중국조선족문학에 있어서 중요한 점은, 표기수단의 선택 문제라기보다는 얼마나 중국조선족의 삶을 미학적으로 잘 반영하고 있는가라는 작품의 내용성에 초점을 두고 문학사를 기술하고 있음을 확인할 수 있는 대목이다.

> 언어는 문학의 기본적인 표현수단으로서 문학의 형식에 민족적 특성을 부여하는 가장 중요한 요소이다. 조선족은 오랜 옛날부터 민족고유의 말과 글자를 가지고 있으며 그에 기초하여 민족적 색채가 짙은 문학을 창조하였다. 이는 조선족문학사에서의 조선문문학으로서 주도적인 위치를 차지하고 있다. 그러면서도 조선족작가들은 한자를 표기수단으로 하여 또 '한문학'을 창조하기도 하였다. 그리하여 조선족문학은 표기수단에 따라 조선문문학과 '한문학'의 이중구조우에 건립되어있으며 그것들은 서로 침투하면서 발전하여왔다. 지난날 조선족문학이 한줄기로 뻗어난 '한문학'은 비록 한자를 표기수단으로 리용하였지만 김택영, 신정, 신채호 등 작가들의 작품들이 웅변적으로 말해주다싶이 백의동포의 작가에 의하여 조선족의 생활을 조선족 인민들의 미학적 요구에 맞게 반영한 것으로 하여 그

형식에 있어서도 민족적 색채를 가지게 되었다.[34]

여기서는 '조선문문학'뿐만 아니라 '한문학' 모두를 표기수단으로 인정하면서, 중국에서 활동한 근대 문인들을 조선족문학사 안에 배치시킨다. 예를 들어 중국에서 활동한 신채호에 대해서는 "조선족력사소설 발전사에서의 첫 시도로서 개척적 의의가 있다"[35]고 평가하는데, 이러한 서술로 볼 때 한문학과 국문문학을 별도로 구분하지 않고 중국에서 활동한 근대 문인 가운데 민족의 삶을 충실히 반영한 문인을 중국조선족문학사의 기원으로 삼고 있음을 확인할 수 있다. 이러한 서술상의 특징을 보이는 이 문학사는, 최초로 중국조선족문학의 변화 및 발전과정을 통시적으로 기술하면서 개혁개방 전기의 문학사를 종합적으로 조망해내는 성과를 보였다고 평가할 수 있다. 하지만 최초의 문학사였기 때문에 누락된 작품들이 적지 않고 그 시각에 있어서도 조선족의 정체성이 도드라지지 못했다는 한계가 분명한데, 이는 최초가 감당해야 하는 비난이기도 할 것이다.

2) 오상순 외, 『중국조선족문학사』

이 문학사에서 특징적인 면은 중국조선족문학의 출발이 이민문학임을 강조하고 그 독자성에 대해 천착하고 있다는 점이다.

---

34 위의 책, 9~10쪽.
35 위의 책, 160쪽.

> 우리 이민문학을 독자적인 한 문학현상으로 파악하고 살펴보고저 할 때 작품 소재상의 특수성을 감안하지 않더라도 이러한 문학현상은 다른 문학현상과는 구별되는 개성을 지니고 있어야 한다. 그리고 이러한 문학현상은 국가와 민족이라는 두가지 신분관념이 작용하기 때문에 정체성의 문제가 불가피적으로 제기된다. 따라서 이러한 문학현상에 본격적으로 접근하기에 앞서 이 문학현상의 참여자 혹은 관련자로서 당대의 작가들이 이러한 문학현상을 어떻게 인식하고 있었는지를 검토하는 것은 의의가 있다.[36]

여기서는 이민문학을 독자적이고 개성적인 문학현상으로 파악하면서, 조선족 작가들이 이민자로서의 정체성을 갖고 이를 작품에 담아내는 것이 중요하다고 보고 있다. 이러한 인식은 일반 역사의 시대구분법을 따라 문학사를 서술하는 조성일 외의 문학사와 달리 중국조선족 작가들이 현실을 어떻게 인식하며, 이를 어떻게 문학에 담아내야 하는가라는 근본적인 문제의식을 보여주는 서술이라 하겠다.

또한 이 문학사에서는 시대개관은 압축적으로 기술한 반면 시기별 주요 작가와 작품에 대해서는 상술하고 있다. 즉 문학적 변화를 중심에 둔 문학사 기술의 태도를 보이고 있다. 특히 다원화시기 이후를 기술하면서 주요 잡지나 신문에 실린 작가와 작품을 다량으로 소개하면서 이 시기 문학의 자료를 수집하고 정리해내는 특징을 보이고 있다.

또한, 이 문학사에서 주목되는 점은 제1장 이민시기(이주~1945)에서 구비문학을 문학사에 포함시켜 서술하고자 했다는 사실이다. 이민시기

36 오상순 외, 앞의 책, 83쪽.

문학을 기술하면서 제1장을 '구비문학'으로 설정하고, 이러한 구비문학의 발전양상을 설화, 민요, 판소리, 민간극 순으로 상술하고 있다.

> 조선족의 구비문학은 유구한 력사를 가진 조선민족의 찬란한 전통문화의 토대우에서 산생, 발전하여왔다. 과경(跨境)민족으로서의 조선족은 19세기중엽이후 조선반도 이주민들의 중국 동북지역에로의 대량적인 천입과 더불어 점차 재래의 구비문학의 제재, 풍격과 구별되는 자기의 독자적 발전의 길을 걷기 시작하였고 민중의 리상과 념원을 담은 수많은 전설, 민담과 민요들을 창조하였다. 그가운데는 조선반도에서 류전되던 재래의 설화와 민요들을 원형 그대로 옮긴것도 있고 그 원형에 기초하여 산생된 여러 가지 변종과 변이들도 있으며 중국 동북지역의 자연, 력사, 현실생활과 밀착되여 창작된 새로운 향토전설, 민요, 민담들도 있고 한(漢)족, 만족, 몽골족 등 기타 민족의 구전설화가 조선족민중들사이에 전파되면서 민족설화로 변모된것도 있다. (…중략…) 19세기 말~20기 초엽에 재중조선인들은 벌써 「아리랑」, 「도라지」, 「양산도」, 「에밀레종」, 「바보온달」, 「나무군과 노루」, 「토끼와 거북」 등 조선반도에서 널리 류전되던 적지 않은 전통적인 민요와 설화들을 그대로 중국땅에 옮겨왔으며 또 이주민들의 비참한 생활처지와 반일애국사상을 노래한 새 민요(계몽가요를 말함)와 새 민담을 널리 창작, 보급하였다.[37]

인용한 내용에서 알 수 있듯이, 이 책에서는 구비문학을 비중 있게 다룸으로써 민족적이고 언어적인 차원에서 문화계승의 입장을 부각시

---

37 위의 책, 2쪽.

킴으로써 문학사의 단절을 극복하려는 서술양상을 보인다.[38] 조성일 외의 문학사에서는 언급하지 않았던 판소리와 민간극을 고유한 장르로 부각시키면서 "먼 옛적부터 불씨처럼 민중의 가슴에 묻혀있던 얼과 넋의 소리"[39]를 소개하고, "창극단의 만주에서의 순회공연은 실로 민족의 얼과 넋이 담긴 피 묻은 가락"[40]으로 기술하며 이들 장르가 '백의동포문학'의 일부분임을 부각시킨다. 또한 이 책에는 조성일 외의 문학사에서 언급하지 않은 설화집[41]을 연대순에 따라 상세히 소개하고 있다. 이처럼 구비문학을 중요한 문학으로 다루는 서술방식은 조선족문학의 고유성을 부각시키고자 한 노력의 일환이라고 볼 수 있다.

38 오상순도 조선족문학에서 구비문학의 중요성을 언급한 바 있다. "조선족문학에 대한 사(史)적인 연구도 연구자의 시각과 장르에 따라 다양하게 이루어질 수 있다. 구비문학과 기록문학을 다 포함하여 연구할 수 있고, 구비문학만 다루거나 기록문학만 연구할 수 있다. 기록문학 중에서도 소설과 시만 다루거나 소설, 시, 산문을 함께 다루거나 소설, 시, 산문, 극문학을 다룰 수도 있고 거기에 아동문학, 비평문학까지 포함시킬 수도 있다. 구비문학은 우리 민족의 이주사와 함께 시작된 문학으로 보아야 할 것이고, 기록문학은 1910년대 전후로 보는 것이 옳을 것이다. 따라서 조선족문학에서 구비문학은 상당히 중요한 비중과 위치를 차지하며 진정한 의미의 조선족문학은 구비문학과 기록문학을 망라한 문학이다." 오상순, 『조선족 정체성의 문학적 형상화』, 태학사, 2013, 362쪽.

39 오상순 외, 앞의 책, 22쪽.

40 위의 책, 24쪽.

41 이 문학사에서 언급한 설화집을 연대순으로 소개하면 가린 미하일롭스끼가 수집하고 출판한 『조선민담집』, 류건봉이 수집하고 정리한 『장백산강강지략(長白山江崗志略)』, 리동휘 · 계봉우가 편찬한 『초등소학수신서』가 그것이다. 특히 여기서는 『장백산강강지략(長白山江崗志略)』에는 140여 편의 백두산설화가 수록되어 있다는 점과 이 자료는 동북아시아 지역 최초의 백두산전설집이라고 평가하고 있다. 또한 『초등소학수신서』에는 대부분 조선반도의 전래설화에서 인용한 민간우화들로 구성되어 있다고 기술해 두고 있다. 위의 책, 3~6쪽 참조.

3) 김호웅 외, 『중국조선족문학통사』(상 · 하)

이 저술은 이전에 출간된 조선족문학사에서는 다루지 않았던 문학사조와 창작방법에 대해서 상세히 서술하고 있다. 이러한 면은 총론에서 밝힌 문학사조와 창작방법의 변화, 주제의 변화와 서술 용어의 구사에서 여실히 드러난다.

> 중국조선족의 현실에서의 실존상황을 리얼하게 재현하고 민족정체성과 민족의 진로에 대해 탐구하거나 모색하였다. 이런 문학적경향과 추구들을 김관웅 같은 비평가는 "민족적사실주의"라는 창작방법(혹은 창작원칙)의 개념을 정립하여 상기 문학 창작들을 수렴하려고 하였으며 김호웅 같은 비평가는 중국조선족문학의 속성을 디아스포라문학으로 규정하고 디아스포라문학에서 가장 중요한 주제중의 하나인 민족정체성에 대한 탐구를 적극 권장하기도 했다.[42]

'민족적 사실주의'라는 창작방법론이나 '디아스포라문학'이라는 정체성 규정은 개혁개방 후기의 작품에서 표나게 드러난 중국조선족문학의 개성과 고유성을 적극적으로 평가하려는 고민을 담아낸 용어라 할 수 있다. 이와 같이 창작방법이나 주제뿐만 아니라 문학사 서술에서 사용된 '디아스포라', '클레오리제이션creolization', '동북조선인과 중국조선족', '잠재창작', '공명과 무명', '테마문학과 퓨전문학' 등의 개념과 범주에 대해 충실하게 설명하고 있는 것은 이전의 문학사와는 구별되는 점이다.

---

42 김호웅 외, 앞의 책, 15쪽.

또한, 이 문학사에서 특징적인 점은 문학사의 기술 대상 선정과 문학적 교류에 있어서 개방적인 서술시각을 보인다는 점이다. 여기서는 조선족문학이 중국, 일본, 서구, 소련 등 타문학과의 정보교환을 게을리하지 않았다는 점과 일제통치하의 재만조선인문학이나 항일문학 등에서 중국이나 여러 외국문학과의 밀접한 관련성을 보이는 부분을 부각시키고 있다. 이러한 면은 해외문학과의 영향을 적극적으로 기술하면서 개방적이고 진취적인 성향을 보이는 것이 조선족문학의 성격임을 부각시키려는 의도와 연관된다고 하겠다. 이러한 개방적인 태도는 중국조선족문학의 전사前史로서 인식되는 초창기 조선족 작가를 이들의 문학사에서 어떻게 수렴하느냐의 문제와도 결부된다. 해방 이전 중국에서 활동한 우리의 근대 문인을 조선족문학사에 포함시킬 것인가 하는 문제에 대해 언급하는 부분을 보면 이 책이 표방하는 서술태도를 확인할 수 있다.

> 중국에 살면서도 이러한 조선인이민공동체에 합류하지 않았던 김택영, 신정, 신채호의 문학을 중국조선족문학사에 포함시키는 데 대해서나 '8·15 전 조선족의 호칭'에 대해 일부 논란이 있기도 했지만 이들은 간접적으로 중국조선족의 형성과정에 동참하였다고 봐야 할 것이다.[43]

이처럼 이 문학사에서는 중국조선족문학사의 대상을 직접적이고 적극적으로 조선족문학과 관련된 문인들에 국한시켜 기술하는 것이 아니라 주변적이고 간접적인 작가들도 포함시켜 기술해야 한다고 보고 있

43 위의 책, 3쪽.

다. 즉 개방적인 문학사 기술태도가 민족 내부적으로는 간접적이고 주변적인 작가들을 두루 포함하는 방식으로, 외부적으로는 타문학과의 영향관계를 강조하는 방식으로 기술되고 있다고 하겠다.[44]

마지막으로, 이 문학사는 기존에 중국조선족문학사에서는 다루지 않았던 민간문학, 문학비평과 문학 연구, 영화를 처음으로 문학사 서술 대상으로 포함시키는 장르적인 다양성을 보여주고 있다는 점에서도 서술상의 특징을 보인다.

4) 리광일 외, 『조선족문학사』

이 책은 대학의 문학사 교재로서 일정한 의의를 가지고 있으며, 이주 시기부터 2000년대에 이르기까지 시와 소설 장르를 중심으로 대표적인 작가와 작품을 서술하고 있다. 대학에서 교재로 사용할 목적으로 집필되었기 때문에 장르선택이나 편폭이 다소 단순하다는 한계가 있다.[45]

이 책의 서술에서 가장 주목되는 점은, 한·중 수교 이후 중국조선족 문단의 세태와 중국조선족문학의 미래에 대한 고민이 짙게 배어 있다

44 김호웅과 자형역은 조선족문학사에서 간접적 동참 작가들까지 모두 기술하는 방식에 대해 비판적 태도를 보인 바 있다. 이들은 「중국조선족문학사를 편사(编写)하는 몇 가지 문제」라는 논문에서 "그들을 억지로 밀어 넣음으로 인해 조선족문학의 형성과 구성에 직접적으로 참여했던 안수길과 박팔양 등의 공헌 및 조선족문학의 형성 방면에 선구자라고 할 만한 이욱과 김창걸 등이 영향은 도리어 중국조선족문학사에서는 대수롭지 않게 여겼다. (…중략…) 조선족문학의 형성과 발전은 향토작가가 중심이 된 조선족 작가들이 끊임없이 자신의 특색을 구성했을 뿐만 아니라 그것이 가지고 있는 그 특징과 문학세계의 과정을 가지고 있다"는 비판적 인식을 드러낸 바 있다. 金虎雄·紫荆译, 앞의 글 참조.

45 오상순 외도 교재용 문학사의 성격을 띠지만 연구용 문학사로서의 성격도 겸하고 있어서 리광일 외의 문학사와는 차이를 보인다.

는 점이다. 여기서는 한·중 수교 이전에는 중국조선족문학이 주로 북경문학을 중요한 참조항으로 삼았다는 점과 비교하면서, 수교 이후에는 한국문학의 영향이 과도하게 커졌다는 점을 중요한 변화로 꼽고 있다. 이러한 변화를 주시하며 "한국문학을 접하는 과정에서 그 발전단계성은 무시되고 한국문학의 권위 있는 연구자의 지도가 결여된 상황에서 한국문학의 내면구조와 법칙을 그대로 직수입"[46] 한 상황에 대해 비판적 시각을 드러내고 있다.

또한 교재용 문학사라는 점에서 서술상의 독특한 내용이나 시각을 찾기는 어렵지만, 다른 문학사에서는 전혀 언급되지 않은 톈안먼사건天安門事件을 우회적으로 기술하고 있는 것은 눈여겨 볼 대목이다. 중국 정부 차원에서 톈안먼사건을 공식적으로 언급하지 못하도록 하고 있다는 정치상황을 감안할 때, 비록 직접적 언술은 아니지만 우회적으로라도 이를 다루려 한 점은 특징적이라 할 수 있다.

> 1989년 여름, 삼복철 폭풍우가 지나가고 가을이 오면서 문인들의 사유패턴이 바뀌고 문단의 양상이 달라지게 되었다. 문학내적인 요소에 주목하고 사조흐름의 실험과 서사기법의 창출에 주목하던 데로부터 문학의 외연에 대해 시선을 돌리고 문화적인 요소에 집착하게 되었다.[47]

이처럼 무명시기의 문학적 변화를 다루면서 톈안먼사건 이후의 문단의 변화를 우회적으로 서술하고 있다. 이 사건으로 인해 문인들의 사유패턴이 바뀌면서 문학의 경향에 어떤 변화가 있었는가를 언급하고 있

46 리광일 외, 앞의 책, 324쪽.
47 위의 책, 323쪽.

다는 점은 특징적인 면으로 평가할 만하다. 하지만 이 문학사가 대학의 교재용이라는 점에서 정치적으로 민감한 사안에 대해 서술하는 데에는 극히 위축될 수밖에 없는 것도 현실임은 미루어 짐작해 볼 수 있다. 이러한 면은 정치적 문제를 우회적으로 기술할 수 없는 작가와 작품을 선택하는 문제에서 드러나는데, 예를 들어 문화대혁명의 비극을 정면으로 다룬 박선석의 소설이 오상순 외나 김호웅 외의 문학사에서는 전면에 배치하여 비중 있게 다루어지고 있는[48] 반면, 이 문학사에서는 이름만 거론될 뿐 전면에 배치되지 않는다. 이러한 빈자리에 연변을 중심으로 활약한 작가들을 전면에 배치시키고 있는 것도 서술상의 한 특징으로 볼 수 있다.

5. 맺음말

중국조선족문학을 바라보는 국내의 시각은 조선족에 대한 전반적인 인식과 동궤를 이루며 형성되어 왔다. 이에 따라 지금까지 국내 연구들은 중국조선족문학의 개별 작품들을 한민족디아스포라, 재외한인, 중국조선족디아스포라와 같은 디아스포라 담론장 안에서 논의해 왔다.

---

48 오상순 외의 문학사에서는 박선석을 "문화대혁명의 비극을 정면으로, 전방위적으로 대하소설로 예술화"(386쪽)하였다고 평가하고 있으며, 김호웅 외의 문학사에서는 "농민작가 박선석의 날카로운 사회비판정신은 그의 드높은 작가적사명감과 올바른 력사인식 그리고 력사의 진실을 있었던 그대로 증언하려고 하는 그의 치렬한 문학정신, 드놀지 않는 사실주의원칙에서 흘러나온 것이었다"(530쪽)라고 평가하고 있다.

현실이 이렇다 보니, 실제 조선족들의 역사적 문맥 안에서 중국조선족이 서술한 문학사를 전반적으로 조망한 연구는 아직 부재한 상황이다. 이러한 현실에서 중국조선족문학을 객관적이고 비판적인 시각에서 읽어내기 위한 기초 작업으로 중국조선족문학의 사적 흐름을 내재적 시각으로 읽어내고자 하였다. 이를 위해 지금까지 저술된 총 4종의 중국조선족문학사의 저술 현황을 파악하고, 그 체제 및 시기구분과 서술상의 특징을 살펴보았다.

개혁개방 이후 중국조선족사회의 중심축이 되었던 연변자치구가 급격한 인구이탈, 세대변화로 인해 와해되어가고 있다. 중국조선족문학 또한 이러한 운명을 같이하고 있다. 중국조선족문학계는 점점 위축되어 가고 있으며, 사멸의 길을 걷고 있다고 해도 과언이 아니다. 아직은 그 명맥을 유지하고 있지만 조선어 사용자가 현저히 줄고 있으며, 개혁개방 정책과 한・중 수교 이후 중국 내 대도시와 한국으로의 인구 이동으로 민족공동체 기반은 약화되고 있다. 이러한 현실을 감안할 때, 중국조선족문학의 미래를 낙관적으로 전망할 수만은 없다. 하지만 이러한 현실에도 불구하고 중국조선족문학이 갖는 의미는 결코 가볍지 않다. 중국조선족은 지난 160여 년 이상의 역사 속에서 고유한 문학을 전개하였고, 독특한 그들만의 삶의 이정을 문학이라는 그릇 안에 담아왔다. 이러한 족적을 정리하고 평가하는 차원에서 저술된 중국조선족문학사는 그 자체로 역사에 대한 기억의 투쟁이자 존재증언의 산물이라 할 수 있다. 특히 국민국가의 경계 안에서 진행되었던 지배서사로서의 문학사 쓰기로부터 벗어나 다양한 소수자의 목소리를 문학사에 담아내고자 하는 지금의 경향으로 볼 때, 소수문학으로서 중국조신족문학은 중요한 관심의 대상이 아닐 수 없다. 우리는 이들의 문학사 읽기를 통해 단순히 한국문학의 외연확장이라는 의미를 넘어서서 이주와 이민의 동아시적 경험이 인류보편에 던지는 메시지를 발견해내야 할 것이다.

소수민족문학사 서술의 전략

오상순 외의『중국조선족문학사』를 중심으로

백지윤

1. 중국조선족문학사 서술의 의미

1940년대부터 본격적으로 이루어지기 시작한 중국조선족 문학비평은 중국 개혁개방 이후 서구와 한국 등을 통해 다양한 이론과 방법이 수입되면서 다양화되어 왔다. 1990년에 이르러 조성일, 권철 등 조선족문학 연구자들은 그간의 비평 성과들을 종합하여 최초의 조선족문학사라 할 수 있는『중국조선족문학사』를 연변인민출판사에서 간행하기에 이른다. 이후 오상순 외의『중국조선족문학사』(북경 : 민족출판사, 2007)와 김호웅 외의『중국조선족문학통사(상 · 중 · 하)』(연변인민출판사, 2012), 리광일 외의『조선족문학사』(연변대 출판사, 2016)가 간행되는 등 중국조선족문학에 대한 사적 접근은 지속적으로 갱신되고 있다.[1] 하지만 조선족문학의 성과가 집약되는 한편에 '조선족문학의 위기'가 운위되고 있다는 사실에 주목할 필요가 있다. 이는 조선족문학이 중국문학의 일부인 중국소수민족문학임에도 불구하고 중국 학계에서 외면당해 온 현실과 더불어 중국의 국가통합 정책으로 인한 조선족 정체성의 와해 문제와의 관련 속에서 설명된다.[2] 문학 생산의 위기는 문학사의 위기이기도 하다. 오늘날 조선족문학은 새로운 돌파구를 마련해야 하는 상황에 놓여 있으며, 이는 조선족문학(사) 연구에 주어진 과제라고 하겠다.

한편 국내에서도 조선족문학에 대한 사적 인식의 필요성이 다양한 관점에서 논의되어 왔다. 한민족문학사 서술이라는 관점에서 이루어진 논의가 '한민족'이라는 통합적이고 보편적인 시각에서 조선족문학을 바라보고 있다면,[3] 개별문학사로서 조선족문학사 서술에 대한 시론적 성격의 논의를 펼치는 연구들은 조선족문학 생산의 특수성에 주목하고 있다.[4] 이들 연구가 제기하는 바와 같이 한민족문학사의 일부로서든 개별문학사로서든 조선족문학에 대한 사적 고찰이 필요하다면, 조선족문

---

1 이들 문학사 외에도 조선족문학에 대한 통시적 접근이 이루어진 바 있는데, 조선족문단 내적으로는 오상순의 『중국조선족소설사』(료녕민족출판사, 2000), 베이징대 조선문화연구소가 펴낸 『중국조선민족문화사대계』 2(문학사)(북경 : 민족출판사, 2006)가 있으며, 국내 연구진이 펴낸 것으로는 정덕준의 『중국조선족 문학의 어제와 오늘』(푸른사상, 2006), 김종회 편의 『한민족 문학사』 2(역락, 2005) 등이 있다.

2 이와 관련해서는 이해영의 「중국 조선족 문학과 중국어 창작」(『한중인문학연구』 34, 한중인문학회, 2016)과 임형백의 「중국의 국가통합과 조선족 정체성의 갈등」(『다문화와 평화』 10-2, 성결대 다문화평화연구소, 2016)을 참조.

3 김종회, 「한민족 문학사의 통시적 연구와 기술의 방향성」, 『외국문학연구』 56, 한국외대 외국문학연구소, 2014.

4 최병우(「조선족 소설사 시론」, 『한중인문학회 제40회국제학술대회자료집』, 한중인문학회, 2017)의 경우 조선족의 문학적 성과 정리라는 측면에서, 차성연(「중국조선족문학 연구의 의의 및 문학사 기술의 방향성 모색」, 『국제한인문학연구』 14, 국제한인문학회, 2014)의 경우 국내에서의 조선족문학 연구의 성과 정리라는 측면에서, 각각 '조선족소설사'와 '조선족문학사' 서술의 필요성에 대한 시론적 논의를 펼치고 있다.

학사 서술 방향을 논의하기 전에 조선족문학사에 대한 조선족 내부의 인식 검토가 면밀하게 선행되어야 한다. 외부적 시선은 자칫 폭력적인 방식으로 조선족문학을 타자화할 수 있는 위험성을 지니기 때문이다. 하지만 지금까지 중국조선족문학사를 분석의 텍스트로 삼아 조선족문학사 서술의 내부인식을 살핀 연구는 찾아보기 힘들다.[5]

'문학사 쓰기'가 상상으로서의 민족 혹은 국가를 실체로 파악하도록 추동하는 근대적 기획이라는 점에서, 조선족문학사 서술 역시 '조선족'이라는 특수한 공동체가 자기정립을 해나가는 과정으로서 이해할 필요가 있다. 더불어 '중국조선족'이라는 자기인식이 중국이라는 국가를 구성하는 하나의 소수민족(국민)으로서의 자기와 조선민족이라는 기원적 자기의 길항 속에서 중첩적으로 구성되는 것과 마찬가지로, '중국조선족문학사'는 중국문학사의 부분으로서 자기를 정립해가는 동시에 남북한문학사와의 동질과 차이를 구현함으로써 자기를 만들어가는 방식이 된다. 이는 문학사 서술의 행위 속에 자기정체성 정립의 욕망이 기입되어 있음을 의미한다. 이 글에서는 이러한 인식적 전제를 바탕으로 중국조선족문학사 서술의 특수성을 자기정립에의 욕망을 실현하는 전략으로 파악하고 그 구체상을 들여다보고자 한다.

---

5 중국조선족문학사를 분석 텍스트로 삼은 연구로는, 김중하의 「중국 조선족 소설사 기술 태도에 나타난 소설의 기능 문제」(『한국문학논총』 16, 한국문학회, 1995)와 이승윤의 「한국문학사를 바라보는 또 하나의 시각」(『한국근대문학연구』 25, 한국근대문학회, 2012)이 있다. 김중하의 연구는 중국조선족문학사 서술 경과와 서술양상을 일부 살피고 있으나, 연구가 이루어진 시기로 인해 최초의 조선족문학사인 조성일 외의 『중국조선족문학사』만을 다루고 있다는 점에서 갱신이 요구되며, 이승윤의 연구는 통일문학사라는 관점에서 논의하고 있어 조선족문학사의 특수성에 주목하지 못한다는 점에서 본 연구와 맥락을 달리한다. 또한 국내에서는 주로 중국조선족문학의 정체성과 관련한 논의나 개별작품에 대한 연구가 활발히 진행되고 있는데, 김종회 편의 『중국 조선족 디아스포라 문학』(국학자료원, 2016)과 송현호 외의 『중국 조선족 문학의 탈식민주의 연구』(I · II)(국학연구원, 2008) 등이 대표적 성과라 할 수 있다.

이와 관련하여 최병우가 최근의 논의에서 언급한 "조선족이 처한 특수한 조건과 조선족문학이 가질 수밖에 없는 존재 조건들"[6]은 조선족 문학사를 분석하는 데 있어 유의미한 참조점이 된다.

> 첫째, 조선족 소설사는 중국 소수민족으로서 조선족의 현실과 역사와 분리될 수 없다.
> 둘째, 조선족 소설사는 중국당대사와 중국당대문학사와의 일정한 연관 하에 존재한다.
> 셋째, 조선족 소설은 한국과 북한의 소설과 일정한 관련하에 변화해 왔다.[7]

물론 이러한 인식은 조선족소설사를 서술하는 데 있어 기본적인 전제로 제시된 것이기는 하다. 그럼에도 첫째항과 둘째항의 경우 '소설사'를 '문학사'로 이해해도 무방할 것이다. 다만 셋째항의 경우 문학작품을 이해하는 관점으로 제기된 측면이 크다고 볼 수 있는데, 이를 문학사 서술에 적용하면 다음과 같은 전제조건으로 변용이 가능하다. '조선족문학사는 남북한문학사와 일정한 관련하에 존재한다.' 다시 말해 남한문학사와 북한문학사의 서술시각 수용을 의미한다.[8] 더불어 조선족과 조선족문학에 대한 한국과 북한의 시각 역시 큰 영향요인으로 고

6 최병우, 앞의 글, 143쪽.

7 위의 글, 143~144쪽. 김중하의 연구에서도 조선족 연구자들(문학사 저술자)들이 처한 복합적 상황이 고려되어야 함을 적시하고 있다.(김중하, 앞의 글, 120쪽 참조)

8 조선족문학의 중심지인 연변에서 최초로 편찬된 문학 교재(중학교 『문학독본』 I)에 수록된 작품 중 조선민족 고전 작품과 북한문학 작품이 64%에 달한다는 점에서 조선족에 대한 북한의 영향력을 확인할 수 있다.(남성일 외, 『중국조선어문교육사』, 연길 : 동북조선민족교육출판사, 1995, 126쪽. 성근제, 「민족어의 정치성－중국 조선족의 문화정치적 상황에 대한 역사적 고찰」, 『중국어문학논집』 95, 중국어문학연구회, 2015, 231쪽 재인용)

려될 필요가 있을 것이다. 이 글에서는 이러한 인식을 견지하면서 중국 조선족문학사를 면밀히 들여다보고자 한다.

이를 위해 여기서는 오상순 외의 『중국조선족문학사』를 주요 분석대상으로 삼았다. 2007년도에 간행된 이 문학사는 최초의 조선족문학사라 할 수 있는 조성일 외의 『중국조선족문학사』[9]를 참조항으로 삼으면서도 자기인식의 수정을 시도하는 자기성찰적 서술태도를 가지고 있다.[10] 한·중 수교 이전에 쓰인 조성일(외)이 중국과 북한의 시각을 수용한 측면이 큰 반면[11] 한국학술진흥재단과 한국재외동포재단의 후원을 받은 오상순(외)은 중국과 북한이라는 시각적 한계를 넘어서 남한의 시각을 동시에 반영하고자하는 의식이 담겨 있을 것으로 추론된다. 따라서 개별텍스트로서 오상순(외)을 살펴볼 때 비교항으로 이전에 쓰인 문학사인 조성일(외)을 검토하는 것은 불가피하다. 우선 2절에서는 문학사 서술의 가장 기본적인 인식을 살펴 볼 수 있는 시기구분과 명칭의 양상을 살펴볼 것이다. 조선족문학사는 시기구분에 있어 중국문학사의 방식을 따르면서도 '문학의 자체발전'이라는 준거를 내세워 중국문학사와는 다른 독자적인 체계를 이루고 있는데, 이는 각 시기를 지칭

---

9 이하 본문에서는 이들 문학사 저술서를 지칭함에 있어 조성일 외의 『중국조선족문학사』는 조성일(외)로, 오상순 외의 『중국조선족문학사』는 오상순(외)으로 약칭하고자 한다.

10 이 문학사 저술에 주필로 참여한 오상순은 저술서의 성격을 다음과 같이 설명하고 있다. "본고는 조성일, 권철 주편의 『중국조선족문학사』를 참조하면서 이 저서에서 취급되지 않은 부분들, 이를테면 집필 후에 발굴된 해방 전 작품들과 1987년 이후의 문학 그리고 1990년대 문학을 상당 편폭으로 다루었고 해방 후 30여 년의 문학도 긍정적인 측면뿐만 아니라 소극적이거나 부정적인 측면도 지적하면서 가급적이면 객관적이고 전면적인 평가를 주어 조선족문학의 정체적(整体的)인 파악에 도움을 주고자 했다." 오상순, 『중국조선족문학사』, 북경 : 민족출판사, 2쪽.

11 한·중 수교를 기점으로 한 중국조선족의 문학인식 양상 및 문학 양상 변화는 강옥의 「한중수교와 중국 조선족 문학」(『비평문학』 36, 한국비평문학회, 2010)을 참조.

하는 명칭에서도 동일하게 드러난다. 다른 한편으로는 조선민족이라는 자기기원과 관련하여 남북한문학과의 동일성과 차별성을 구현해내기도 한다. 2절에서는 이러한 다양한 욕망의 구체적 양상을 중국문학(사)와 남북한문학(사)와의 관계성 속에서 살펴볼 것이다. 3절에서는 주요작가 서술에 있어 조선족문학(사)의 특수성을 어떠한 방식으로 서술하고 있는지를 살필 것이다. 특히 윤동주와 김학철에 대한 서술이 주목된다. 두 작가가 이룬 문학적 혹은 미학적 성취를 논외로 한다고 했을 때, 두 작가가 문학사 서술에서 강조되는 이유는 문학사가 쓰인 시기인 2000년대 이후 조선족문학의 성격을 '디아스포라'로 재규정하는 남한 문단의 영향을 받았을 가능성이 크다. 따라서 이들 작가에 대한 서술양상을 구체적으로 살피는 작업은 조선족문학사 서술에 나타난 자기정립의 전략을 파악하는 데 유효한 방법이 될 수 있을 것이다.

'소수민족이라는 특수한 자기인식' 속에서 중국문학(사)와 남북한문학(사)와의 동일성과 차별성을 통해 자기를 정립해가는 과정으로서 조선족문학사 서술을 살피는 작업은 '한민족문학사'의 일부, 다시 말해 '우리' 문학으로서 조선족문학(사)를 바라보는 인식적 한계를 수정하는 유의미한 시각을 제공해 줄 것이다. 더불어 조선족문학의 위기가 운위되는 현실에서 소수민족문학(사)로서 조선족문학(사)의 방향성을 가늠하는 데 일정 부분 기여할 것으로 기대한다.

2. 시기구분론-'문학의 자체발전'이라는 준거

문학사 서술에 있어 대상 시기를 일정한 기준에 따라 나누는 시기구분과 시기의 명칭은 문학사의 가장 기본적인 인식을 보여준다. 특히 시기의 구분은 각 시기가 다른 시기와 단절된 체계를 이루고 있다는 전제하에 이루어진다는 점에서 '사관史觀'과 직접적인 관련성을 지닌다.[12] 중국조선족문학사의 시기구분은 '조선족 문학발전'의 구체적 상황이 지니는 특수성을 고려하여 설정할 필요가 있다는 공통 인식하에서 이루어지고 있지만 내밀하게 들여다보면 각 문학사의 시기구분은 일정부분 차이를 보이며, 각 시기에 대한 명칭에서도 이러한 차이는 드러난다.

오상순(외)의 경우 "조선족문학 자체발전의 특수성"이라는 관점을 시기구분의 준거로 내세우고 있다.[13] 오상순(외)의 '문학의 자체발전'이라는 준거가 어떤 방식으로 시기구분을 결정하는지를 살펴보기 위해서는 조성일(외)의 시기구분과 비교해 볼 필요가 있다. 조성일(외)은 이주 초기부터 1980년대까지의 조선족문학을 다루며 1920년과 1949년을 기점으로 하여 크게 근대, 현대, 당대 문학으로 나눈다. 이는 당시 중국의 역사정치적 주요 사건을 문학사 시기구분의 기준으로 적

---

12 이선영, 「한국문학사대계 편찬의 기본시각」, 토지문화재단 편, 『한국문학사 어떻게 쓸 것인가』, 한길사, 2001, 19~20쪽 참조.

13 오상순은 2011년 한국학중앙연구원과 대만의 중국문화대학이 주최한 '제1회 서태평양 한국어교육 및 한국학국제학술회의'에서 「중국조선족문학사 편찬에서 제기되는 몇 가지 문제」를 발표한 바 있다. 이 글에서는 조선족의 문학을 통시적으로 검토하는 일련의 저술서들을 살피면서 "문학의 자체발전"이 조선족문학사의 시기구분의 준거가 될 필요성에 대해 구체적으로 논의하고 있다. 더불어 이 글은 『중국조선족문학사』의 시기구분과 명칭이 어떠한 인식 속에서 이루어졌는지를 상술하고 있어 주목을 요한다.

용한 것으로 중국문학사의 시기구분[14]을 그대로 적용한 것으로 볼 수 있다.[15] 이와 다르게 오상순(외)은 이주 초기에서 1999년까지의 문학을 다루며 1945년(8·15해방)과 1978년(중국 개혁개방)을 기준으로 하여 이민시기, 정치공명시기, 다원화시기의 문학[16]으로 나눈다. 두 문학사의 상위시기 구분에 있어 가장 큰 차이는 조성일(외)이 1920년을 기점으로 두 시기로 나눈 근대와 현대를 오상순(외)은 하나의 시기인 '이민시기'로 파악한다는 점이다. 1920년대 조선족 사회문화사의 전환을 맑스주의 전파로 설명하는 조성일(외)은 현대 시기를 '사회주의 혁명'과 '항일' 의식을 보여주는 문학을 중심으로 서술한다. 반면 오상순

14 당시 중국문학사는 지역과 저자에 따라 문학사의 시기구분의 거점이 다양하게 나타났으나 역사적, 정치적 사건을 중심으로 문학사를 인식하는 것이 보편적인 방식이었다. 엄영욱, 「중국과 북한, 두 사회주의 문학사 서술 현황」, 『중국현대문학』 20, 한국중국현대문학학회, 2011, 398~400쪽 참조.

15 물론 조성일(외)은 "중국의 사회력사발전의 단계성과 조선족력사발전의 특수성 및 조선족문학발전의 구체적 상황을 함께 고려하여" 시기구분 했음을 밝히고 있다.(조성일 외, 「서론」, 『중국조선족문학사』, 연변인문출판사, 6~7쪽) 하지만 시기의 명칭에 있어 근대, 현대, 당대라는 역사구분 방식의 용어를 사용한다는 점, 구체적인 서술에 있어 정치적 상황과 이에 따른 조선족의 역할을 강조하는 점 등을 미루어 볼 때 조선족문학에 대한 독자적 인식은 이루어지지 않은 것으로 볼 수 있다.

16 이러한 명명 방식은 시기별 문학적 양태에 주목한 데 따른 것이다. 1편의 '이민시기'라는 용어는 그 자체로 조선족의 이주를 의미하기도 하지만, '이주민'의 생활과 정서를 그리는 것을 문학적 특징으로 하는 시기라는 점에서 착안된 용어라 할 수 있다. 2편의 명칭인 '정치공명시기의 문학' 역시 '사회주의'라는 정치공명 속에서 획일화를 걷고 있던 당시의 조선족문학의 상황을 명시하고 있으며, 3편의 '다원화시기' 역시 문학의 양태가 정치, 역사적인 것에서 벗어나 다원적인 방식으로 변화한 것을 이른다. '다원화시기'라는 명칭이 정치사회적 변화보다는 문학적 변화를 의미하고 있음은 오상순(외) 이후에 저술된 김호웅 외의 『중국조선족문학통사』가 2000년대 이후의 조선족문학까지 다루면서 이 시기의 문학을 '개혁개방' 전후기의 문학으로 명명하고 있다는 점과 비교해 볼 때 더욱 명징하게 드러난다. 한편, 공명(空名)이란 중국의 문학자 천쓰허(陳思和)가 제기한 개념으로 오상순은 공명시기의 문학을 "해당 시대에 중대하고도 통일적인 주제가 있어, 모든 문학활동이 그 중대하고도 통일적인 주제를 둘러싸고 진행되면서 작가의 독립성이나 문학의 개성이 약화 또는 무시되는 현상을 말한다"고 풀이하였다. 그러면서 1945년부터 1979년까지의 중국조선족문학이 중국의 정치사상을 획일적으로 수용한다는 점에서 '정치공명시기'로 지칭하고 있다. 오상순, 앞의 글, 384쪽.

(외)은 1920년을 사회사적, 문화사적으로 의미 있는 지점으로 파악하면서도 문학사적 분기점으로 고려하지는 않는다. 오상순(외)은 1920년을 전후한 시기를 '이주 전기의 문학(이주~1931)'로 파악하고 '이주 후기의 문학(1932~1945)'과 함께 이민문학(디아스포라문학)적 성격으로 규정하고 있다.

오상순(외)이 제시한 문학사 시기구분의 첫 번째 분기점은 조성일(외)의 1920년대에 비해 한참 후인 '1945년 해방'이다. 이는 조성일(외)의 두 번째 분기점인 '1949년 중화인민공화국 건설'과 비교검토해 볼 필요가 있다. 이에 대해 오상순(외)은 1949년 중국의 건국이 중국의 시각에서는 사회·정치적으로나 문학적으로 전후를 구분하는 획기적인 사변임이 분명하지만, 조선족의 시각에서는 8·15해방이 조선인과 조선족, 조선인문학과 조선족문학으로 갈라지는 획기적인 기점이라고 설명한다.[17] 이러한 지적은 오상순(외)이 중국의 시각에서 조선족문학을 바라보는 조성일(외)의 관점을 벗어나고자 하는 의도를 지니고 있음을 단적으로 보여준다고 할 수 있다.[18] 이처럼 시기구분 및 각 시기의 명칭 문제와 관련하여 두 문학사는 조선족문학에 대한 시각차를 드러낸다.

두 문학사의 시각 차이는 하위시기 구분에서도 드러난다. 조성일(외)의 경우 근대문학을 '① 천입~1920년의 문학'으로, 현대문학을 '② 1920~1931년의 문학, ③ 1931~1945년의 문학, ④ 1945~1949

17 오상순 외, 앞의 책, 188쪽; 오상순, 앞의 글, 508쪽 참조.

18 오상순은 문학의 내용적인 측면에서도 1945년을 기점으로 이전에는 이민문학의 성격이 두드러지며, 이후에는 민족의 해방을 맞은 기쁨, 새 사회·새로운 생활에 대한 찬미, 항일 투쟁, 해방전쟁, 토지개혁 등 국민의식을 강하게 보여주고 있다는 점에서 국민문학의 성격이 두드러진다고 보고 있다. 오상순, 앞의 글, 509쪽.

년의 문학'으로, 당대문학을 '⑤ 1949~1966년의 문학, ⑥ 1966~1976년의 문학, ⑦ 1976~현재의 문학'으로 나누어 서술하는 반면, 오상순(외)은 이민시기의 문학을 '① 이주 전기의 문학(이주~1931), ② 이후 후기의 문학(1931~1945)'으로, 정치공명시기의 문학을 '③ 1945~1957의 문학, ④ 1957~1978의 문학'으로, 다원화시기의 문학을 '⑤ 1979~1989의 문학, ⑥ 1990~1999의 문학'으로 나누어 서술하고 있다. 이러한 시기구분에서 눈여겨보아야 할 지점은 조성일(외)이 당대문학의 하위시기 구분에 있어 1966년의 중국 문화대혁명을 기점으로 삼고 있다는 점과 오상순(외)이 정치공명시기의 하위시기를 나누면서 '반우파투쟁의 확대화'를 근거로 1957년을 의미화하고 있는 점이다. 두 문학사의 이러한 차이를 이해하기 위해서는 이에 대한 구체적인 서술양상을 살펴볼 필요가 있다.

조성일(외)은 문화대혁명 이후의 10년간을 별도의 장으로 독립시켜 서술하면서 당시의 상황을 자세하게 기술하고 있다. "조선족문학창작의 쇠퇴기이며 수난기"[19]로 명명되는 문화대혁명 시기에 조선족문학창작에 "엄중한 파괴"가 진행되었다고 보면서, 이 상황에서 제출된 좌경노선을 대변하는 작품들의 양태를 구체적으로 서술하고 있는 것이다. 이외에도 "인민들의 일정한 생활감수와 사상감정을 반영한 작품들"도 일부 나타났음을 적시하고 있다. 특히 당과 수령을 찬양하는 작품에 대해 구체적으로 서술하는데, 예를 들면 시문학에서 전광국의 시 「소산의 집」(1974)을 "모택동 동지에 대한 조선족인민들의 숭경의 감정을 읊은 서정시로서 서정적 주인공의 감정이 진지하고 정서는 격앙하지만

19 조성일 외, 앞의 책, 455쪽.

구호화되지 않고 모택동 동지의 형상이 우상화되지 않았다"[20]고 평가하는 등 정치적인 측면을 주로 거론하고 있다. 반면 오상순(외)은 다음과 같이 당시 시단을 소략하게 서술한다.

> 물론 이 시기의 조선족시단에도 작가들이 오랜 생활체험과 소박한 감정으로부터 아름다운 산천을 노래하고 행복한 삶에 대한 갈망을 읊조리고 당과 수령에 대한 순박한 존경의 감정을 표현한 것이 있지만 **문학사적 가치를 운운할 정도가 아니다.** 또 조선족시단에는 다른 민족에게 있은 "지하창작" 또는 "잠재창작" 같은 것은 없었다.[21] (강조는 인용자)

오상순(외)은 문화대혁명의 영향으로 조선족문단에 문학사적 의의를 논할만한 작품이 출현하지 않았다고 평가한다. 더불어 문화대혁명 이후 10년간에 집권파의 자본주의적 성향에 대한 "대비판문학"[22]이 있었을 뿐이라고 덧붙인다. 그럼에도 문화대혁명을 하나의 기점으로 삼지 않은 것은 이러한 문단 현실이 문화대혁명 이전부터 예비되었다고 보기 때문이다. 오상순(외)은 정치공명시기의 문학이 분기하는 지점을 1957년으로 잡으면서 반우파투쟁의 확대화로 인해 "거의 모든 작가들이 창작의 자유를 억제당하고 독립적인 인격을 상실하게 되었다"[23]고 서술하고 있다. 특히 당시 시단의 변화를 "정치서정시 혹은 정치구호시만 독존하는 국면이 형성되고 시적 화자로서의 '나'는 완전히 추방당하고 '우리'만 남는 국면이 형성"[24]되었다고 설명한다. 이러한 비평적 관

20 위의 책, 458쪽.
21 오상순 외, 앞의 책, 200쪽.
22 위의 책, 200쪽.
23 위의 책, 191쪽.

점은 문학사의 연속성과 문학현상을 역사조건 속에서 나타난 하나의 사회현상으로만 파악하는[25] 중국문학의 관점에서 벗어나 문학에 있어 개인의 문제를 중시하는 남한의 문학적 시각을 수용한 결과로도 볼 수 있다.

결과적으로 조성일(외)이 조선족문학을 근대, 현대, 당대로 구분하고 7시기로 세분화하면서 그 기점으로 삼은 시기는 중국 한족의 문학사와 마찬가지로 '중국공산당의 정책이 변화하는 시점'[26]이 된다. 이는 문학사 서술에 있어 문학 자체의 양태보다는 사회사에 준거를 둔 서술방식이라 할 수 있다. 따라서 조선족문학에 대한 인식 역시 중국의 정치적 현실과 내밀하게 연결될 수밖에 없음을 시사한다. 이처럼 조성일(외)이 명시적으로는 보편성으로서의 중화민족문학과 특수성으로서의 조선족문학이라는 이중적 자기인식에 기반해 문학사를 서술하고 있음을 내세우지만, 실제로는 중화민족문학이라는 보편성에 치우쳐 문학사를 서술하고 있음을 확인할 수 있다. 이와는 다르게 오상순(외)은 문학의 자체발전이라는 준거를 바탕으로 정치적 사회적 변화가 문학에 있어 어떻게 구체적으로 나타났는가 하는 점, 다시 말해 조선족문학의 독자성과 특수성을 문학사 안에 서술하고 있다고 하겠다.

---

24 위의 책, 191쪽.
25 유세종, 「중국현대문학사 시기구분론」, 『중국학연구』 6, 중국학연구회, 1991, 275쪽.
26 정덕준, 앞의 책, 29쪽.

3. '디아스포라'라는 자기정립의 욕망으로서 문학사 쓰기

앞 장에서 살핀 바와 같이 오상순(외)은 '문학의 자체발전'이라는 준거를, 문학사의 시기를 구분하고 각 시기의 명칭을 부여하는 데 적용하고 있다. 이러한 준거는 '객관적'으로 문학사를 서술한다는 저자의 의식에서 기인한 것으로 문학사 서술의 형식적인 측면뿐만 아니라 내용적인 측면에서도 동일한 양상으로 나타난다. 조성일(외)이 "중화민족문학의 조성부분인 동시에 조선민족 정체문학整体文學"[27]이라는 이중적 자기인식을 내세우면서도 조선족문학사를 인식하는 방식에 있어서 중국적 시각을 견지하고 있는 것과는 다르게 오상순(외)은 중국문학과 남·북한문학의 관점을 균형 있게 수용하면서 조선족문학의 독자성을 강조하고 있다. 이러한 시각 차이의 요인은 두 문학사의 서술이 이루어진 시기를 통해 추론이 가능하다. 조성일(외)이 출판된 것은 1990년이지만 실제로 두 저술자인 권철과 조성일은 1950년대부터 조선족문학사 서술의 필요성을 의식하고 지속적인 연구를 진행해왔다. 중국에서는 1949년 신중국 성립 이후 오랜 기간 동안 "시대가 문학에 미치는 외적 요인의 지나친 강조와 문학과 정치의 기계적 일대일 대응관계에 치중하는 연구경향에서 벗어나지 못했다"[28]는 점을 미루어 볼 때 조성일(외)의 두 저술자 역시 이러한 인식을 담지했을 가능성이 크다. 물론 중국의 이러한 문학적 편향이 1978년 개최된 중국공산당 제11기 중앙

27 조성일 외, 앞의 책, 5쪽.
28 유세종, 앞의 글, 272쪽.

위원회 제3차 전체회의를 기점으로 "좌경 오류의 시정, 실사구시의 학풍"으로 방향을 선회하였다고 하더라도 당의 이러한 문예정책이 즉각적으로 반영되기는 어렵다는 점과 중국문단에서 문학사 서술에 있어 당의 새로운 문예정책을 어떻게 반영할 것인지에 대한 논의가 1980년대 중반에서야 활발히 이루어지기 시작했다는 점에서 1990년에 발간된 조성일(외)에 변화된 관점이 적극 반영되었을 것으로 기대하기는 어렵다.[29] 오히려 이러한 중국문단의 변화는 오상순(외)에 와서야 반영되었을 가능성이 크며, 이는 1992년 한·중 수교 이후 중국조선족문단에서 한국의 문학과 문학 연구를 적극적으로 수용하였다[30]는 사실과도 무관하지 않을 것이다. 이러한 인식을 바탕으로 여기에서는 두 문학사에서 대비되는 서술상의 차이를 남북한과 공유하는 작가인 윤동주와 오상순(외)이 대표 작가로 내세우고 있는 김학철을 중심으로 살펴보고자 한다.

소수민족으로서 '조선족'의 성립은 신중국건설 이후에 이루어졌다는 점에서 보면 1945년 이전 시기의 문학이 '중국조선족문학사'의 서술 대상으로 합당한가에 대한 질문이 제기될 수 있다. 이 질문에 대하여 조선족문단은 대체적으로 이들 문학을 조선족문학사 안에 수용하는 것이 타당하다고 인식하고 있으며[31] 이는 조성일(외)과 오상순(외)도 마찬가지다. 하지만 1945년 혹은 1949년 이전의 문학에 대한 두 문학사의 인식은 사뭇 다르다. 조성일(외)이 1949년 이전의 문학을 '항일'이

29 중국정부의 문예정책 변화와 이에 대한 중국문단의 대응에 관하여서는 위의 글 참조.

30 양문규, 「중국 조선족의 한국 현대문학 인식 및 향후 수용 전망」, 『배달말』 28, 배달말학회, 2001, 296쪽.

31 조선족의 문학사, 예술사, 비평사 등의 조선족문학 범위에 관한 인식은 오상순의 앞의 글을 참조.

라는 키워드로 서술하면서 신중국이라는 혁명적 국가건설에 조선족이 어떻게 기여했는지에 방점을 두고 중화민족으로서 조선족의 정당성을 강조하고 있다면, 오상순(외)은 '이민'이라는 키워드를 중심으로 중국과 남북한의 경계에 선 조선족의 정체성을 이 시기 문학사로 서술하고 있다. 이러한 인식 차이는 앞서 언급한 바와 같이 두 문학사가 저술된 시기와 관련지어 이해해 볼 수 있다. 조성일(외)이 저술되던 시기인 1980년대 중반은 중국조선족 문학비평이 전환기에 들어선 시기이기는 하지만 "사회주의적 사실주의 이론이나 여기에서 파생되어 나온 전형화, 진실성 등 이론 범주 자체가 문제가 있다는 데까지 생각은 이르지 못했으므로 많은 경우 사회주의적 사실주의이론을 문학창작이나 문학비평의 기준 또는 원칙, 방법으로 삼"[32]고 있었다. 작품 창작과 개별 작품에 대한 비평의 경향이 이러했다면 문학 전반을 다루는 문학사가 사회주의적 사실주의의 관점을 극복했을 가능성은 희박하다. 이는 조성일(외)의 서술 전반에서 자명하게 드러난다. 반면, 오상순(외)이 저술된 2000년대는 중국 주류사회가 완전히 "다원문화공존의 문화적 판도"[33]로 바뀐 시기로, 다양한 비평이론들이 수용, 적용되던 시기이다. 이 시기의 중국조선족비평문단의 가장 두드러진 특징은 1980년대부터 나타나기 시작했던 '민족성, 민족의식, 민족정체성'에 대한 각성과 인식이 확대되었다는 점이다.[34] 더불어 한국의 문학과 문학이론이 한·중 수교 이후 대거 유입되면서 조선족문단에 많은 영향을 주던 시기이기도 하다. 이러한 배경에서 집필자들은 조성일(외)을 대체할 새로운

32 김호웅 외, 앞의 책, 252쪽.
33 위의 책, 636쪽.
34 위의 책, 637쪽.

문학사의 필요성을 느꼈을 것으로 보인다.

새로운 문학사 서술의 방향이 민족성, 민족의식, 민족정체성을 어떻게 문학사 속에 녹여내어 서술할 것인가의 문제로 선회하면서 이는 자연스레 해방 이전의 문학을 어떻게 서술할 것인가의 문제로 귀결된다. 중국문학사가 실제로는 한족문학사에 다름 아니라는 점에서, 문학생산의 수단으로서 언어가 한족과는 전혀 다르다는 것은 정체성의 문제이기보다는 앞서 살핀 바와 같이 사실주의 문학의 성취 정도의 문제로 판가름될 것이기 때문이다. 반면, 해방 이전의 문학은 불가피하게 남북한의 문학과 공유할 수밖에 없다는 점에서 문제적이다. 오상순은 해방 전 조선인문학을 조선족문학사에서 다루는 근거를 "중국에서의 문학활동과 재중생활을 반영한 작품"[35]으로 제시하며 "'한국적인 것'과 '중국적인 것'이 내포된 이중성격의 문학"[36]으로 규정하고 있지만 여기에서 한국적인 것과 중국적인 것이 내포하는 의미는 동일한 방식으로 포착될 수 없는 것이다. 전자가 민족(정신)적인 차원에서의 한국(당시 조선)을 의미하는 것이라면 후자는 지리적인 의미만을 지닐 뿐이기 때문이다. 따라서 한국적인 것과 중국적인 것이 이중으로 내포되었다는 언설 속에는 한국(조선)만이 실재적 의미로 존재한다. 이는 오상순(외)이 해방 이전을 기술하면서 '미래의 중국'(중화인민공화국)에 기대어 조선족역사와 조선족문학을 서술하고 있다는 점에서도 확인이 가능하다. 결국 전자에서 후자로의 우위 변화는 '한국적인 것'에서 점차 멀어지는 상황을 의미한다고 할 수 있다. 이러한 인식 속에서 오상순은 조선족문학의 형

---

35 오상순, 「머리글」, 오상순 외, 앞의 책, 1쪽.

36 오상순, 「중국조선족문학사 편찬에서 제기되는 몇 가지 문제」('제1회 서태평양한국어교육 및 한국학국제학술회의' 발표문), 505쪽.

성과정을 "조선문학 → 망명문학 → 이민문학 → 조선족문학"[37]으로 규정하기도 한다. 따라서 조성일(외)에 대한 오상순(외)의 '문학사 다시 쓰기'라는 실천은 조선족문학을 '이민문학'으로 규정함으로써 조선족의 정체성을 '디아스포라'로 정립하는 과정으로 이해할 수 있다.[38]

해방 이전의 문학사 서술에서 특히 주목해야 할 부분은 1932년부터 1945년의 시기인 '이주 후기'의 문학이다. 조성일(외)이 이 시기를 70쪽의 분량(전체 문학사의 약 10%)으로 다룬 것에 비해 오상순(외)은 110쪽(전체 문학사의 약 25%)의 분량[39]을 할애하고 있다. 이는 오상순(외)이 이 시기를 중심에 놓고 조선족문학을 사유하고 있다는 증거가 될 수 있다. 오상순(외)은 당시의 문학을 개관하면서 '이민 작가들의 정체성과 문학인식'이라는 제목하에 당시의 작가들이 이민문학이라는 문학적 현상을 어떤 방식으로 인식하고 있었는지를 중점적으로 논한다.

> 그러니까 당시 우리 작가들은 자신들의 문학을 후천적 성격으로서 만주성과 선천적 성격으로서의 조선문학의 전통이 비판적으로 계승된, 양자가 유기적으로 결합, 억양되어 혼연일체를 이룬 "**완전한 일개의 성격**"을 가진 문학으로 인식하였다는 결론이 나온다.[40](강조는 인용자)

---

37 위의 글, 505쪽.

38 오상순(외)은 디아스포라의 관점에서 조선족문학사를 서술하는 체계를 정립하는데 '이주시기의 문학' 맨 첫머리에 '구비문학'을 배치함으로써 이주민 삶의 체험에서 비롯된 구비문학 전통을 세우고 이를 조선족문학의 기원으로 설명한다. 한편, 용어 사용에 있어서도 한국문학의 관점을 수용하고 있다. 조성일(외)의 경우 중국문학과 북한문학에서 사용하는 '구전문학'이라는 용어를 쓰고 있는 데 반해, 오상순(외)은 한국문학에서 사용하는 '구비문학'을 사용하고 있다. 한편 이 문학사에는 '디아스포라'라는 용어는 등장하지 않는다.

39 조성일(외)이 다루고 있는 범위(이주 초기~1986년)만을 한정해 본다면 오싱순(외)은 1/3에 달하는 분량을 이 시기에 할당하고 있다.

40 오상순 외, 앞의 책, 84~85쪽.

"완전한 일개의 성격"이 함의하는 바는 어느 쪽에도 포섭될 수 없는 '새로운 문학'이라는 조선족문학의 정체성에 대한 강조일 수 있다. 이렇게 조선족의 정체성을 디아스포라에서 찾고자하는 오상순(외)의 의도는 개별 작가의 서술에서도 나타난다. 조성일(외)에서 다루지 않았던 작가와 작품을 다룬 것은 물론, 조성일(외)에서 다루었더라도 남북한과 공유하는 작가와 작품 정도로 인식될 법한 작가들(심련수, 강경애, 안수길, 현경준 등)과 작품이 등장한다. 이는 오상순이 머리글에서 밝히고 있듯 조성일(외)이 "집필된 후에 발굴된 해방 전 작품들"[41]로 이해할 수 있을 것이다. 여기서 오히려 주목해야 할 부분은 두 문학사에서 동일하게 다루는 작가나 작품에 대한 서술태도의 차이이다. 특히 조선족사회에서도 잘 알려진 윤동주에 대한 서술에 있어 차이가 뚜렷하게 드러나고 있다.

조성일(외)은 윤동주를 '저항시인'으로 소개하면서 "그의 전반시편의 밑바닥에 전일적으로 일관되고 있는 것은 민족에 대한 불같은 사랑"이라고 서술하며 이러한 "강렬한 민족적 의식을 반영한 저항시편들"로 「자화상」, 「십자가」, 「간」 등 일련의 시들을 제시한다. 윤동주가 조선족문단에 알려진 것은 1980년대 중반으로[42] 조성일(외)이 집필되던 시기와 맞물린다. 조성일(외)이 1945년 이전의 조선족문학을 '항일'을 중심으로 인식하고 있었다는 점을 고려할 때 윤동주가 '저항시인'으로 수용된 것은 자연스러운 현상이라 할 수 있다. 하지만 조성일(외)이 서

41 위의 책, 2쪽.

42 김호웅 외의 『중국조선족문학통사』에서는 윤동주가 연변에 알려지기 시작한 계기를 자세히 서술하고 있다. 그에 따르면 윤동주는 1985년 "옛 북간도에서 활약했던 문인들의 발자취를 더듬어 그들의 잘 알려지지 않은 문학적 업적을 추적하고 정리할 목적을 가지고" 연변에 방문했던 일본학자 오무라 마스오(大村益夫)에 의해 조선족사회에 알려졌다. 김호웅 외, 앞의 책, 157쪽.

술하는 윤동주의 "강렬한 민족적 의식"이라는 것은 결국 '조선민족'을 향한 것이다. 이러한 서술로는 윤동주의 문학에 '조선족'의 정체성은 덧씌워질 수 없으며, 윤동주가 중국에서 태어났고 중국에 묻혔다는 점 외에 조선족문학사의 서술 대상에 포함되어야 할 충분한 근거는 마련되지 못한다. 이러한 난점은 오상순(외)에 와서 "이민자로서의 정체성 확인"[43]이라는 서술로 해소된다. 오상순(외)은 「고향집－만주에서 부른」, 「슬픈 족속」, 「양지쪽」, 「별헤는 밤」 등을 제시하면서, 윤동주 시에 나타난 '고향'과 '향수'의 의미를 주요하게 다룬다. 이를 통해 윤동주가 "개인적인 감수성을 이주민이라는 자신이 속해 있는 공동체의 입장에까지 확장시켜 우리의 역사와 불행한 운명"을 드러내고 있으며, "이민 시인의 이중적 정체성"[44]을 보여준다고 평가함으로써 윤동주와 그의 문학의 디아스포라적 성격을 강조하고 있다.[45]

그렇다면 조선족문학사를 대표하는 작가로 김학철을 내세우는 것은 어떤 의미를 지닐까. 이를 파악하기 위해서는 문학사의 서술체계를 검

---

43 오상순 외, 앞의 책, 114쪽.

44 위의 책, 115~117쪽.

45 이렇듯 오상순(외)이 윤동주를 '조선족문학사' 안으로 포섭하는 근거는 한민족 디아스포라의 관점으로, 한국문학 연구의 영향에서 비롯된 것으로 유추해 볼 수 있다. 한국에서는 2000년대 이후 사회학, 정치학, 인문학 등 다양한 학문분야에서 디아스포라의 관점으로 많은 연구가 이루어져 왔으며 특히 재일조선인과 중국조선족 등 한민족의 이산과 관련한 연구들이 꾸준히 진행되어 왔다. 조선족문학에 대해서도 디아스포라 정체성과 관련하여 많은 논의가 이루어졌다. 이는 1990년대 이후 중국조선족 문단에서 민족성, 민족의식, 민족정체성과 관련한 논의들이 활발히 이루어진 것과 맥락을 같이 한다. 특히 조선족문단 내 윤동주 연구의 양상을 살펴보면 2000년대에 들어서면서부터 이민문학적 성격이나 디아스포라 관점에서 다수 이루어졌음을 확인할 수 있다. 조선족문단에서는 윤동주가 연변에 알려진 1980년대 중반 이후부터 2000년대 이전까지 윤동주를 저항시인으로 인식해왔다. 조선족문단에서의 윤동주에 대한 인식의 양상 변화와 관련하여서는 남송우의 「중국조선족문학사에서의 윤동주 연구현황 일고」(『한국문학논총』 68, 한국문학회, 2014) 참조.

토할 필요가 있다. 오상순(외)과 조성일(외)은 교재용 문학사라는 점에서 동일하게 각 시기의 사회사적 상황을 개관하고 문학의 전반적인 양상을 소개한 후, 주요 장르와 작가 및 작품을 중심으로 해당 시기의 문학 전개를 서술하는 방식을 취하고 있다.[46] 하지만 두 문학사는 서술 체계 구성에 있어 차이를 보인다. 조성일(외)이 문학 장르와 작가를 위계적인 구도로 배치하지 않는 데 반해 오상순(외)은 장르 우위의 구성 방식을 취하고 있다.

조성일(외)은 '근대—현대—당대' 편으로 조선족문학사 시기를 삼분하고 각 편 하위에 장, 그 아래에 절을 배치하는 방식으로 조선족문학사를 구성하고 있다. 장의 분기에서 드러나는 특징적인 면은 장 이하를 위계화하여 구성하지 않고 동일선상에서 논의하고 있다는 점이다. 예를 들어 제1편 근대문학을 다시 4개의 장으로 나누어 서술하고 있는데 1장은 '이주~1920년의 문학'으로 당대 사회상과 문학에 대한 개괄적 소개를 하고 있다. 2장은 '시문학과 구전문학'으로 당시에 주류를 이루었던 문학을 장르에 따라 나누어 서술하고 있으며, 3장과 4장은 각각 '김택영'과 '신정' 두 대표적인 작가를 배치하고 생애, 대표적 문학활동, 활동 장르와 작품 등을 서술하고 있다. 정리하자면 조성일(외)은 각 시기의 주류 장르와 대표 작가를 동일 위계로 설정하고 독립적으로 기술하고 있다. 이렇게 작가를 하나의 단위로 인식하여 서술하게 되면 해당 작가가 다른 시기에 언급되는 경우가 있다고 하더라도 표면적으로는 한 작가가 하나의 시기에만 국한되어 인식될 가능성이 높다. 더불

46 다만 조성일(외)이 시대상황과 문학개관을 나누어 서술하는 데 반해 오상순(외)은 이를 하나의 절로 구성하거나 시대상황에 대한 서술을 소략하게 제시한 후 문학개관을 중점적으로 서술하고 있다.

어 각 시기의 사회사, 문학개관, 문학 장르와 동일한 위계로 제시되어 해당 작가가 해당 시기를 대표하는 작가로 인식되는 효과가 발생한다.

반면, 오상순(외)은 각 편의 첫 장에 해당 시기의 일반적인 문학개관을 배치하고 시문학, 소설문학, 극문학, 산문문학 등의 장르를 독립된 장으로 구성하고 있다. 각 문학 장르의 전반적인 양상을 소개한 후 작가와 작품을 제시하는데, 해당 작가가 해당 시기와 맞아떨어지는 작품세계를 보여줄 경우 작가의 작품 전반을 다루는 명칭인 '소설세계' 혹은 '시' 등의 용어를 작가이름 뒤에 붙여 절을 구성하였다. 이 경우 서술 전반을 주도하는 것은 작가의 작품세계가 아니라 해당 장르가 되며, 작가의 작품은 장르경향에 맞추어 서술될 수밖에 없다. 또한 해당 작가가 여러 시기에 걸친 창작작품(특히 소설)이 있는 경우 해당 시기에는 해당 작품만을 인입하는 방식으로 절을 구성한다. 예를 들어 리근전의 경우 '정치공명시기의 소설문학' 부분에서는 장편소설 『범바위』가, '다원화시기의 소설문학' 부분에서는 장편소설 『고난의 년대』가 배치되어 있다. 이럴 경우 작가 개인보다는 작품 자체가 서술의 중심이 되는 것은 당연하다. 이러한 점은 오상순(외)이 명징한 장르 인식 안에서 서술체계를 구성하고 있음을 말해준다.

이렇게 장르 우위의 서술 관점을 지닌 오상순(외)에서 특이한 점은 예외적으로 김학철을 별도의 장을 할애해 서술하고 있다는 점이다. 오상순(외)은 '다원화시기 문학'에서 김학철의 장편소설 『격정시대』를 다루고 있으면서도 '정치공명시기의 문학'에서 독립된 장으로 '김학철의 소설문학'을 서술하고 있다. 그 이유는 먼저 개관적 서술체계에 대한 저술자의 인식에서 찾을 수 있다. 문학적 경향의 변화양상에 따른 시기구분과 각 시기의 장르에 따른 작품 제시를 중심으로 문학사를 구성하고 있는 오상순(외)의 관점에서 볼 때, 당시 소설문학의 일반적인 경향과 유리된 김학철의 소설창작은 배치의 문제를 안고 있다. 하지만 그러한 이유가 김학철을 문학개관 및 각 문학장르와 같은 위계에 배치해야 함을 의미하지는 않는다. 같은 위계로 제시되었을 때 김학철이 조선족문학사의 대표성을 띠는 작가로 인식되기 때문이다. 따라서 오상순(외)이 김학철을 서술하는 데 있어 하나의 장을 할애한 것은 김학철을 조선족문학의 대표작가로 내세우고자 하는 저술자의 의도로 파악해야 할 것이다.

오상순(외)은 김학철의 생애, 문학활동, 중단편소설, 장편소설을 나누어 서술하면서 김학철을 "민족의 해방위업을 위하여 영용하게 싸운 항일투사이며 범민족적 차원에서 높이 평가할 저명한 작가"[47]로 소개하고 있다. '범민족적'이라는 수식은 조성일(외)의 "30년대 말기부터 문학적 활동을 벌여 온 조선족문단의 저명한 소설가"[48]와는 사뭇 다른 의미를 지닌다. 오상순(외)은 김학철을 문학적으로 높이 평가하면서 한편으로는 '당, 혁명' 등의 정치적 표현을 지양한다. 조성일(외)의 경우 "혁명의 뜻만은 변하지 않은", "당조직의 명령을 받고", "혁명사업의 수요에 따라", "조선족문학건설사업을 줄기차게 밀고 나갈 원대한 포부를 안고"라는 표현으로 김학철의 행적을 설명[49]하는 데 반해, 오상순(외)에서는 "맑스주의의 사상을 접하면서 단순한 민족주의자로부터 맑스주의자로 변신"[50]하였다는 일반적인 진술 외에 정치적 행적을 강조하는 수식을 찾아 볼 수 없다.

47 오상순 외, 앞의 책, 224쪽.
48 조성일 외, 앞의 책, 290쪽.
49 위의 책, 290쪽.
50 오상순 외, 앞의 책, 224쪽.

조성일(외)의 정치적 서술을 수정, 삭제하면서 오상순(외)은 김학철 소설에 대한 문학적 평가를 추가한다. 김학철의 중단편소설에 대해 "무엇보다 이 시기 그의 소설은 당시 남북한문학에서 찾아볼 수 없었던 생신한 제재"로 "어떤 이념에 구속되지 않고 자기가 직접 체험한 생활과 그 생활 속에서 살아 숨쉬는 인간들을 진실하게 부각"하였다고 서술하고 있다. 이처럼 오상순(외)이 김학철을 범민족적 조선족작가로 평가하는 이유는 그의 소설이 지니는 남북한문학과의 차이점 때문이다. 1950년대 남북한은 이념적 대립으로 인하여 문학 역시 양극단적인 성격을 띠고 있었다. 이러한 이념의 편향성에서 벗어나 체험적 삶 자체에 주목하고 있다는 점에서 김학철은 남북한문학과 같은 연원에서 출발했지만 독자적인 문학을 구가하고 있는 조선족문학사를 대표하는 작가가 된다. 또한 장편소설 『20세기 신화』 역시 이와 비슷한 방식으로 문화사적 의미를 획득하는 것을 볼 수 있다.

> 『20세기 신화』는 이런 잠재창작의 시점에서 매우 큰 의의를 가지며 그것은 공개발표된 작품의 의미보다 훨씬 큰 것이다. 따라서 한족문단의 경우, **"문화대혁명"이 거의 결속되던 1970년대 중기에 잠재창작이 많이 진행된데 반해 『20세기 신화』는 1960년대 전반기에 이미 완성되었고** "4인무리"가 타도된 후에도 20년간 공개출판되지 못하였다. 정치상에서 이 작품이 얼마나 예리한가를 단적으로 보여주는 것이라 할 수 있다. 따라서 『20세기 신화』는 1960~1970년대 **조선족문학의 공백을 메울 잠재창작으로 가장 귀중한 유산으로 된다.**[51] (강조는 인용자)

51 위의 책, 235쪽.

『20세기 신화』는 김학철이 반우파투쟁 때 반동분자로 몰려 창작의 자유를 박탈당한 시기에 창작한 작품으로 문화대혁명이 일어나기 이전인 1965년 탈고되었다. 문화대혁명이 일어나고 김학철은 이 작품으로 인해 10년간의 옥살이를 하게 된다. 오상순(외)은 이 작품이 "잠재창작"이라는 점을 매우 강조한다. 당시의 정치적 현실에 대한 문제의식을 드러내는 잠재창작이 한족문단에서는 1970년대 중반 이후에 이루어진 것에 비해 이 소설은 10년이나 앞선 것이다. 더불어 『20세기 신화』가 1987년에나 출판되었다는 사실은 작품성, 다시 말해 "정치상에서 얼마나 예리한가"를 예증한다고 할 수 있다. 이러한 서술은 오상순(외)이 김학철 소설의 문학사적 의의를 중국 한족과의 비교우위에서 찾고 있음을 보여준다. 오상순(외)은 김학철과 그의 소설문학을 남북한문학이나 중국문학 어디에도 포섭되지 않는, 오히려 이들 문학을 넘어서는 자리에 위치시킴으로써 조선족문학사의 독자성과 우수성을 부각시키고 있다.

이렇듯 오상순(외)이 김학철을 대표작가로 서술하는 배경이 남북한 및 중국과의 비교우위적인 작품성으로 이해되지만 한 가지 간과해서는 안 되는 사실이 있다. 앞서 장르우위 체제에도 불구하고 김학철이 예외적인 작가로 서술되고 있음을 지적한 것과 같은 맥락에서 김학철의 '생애'가 타 작가에 비해 매우 구체적으로 서술되고 있다는 점이다. 조성일(외)과 비교하여 분량이나 내용이 크게 달라졌다고 볼 수는 없지만, 장르우위의 체제개편에 따라 타 작가의 생애는 소략해지고 작품 중심의 서술이 이루어졌다는 점을 고려한다면 김학철의 생애가 구체적으로 기술되었다는 점은 상당한 의미를 지니는 것으로 볼 수 있다. 1916년 원산에서 태어난 김학철은 원산과 서울에서 수학하다가 1936년에는 상해로 거처를 옮겨 독립운동에 참여한다. 이후 조선의용대에 참가, 중국공산당에 가입하여 활동하다가 1941년 일본군에 잡혀 정치범으로 복역한다. 해방 후에는 서울, 평양, 북경을 거쳐 연길에 정착해 문학활동을 한다. 그의 생애가 그리는 이러한 궤적은 마치 조선족이 "역사상 조선반도에서 중국으로 들어온 조선인들이 중국땅에 정착하면서 중국의 한 소수민족으로 된 것", 조선족문학이 "국가적인 차원에서 보면 중국 다민족문학의 한 구성부분이며 민족적 또는 언어문화권의 차원에서 보면 백의동포문학의 일부분"인 사실을 체현하고 있는 것처럼 보인다. 더불어 조선의용대와 중국공산당에 자발적으로 참여하고, 남한 혹은 북한에 정착하는 대신 중국행을 택한 그의 행보가 조선족의 역사와 그들의 무의식을 표상하고 있다고 말할 수 있지 않을까. 결론적으로 김학철이 디아스포라로서 자기정체성을 욕망하는 조선족과 조선족문학을 현시하고 있기에 장르우위라는 체제의 예외로 서술되었다고 이해해 볼 수 있다.

4. 소수민족문학(사)의 존재론적 전략

해방 이후 한국문학사는 '이식문학론'을 극복해야 한다는 당위적 상황에 직면해 있었다. 이에 대한 대응으로 '내재적 발전론'이라는 인식을 문학사에서 실현하고자 했던 노력의 결과물로서 1970년대에 김윤식 · 김현의 『한국문학사』가 제출되었다. 김윤식과 김현의 분투가 보여주었듯이 문학사의 기술은 "문학적 집적물을 부분과 부분의 상호 관계로 이루어지는 전체로 파악하는 일"[52]이며 문학사가는 부분과 부분에 관계가치를 부여함으로써 일종의 '의미망'을 형성하는 역할을 맡는다. 이는 중국조선족문학사에 동일하게 적용된다. 조성일 외와 오상순 외의 문학사 서술은 각기 다른 사회적, 문학적 요청으로 수행되었으며, 이는 결국 자기정립에의 욕망으로 읽힌다. 최초로 제출된 조성일 외의 『중국조선족문학사』가 조선족의 문학적 집적물을 통해 형성하고자 했던 '의미망'이 중화민족이라는 거대한 보편 속에 정치적으로 참예한 소수민족 '조선족'이었다면, 이를 수정하는 오상순 외의 『중국조선족문학사』가 추구한 '의미망'은 중국과 남북한 어디에도 포섭되지 않는 독자성으로서 '디아스포라 정체성'이었다고 말할 수 있을 것이다. 조선족 문학사 서술에 나타난 이러한 자기인식의 변화는 조선족 삶의 조건이 달라지고 있음을 명징하게 보여준다.

특히 이 글에서는 오상순 외의 문학사 서술을 의미 있는 텍스트로 파악하였다. 오상순 외의 『중국조선족문학사』가 재정립한 조선족과 조선족문학의 특수성인 '이민(문학)'이라는 관점이 세계화시대를 살아가는 지금-여기의 현실을 충실히 반영하고 있기 때문이다. 앞서 지적한 바와 같이 오상순 외의 『중국조선족문학사』에는 '디아스포라'라는 용어가 등장하지 않는다. 하지만 이후 제출된 김호웅 외의 『중국조선족문학통사』는 1945년 이전의 문학을 '이민시기문학'으로 명명하는 오상순 외의 방식을 계승하면서, 중국조선족의 특수성을 "디아스포라공동체로서 전형적 특징"[53]으로 확정하고 있다. 이러한 언어적 확정은 중국

52 김윤식 · 김현, 『한국문학사』, 민음사, 1992, 11쪽.
53 김호웅 외, 앞의 책, 8쪽.

조선족문학에 대한 인식의 전환점으로 작용한다. 이를 통해 중국조선족문학은 "중국문학계통과 조선반도의 문학계통 그리고 세계인류문학계통"이라는 세 가지 큰 참조항을 지니고 "자기의 좌표를 설정"하는 동시에 "나아갈 방향"을 조정하는 가능성으로 인식되기에 이른다.[54] 조선족문학의 위기를 극복할 자기 (재)인식을 디아스포라에서 발견하고 있는 것이다.

소수민족의 자기정립 혹은 극복으로서 조선족문학사 서술을 인식하는 것은, 지금까지 우리가 조선족문학을 바라보는 방식인 한국문학의 외연확장이라는 인식에 대한 반성과 극복을 촉발하는 측면이 있다. 이는 '한민족문학사' 쓰기 혹은 '세계문학(사) 안의 한국문학'의 가능성을 타진하는 방법론으로서 조선족문학을 바라보는 시선의 한계를 지적한다는 점에서 그러하다. 우리문학이라는 관점에서 조선족문학을 읽어내려는 시도는 자칫 조선족문학을 더욱 타자화하는 결과를 초래할 수 있다는 위험성을 안고 있다. 조선족과 조선족문학에서 '디아스포라 정체성'을 읽어내려는 조선족문단 내부와 외부로서 한국문단의 시도가 표면적으로 동일한 것이라 할지라도, 내밀하게 들여다보면 실상은 디아스포라라는 다른 의미망을 구성하고 있다는 점을 간과해서는 안 된다. 조선족문학사 서술이 보여주는 '디아스포라'적 욕망은 '중국조선족'이라는 소수민족의 존재론적 전략으로 파악되어야 할 것이다.

54 위의 책, 8쪽.

탈식민적 문학사 기술의 가능성을 찾아서

송혜원의 『재일조선인문학사를 위하여』를 중심으로

방윤제

1. 재일조선인문학사를 어떻게 읽을 것인가?

문학사가 근대국민국가 체제의 산물이라는 사실은 널리 알려진 통념이다. 문학사의 기술 목적은 문학의 역사를 통하여 문학작품과 그것을 창작하고 향유하는 주체의 집단정체성을 가시화하는 데 있기 때문이다. 따라서 문학사란 필연적으로 한 국가의 역사 안에 귀속되며, 여기서 정체성이란 언제나 민족과 국가를 호명한다. 하지만 이러한 강고한 정체성의 구축과정에는 누수와 균열의 지점이 발생할 수밖에 없는 것도 현실이다. 재일조선인문학사가 이에 해당하는 대표적인 예라고 할 수 있는데, 여기에는 민족문학사의 기술방식을 따를 수 없는 역사적·사회적 현실이 엄존한다. 우선, 재일조선인문학은 창작 언어 선택에 있어서 국가와 민족의 불일치를 경험할 수밖에 없다. 또한, 남북한과 일본의 경계에서 작가들이 직면하게 되는 국가정체성 또한 상이하다. 따라서 재일조선인의 문학사 기술에 있어서는 필연적으로 네이션 스테이트nation-state 내부에서 견고하게 구축된 국가주의를 넘어서는 관점과 기술방식이 요구되는 바, 이들 텍스트를 읽는 과정 또한 이와 같은 관점과 인식이 필요하다. 이 글은 이러한 문제의식에서 출발하며 재일조선인문학사를 기술하는 데 있어 중요한 관건이 되는 시기구분, 기점론, 범주론 등을 검토하면서 새로운 재일조선인문학사의 기술 가능성을 모색해 보고자 한다.

재일조선인문학은 재일조선인이 쓴 문학을 지칭한다. 단순명료한 정의이지만 이러한 재일조선인문학에는 식민종주국이었던 일본에서 식민지배와 해방, 한국전쟁과 남북의 이데올로기 대립이라는 수난의 여정을 겪으며 생존을 모색해야 했던 그들의 지난한 삶이 투영되어 있다. 하지만 이러한 특수성을 배제한 채 이들의 문학사를 한국문학 또는 일본문학의 범주에 포함시키려는 태도는 적지 않은 문제를 야기한다. 문학사 기술의 대상이 되는 작품이 민족정체성을 표상하고 있느냐는 문제와 사용언어가 자신들의 내셔널 아이덴티티와 필연적인 상관성을 갖는 것인가에 대한 문제이다. 하지만 국민국가 내부로 손쉽게 편입되지 못하는 재일조선인의 경계적 정체성은, 재일조선인문학이 일본문학이나 한국문학과 다른 고유한 지점을 생산하는 새로운 인식의 원천이라 할 수 있다.

실상 재일조선인문학 연구는 이러한 디아스포라적 성격에 주목하면서 재일조선인문학사가 기술될 수 있는 기반을 형성해왔다. 그동안 축적된 방대한 연구의 성과를 살펴보면, 주로 작품론이나 작가론이 압도적 우위를 차지하면서 여기에 특정 시기[1]나 세대[2]의 문학적 특징에 주목하는 연구가 주를 이루어왔다. 하지만 기존연구에서는 창작언어를 절대적인 기준으로 하여 일본어 문학과 조선어(한국어) 문학으로 구분하였고, 이에 따라 재일조선인문학을 독자적인 것으로 판단하기보다는 일본문학과 한국문학이라는 네이션nation의 범주 안으로 포섭시키는 방식을 반복해 왔다. 우선, 일본문학계에서는 모어와 국어의 분리, 모국과 조국의 분리라는 재일조선인의 경계성은 외면한 채, 그들의 문제를 인간 일반이 직면하는 보편적인 문제로 환원시켜버림으로써 재일조선인문학을 일본문학의 아종亞種으로 다루곤 한다. 한편, 한국문학계에서는 재일조선인에게 '동포'라는 지위를 부여함으로써 그들의 문학을 국민 / 민족문학의 범주 내로 포섭하려는 경향을 보인다.[3] 이러한 '네이션' 중심의 접근 방식은 재일조선인문학 안에 있는 다양한 요소들을 네이션적 욕망에 따라 취사선택함으로써 재일조선인문학사를 일본문학사[4] 혹은 한민족문학사[5] 안에서 다루며 각각의 자국문학사의 영역 확장을 주된 목적으로 삼고 있다. 이처럼 '네이션' 중심의 시각은 재일조선인문학을 국가 혹은 민족문학사의 하위 영역으로 포섭함으로써 자국문학사의 범주를 확장하려는 제국주의적 식민성을 내포하고 있다. 따라서 재일조선인문학 전체를 조망할 수 있는 문학사를 기술하기 위해서는 '탈脫네이션적 관점'[6]이 요구된다. 재일조선인문학을 바라보는

1 이한창, 「재일 교포문학의 주제연구」, 『일본학보』 29, 한국일본학회, 1992.

2 유숙자, 『在日한국인 문학연구』, 월인, 2000.

3 고봉준, 「재일조선인문학에서 '기억'과 '망각'의 문제」, 『우리어문연구』 30, 우리어문학회, 2008, 28~29쪽 참조.

4 安宇植, 「在日朝鮮の文学」, 『岩波講座日本文学史』 14, 岩波書店, 1997.

5 김종회 외, 『한민족 문학사』 2, 역락, 2015.

6 고봉준은 탈네이션적 관점을 네이션체제에 근거한 근대문학이 볼 수 없는 맹목의 지점

'탈脫네이션적 관점'이란 '일본문학' 내지는 '한민족문학'의 영역을 확장하고자 하는 내셔널리즘에 내재된 제국주의적 욕망으로부터 벗어나려는 '탈식민적' 특징을 지니고 있다. 여기서는 이러한 '탈脫네이션적 관점'에서 기술된 재일조선인문학사를 읽어나가면서 그 안에 내재된 '탈식민적 욕망'을 살펴보고자 한다.

이 글에서 집중적으로 살피고자 하는 텍스트는 해방 이후부터 1970년까지의 재일조선인문학의 역사를 다룬 송혜원의 『재일조선인문학사를 위하여在日朝鮮人文學史のために一聲なき聲のポリフォニー』[7]이다. 이 텍스트는 해방 이후부터 70년대까지 재일조선인문학의 '탈식민지화 과정'을 통사적으로 기술한 연구서의 성격을 띤 문학사로 평가받고 있다.[8] 송혜원에 따르면 '탈식민지화의 과정'이란 해방 초기 두드러진 반제국주의의 경향만을 의미하지 않는다. 조국 분단의 현실을 마주하면서 재일조선인들이 그리는 탈식민주의의 지향점이 다양하게 분화되었기 때문이다.[9] 즉,

---

을 성찰하고, 한국과 일본 '사이'에 위치한 재일조선인들의 목소리를 네이션적인 이해방식으로 환원시키지 않는 것이라고 설명하면서 문학의 방법론이라기보다는 해석의 정치성에 가까운 것으로 보았다. 고봉준, 앞의 글, 29~30쪽 참조.

7 宋惠媛, 『在日朝鮮人文学史のために一声なき声のポリフォニー』, 岩波書店, 2014.

8 윤송아는 "식민지기 혹은 해방 이후를 기점으로 하여 현재까지 재일조선인문학의 흐름과 공시적 축적물을 종합적으로 아우른 문학사가 부재하다"는 현실을 언급하면서, "해방 이후 본격화된 재일조선인문학의 발자취를 폭넓게 천착해가는 송혜원의 저작은 남다른 문학사적 의의가 있다"고 평가하고 있다. 또한, 이 텍스트가 "식민지 경험과 해방 이후 구종주국 일본에서의 새로운 차별과 탄압에 맞선 지속적인 탈식민지화의 과제가 재일조선인문학의 가장 중요한 화두임을 전제로 하면서, 조선어와 일본어라는 창작언어의 문제 및 한국, 공화국(북한), 일본, 세 국가의 문학제도 및 지형도 안에 놓인 재일조선인문학의 위치성을 고찰"하고 있다고 보았다. 이러한 윤송아의 평가는 송혜원의 저서가 가진 문학사적 의의를 규명해내고 있다는 점에서 의미가 있다. 그러나 서평이라는 글의 장르적 특성에 따라 텍스트에 대한 소개를 충실히 하고 있으나, 텍스트에 대한 심도 있는 논의는 이루어지지 못하였다. 윤송아, 「이언어(二言語)의 장(場)에서 길어올린 목소리들의 향연—宋惠媛, 『在日朝鮮人文學史のため に一聲なき聲のポリフォニー』」, 『동국대학교 일본학』 42, 동국대 일본학연구소, 2016, 243쪽.

9 "'해방' 당시 재일조선인들에게는 반(反)제국주의적 경향이 강하게 나타났다. 이는 식

재일조선인문학의 탈식민지화 과정은 해방 이후 획일화되는 내셔널리즘적 지배구조로부터의 탈피 과정을 의미한다. 이러한 재일조선인문학의 탈식민지화는 일국一國 혹은 민족의 범주를 넘어서는 것이라는 점에서 일차적으로 '탈네이션적 관점'을 필요로 한다. 또한 동시에 재일조선인이 처한 일본이라는 구체적인 현실 속에서 지속적인 식민화에 대한 저항이 필요하다는 점에서 '탈식민화의 관점'이 요구된다. 송혜원의 문학사는 이러한 두 층위의 관점을 내밀하게 연관시키면서 탈식민화의 과정으로서 재일조선인문학사를 포착해내고 있다. 따라서 이 글에서는 송혜원의 『재일조선인문학사를 위하여』의 체제와 기술양상을 살펴보고, 탈식민적 문학사로서의 의의와 한계를 살펴보고자 한다. 탈네이션적 관점과 탈식민적 관점에서 재일조선인문학사를 읽는 독법은 기존의 내셔널리즘을 중심으로 한 재일조선인문학 연구의 한계를 재확인함과 동시에, 재일조선인이 처한 현실을 보다 예각화하고 재일조선인문학이 갖는 의미를 선명하게 드러내는 유효한 전략이 될 것이다. 특히, 향후 재일조선인문학을 포함하여 재일조선인문학사의 가능성을 발견하고 모색하는 데 있어서 이러한 독법은 의미 있는 출발점이 될 것이다.

민지 지배를 받은 입장으로서는 당연한 것이라 볼 수 있다. 자신들을 억압했던 적을 극복하고 민족해방을 이룰 것이라는 꿈을 꾸며 문학에 몸을 던진 사람들이 '해방' 초기에는 상당히 많았던 듯하다. 다만, 작가들의 탈식민지화에 대한 희구가 모두 일본에 대한 저항적 민족주의라는 형태로 나타났던 것은 아니었다. 바로 눈앞에서 '조국'이 분단된 재일조선인들에게는 천편일률적인 내셔널리즘상을 그릴 수도 없었다. 고향을 마음의 의지로 삼았던 사람도 있었고, 남과 북의 '조국'에 희망을 걸었던 사람도 있었다. 어떤 이는 '조국'에 희망을 걸지 않고 일본 안에 적응하여 일본으로 귀화해 일본인으로 살아가는 경우도 있었다. 다시 말해 재일조선인의 탈식민지화라고 하더라도 그 방식은 다양했다." 宋惠媛, 앞의 책, p.6.

2. 송혜원의『재일조선인문학사를 위하여
－소리 없는 폴리포니』읽기

1) 체제와 기술양상

이 책은 저자의 박사학위 논문을 출간한 것으로,[10] 탈식민적 관점에서 해방 이후 재일조선인문학의 역사를 기술하고 있는 재일조선인문학사이다. 이 문학사는 기존의 내셔널리즘적 문학사가 보이는 한계점들을 극복하려는 문제의식의 소산으로, 새로운 관점에서 기점 설정, 범주 설정, 시기구분을 하고 있다는 점에서 주목을 요한다. 이 책은 총 6개의 장으로 구성되어 있으며, 각 장에서는 1945년부터 1970년까지 남북한과 일본 그리고 그 경계를 넘나든 재일조선인의 문학활동을 다루고 있다. 이 저술의 체제는 목차를 통해서도 충분히 확인할 수 있다.

목차

서장 : 재일조선인문학사를 기술하다

1. 「재일조선인문학사」는 왜 기술되지 못하였나?
2. 일본에서 재일조선인문학은 어떻게 읽혔나?
3. 클리셰(상투성)를 다시 묻다
4. 재일조선인문학사를 어떻게 쓸 것인가?

---

10 宋惠媛의『在日朝鮮人文学史のために―声なき声のポリフォニー』(岩波書店, 2014)는 저자의 히토츠바시대학(一橋大学) 박사논문인「재일조선인문학의 역사―1945년～1970년」(2011)을 수정하여 출간한 것이다.

목차에서 알 수 있듯이, 이 저술은 문학사 기술의 관점을 상술하고 이에 입각하여 비주류 문학과 주류문학을 동시에 다루고 있다. 또한 시기별 문학사의 전개를 기술하는 것이 아니라 1945년에서 1970년 사이의 주요 경향을 주제별로 나누어 기술하고 있다. 마지막으로 언어의 문제에 중점을 두고 재일조선인문학의 정체성을 명확하게 하고 있다. 요컨대 이 문학사는 주제 중심의 문학사로서 해당 시기의 주요 문학현상을 전체적으로 다루는 일반문학사와는 차이를 보인다.

이처럼 이 책은 시기구분에서 독특한 시각을 드러내고 있으며 개인보다는 집단적인 활동을 중심에 두고 서술되고 있다. 우선, 시기구분에 대해 살펴보자. 송혜원은 재일조선인문학사의 시작을 1945년으로 보았다. 이러한 시기구분의 근거에 대해 언급하면서 저자는 식민지시기의 '조선인 작가'가 처한 조건과 '해방' 후의 '재일조선인' 작가가 처한 조건이 전혀 다르다는 점에 주목한다.

> 이 책에서는 그러한(기존의 문학사가 설정한—필자 삽입) 김사량을 재일조선인문학사의 기점으로는 삼지 않을 것이다. 왜냐하면 식민지기 일본에 있어 '조선인 작가'의 조건과 '해방' 후의 '재일조선인' 작가의 조건은 전혀 다르기 때문이다. 지배자의 언어 = 일본어라는 고질병을 껴안고 있는 점은 동일하나 언어를 둘러싼 상황은 완전히 이질적인 것이었다.[11]

저자는 해방이라는 조건이 단순히 언어선택의 자율성이 확보된 시기가 아니라는 점을 전제하면서 해방의 조건을 제대로 이해하기 위해서는 언어선택의 문제와 결부되는 이질적 상황에 대해 고찰할 필요가 있다고 보았다. 일본어 사용이 강제되었던 식민지시기와는 달리 해방 이후 재일조선인들에게는 조선어 사용의 자유가 생겼지만 당시 재일조선인들은 일제의 식민지 경험으로 인하여 조선어 글쓰기가 능숙하지 못한 상태였다. 해방 이전의 일본어 글쓰기가 자신 내부의 민족정체성을 억압하였다면, 해방 이후에는 조선어 글쓰기가 자신의 표현 욕구를 제한하는 갈등 요인이 되었다. 해방 후의 재일조선인들은 생존과 민족정체성 유지라는 갈림길에서 일본어나 조선어 둘 중 하나를 사용해야만 하는 현실에 직면하게 된 것이다.[12] 즉, 송혜원이 재일조선인문학의 기

11 宋惠媛, 앞의 책, p.7.

12 "식민지기가 황국신민화를 위해 조선어 말살 = 일본어 강요 정책이 시행되던 시기였기에 조선어 창작 활동이 거의 불가능한 시기였다면, 해방 이후에는 비록 원활히 진전되지 못하였지만, 조선어 부활이라는 명목하에 총련 주도의 활동이 어느 정도 보장되었다."

점을 해방으로 삼은 근거는, 조선어 창작과 일본어 창작을 오가며 창작활동을 해나갔던 재일조선인들에게 해방이 이언어異言語적 갈등과 분열을 본격화시킨 결절점이 되었다는 사실 때문이다.

문학사의 기점에 대한 논의와 함께 이 저서의 시기설정에서 주목할 점은 재일조선인문학사의 종점을 1970년으로 한정하고 있다는 사실이다. 송혜원은 1970년대에 이르러 "냉전구도라는 세계정세, 한반도의 정세, 그리고 일본사회의 변화라는 현실 앞에서 탈식민지화의 의미가 '해방' 당초와 확연하게 달라졌"음을 지적한다. 특히 1967년 "북한의 유일사상체계로의 이행"과 이에 대한 "총련 내부의 치열한 비판사업이 시작"[13]되면서 재일조선인 작가들은 둘로 나뉘게 되었고, 일본문학계로의 이탈도 점차 본격화되었다는 점을 중요하게 보고 있다.[14] 재일조선인들의 '재일지향'이 강해진 것도 이 시기이며, 그들은 일본어로 글을 쓴다는 것에 대해서 의문을 갖는 일도 줄어들게 되었다는 것이다. 송혜원은 이 같은 시대적 변화에 주목하여 "해방 이후부터 70년까지 25년간을 일본어와 조선어가 뒤섞여 난무하는 탈식민지화의 언어 공간"으로 파악하고자 하였다.[15]

하지만 이러한 시기설정은 1930년대 혹은 해방 이후부터 현재까지 세대를 달리 하면서 뚜렷한 정체성의 변모양상을 드러낸 재일세대론[16]

위의 책, p.7.

13 1967년부터 조선노동당위원회의 유일사상체계로의 이행이 본격화됨에 따라 주체문학론이 북한문학의 중심을 이루게 되었다. 이러한 영향은 총련 내부에도 영향을 미쳐 문예동의 문예창작 방침 또한 주체문학론을 중심으로 전환된다. 이에 따라 일본어로 창작활동을 이어가던 상당수의 작가들이 총련을 빠져 나갔고, 총련 내부에서는 총련을 빠져나간 작가들을 "사대주의, 민족허무주의, 개인이기주의, 자유주의"와 같은 '낡은 사상'을 가진 이들이라며 비판을 이어갔다. 위의 책, pp.199~203 참조.

14 위의 책, p.9.

15 위의 책, p.11 참조.

의 연속성을 부정하려는 인식이라는 비판으로부터 자유롭지 못하였다. 이미 일본어를 모어로 사용하며 일본문단 내에서 확실한 위치를 점하고 있는 2~3세대 문학을 재일조선인문학으로 간주하는 것은 일본문학 내에서 상투적으로 파악하는 재일조선인문학의 세대론을 답습하는 것이라고 판단한 것이다. 또한 기존의 세대론은 일본 문단에 알려진 재일조선인문학만을 대상으로 한정하여 그 흐름을 파악한 것이기 때문에 재일조선인 내부의 문제와 남북한의 사회적 변모와 관련한 재일조선인문학의 변화 등을 총체적으로 파악하기 어렵다고 본 결과이다. 송혜원이 재일조선인문학의 전개양상을 1945년~1970년까지 25년의 시간에 한정하고, 한국과 일본이라는 네이션의 범주를 넘어 국내외적 정세와 관련된 재일조선인문학 내부의 양상들을 공시적인 관점에서 기술한 것은 이러한 문제인식과 맞닿아 있다.

다음으로, 송혜원의 문학사가 갖는 기술상의 특징은 개인보다는 문학단체의 활동을 중심에 두고 문학사를 파악하고 있다는 점이다. 이처럼 송혜원이 재일조선인문학단체의 활동에 주목하는 의도는 크게 두 가지로 요약된다. 첫째, 재일조선인 문단 내부로부터 시작된 재일조선

16 재일조선인문학의 세대구분은 논자에 따라 상이한 관점을 드러내고 있으나 여기에서는 송혜원이 언급하고 있는 이소가이 지로(磯貝治良)의 세대론 가운데 최근 논의를 소개하고자 한다. 이소가이는 재일조선인문학의 변천 과정을 해방 후부터 현재까지 크게 세 시기로 나눈다. "1기는 해방 전후부터 1960년대 전반에 걸친, 식민지 체험 극복과 정치적인 계절의 시대"이며, "2기는 1960년대 중반부터 1980년대 후반에 걸친 '재일 지향'을 배경으로 하는 민족주체 회복의 시대"이고, "3기는 1980년대 말기부터 현재까지 새로운 인물들의 등장과 다양한 아이덴티티 탐구의 시대"이다. "각각의 시기는 제1문학세대, 제2문학세대, 제3문학세대의 활동과 대응한다." 여기서 이소가이는 문학세대의 시기구분이 출생을 기준으로 하는 세대구분과는 다르다는 점을 주의해야 한다고 언급한다. 그 이유는 "제1기의 작가들 중에 제2, 3기에 활동한 사람들이 있고, 제2기의 작가 중에서는 현재까지 작품 활동을 이어온 이들이 있기 때문이다." 이소가이 지로, 「변모와 계승」, 전북대 재일동포연구소 편, 『재일 동포 문학과 디아스포라』, 제이앤씨, 2008, 7~8쪽.

인문학사의 형성과 전개과정을 살펴보려는 것이다. 이 저술에서 문학사의 원류로 삼은 재일조선인 여성들의 자발적인 식자학습과 문학단체를 중심으로 한 재일조선인들의 문학활동이 재일조선인 사회 내부에서 시작되었다는 사실은 재일조선인이라는 집단을 염두에 둔 기술방식이라 할 수 있다. 둘째, 재일조선인문학의 다양성을 확인하려는 것이다. 이 텍스트는 문학단체 안에서 활동한 이름이 알려진 작가뿐만 아니라 다양한 여성의 글쓰기와 비주류 작가들의 작품에 주목하고 있다. 이를 통해 일본문학계나 한국문학계의 상투적인 독법과 이를 충족시키는 몇몇 작가와 작품에서 벗어나 다양한 장르의 글쓰기와 비주류 작가와 작품에 대한 새로운 의미를 발견하고자 한다.

하지만 단체활동을 중심에 두고 문학사를 기술하다보니 단체의 해체 이후에 대해서는 문학사적 연관성을 기술하지 못하는 한계를 드러낸다. 1945년에서 1970년이라는 한정된 시기설정으로 인해 70년대 이후 재일조선인문학과의 단절이 발생하게 된 것이다. 1970년대 이후부터 '재일'문학이라고 명명된 '재일지향'이 뚜렷하게 드러난 것은 사실이지만, 이전 시기에도 여전히 언어와 민족에 대한 고민을 가진 작가들이 존재하였고, 재일지향 또한 재일조선인 정체성의 한 양상이라는 점에서 1970년대 이후 2~3세대 작가들의 작품을 재일조선인문학의 범주에서 제외시킬 수는 없다. 대다수의 '재일'문학 작가들이 일본어를 사용하고 있으면서도 여전히 일본어 혹은 조선어의 자장에 민감하게 반응하면서 자신들의 내적 갈등을 문학작품으로 표출하고 있기 때문이다. 이 같은 한계에도 불구하고 송혜원 문학사의 시기구분은 기존의 민족정체성의 연속성을 강조하는 내서널리즘적 문학사의 기술방식을 탈피하고 탈식민적 관점에서 새로운 시기구분의 기준을 제시하였다는 점에서 분명한 의의를 갖는다. 일국一國의 범주 안에서 일본문학 혹은 한국문학의 내셔널 아이덴티티 강화에 공모해 왔던 종래의 세대론, 정체성론, 기점론을 비판하고, 재일조선인사회를 둘러싼 한국, 북한, 일본이라는 다자적 관계망 안에서 형성된 이언어 간의 갈등이라는 재일조선인문학의 내재적 동인에 주목하며, 이를 시기구분의 기준으로 삼고 있기 때문이다.

이상에서 알 수 있듯이 송혜원의 『재일조선인문학사를 위하여』는 1945년부터 1970년 사이의 재일조선인문학단체를 중심으로 진행된 재일조선인들의 다양한 문학활동과 비주류 문학을 대상으로 삼고 있다. 특히, 재일조선인문학에서 관행적으로 이어져 내려온 언어 혹은 민족을 기준으로 재일조선인문학을 바라보는 내셔널리즘적 시선에서 벗어나 재일조선인의 자기표현으로서의 언어활동과 갈등양상을 탈식민화의 과정으로 간주하고, 재일조선인문학 내부로부터의 제 양상을 바라본다는 점에서 시각의 독창성을 확보하고 있는 저술로 평가할 수 있다. 민족과 언어라는 기준을 보편적인 기준으로 삼고 있는 기존 문학사의 통념을 깨트리고, 재일조선인들의 감춰진 목소리들을 발굴해내고 있다는 점은 이 저술이 던지는 종요로운 지점이다.

2) 탈식민적 문학사 쓰기의 의의와 한계

일반적으로 국가 혹은 민족을 단위로 삼는 문학사는 국가와 민족의 수립과 발생 및 그 사적 변천의 역사에 문학의 변천사를 대입시키는 방식으로 기술된다. 하지만 이러한 관점을 벗어나고자 한 송혜원의 문학사는 재일조선인문학을 내셔널리즘의 문학사가 배제하고 억압해 온 작가와 작품을 발굴하고 이를 조명하려는 시각과 내셔널리즘의 시각으로부터 벗어난 관점을 견지하고자 한다는 점을 분명히 전제하고 있다.

> ① 새로운 문학사의 목적은 새로운 정전(正典)을 제시하고 작품을 서열화하여 적재적소에 배치함으로써 재일조선인문학의 '민족적 정체성'을 과시하려는 데 있지 않다. 역사의 음지에 버려져 있는 작품에 숨결을 불어넣어 그것들과 대화하는 것을 우선적인 목표로 할 것이다.[17]

> ② 작가의 정체성을 추구하는 것도 좋지만 문제는 지금까지 재일조선인문학이 자기정체성을 묻는 / 되묻는 일이 필요하다고 믿는 일본과 한국 독자들의 (내셔널)아이덴티티의 유지와 강화에 너무도 손쉽게 공모해 왔다는 점이다. 즉 재일조선인문학 자체가 내재적으로 논의되는 일은 거의 없다고 해도 과언이 아니다.[18]

송혜원의 문학사에 앞서 식민지시기까지를 대상으로 재일조선인문학사를 기술한 바 있는 임전혜의 경우, 주로 장혁주, 홍종우, 김사량, 김달수 등 일본 문단에서 평가받은 작가와 작품을 언급하면서 큰 의미를 부여한 것과 달리 송혜원은 주류 문단 권력에서 밀려난 비주류 재일조선인문학에 주목하고 재일조선인문학사의 전체상을 복원하는 데 초점을 맞추고 있다. 이를 통해 송혜원은 주류 재일조선인문학 작품을 일본문학 혹은 한국문학의 일부로 여겨 온 연구관행에서 벗어나고자 하였다.

---

17 宋恵媛, 앞의 책, pp.3~4.
18 위의 책, p.27.

다시 말해 송혜원은 재일조선인문학을 한국이나 일본문학의 하위 범주로 바라보는 외부적 시선이 아닌 재일조선인 내부에서 재일조선인문학의 위치를 규명하고 언어내셔널리즘을 넘어서는 경계의 문학으로서 재일조선인문학의 의미를 복원하여 재일조선인문학사의 영역을 새롭게 구축하고자 한 것이다.

> 일본어 작품과 조선어 작품을 나누어 논하는 것은 불가능하다. 이언어 사이에서 작가와 작품이 흔들리는 것, 이것이 바로 '해방' 후 재일조선인문학의 본원이다.[19]

송혜원은 언어내셔널리즘을 넘어서는 첫 작업으로서 재일조선인문학이 서 있는 자리를 재확인하면서 이언어異言語 사이의 갈등을 "재일조선인문학의 본원本源"으로 파악하였다. 일본어와 조선어 사용에서 발생하는 재일조선인의 내적 갈등을 재일조선인문학의 불가피한 정체성으로 판단한 것이다. 이러한 전제는 일본어와 한국어 중 어느 한 쪽의 선택을 강요하지 않고 두 언어 사이의 갈등 자체에 주목함으로써 실재하는 현실 그대로의 재일조선인문학을 파악하려 했다는 점에서 의미를 지닌다. 재일조선인은 모어와 모국어가 다른 까닭에 끊임없이 언어 사용에서 갈등을 느끼게 된다. 문학사를 기술하고 있는 송혜원 스스로가 후기[20]를 통해 밝히고 있듯이, 재일조선인에게 언어 사용에서 겪게 되는 갈등은 끊임없이 자신들의 정체성을 환기시키는 기제라고 할 수 있

19 위의 책, p.38.

20 "이미 이 책은 일본어로 써졌기에 여기서 서두에 언급한 질문에 대한 결론을 내릴 생각은 없다. 어떤 언어로 쓰든 간에 글을 쓸 때에 느끼는 불편함으로부터 벗어날 수 없다. 집필을 끝낸 지금 확신을 갖게 된 것은 그 정도가 아닐까?" 위의 책, p.349.

다. 따라서 재일조선인들의 언어의식은 언어의 국가정체성에 귀속되지 않는다. 사용하는 언어가 무엇이든 언어에 내장된 내셔널리티가 재일조선인의 내적 갈등을 일으키는 요인이 되기 때문이다.

이처럼 내셔널리즘과의 거리두기가 송혜원의 문학사 인식의 전략이라면 실제로 문학사를 기술하는 데 있어서 구체적인 관점이 되는 것은 탈식민적 문학사 쓰기라고 명명해 볼 수 있다. 그렇다면 이러한 탈식민적 문학사가 지향하는 바가 어떤 문제의식의 소산이며 그 지향점이 무엇인지 살펴보자.

> 재일조선인문학사의 시점을 1930년대 김사량이나 1945년 이후의 김달수로 잡을 경우, 거기서 전제가 되는 것이 있다. 그것은 일본 고등교육을 받은 '식민지 엘리트' '남성'이 쓴 '일본어 작품'을 기준으로 삼는 일이다. 이 잘라내기 어려운 단단하게 연결된 세 개의 카테고리를 뛰어넘지 않고는 '일본(어) 문학'의 주박을 푸는 일은 아마도 불가능할 것이다. 근대 일본문화를 내면화하고, 복제해 온 조선인 엘리트 남성들의 동향을 쫓는 것만으로는 재일조선인문학은 정통적인 '일본문학'을 정점으로 한 문학의 서열화에 가담하여, 영원히 그것과 유사한 형태를 만들어 낼 수밖에 없을 것이다.[21]

송혜원은 재일조선인문학사가 극복하고 청산해야 할 대상으로 '식민지 엘리트', '남성', '일본어 작품'을 중심에 둔 시각을 꼽고 있다. 이 기준에 따르면 일본문단에서 활동하며 재일조선인의 현실을 일본사회에

---

21 위의 책, p.37.

전하고자 한, 김달수를 위시한 기존의 엘리트 남성문학가들과 그들의 작품을 중심에 둔 문학사 기술은 지양될 수밖에 없다. 오히려 이 문학사에서는 재일조선인 문단 내에서 재일조선인 사회를 향한 글쓰기를 수행했던 문학가들과 작품에 주목하게 되는 것은 당연한 논리적 귀결이라 할 수 있다.

> 식민지 통치하에서 청년기를 보냈던 작가들이 억압되었던 조선문학의 소양을 충분히 몸에 익혔을 리 만무하다. 다만 예컨대 허남기나 이은직이 '해방' 직후부터 조선어 작품을 일본어로 번역하는 활동을 오랜 기간 계속해 왔고, 조선어로 창작활동도 지속적으로 수행해 왔던 것에 비추어 보면, 김달수가 '조선문학'에 진정으로 마주하려고 했는지 의문이다. 일본인 측 기대에 호응하는 형태로 '조선문학가'의 역할을 연기한 것에 불과하다는 것이 사실에 가깝다.[22]

송혜원은 김달수의 일본어 창작활동이 일본의 기대에 호응하는 형태로 '조선문학가'의 역할을 연기한 것에 불과하다고 비판하고 있다. 박원준, 허남기, 이은직 등이 일본어와 조선어 창작을 병행하며 끊임없이 갈등하는 재일조선인의 정체성을 보여준 데 반해, 김달수는 재일조선인의 정체성이 아닌 일본인이 원하는 조선상을 만드는 데 힘을 기울였다고 보았다. 다시 말해서 김달수를 비롯한 엘리트 지식인들의 창작에 있어서 중요한 관심사는 일본이라는 독자이며, 일본문학계 역시 이들의 문학에 공감하며 재일조선인문학에 대한 인식을 정형화하고 이들

---

22 위의 책, p.31.

작품을 일본문학으로 끌어들이게 되었다는 것이다. 물론 이러한 저자의 주장은 다소 억지스러운 면이 없지 않다. 평생을 두고 일본어 창작활동을 통해 민족을 알리는 데 매진해 온 김달수의 이력을 보았을 때, 그가 일본문학계만을 의식하고 문학을 창작하였다고는 판단하기 힘들기 때문이다. 허남기나 박원준 등은 일본어만이 아니라 조선어를 병행하며 창작활동을 함으로써 재일조선인으로서의 탈식민화를 수행하였으나 김달수는 일본어만을 고집함으로써 일본 지향을 내세웠다는 논리는 갈등하는 재일조선인의 정체성 여부를 창작언어에 따라 판단하지 않는다는 송혜원 자신의 논리에도 위배된다. 또한 김달수의 작품이 일본 독자를 의식하면서 창작된 것이라고 해서 작품 내부에 일본사회에 대한 저항의지가 부재하다고 판단할 근거는 없다. 오히려 일본어를 사용하여 재일조선인의 삶을 일본사회에 알리고자 한 김달수의 문학활동은 지배언어를 통하여 지배문화와의 비동일성을 강조하는 탈식민적 글쓰기의 한 방식인 '전유'[23]로도 볼 수 있다. 이러한 한계는 송혜원이 일본어로 창작된 재일조선인문학과의 거리두기를 지나치게 의식하면서 발생한 것으로 보인다.

이처럼 송혜원은 일본어 글쓰기를 배제하면서 이 문학사에서는 일본의 고등교육을 받은 '식민지 엘리트' 재일조선인 '남성'작가가 쓴 '일본

---

23 포스트식민주의 이론에서 '전유'(專有, appropriation)는 모국어가 아닌 타자의 언어로 모국어의 정신을 전달하는 것을 의미한다. 다시 말해서 상호 이질적인 문화적 경험들을 다양한 방식으로 전달하기 위해 언어를 하나의 도구로 차용 및 선호하는 방식을 의미한다.(빌 애쉬크로프트 외, 이석호 역, 『포스트 콜로니얼 문학이론』, 민음사, 1996, 66쪽) 이러한 전유는 피식민주체인 재일조선인이 지배언어인 일본어를 사용함으로써 일본인들에게 재일조선인을 "식별 가능한 타자로 인식"시킨다. 또한, "통제의 대상"이었던 재일조선인이 "민족적 재현의 주체"가 되면서 일본어를 사용하는 "통제권력"인 일본인의 권위를 떨어뜨리는 기능을 한다.(호미 바바, 나병철 역, 『문화의 위치』, 소명출판, 2014, 197~207쪽 참조)

어 작품'을 재일조선인문학의 정전으로 파악하는 통념을 극복하고자 하였다. 이를 위해 송혜원은 일본어와 조선어 작품을 동등하게 바라보면서 '고등교육을 받지 않은' '여성'의 '조선어 글쓰기'에 대해 주목한다. 재일조선인 여성의 글쓰기에 주목함으로써 재일조선인문학을 규정하는 기존의 입장과 남성중심의 재일조선인문학 내에서만 조명되던 기존의 여성인식에 균열지점을 만들어 내고자 한 것이다. 지금까지 주류를 형성해 온 재일조선인 남성작가들의 문학은 일본사회 안에서 타자 혹은 소수자로 살아가는 재일조선인들의 재일在日 인식과 민족문제 등을 다루고 있다는 점에서 주로 탈식민 담론 안에서 논의되어 왔다. 하지만 재일조선인 남성작가들의 문학에서 여성은 언제나 주변부로 밀려나 '소리 없는 목소리'나 '민족정체성'을 우회적으로 표상하는 존재로만 그려져 왔다. 이러한 여성의 이미지는 남성작가들에 의해 만들어진 것으로 국가와 민족을 중심으로 하는 내셔널리즘적 인식하에서 형성된 것이라 할 수 있다. 사실상 탈식민주의 이론을 주도한 에드워드 사이드, 호미 바바 등과 같은 남성이론가들에게 있어서도 젠더와 섹슈얼리티는 문제의 핵심에 있지 않았던 만큼, 탈식민주의 담론에서 여성은 제국주의와 식민주의와 함께 가부장제 사회라는 중첩된 억압상태에 놓여 있을 수밖에 없었던 것이다.[24] 이러한 맥락에서 송혜원이 여성들의 글쓰기에서부터 재일조선인문학사를 시작하는 것은 탈식민적 페미니즘의 실천적 문학사 쓰기를 수행한 것으로 볼 수 있다.

재일조선인 여성들의 글쓰기에 나타난 탈식민화 양상은 크게 재일조선인 여성들의 적극적인 식자교육 참여, 글쓰기를 통한 가부장제 성 역

24 고정갑희, 「탈식민주의의 저항전략과 페미니즘」, 『젠더와 문화』 4-1, 계명대 여성학연구소, 2011, 190~191쪽 참조.

할 극복 등을 통해 구체적으로 드러난다. 송혜원은 해방 이후 재일조선인 조직에 의해 건설된 조선어 강습소와 조선어학교에서의 식자교육이 여성들의 자발적 참여로 이루어졌다는 사실을 상세하게 기술하고 있다.

> 또한 학습회를 자주적으로 조직한 사람들도 있다. 예를 들면, "29세부터 37~8세까지의 나이로, 아이를 2명에서 5명까지 키우며 하루하루를 연명하는 것이 고작이었던" 5명의 여성들이다. 도쿄에 거주하는 그녀들의 체험기에 따르면, "공부는 매주 화, 목, 토, 3일간, 시간은 오후 8시부터 10시까지 2시간씩 하기로 했다. 책임자도 우리들 중에서 뽑고", 강사도 생활이 어려우니 "한 사람이 월 200엔씩 각출해서 교통비를 주고 학습일의 저녁식사는 모두 순서를 정해서 준비하기"로 결정했다고 한다. 여기에는 "우리 선생님 걱정은 어느 누구도 해주지 않아. 우리 선생님은 우리들이 지킨다"라는 "간절한 마음"이 담겨 있다. 배우는 사람도 가르치는 사람도 생활고 가운데서 서로를 위해 지혜를 짜내었다.[25]

송혜원은 여성들의 식자교육이 단순히 조직에 의한 타의적 활동이 아니라 여성의 자발적인 의지를 통해 활발하게 전개된 활동이라는 점에 주목한다. 특히 이러한 여성들의 자발적 식자학습의 배경에는 여성이 가정 내에서 단순히 어머니 혹은 아내의 역할에 머물지 않고 민족해방과 여성해방을 동시에 이루는 데 중추적 역할을 담당하리라는 기대가 담겨 있었다고 보았다.[26] 따라서 송혜원은 여성들의 적극적인 식자학습을, 여성들이 남성들에 의해 규정된 전통적인 여성역할에 머물지

25 宋惠媛, 앞의 책, pp.62~63.
26 위의 책, p.69.

않고 식민지배와 여성차별로부터 벗어나려는 탈식민화의 과정으로 기술한다. 이러한 여성들의 자발적인 식자학습은 재일조선인문학의 자생적 근거가 된다는 점에서도 중요한 의미가 있다고 본 것이다.

또한, 이 문학사에서 재일조선인 여성들의 글쓰기는 민족정체성의 원형을 보존하고 있는 '희생적인 여자', '중재자로서의 어머니' 외에도 보다 적극적인 저항의 방식으로 자신들이 처한 삶을 그려내고 있는 것으로 기술된다. 이러한 서술태도는 남성중심의 문단권력에서 배제되어 있던 여성들의 글쓰기를 음지에서 끌어올림으로써 종내는 재일조선인문학의 범위를 확장시키게 되는 것이다. 이를 위해 송혜원은 문예작품을 비롯하여, 수기, 작문, 일기 등에 이르기까지 다양한 장르의 글쓰기를 문학사의 영역에 포함시킨다. 이는 제대로 된 정식교육을 받을 수 없었던 당시 재일조선인 여성들이 처한 사회적 배경을 고려한 것이기도 하지만, 재일조선인들의 다양한 자기표현의 목소리를 통하여 재일조선인문학의 존재 근거를 그 내부에서 찾으려는 시도이기도 하다.

이처럼 송혜원은 탈식민화의 주체로서 여성과 그들의 글쓰기에 주목하고, 장르를 불문하고 다양한 글쓰기를 문학사 안으로 끌어오고 있다. 여성의 글쓰기를 재일조선인문학의 기원으로 삼은 이 문학사 기술방식은 식민논리를 내면화하면서 민족 또는 국가라는 범주 안으로 재일조선인문학을 구획지어 왔던 엘리트 남성의 문학 권력을 전복시키며, 가부장제라는 억압 아래 사라진 여성들의 목소리를 복원하였다는 점에서 민중적이고도 진보적인 시각을 담고 있다고 평가할 만하다. 또한, 이들을 중심에 두면서 경계의 위치에 있는 재일조선인문학의 다양한 글쓰기를 문학사 기술의 대상으로 삼고 있다는 점에서 대안적 문학사로서의 가능성을 보여준다고 평가할 수 있다.

3. 미완의 가능성

송혜원의 문학사는 기존의 재일조선인문학사 인식에서 통용되던 시대구분 및 기점설정에서 벗어나 독자적인 시각 확보를 시도하였다. 또한 재일조선인 내부의 언어 갈등 그 자체에 주목하며, 민족 / 국가나 언어가 아니라 이러한 내셔널리즘에 의해 배제되거나 억압된 주변부 문학들을 복원하고자 하였다. 이를 위해 일본어와 조선어를 동등한 위치에 두고, 여성들의 조선어 글쓰기를 중요한 문학사적 서술대상으로 삼았다. 이러한 문학사 인식과 기술태도는 탈네이션적 관점이 곧 탈식민적 문학사 기술로 이어진다는 사실을 보여주는 한 전범이 된다고 할 수 있다.

하지만 이러한 송혜원의 문학사는 재일조선인문학사 기술에 있어 새로운 이정표를 제시함과 동시에 적지 않은 과제도 남기고 있다. 송혜원은 재일조선인문학에 내셔널리즘을 투영하거나 창작언어에 천착하여 내셔널 아이덴티티를 규명하려 했던 기존 재일조선인문학에 대한 인식의 틀이, 재일조선인문학의 독자적 행보를 가로막는 장애가 되어왔다는 사실에 비판적 시각을 던지고 있다. 이러한 문제제기는 그동안 재일조선인문학을 재일조선인 내부가 아니라 외부의 기준으로 그 존재양상을 규명하려 한 내셔널리즘적 시각에 대한 통렬한 비판에서 비롯하였다고 할 수 있다. 이러한 비판이 궁극적으로 지향하는 바는, 재일조선인문학을 이해함에 있어서 재일조선인문학과 재일조선인을 어느 한 국가로 귀속시키는 것이 아니라 조선민족으로서 재일在日이라는 삶을 살아가는 것 자체를 강조하려는 시각이라 할 수 있다. 이렇게 볼 때, 민족 / 국가

정체성이나 언어 그 자체는 재일조선인에게 본질적인 것으로 규정될 수 없는 부수적인 것이 된다. 언어내셔널리즘이라는 관점을 극복하려는 이러한 인식은 탈식민적 관점에의 요청으로 이어졌다고 하겠다.

하지만 송혜원의 문학사는 미완의 문학사라는 점에서 여전히 하나의 가능성으로 남아 있다. '엘리트' '남성'이 '일본어'로 창작한 재일조선인문학의 권위에서 벗어나기 위해 '조선어'를 통하여 자신의 내면을 표현하였던 재일조선인 '여성'들의 글쓰기를 발굴하고, 이산과 월경, 수용소 등 주변화된 비주류의 문학활동을 재일조선인문학사 안에 포함시키는 송혜원의 작업은 소기의 성과를 달성하였다고 할 수 있다. 하지만 '조선어'와 '일본어'를 오가며 이언어異言語의 갈등 속에서 창작했던 재일조선인들의 작품에 초점을 두다보니, '재일'의 지향이 강하게 나타난 70년대 이후의 재일조선인문학을 어떻게 인식할 것인가 하는 문제에 대해서는 대답을 회피하고 있는 형국이라 할 수 있다. 물론 송혜원의 관점에서 보자면, 70년대 이후는 일본어를 모어로 인식하는 세대가 조선어를 의식하지 않고 일본어 창작을 해왔기 때문에 재일조선인문학사에서 배제의 대상이 된다. 하지만 "나 자신은 재일조선인 2세이고 모어는 일본어지만 일본어가 옛 지배자의 언어였다는 것, 원래 모어였어야 할 조선어를 태생적으로 박탈당했다는 것을 항상 의식하지 않을 수 없다"[27]는 서경식의 고백에서도 알 수 있듯이, 일본어를 모어로 인식하면서 문학활동을 이어 간 2, 3세대 재일조선인 작가들에게도 자신들의 언어사용이 내적 갈등으로 남는다는 점에서 이들 작가와 작품을 재일조선인문학사에서 배제하는 것은 또 하나의 폭력이 될 수 있다. 이런

27 서경식, 『언어의 감옥에서』, 돌베개, 2012, 48쪽.

맥락에서 탈식민적 문학사 서술은 여전히 하나의 열린 가능성으로 남아 있다고 하겠다.

문학사 목록

1. 중국과 일본에서 저술된 한국문학사(번역서는 제외)

1) 중국에서 저술된 한국문학사(한자로 표기한 것은 중국어로, 한글로 표기한 것은 한국어로 저술된 문학사임)

김명숙, 『조선근현대문학사』, 료녕민족출판사, 2010.

김병민, 『조선문학사－근대현대부분』, 연변대 출판사, 1994.

김병민 외, 『조선・한국당대문학사』, 연변대 출판사, 2000.

金柄民 外, 『朝鲜・韩国当代文学史』, 昆仑出版社, 2004.

김영금, 『한국의 문학』, 北京大学出版社, 2009.

______, 『韩国文学简史』, 南开大学出版社, 2009.

______, 『조선・한국문학사(朝鲜・韩国文学史)』(上・下), 外语教学与研究出版社, 2010.

金英今, 『新编韩国文学史』, 南开大学出版社, 2016.

김춘선, 『한국조선당대문학사』, 민족출판사, 2000.

김춘선 외, 『한국현당대문학사』, 민족출판사, 2012.

________, 『외국인을 위한 한국문학사』, 북경민족출판사, 2013.

李　岩 外, 『朝鲜文学通史』(上・中・下), 社会科学文献出版社, 2010.

리해산・채미화, 『남조선문학개관』, 연변인민출판사, 1992.

리해산, 『조선한문학사』, 연변대 출판사, 1995.

문일환, 『조선고전문학사』, 민족출판사, 1997.

박은숙 외, 『한국-조선근현대문학사』, 外国教育与研究出版社, 2016.

박충록, 『조선문학간사』, 연변교육출판사, 1987.

윤윤진 외, 『한국문학사』, 상해교통대 출판사, 2008.

________, 『한국문학사요』, 연변대 출판사, 2015.

임국웅, 『한국문학약사』, 흑룡강조선민족출판사, 2013.

何镇华, 『朝鲜现代文学史』, 中央编译出版社, 2008.

허문섭, 『조선고전학사』, 료녕민족출판사, 1985.

허휘훈・채미화, 『조선문학사－고대중세부분』, 연변대 출판사, 1998.

韦旭昇, 『朝鲜文学史』(上・下), 北京大学出版社, 1986.

______, 『韩国文学史』(改訂版), 北京大学出版社, 2008.

韩卫星, 『韩国文学简史与作品选读』, 大莲理工大学出版部, 2006.

2) 일본에서 저술된 한국문학사

三枝寿勝,『韓国文学を味わう』, 国際交流基金アジアセンター, 1997.
任展慧,『日本における朝鮮人の文学の歴史－1945年まで』, 法政大学出版局, 1994.
卞宰洙,『朝鮮文学史』, 青木書店, 1985.
山田恭子,「近現代文学史」, 野間秀樹 編,『韓国語教育論講座 第4巻』, くろしお出版, 2008.
白川豊,「朝鮮の近代文学の歩み」,『豊かな地球社会への展望』, 九州産業大学出版會, 1997.
______,「文学からの接近－古典文学史ー時代区分とジャンルを中心に」, 野間 秀樹 編,『 韓国語教育論講座 第4巻』, くろしお出版, 2008.
金東旭,『朝鮮文学史』, 日本放送出版協會, 1974.

2. 중일 동포문학사

1) 중국조선족문학사

김호웅 외,『중국조선족문학통사』(상・중・하), 연변인민출판사, 2011～2012.
리광일 외,『조선족문학사』, 연변대 출판사, 2013.
베이징대 조선문화연구소,『중국조선민족문화사대계 2－문학사』, 북경 : 민족출판사, 2006.
오상순 외,『중국조선족문학사』, 북경 : 민족출판사, 2007.
소성일 외,『중국조선족문학사』, 연변인민출판사, 1990.

2) 재일조선인문학사

宋惠媛,『在日朝鮮人文学史のためにー声なき声のポリフォニー』, 岩波書店, 2014.

초출일람

이 책에 수록한 논문은 학술지에 게재된 아래 논문을 수정 및 보완한 원고임.

이선이, 「중국에서 저술된 한국근현대문학사의 문화횡단적 실천—남한문학사・북한문학사・자국문학사라는 세 겹의 프리즘」, 『비교문화연구』 48, 경희대 비교문화연구소, 2017.

______, 「중・일 한국현대문학사의 해방공간 서술양상과 그 의미」, 『동아시아문화연구』 74, 한양대 동아시아문화연구소, 2018.

이등연, 「중국 한국문학사 2종의 한국고전문학사 인식과 서술양상—남북한문학사와 자국문학사의 수용과 변용을 중심으로」, 『비교문화연구』 48, 경희대 비교문화연구소, 2017.

류정선, 「일본 '한국문학사'에서의 한국고전문학사 인식과 서술양상」, 『비교문화연구』 48, 경희대 비교문화연구소, 2017.

배규범, 「중국 내 한국한문학사 집필의 역사와 기술양상」, 『인문학연구』 36, 경희대 인문학연구원, 2018.

서유석, 「중국 한국문학사와 일본 한국문학사의 판소리 기술양상과 의미」, 『판소리연구』 45, 판소리학회, 2018.

서동수 외, 「일본, 중국의 한국문학사 서술에 나타난 카프의 양상」, 『비교문학』 76, 한국비교문학회, 2018.

손지연, 「일본 한국문학사에 나타난 항일문학과 친일문학 기술양상」, 『비교문화연구』 52, 경희대 비교문화연구소, 2018.

윤송아, 「한국문학사를 가로지르는 언어・문화・역사의 계기들—일본 저술 한국문학사의 한국근현대문학 인식과 서술양상을 중심으로」, 『비교문화연구』 48, 경희대 비교문화연구소, 2017.

______, 「중국과 일본에서 저술된 한국현대문학사의 한국전쟁 인식과 문학사 기술양상—허쩐후아의 『조선현대문학사』와 사에구사 도시카쓰의 『한국문학을 맛보다』를 중심으로」, 『동남어문논집』 46, 동남어문학회, 2018.

백지윤, 「소수민족문학사 서술의 전략—오상순 외의 『중국조선족문학사』를 중심으로」, 『한국민족문화』 69, 부산대 한국민족문화연구소, 2018.

고유림, 「중국조선족문학사의 저술 현황과 서술양상」, 『한국학연구』 51, 인하대 한국학연구소, 2018.